图书在版编目（CIP）数据

马克思、恩格斯、列宁、斯大林论宗教／唐晓峰主编 . —北京：
中国社会科学出版社，2013.6
ISBN 978 - 7 - 5161 - 2647 - 9

Ⅰ.①马…　Ⅱ.①唐…　Ⅲ.①马列著作 - 宗教 - 理论研究
Ⅳ.①A563

中国版本图书馆 CIP 数据核字（2013）第 104274 号

出 版 人	赵剑英
责任编辑	徐　申
责任校对	邓晓春
责任印制	李　建

出　　版	中国社会科学出版社
社　　址	北京鼓楼西大街甲 158 号　（邮编 100720）
网　　址	http：//www. csspw. cn
	中文域名：中国社科网　　　010 - 64070619
发 行 部	010 - 84083685
门 市 部	010 - 84029450
经　　销	新华书店及其他书店

印　　刷	北京七彩京通数码快印有限公司
装　　订	北京七彩京通数码快印有限公司
版　　次	2013 年 6 月第 1 版
印　　次	2013 年 6 月第 1 次印刷

开　　本	710 × 1000　1/16
印　　张	26. 25
插　　页	2
字　　数	426 千字
定　　价	69. 00 元

凡购买中国社会科学出版社图书，如有质量问题请与本社联系调换
电话：010 - 64009791

前　　言

　　以毛泽东、邓小平、江泽民为核心的党的三代领导集体和以胡锦涛同志为总书记的党中央始终高度重视党的理论工作，重视全党对马克思主义经典著作的学习和研究工作。

　　2004 年 1 月，《中共中央关于进一步繁荣发展哲学社会科学的意见》下发，并决定实施马克思主义理论研究和建设工程。

　　为贯彻落实党中央关于把中国社会科学院努力建设成为马克思主义坚强阵地、党和国家的思想库智囊团、哲学社会科学的最高殿堂的要求，中国社会科学院党组采取了一系列重要措施。2009 年初又决定把加强马克思主义理论学科建设与理论研究作为一项重要工作来抓，并成立中国社会科学院马克思主义理论学科建设与理论研究工作领导小组。小组成立后，一方面注重抓好马克思主义理论学科组织机构的建设，设立马克思主义理论类别的研究室和中心等；同时又注重马克思主义基础理论研究，安排了马克思主义经典作家在 28 个相关领域的"专题摘编"及基础理论专题研究。

　　中国社会科学院推出的"马克思主义经典作家专题摘编"丛书的出版，对我国学术界马克思主义理论学科建设本身，对深化我国学术界相关科研工作，对相关部门的工作人员和广大干部群众的学习也将提供便利并会产生一定的促进作用。

中国社会科学院

"马克思主义经典作家专题摘编"编委会

二〇一〇年十二月

选 编 说 明

《马克思恩格斯列宁斯大林论宗教》一书是编者在世界宗教研究所马克思主义宗教观研究课题组主编的《马克思恩格斯列宁论宗教》（人民出版社 2010 年版）一书的基础上，重新修订完成的，其中增加了斯大林有关宗教的相关论述，并采用新版《马克思恩格斯文集》（第 1—10 卷）对原书相关内容进行了校对、替换；同时，针对两年来读者对《马克思恩格斯列宁斯大林论宗教》一书提出的反馈意见，课题组对摘编的分类进行了相应调整，对摘编内容进行了精选；此外，鉴于原书中"文章选萃"部分与前面摘录多有重复，本书删除了该部分。

本摘编收录了马克思、恩格斯、列宁和斯大林有关宗教问题的主要论述，并按照"论认识宗教问题的方法"、"论宗教的本质"、"论宗教的发生与发展"、"论宗教的社会作用"、"论宗教与政治"、"论宗教与文化"、"论宗教与哲学"、"论宗教与民族"、"论宗教与科学"、"论神学"这十个部分及若干主题进行分类整理；每一主题下的著述节录按照经典作家的写作或出版时间进行排序，以便读者了解经典作家关于这一主题思想的形成及发展历程。

本书所选节录和文选绝大部分摘自人民出版社出版《马克思恩格斯选集》，《马克思恩格斯全集》中文第一、二版，《马克思恩格斯文集》（第1—10 卷）、《列宁全集》中文第二版和《斯大林全集》中文版，个别文章、节录及注释摘自郑天星编《马克思、恩格斯论无神论宗教和教会》（华文出版社 1991 年版）和郑天星、张雅平编译的《列宁论无神论宗教和教会》（华文出版社 1993 年版）两部著作。

本书在选编过程中，参考了郑天星、张雅平的上述编著及中国社会科学出版社 1979 年 7 月出版的《马克思恩格斯列宁斯大林论宗教》等著作，这里向以上诸位编者深表谢意。本书的不足之处，敬请读者指正。

目　　录

一 论认识宗教问题的方法

1. "人创造了宗教，而不是宗教创造人"

就德国来说，对宗教的批判基本上已经结束；而对宗教的批判是其他一切批判的前提。

谬误在天国为神祇所作的雄辩［oratio pro aris et focis①］一经驳倒，它在人间的存在就声誉扫地了。一个人，如果想在天国这一幻想的现实性中寻找超人，而找到的只是他自身的反映，他就再也不想在他正在寻找和应当寻找自己的真正现实性的地方，只去寻找他自身的假象，只去寻找非人了。

马克思：《〈黑格尔法哲学批判〉导言》（1843 年 10 月中—12 月中），
《马克思恩格斯文集》第 1 卷，人民出版社 2009 年版，第 3 页。

反宗教的批判的根据是：人创造了宗教，而不是宗教创造人。就是说，宗教是还没有获得自身或已经再度丧失自身的人的自我意识和自我感觉。但是，人不是抽象的蛰居于世界之外的存在物。人就是人的世界，就是国家，社会。这个国家、这个社会产生了宗教，一种颠倒的世界意识，因为它们就是颠倒的世界。宗教是这个世界的总理论，是它的包罗万象的纲要，它的具有通俗形式的逻辑，它的唯灵论的荣誉问题［Point‐d'honneur］，它的狂热，它的道德约束，它的庄严补充，它借以求得慰藉和辩护的总根据。宗教是人的本质在幻想中的实现，因为人的本质不具有真正的现实性。因此，反宗教的斗争间接地就是反对以宗教为精神抚慰的那个世界的斗争。

宗教里的苦难既是现实的苦难的表现，又是对这种现实的苦难的抗议。宗教是被压迫生灵的叹息，是无情世界的情感，正像它是无精神活力的制度的精神一样。宗教是人民的鸦片。

废除作为人民的虚幻幸福的宗教，就是要求人民的现实幸福。要求抛弃关于人民处境的幻觉，就是要求抛弃那需要幻觉的处境。因此，对宗教

---

① 见西赛罗《论神之本性》。直译是：为保卫祭坛和炉灶所作的雄辩；转义是：为保卫社稷和家园所作的雄辩。

的批判就是对苦难尘世——宗教是它的神圣光环——的批判的胚芽。

马克思：《〈黑格尔法哲学批判〉导言》（1843 年 10 月中—12 月中），

《马克思恩格斯文集》第 1 卷，人民出版社 2009 年版，第 3—4 页

批判的武器当然不能代替武器的批判，物质力量只能用物质力量来摧毁；但是理论一经掌握群众，也会变成物质力量。理论只要说服人〔ad hominem〕，就能掌握群众；而理论只要彻底，就能说服人〔ad hominem〕。所谓彻底，就是抓住事物的根本。而人的根本就是人本身。德国理论的彻底性的明证，亦即它的实践能力的明证，就在于德国理论是从坚决积极废除宗教出发的。对宗教的批判最后归结为人是人的最高本质这样一个学说，从而也归结为这样的绝对命令：必须推翻使人成为被侮辱、被奴役、被遗弃和被蔑视的东西的一切关系，一个法国人对草拟中的养犬税发出的呼声，再恰当不过地刻画了这种关系，他说："可怜的狗啊！人家要把你们当人看哪！"

马克思：《〈黑格尔法哲学批判〉导言》（1843 年 10 月中—12 月中），

《马克思恩格斯文集》第 1 卷，人民出版社 2009 年版，第 11 页。

宗教按它的本质来说就是抽掉人和大自然的整个内容，把它转给彼岸之神的幻影，然后彼岸之神大发慈悲，又反过来使人和大自然从它的丰富宝库中得到一点东西。只要对彼岸幻影的信仰还很强烈，还起作用，人用这种迂回的办法至少可以取得一些内容。中世纪的强烈信仰无疑地曾以这种办法赋予这整个时代以巨大的能量，不过这是一种并非来自外部，而是已经在人的本性之中的能量，尽管它还是不自觉的和未开发的。信仰逐渐淡化，宗教随着文化的日益提高而瓦解，但人还是没有看清，他正在把自己的本质当作一种异己的本质来朝拜，并加以神化。人处于这种不自觉而又无信仰的状态，不可能有什么内容，他对真理、理性和大自然必定绝望，而且这种空虚和无思想内容以及对宇宙的永恒事实的绝望将存在下去，直到人看清楚，他当作神来崇敬的本质就是他自己的、迄今为止他还不认识的本质，直到——，我何必照抄费尔巴哈的话呢？

恩格斯：《英国状况——评托马斯·卡莱尔的〈过去和现在〉》（1843

年 10—1844 年 1 月中），《马克思恩格斯全集》第 3 卷，人民出版社

2002 年版，第 517—518 页。

其实神不过是通过人在自己的不发达意识这个混沌物质（Hyle）中对

人的反映而创造出来的。

恩格斯：《英国状况——评托马斯·卡莱尔的〈过去和现在〉》（1843年10月—1844年1月中），《马克思恩格斯全集》第3卷，人民出版社2002年版，第519—520页。

为了了解这一切的伟大，我们没有必要首先召来什么"神"的抽象概念，把一切美好的、伟大的、崇高的、真正人性的事物归在它的名下。为了确信人的事物的伟大和美好，我们没有必要采取这种迂回的办法，没有必要给真正人性的事物打上"神性的"烙印。相反，任何一种事物，越是"神性的"即非人性的，我们就越不能称赞它。只是由于一切宗教的内容起源于人，它们才在某些地方还可求得人的尊敬；只有意识到，即使是最疯狂的迷信，其实也包含有人类本质的永恒规定性，尽管具有的形式已经是歪曲了的和走了样的；只有意识到这一点，才能使宗教的历史，特别是中世纪宗教的历史，不致被全盘否定，被永远忘记；不然的话，这种"充满神性的"历史自然会有这样的命运。历史越是"充满神性"，就越具有非人性和兽性；毫无疑问，"充满神性的"中世纪造成人性兽化的完善，产生农奴制和初夜权，等等。使卡莱尔大为不满的现代之无有神性恰好是现代之充满神性。由此也可以明白，为什么我在前面指出人是斯芬克斯谜语的谜底。迄今为止总是提出这个问题：神是什么？德国哲学就这样回答问题：神是人。人只须认识自身，使自己成为衡量一切生活关系的尺度，按照自己的本质去评价这些关系，根据人的本性的要求，真正依照人的方式来安排世界，这样，他就会解开现代的谜语了。不应当到彼岸的太虚幻境，不是超越时间和空间，不是到存在于世界之中或与世界对立的什么"神"那里去寻找真理，而应当到最近处，到人的心胸中去寻找真理。人所固有的本质比臆想出来的各种各样的"神"的本质，要美好得多，高尚得多，因为"神"只是人本身的相当模糊和歪曲了的反映。因此，如果卡莱尔依照本·琼森的讲法，说人丧失了自己的灵魂，现在才开始觉察到它不存在，那么正确的说法应当是这样：人在宗教中丧失了他固有的本质，使自己的人性外化，现在，在宗教由于历史的进步而动摇了之后，他才觉察到自己的空虚和不坚定。但是，他没有其他拯救的办法，只有彻底克服一切宗教观念，坚决地真诚地复归，不是向"神"，而是向自己本身复归，才能重新获得自己的人性、自己的本质。

恩格斯：《英国状况——评托马斯·卡莱尔的〈过去和现在〉》（1843年10月—1844年1月中），《马克思恩格斯全集》第3卷，人民出版社2002年版，第520—521页。

正如同不是宗教创造人，而是人创造宗教一样，不是国家制度创造人民，而是人民创造国家制度。

马克思：《黑格尔法哲学批判》（1843年夏—1844年秋），《马克思恩格斯全集》第3卷，人民出版社2002年版，第40页。

这一切后果包含在这样一个规定中：工人对自己的劳动的产品的关系就是对一个异己的对象的关系。因为根据这个前提，很明显，工人在劳动中耗费的力量越多，他亲手创造出来反对自身的、异己的对象世界的力量就越强大，他自身、他的内部世界就越贫乏，归他所有的东西就越少。宗教方面的情况也是如此。人奉献给上帝的越多，他留给自身的就越少。①工人把自己的生命投入对象；但现在这个生命已不再属于他而属于对象了。因此，这种活动越多，工人就越丧失对象。凡是成为他的劳动的产品的东西，就不再是他自身的东西。因此，这个产品越多，他自身的东西就越少。工人在他的产品中的外化，不仅意味着他的劳动成为对象，成为外部的存在，而且意味着他的劳动作为一种与他相异的东西不依赖于他而在他之外存在，并成为同他对立的独立力量；意味着他给予对象的生命是作为敌对的和相异的东西同他相对立。

马克思：《1844年经济学哲学手稿》（1844年5月底6月初—8月），《马克思恩格斯文集》第1卷，人民出版社2009年版，第157页。

在宗教中，人的幻想、人的头脑和人的心灵的自主活动对个人发生作用不取决于他个人，就是说，是作为某种异己的活动，神灵的或魔鬼的活动发生作用，同样，工人的活动也不是他的自主活动。他的活动属于别人，这种活动是他自身的丧失。

马克思：《1844年经济学哲学手稿》（1844年5月底6月初—8月），《马克思恩格斯文集》第1卷，人民出版社2009年版，第160页。

人同自身以及同自然界的任何自我异化，都表现在他使自身、使自然

---

① 马克思在这里以自己的理解复述了费尔巴哈哲学关于宗教是人的本质的异化的论点。费尔巴哈说，为了使上帝富有，人就必须贫穷；为了使上帝成为一切，人就必须什么也不是。人在自身中否定了他在上帝身上所肯定的东西。

界跟另一些与他不同的人所发生的关系上。因此，宗教的自我异化也必然表现在世俗人对僧侣或者世俗人对耶稣基督——因为这里涉及精神世界——等等的关系上。在实践的、现实的世界中，自我异化只有通过对他人的实践的、现实的关系才能表现出来。异化借以实现的手段本身就是实践的。因此，通过异化劳动，人不仅生产出他对作为异己的、敌对的力量的生产对象和生产行为的关系，而且还生产出他人对他的生产和他的产品的关系，以及他对这些他人的关系。

马克思：《1844 年经济学哲学手稿》（1844 年 5 月底 6 月初—8 月），
《马克思恩格斯文集》第 1 卷，人民出版社 2009 年版，第 165 页。

诚然，我们从国民经济学得到作为私有财产运动之结果的外化劳动（外化的生命）这一概念。但是，对这一概念的分析表明，尽管私有财产表现为外化劳动的根据和原因，但确切地说，它是外化劳动的后果，正像神原先不是人类理智迷误的原因，而是人类理智迷误的结果一样。后来，这种关系就变成相互作用的关系。

马克思：《1844 年经济学哲学手稿》（1844 年 5 月底 6 月初—8 月），
《马克思恩格斯文集》第 1 卷，人民出版社 2009 年版，第 166 页。

因此，按照这种在私有制范围内揭示出财富的主体本质的启蒙国民经济学的看法，那些认为私有财产对人来说仅仅是对象性的本质的货币主义体系和重商主义体系的拥护者，是拜物教徒、天主教徒。因此，恩格斯有理由把亚当·斯密称做国民经济学的路德。正像路德把信仰看成是宗教的外部世界的本质，因而起来反对天主教异教一样，正像他把宗教笃诚变成人的内在本质，从而扬弃了外在的宗教笃诚一样，正像他把僧侣移入世俗人心中，因而否定了在世俗人之外存在的僧侣一样，由于私有财产体现在人本身中，人本身被认为是私有财产的本质，从而人本身被设定为私有财产的规定，就像在路德那里被设定为宗教的规定一样，因此在人之外存在的并且不依赖于人的——也就是只应以外在方式来保存和维护的——财富被扬弃了，换言之，财富的这种外在的、无思想的对象性就被扬弃了。由此可见，以劳动为原则的国民经济学表面上承认人，其实是彻底实现对人的否定，因为人本身已不再同私有财产的外在本质处于外部的紧张关系中，而是人本身成了私有财产的这种紧张的本质。以前是自身之外的存在——人的真正外化——的东西，现在仅仅变成了外化的行为，变成了外在化。

马克思:《1844年经济学哲学手稿》(1844年5月底6月初—8月),《马克思恩格斯文集》第1卷,人民出版社2009年版,第178—179页。

这种物质的、直接感性的私有财产,是异化了的人的生命的物质的、感性的表现。私有财产的运动——生产和消费——是迄今为止全部生产的运动的感性展现,就是说,是人的实现或人的现实。宗教、家庭、国家、法、道德、科学、艺术等等,都不过是生产的一些特殊的方式,并且受生产的普遍规律的支配。因此,对私有财产的积极的扬弃,作为对人的生命的占有,是对一切异化的积极的扬弃,从而是人从宗教、家庭、国家等等向自己的合乎人性的存在即社会的存在的复归。宗教的异化本身只是发生在意识领域、人的内心领域,而经济的异化是现实生活的异化,——因此对异化的扬弃包括两个方面。不言而喻,在不同的民族那里,运动从哪个领域开始,这要看一个民族的真正的、公认的生活主要是在意识领域还是在外部世界进行,这种生活更多地是观念的生活还是现实的生活。共产主义是径直从无神论开始的(欧文)①,而无神论最初还根本不是共产主义;那种无神论主要还是一个抽象。——因此,无神论的博爱最初还只是哲学的、抽象的博爱,而共产主义的博爱则径直是现实的和直接追求实效的。

马克思:《1844年经济学哲学手稿》(1844年5月底6月初—8月),《马克思恩格斯文集》第1卷,人民出版社2009年版,第186—187页。

第二,这里包含着:因为有自我意识的人认为精神世界——或人的世界在精神上的普遍存在——是自我外化并加以扬弃,所以他仍然重新通过这个外化的形态确证精神世界,把这个世界冒充为自己的真正的存在,恢复这个世界,假称在自己的异在本身中就是在自身。因此,在扬弃例如宗教之后,在承认宗教是自我外化的产物之后,他仍然在作为宗教的宗教中找到自身的确证。黑格尔的虚假的实证主义或他那只是虚有其表的批判主义的根源就在于此,这也就是费尔巴哈所说的宗教或神学的设定、否定和恢复,然而这应当以更一般的形式来表述。因此,理性在作为非理性的非理性中就是在自身。一个认识到自己在法、政治等等中过着外化生活的人,就是在这种外化生活本身中过着自己的真正的人的生活。因此,与自身相

---

① 指欧文对一切宗教的批判言论。用欧文的话来说,宗教给人以危险的和可悲的前提,在社会中培植人为的敌对;欧文指出,宗教的褊狭性是达到普遍的和谐和快乐的直接障碍;欧文认为任何宗教观念都是极端谬误的。

矛盾的，既与知识又与对象的本质相矛盾的自我肯定、自我确证，是真正的知识和真正的生活。

马克思：《1844 年经济学哲学手稿》（1844 年 4—8 月），《马克思恩格斯文集》第 1 卷，人民出版社 2009 年版，第 213—214 页。

如果我知道宗教是外化的人的自我意识，那么我也就知道，在作为宗教的宗教中得到确证的不是我的自我意识，而是我的外化的自我意识。这就是说，我知道我的属于自身的、属于我的本质的自我意识，不是在宗教中，倒是在被消灭、被扬弃的宗教中得到确证的。

马克思：《1844 年经济学哲学手稿》（1844 年 4—8 月），《马克思恩格斯文集》第 1 卷，人民出版社 2009 年版，第 214 页。

在它们的现实存在中它们的运动的本质是隐蔽的。这种本质只是在思维中、在哲学中才表露、显示出来；因此，我的真正的宗教存在是我的宗教哲学的存在，我的真正的政治存在是我的法哲学的存在，我的真正的自然存在是自然哲学的存在，我的真正的艺术存在是艺术哲学的存在，我的真正的人的存在是我的哲学的存在。同样，宗教、国家、自然界、艺术的真正存在＝宗教哲学、自然哲学、国家哲学、艺术哲学。但是，如果只有宗教哲学等等对我来说才是真正的宗教存在，那么我也就只有作为宗教哲学家才算是真正信教的，而这样一来我就否定了现实的宗教信仰和现实的信教的人。但是，我同时确证了它们：一方面，是在我自己的存在中或在我使之与它们相对立的那个异己的存在中，因为异己的存在仅仅是它们的哲学的表现；另一方面，则是在它们自己的最初形式中，因为在我看来它们不过是虚假的异在、比喻，是隐蔽在感性外壳下面的它们自己的真正存在即我的哲学的存在的形式。

同样地，扬弃了的质＝量，扬弃了的量＝度，扬弃了的度＝本质，扬弃了的本质＝现象，扬弃了的现象＝现实，扬弃了的现实＝概念，扬弃了的概念＝客观性，扬弃了的客观性＝绝对观念，扬弃了的绝对观念＝自然界，扬弃了的自然界＝主观精神，扬弃了的主观精神＝伦理的客观精神，扬弃了的伦理精神＝艺术，扬弃了的艺术＝宗教，扬弃了的宗教＝绝对知识。[①]

---

①　见黑格尔《哲学全书纲要》（1830 年海德堡第 3 版）："存在论：A. 质。B. 量。C. 度。本质论：A. 本质作为实存的根据。B. 现象。C. 现实。概念论：A. 主观概念。B. 客体。C. 观念。——自然哲学。——精神哲学。"

马克思：《1844 年经济学哲学手稿》（1844 年 4—8 月），《马克思恩格斯文集》第 1 卷，人民出版社 2009 年版，第 215 页。

现实人道主义在德国没有比唯灵论或者说思辨唯心主义更危险的敌人了。思辨唯心主义用"自我意识"即"精神"代替现实的个体的人，并且用福音书作者的话教诲说："叫人活着的乃是灵，肉体是无益的。"显而易见，这种没有肉体的精神只是在自己的臆想中才具有精神。在鲍威尔的批判中，我们所反对的正是以漫画形式再现出来的思辨。我们认为这种思辨是基督教日耳曼原则的最完备的表现，这种原则通过把"批判"本身变为某种超验的力量来作自己的最后一次尝试。

马克思、恩格斯：《神圣家族，或对批判的批判所做的批判。驳布鲁诺·鲍威尔及其伙伴》（1844 年 9—11 月），《马克思恩格斯文集》第 1 卷，人民出版社 2009 年版，第 253 页。

把私有财产关系当做合乎人性的和合理的关系的国民经济学，不断地同自己的基本前提——私有财产——发生矛盾，这种矛盾正像神学家所碰到的矛盾一样：神学家经常从合乎人性的观点来解释宗教观念，而正因为如此，他们就不断地违背自己的基本前提——宗教的超人性。

马克思、恩格斯：《神圣家族，或对批判的批判所做的批判。驳布鲁诺·鲍威尔及其伙伴》（1844 年 9—11 月），《马克思恩格斯文集》第 1 卷，人民出版社 2009 年版，第 256 页。

例如政治偶象及其机构和层次阶梯创造了罪恶世界，而政治偶象是罪恶世界的至圣物。例如宗教偶象创造了世俗状况，而这些世俗状况反映在宗教偶象中也是一些虚幻的、天上的东西。

马克思：《道德化的批判和批判化的道德——论德意志文化的历史，驳卡尔·海因岑》（1847 年 10 月底），《马克思恩格斯全集》第 4 卷，人民出版社 1958 年版，第 339 页。

上帝创造了宇宙和天赋的国王，把比较细小的事情交给了世人。甚至连"武器"和陆军中尉的军服也是用人间的方法制造的。可是人间的生产不同于天上的事情，决不能无中生有。

马克思：《弗里德里希－威廉四世答市民自卫团代表团》（1848 年 10 月 18 日），《马克思恩格斯全集》第 5 卷，人民出版社 1958 年版，第 511 页。

施蒂纳的《唯一者及其所有物》一书，即使你还没有见到，想必也已经听说了吧。维干德把这本书的校样寄给了我，我把它带到科隆，放在赫斯那里了。这位高贵的施蒂纳（你知道柏林的施米特吧，就是那个在布尔的集子里评述过《秘密》的那个人）的原则，就是边沁的利己主义，只不过从一方面看贯彻得比较彻底，而从另一方面看又欠彻底罢了。说施蒂纳比较彻底，是因为施蒂纳作为一个无神论者，也把个人置于上帝之上，或者更确切地说，宣称个人是至高无上的，而边沁却让上帝在朦胧的远处凌驾于个人之上；总之，是因为施蒂纳是以德国唯心主义为基础，是转向唯物主义和经验主义的唯心主义者，而边沁是一个单纯的经验主义者。说施蒂纳欠彻底，是因为他想避免边沁所实行的对分解为原子的社会的重建，但这是办不到的。这种利己主义只不过是现代社会和现代人的被意识到的本质，是现代社会所能用来反对我们的最后论据，是现存的愚蠢事物范围内一切理论的顶峰。

因此，这个东西是重要的，比例如赫斯所认为的还重要。我们不应当把它丢在一旁，而是要把它当做现存的荒谬事物的最充分的表现加以利用，在我们把它颠倒过来之后，在它上面继续进行建设。这种利己主义已是如此登峰造极，如此荒谬，同时又具有如此程度的自我意识，以致由于其本身的片面性而不能维持片刻，不得不马上转向共产主义。首先可以轻而易举地向施蒂纳证明，他的利己主义的人，必然由于纯粹的利己主义而成为共产主义者。这就是我们应当给这个家伙的回答。其次必须告诉他：人的心灵，从一开始就直接由于自己的利己主义而是无私的和富有牺牲精神的；于是，他又回到他所反对的东西上面。用这几句老生常谈就能驳倒他的片面性。可是，原则上正确的东西，我们也必须吸收。而原则上正确的东西当然是，在我们能够为某一件事做些什么以前，我们必须首先把它变成我们自己的、利己的事，也就是说，在这个意义上，即使抛开一些可能的物质上的愿望不谈，我们也是从利己主义成为共产主义者的，要从利己主义成为人，而不仅仅是成为个人。或者换句话说，施蒂纳摒弃费尔巴哈的"人"，摒弃起码是《基督教的本质》里的"人"，是正确的。费尔巴哈的"人"是从上帝引申出来的，费尔巴哈是从上帝进到"人"的，这样，他的"人"无疑还戴着抽象概念的神学光环。进到"人"的真正途径是与此完全相反的。我们必须从我，从经验的、有血有肉的个人出发，不是为了像施蒂纳那样陷在里面，而是为了从那里上升到"人"。只要"人"不是以经验的人为基础，那么他始终是一个虚幻的形象。简言之，如果要使我们的思想，尤其是要使我们的"人"成为某种真实的东西，我们就必须从经验主义和唯物主义出发；我们必须从个别物中引申出普遍物，而不要从本身中或者像黑格尔那样从虚无中去引申。

这一切都是些老生常谈，都是不言而喻的，费尔巴哈已经分别地谈到过它们，要不是赫斯——我觉得，他是出于原先对唯心主义的忠心——这样痛骂经验主义，特别是痛骂费尔巴哈和现在痛骂施蒂纳，我也就不会重复这些了。赫斯对费尔巴哈的评论，有许多地方都是对的，但是另一方面，看来他还有一些唯心主义的荒唐思想——他谈到理论问题时，总是把一切归结为范畴，所以他也就因过于抽象而无法通俗地写作，所以他也憎恨各式各样的利己主义，宣扬博爱等等，这就又回到了基督教的自我牺牲上面。但是，如果说有血有肉的个人是我们的"人"的真正的基础，真正的出发点，那么，不言而喻，利己主义——当然，不仅仅是施蒂纳的理智的利己主义，而且也包括心灵的利己主义——也就是我们的博爱的出发点，否则这种爱就飘浮在空中了。不久赫斯就要到你那儿去，你可以亲自同他谈谈这个问题。顺便说一句，所有这些理论上的废话一天比一天更使我感到厌倦；在谈到"人"的问题时不得不说的每一句话，为反对神学和抽象概念以及反对粗陋的唯物主义而不得不写的或读的每一行字，都使我感到恼火。如果我们不研究所有这一切幻影——要知道，尚未现实化的人在现实化以前也仍然是一个幻影——而去研究真实的、活生生的事物，研究历史的发展和结局，那么情况就完全不同。只要我们还依靠使用笔杆子，而不能直接用手，或者必要的话，用拳头去实现我们的思想，那么，这样做至少是上策。

恩格斯：《恩格斯致马克思》（1844 年 11 月 19 日），《马克思恩格斯文集》第 10 卷，人民出版社 2009 年版，第 23—26 页。

正像人在宗教中受他自己头脑的产物的支配一样，人在资本主义生产中受他自己双手的产物的支配。

马克思：《资本论（第 1 卷）》（1867 年 9 月），《马克思恩格斯文集》第 5 卷，人民出版社 2009 年版，第 717 页。

在资本主义生产的现实生活中，以及在它的理论中，物化劳动表现为同劳动本身的对立，同活劳动的对立。正象在受宗教束缚的思维过程中，思维的产品不仅要求支配思维本身，而且实现了这种支配一样。

马克思：《资本论（第4卷）》（1861年8月—1863年中），《马克思恩格斯全集》第26（3）卷，人民出版社1974年版，第304页。

可是，造神说难道不就是一种最坏的自我侮辱吗？一切从事造神的人，甚至只是容许这种做法的人，都是在以最坏的方式侮辱自己，他们所从事的不是"实际活动"，而恰巧是自我直观，自我欣赏，而且，这种人"直观"的是自"我"身上种种被造神说所神化了的最肮脏、最愚蠢、最富有奴才气的特点。

列宁：《致阿·马·高尔基》（1913年11月13日或14日），《列宁全集》第46卷，人民出版社1990年版，第362页。

说神是那些在激发和组织社会感情的观念的复合，这不对。这是抹杀观念的物质起源的波格丹诺夫的唯心主义。神首先（就历史和生活来说）是由人的麻木的受压抑状态以及外部自然界和阶级压迫所产生的那些观念的复合，是巩固这种受压抑状态和使阶级斗争瘫痪的那些观念的复合。历史上曾有过这样一个时期，当时尽管神的观念的起源和真实作用是这样的，但是民主派以及无产阶级的斗争都采取了以一种宗教观念反对另一种宗教观念的斗争形式。

但是这样的时期早已过去了。

现在无论在欧洲或者在俄国，任何（甚至最精巧的、最善意的）捍卫或庇护神的观念的行为都是庇护反动派的行为。

您的整个定义完全是反动的和资产阶级的，神＝"在激发和组织社会感情，以使个人同社会相联系，约束动物性个人主义"的那些观念的复合。

为什么这是反动的呢？因为它为那种"约束"动物本能的僧侣主义—农奴制的观念涂脂抹粉。实际上，约束"动物性个人主义"的不是神的观念，而是原始人群和原始公社。神的观念永远是奴隶制（最坏的、没有出路的奴隶制）的观念，它一贯麻痹和削弱"社会感情"，以死东西偷换活东西。神的观念从来也没有"把个人同社会相联系"，而是一贯用把压迫者奉为神这种信仰来束缚被压迫阶级。

列宁：《致阿·马·高尔基》（1913年11月14日以后），《列宁全集》第46卷，人民出版社1990年版，第367—368页。

野蛮的济良人等（半野蛮人的也是一样）的神的观念是一回事，司徒卢威之流的神的观念是另一回事。在这两种情况下这种观念都受到阶级统治的支持（这种观念也支持阶级统治）。"人民"关于神和替神行道的概念，完全同"人民"关于沙皇、妖怪、揪妻子头发的"概念"一样，都是"人民的"愚蠢、闭塞、无知。我根本不能理解，您怎能把"人民"关于神的"概念"说成是"民主的概念"呢。

> 列宁：《致阿·马·高尔基》（1913 年 12 月 14 日以后），《列宁全集》第 46 卷，人民出版社 1990 年版，第 368 页。

2. "要把神学问题化为世俗问题"

我还要求他们更多地在批判政治状况当中来批判宗教，而不是在宗教当中来批判政治状况，因为这样做才更符合报纸的本质和读者的教育水平，因为宗教本身是没有内容的，它的根源不是在天上，而是在人间，随着以宗教为理论的被歪曲了的现实的消失，宗教也将自行消亡。最后，我向他们建议，如果真要谈论哲学，那么最好少炫耀"无神论"招牌（这看起来就像有些小孩向一切愿意听他们讲话的人保证自己不怕鬼怪一样），而多向人民宣传哲学的内容。我所说的就是这些……

> 马克思：《致阿尔诺德·卢格》（1842 年 11 月 30 日），《马克思恩格斯文集》第 10 卷，人民出版社 2009 年版，第 3—4 页。

既然我们看到，甚至在政治解放已经完成了的国家，宗教不仅仅存在，而且是生气勃勃的、富有生命力的存在，那么这就证明，宗教的定在和国家的完成是不矛盾的。但是，因为宗教的定在是一种缺陷的定在，那么这种缺陷的根源就只能到国家自身的本质中去寻找。在我们看来，宗教已经不是世俗局限性的原因，而只是它的现象。因此，我们用自由公民的世俗束缚来说明他们的宗教束缚。我们并不宣称：他们必须消除他们的宗教局限性，才能消除他们的世俗限制。我们宣称：他们一旦消除了世俗限制，就能消除他们的宗教局限性。我们不把世俗问题化为神学问题。我们要把神学问题化为世俗问题。相当长的时期以来，人们一直用迷信来说明历史，而我们现在是用历史来说明迷信。在我们看来，政治解放对宗教的关系问题已经成了政治解放对人的解放的关系问题。我们撇开政治国家在宗教上的软弱无能，而去批判政治国家的世俗结构，这样也就批判了它在宗教上的软弱无能。我们从人的角度来看，国家和某一特定宗教例如和犹太教的矛盾，就是国家和特定世俗要素的矛盾；而国家和一般宗教的矛盾，也就是国家和它的一般前提的矛盾。

马克思：《论犹太人问题》（1843 年 10 月中—12 月中），《马克思恩格斯文集》第 1 卷，人民出版社 2009 年版，第 27—28 页。

神学家也是这样用原罪来说明恶的起源，就是说，他把他应当加以说明的东西假定为一种具有历史形式的事实。

马克思：《1844 年经济学哲学手稿》（1844 年 5 月底 6 月初—8 月），《马克思恩格斯文集》第 1 卷，人民出版社 2009 年版，第 156 页。

正像宗教同全部世俗内容的脱离使宗教成为抽象的、绝对的宗教一样。"情感和良心"干涉法这个事实使"批判家"有足够的根据在谈法的地方谈情感和良心，在谈法律教义的地方谈神学教义。

马克思、恩格斯：《神圣家族，或对批判的批判所做的批判。驳布鲁诺·鲍威尔及其伙伴》（1844 年 9—11 月），《马克思恩格斯文集》第 1 卷，人民出版社 2009 年版，第 300 页。

与此相反，《德法年鉴》曾经证明，犹太精神是通过历史，在历史中并且同历史一起保存下来和发展起来的，然而，这种发展不是用神学家的眼睛，而是用世俗的眼睛才能看到，因为这种发展不是在宗教学中，而是只有在工商业的实践中才能看到。《德法年鉴》曾经说明，为什么实际的犹太精神只有在完备的基督教世界里才能达到完备的程度；不仅如此，那里还指出，这种实际的犹太精神正是基督教世界本身的完备的实践。《德法年鉴》不是用犹太人的宗教——这种宗教竟然被认为是一种特殊的自为的存在的本质——来说明现代犹太人的生活现，而是用那些在犹太人的宗教中得到幻想反映的市民社会的实际要素来说明犹太人宗教的顽强生命力。因此，不是像在鲍威尔先生笔下那样，被理解为犹太人的特殊任务，而是被理解为彻头彻尾渗透着犹太精神的现代世界的普遍的实践任务。《德法年鉴》已经证明，消除犹太本质的任务实际上就是消除市民社会中的犹太精神的任务，就是消除现代生活实践中的非人性的任务，这种非人性的最高表现就是货币制度。

马克思、恩格斯：《神圣家族，或对批判的批判所做的批判。驳布鲁诺·鲍威尔及其伙伴》（1844 年 9—11 月），《马克思恩格斯文集》第 1 卷，人民出版社 2009 年版，第 308 页。

费尔巴哈是从宗教上的自我异化，从世界被二重化为宗教世界和世俗世界这一事实出发的。他做的工作是把宗教世界归结于它的世俗基础。但是，世俗基础使自己从自身中分离出去，并在云霄中固定为一个独立王国，这只能用这个世俗基础的自我分裂和自我矛盾来说明。因此，对于这个世俗基础本身应当在自身中、从它的矛盾中去理解，并且在实践中使之发生革命。因此，例如，自从发现神圣家族的秘密在于世俗家庭之后，世俗家庭本身就应当在理论上和实践中被消灭。

> 马克思：《关于费尔巴哈的提纲》（写于 1845 年春），《马克思恩格斯文集》第 1 卷，人民出版社 2009 年版，第 500 页。

费尔巴哈把宗教的本质归结于人的本质。但是，人的本质不是单个人所固有的抽象物，在其现实性上，它是一切社会关系的总和。

费尔巴哈没有对这种现实的本质进行批判，因此他不得不：

（1）撇开历史的进程，把宗教感情固定为独立的东西，并假定有一种抽象的——孤立的——人的个体。

（2）因此，本质只能被理解为"类"，理解为一种内在的、无声的、把许多个人自然地联系起来的普遍性。

> 马克思：《关于费尔巴哈的提纲》（写于 1845 年春），《马克思恩格斯文集》第 1 卷，人民出版社 2009 年版，第 501 页。

因此，费尔巴哈没有看到，"宗教感情"本身是社会的产物，而他所分析的抽象的个人，是属于一定的社会形式的。

> 马克思：《关于费尔巴哈的提纲》（写于 1845 年春），《马克思恩格斯文集》第 1 卷，人民出版社 2009 年版，第 501 页。

全部社会生活在本质上是实践的。凡是把理论引向神秘主义的神秘东西，都能在人的实践中以及对这种实践的理解中得到合理的解决。

> 马克思：《关于费尔巴哈的提纲》（写于 1845 年春），《马克思恩格斯文集》第 1 卷，人民出版社 2009 年版，第 501 页。

例如，某一时代想象自己是由纯粹"政治的"或"宗教的"动因所决定的——尽管"宗教"和"政治"只是时代的现实动因的形式——，那么它的历史编纂学家就会接受这个意见。这些特定的人关于自己的真正实践的"想象"、"观念"变成了一种支配和决定这些人的实践的唯一起决定作用的和积极的力量。印度人和埃及人借以实现分工的粗陋形式在这些民族的国家和宗教中产生了种姓制度，于是历史学家就以为种姓制度是产生这种粗陋的社会形式的力量。法国人和英国人至少抱着一种毕竟是同现实最接近的政治幻想，而德国人却在"纯粹精神"的领域中兜圈子，把宗教幻想推崇为历史的动力。黑格尔的历史哲学是整个这种德国历史编纂学的最终的、达到自己"最纯粹的表现"的成果。对于德国历史编纂学来说，问题完全不在于现实的利益，甚至不在于政治的利益，而在于纯粹的思想。这种历史哲学后来在圣布鲁诺看来也一定是一连串的"思想"，其中一个吞噬一个，最终消失于"自我意识"中。圣麦克斯·施蒂纳更加彻底，他对全部现实的历史一窍不通，他认为历史进程必定只是"骑士"、强盗和幽灵的历史，他当然只有借助于"不信神"才能摆脱这种历史的幻觉而得救。这种观点实际上是宗教的观点：它把宗教的人假设为全部历史起点的原人，它在自己的想象中用宗教的幻想生产代替生活资料和生活本身的现实生产。整个这样的历史观及其解体和由此产生的怀疑和顾虑，仅仅是德国人本民族的事情，而且对德国来说也只有地域性的意义。例如，近来不断讨论着如何能够"从神的王国进入人的王国"这样一个重要问题，似乎这个"神的王国"不是存在于想象之中，而是存在于其他什么地方；似乎那些学识渊博的先生们不是一直生活在——他们自己并不知道——他们目前正在寻找途径以求到达的那个"人的王国"之中；似乎这种科学的娱乐——这确实只是一种娱乐——就在于去说明这个理论上的空中楼阁多么奇妙，而不是相反，去证明这种空中楼阁是从现实的尘世关系中产生的。通常这些德国人总是只关心把既有的一切无意义的论调变为某种别的胡说八道，就是说，他们假定，所有这些无意义的论调都具有某种需要揭示的特殊意义，其实全部问题只在于从现存的现实关系出发来说明这些理论词句。如前所说，要真正地、实际地消灭这些词句，从人们意识中消除这些观念，就要靠改变了的环境而不是靠理论上的演绎来实现。

马克思、恩格斯：《德意志意识形态——对费尔巴哈、布·鲍威尔和施蒂纳所代表的现代德国哲学以及各式各样先知所代表的德国社会主义的批判》（1845年秋—1846年5月），《马克思恩格斯文集》第1卷，人民出版社2009年版，第545—547页。

在宗教中，人们把自己的经验世界变成一种只是在思想中的、想像中的本质，这个本质作为某种异物与人们对立着。这决不是又可以用其他概念，用"自我意识"以及诸如此类的胡言乱语来解释的，而是应该用一向存在的生产和交往的方式来解释的。这种生产和交往的方式也是不以纯粹概念为转移的，就像自动纺机的发明和铁路的使用不以黑格尔哲学为转移一样。如果他真的想谈宗教的 "本质" 即谈这一虚构的本质的物质基础，那末，他就应该既不在 "人的本质" 中，也不在上帝的宾词中去寻找这个本质，而只有到宗教的每个发展阶段的现成物质世界中去寻找这个本质。

> 马克思、恩格斯：《德意志意识形态——对费尔巴哈、布·鲍威尔和施蒂纳所代表的现代德国哲学以及各式各样先知所代表的德国社会主义的批判》（1845—1846 年），《马克思恩格斯全集》第 3 卷，人民出版社 1960 年版，第 170 页。

我浏览了一遍费尔巴哈发表在《模仿者》上的《宗教的本质》。这篇东西，除了有几处写得不错外，完全是老一套。一开头，当他还只限于谈论自然宗教时，还不得不较多地以经验主义为基础，但是接下去便混乱了。又全是本质呀，人呀，等等。我要仔细地读一遍，如果其中一些重要的段落有意思，我就尽快把它摘录给你，使你能够用在有关费尔巴哈的地方①。现在只摘引两段。整部著作（大约 60 页）一开始就给自然界下了一个和人的本质不同的定义：

> "与《基督教的本质》所论述的人的本质或神（!!）不同的、并且不依赖它而存在的实体（1），亦即没有人的本质（2）、人的特性（3）、人的个性（4）的实体，实际上不是别的什么，——就是自然界。"

这真是用雷鸣般的声音鼓吹的同义反复的杰作。而且，费尔巴哈在这句话中还把宗教的、想像的自然界幻影同实际的自然界完完全全地等同起来了。同过去一样。——接着，稍后一点，他说：

> "宗教就是对我之为我的崇拜和信奉（!）……这种对自然界的依赖性上升为意识，想像、崇拜、信奉这种依赖性，就是上升为宗教。"

> 恩格斯：《恩格斯致马克思》（1846 年 8 月 19 日），《马克思恩格斯全集》第 47 卷，人民出版社 2004 年版，第 38—388 页。

为什么蒲鲁东先生要谈上帝，谈普遍理性，谈无人身的人类理性，认

---

① 指马克思批判路·费尔巴哈哲学观点的手稿，其写作一直持续到 1846 年下半年，但是仍然没有完成。后来，这部分手稿成为马克思恩格斯合著的《德意志意识形态》一书的第 1 卷，第 1 章。

为它永无谬误，认为它永远等于它自身，认为只要正确地意识到它就可以获得真理呢？为什么他要借软弱的黑格尔主义来把自己装扮成坚强的思想家呢？

他自己给了我们一把解开这个哑谜的钥匙。蒲鲁东先生在历史中看到了一系列的社会发展。他发现进步是在历史中实现的。最后，他发现，人们作为个人并不知道他们在做些什么，他们误解了自身的运动，就是说，他们的社会发展初看起来似乎是和他们的个人发展不同、分离和毫不相干的。他无法解释这些事实，于是就作出假设，说是一种普遍理性在自我表现。发明一些神秘的原因即不合常理的空话，那是最容易不过的了。

但是，蒲鲁东先生既然承认自己完全不理解人类的历史发展——他在使用普遍理性、上帝等等响亮的字眼时就承认了这一点——，岂不是含蓄地和必然地承认他不能理解经济发展吗？

社会——不管其形式如何——是什么呢？是人们交互活动的产物。人们能否自由选择某一社会形式呢？决不能。在人们的生产力发展的一定状况下，就会有一定的交换［commerce］和消费形式。在生产、交换和消费发展的一定阶段上，就会有相应的社会制度形式、相应的家庭、等级或阶级组织，一句话，就会有相应的市民社会。有一定的市民社会，就会有不过是市民社会的正式表现的相应的政治国家。这就是蒲鲁东先生永远不会了解的东西，因为，当他从诉诸国家转而诉诸市民社会，即从诉诸社会的正式表现转而诉诸正式社会的时候，他竟认为他是在完成一桩伟业。

这里不必再补充说，人们不能自由选择自己的生产力——这是他们的全部历史的基础，因为任何生产力都是一种既得的力量，是以往的活动的产物。可见，生产力是人们应用能力的结果，但是这种能力本身决定于人们所处的条件，决定于先前已经获得的生产力，决定于在他们以前已经存在、不是由他们创立而是由前一代人创立的社会形式。后来的每一代人都得到前一代人已经取得的生产力并当做原料来为自己新的生产服务，由于这一简单的事实，就形成人们的历史中的联系，就形成人类的历史，这个历史随着人们的生产力以及人们的社会关系的愈益发展而愈益成为人类的历史。由此就必然得出一个结论：人们的社会历史始终只是他们的个体发展的历史，而不管他们是否意识到这一点。他们的物质关系形成他们的一切关系的基础。这种物质关系不过是他们的物质的和个体的活动所借以实现的必然形式罢了。

......

蒲鲁东先生无法探索出历史的实在进程，他就给我们提供了一套怪论，一套妄图充当辩证怪论的怪论。他觉得没有必要谈到 17、18 和 19 世纪，因为他的历史是在想象的云雾中发生并高高超越于时间和空间的。一句话，这是黑格尔式的陈词滥调，这不是历史，不是世俗的历史——人类的历史，而是神圣的历史——观念的历史。在他看来，人不过是观念或永恒理性为了自身的发展而使用的工具。蒲鲁东先生所说的进化，是在绝对观念的神秘怀抱中发生的进化。如果揭去这种神秘词句的帷幕，那就可以看到，蒲鲁东先生给我们提供的是经济范畴在他的头脑中的排列次序。我用不着花很多力气就可以向您证明，这是一个非常没有秩序的头脑中的秩序。

> 马克思：《马克思致巴维尔·瓦西里也维奇·安年柯夫》（1846 年 12 月 28 日），《马克思恩格斯文集》第 10 卷，人民出版社 2009 年版，第 42—44 页。

因此，黑格尔陷入幻觉，把实在理解为自我综合、自我深化和自我运动的思维的结果，其实，从抽象上升到具体的方法，只是思维用来掌握具体、把它当做一个精神上的具体再现出来的方式。但决不是具体本身的产生过程。举例来说，最简单的经济范畴，如交换价值，是以人口即在一定关系中进行生产的人口为前提的；也是以［M—15］某种家庭、公社或国家等为前提的。交换价值只能作为一个具体的、生动的既定整体的抽象的单方面的关系而存在。相反，作为范畴，交换价值却有一种洪水期前的存在。因此，在意识看来（而哲学意识就是被这样规定的：在它看来，正在理解着的思维是现实的人，而被理解了的世界本身才是现实的世界），范畴的运动表现为现实的生产行为（只可惜它从外界取得一种推动），而世界是这种生产行为的结果；这——不过又是一个同义反复——只有在下面这个限度内才是正确的：具体总体作为思想总体、作为思想具体，事实上是思维的、理解的产物；但是，决不是处于直观和表象之外或驾于其上而思维着的、自我产生着的概念的产物，而是把直观和表象加工成概念这一过程的产物。整体，当它在头脑中作为思想整体而出现时，是思维着的头脑的产物，这个头脑用它所专有的方式掌握世界，而这种方式是不同于对于世界的艺术精神的，宗教精神的，实践精神的掌握的。实在主体仍然是在头脑之外保持着它的独立性；只要这个头脑还仅仅是思辨地、理论地活动着。因此，就是在理论方法上，主体，即社会，也必须始终作为前提浮现在表象面前。

马克思：《1857—1858 年经济学手稿》（1857—1858 年），《马克思恩格斯文集》第 8 卷，人民出版社 2009 年版，第 25—26 页。

为了解决使我苦恼的疑问，我写的第一部著作是对黑格尔法哲学的批判性的分析，这部著作的导言曾发表在 1844 年巴黎出版的《德法年鉴》上。我的研究得出这样一个结果：法的关系正像国家的形式一样，既不能从它们本身来理解，也不能从所谓人类精神的一般发展来理解，相反，它们根源于物质的生活关系，这种物质的生活关系的总和，黑格尔按照 18 世纪的英国人和法国人的先例，概括为"市民社会"①，而对市民社会的解剖应该到政治经济学中去寻求。我在巴黎开始研究政治经济学，后来因基佐先生下令驱逐移居布鲁塞尔，在那里继续进行研究。我所得到的、并且一经得到就用于指导我的研究工作的总的结果，可以简要地表述如下：人们在自己生活的社会生产中发生一定的、必然的、不以他们的意志为转移的关系，即同他们的物质生产力的一定发展阶段相适合的生产关系。这些生产关系的总和构成社会的经济结构，即有法律的和政治的上层建筑竖立其上并有一定的社会意识形式与之相适应的现实基础。物质生活的生产方式制约着整个社会生活、政治生活和精神生活的过程。不是人们的意识决定人们的存在，相反，是人们的社会存在决定人们的意识。社会的物质生产力发展到一定阶段，便同它们一直在其中运动的现存生产关系或财产关系（这只是生产关系的法律用语）发生矛盾。于是这些关系便由生产力的发展形式变成生产力的桎梏。那时社会革命的时代就到来了。随着经济基础的变更，全部庞大的上层建筑也或慢或快地发生变革。在考察这些变革时，必须时刻把下面两者区别开来：一种是生产的经济条件方面所发生的物质的、可以用自然科学的精确性指明的变革，一种是人们借以意识到这个冲突并力求把它克服的那些法律的、政治的、宗教的、艺术的或哲学的，简

---

① 市民社会这一术语出自乔·威·黑格尔《法哲学原理》（《黑格尔全集》1833 年柏林版第 8 卷，第 182 节附录）。在马克思的早期著作中，这一术语的使用有两重含义。广义地说，是指社会发展各历史时期的经济制度，即决定政治制度和意识形态的物质关系总和；狭义地说，是指资产阶级社会的物质关系。因此，应按照上下文作不同的理解。根据这里的上下文并参照马克思本序言中关于经济基础和上层建筑的论述，此处应为后一种含义。

言之，意识形态的形式。我们判断一个人不能以他对自己的看法为根据，同样，我们判断这样一个变革时代也不能以它的意识为根据；相反，这个意识必须从物质生活的矛盾中，从社会生产力和生产关系之间的现存冲突中去解释。无论哪一个社会形态，在它所能容纳的全部生产力发挥出来以前，是决不会灭亡的；而新的更高的生产关系，在它的物质存在条件在旧社会的胎胞里成熟以前，是决不会出现的。所以人类始终只提出自己能够解决的任务，因为只要仔细考察就可以发现，任务本身，只有在解决它的物质条件已经存在或者至少是在生成过程中的时候，才会产生。大体说来，亚细亚的、古代的、封建的和现代资产阶级的生产方式可以看做是经济的社会形态演进的几个时代。资产阶级的生产关系是社会生产过程的最后一个对抗形式，这里所说的对抗，不是指个人的对抗，而是指从个人的社会生活条件中生长出来的对抗；但是，在资产阶级社会的胎胞里发展的生产力，同时又创造着解决这种对抗的物质条件。因此，人类社会的史前时期就以这种社会形态而告终。

马克思：《1859—1861 年经济学著作和手稿》（1858 年 11 月—1859
年 1 月），《马克思恩格斯全集》第 31 卷，人民出版社 1998 年版，第
412—413 页。

注解（89）：社会人的生产器官的形成史，即每一个特殊社会组织的物质基础的形成史，难道不值得同样注意吗？而且，这样一部历史不是更容易写出来吗？因为，如维科所说的那样，人类史同自然史的区别在于，人类史是我们自己创造的，而自然史不是我们自己创造的。工艺学揭示出人对自然的能动关系，人的生活的直接生产过程，从而人的社会生活关系和由此产生的精神观念的直接生产过程。甚至所有抽象掉这个物质基础的宗教史，都是非批判的。事实上，通过分析找出宗教幻象的世俗核心，比反过来从当时的现实生活关系中引出它的天国形式要容易得多。后面这种方法是唯一的唯物主义的方法，因而也是唯一科学的方法。那种排除历史过程的、抽象的自然科学的唯物主义的缺点，每当它的代表越出自己的专业范围时，就在他们的抽象的和意识形态的观念中显露出来。

马克思：《资本论（第 1 卷）》（1867 年 9 月），《马克思恩格斯文集》
第 5 卷，人民出版社 2009 年版，第 429 页。

从这个观点来看，在充分认识了该阶段社会经济状况（而我们那些专业历史编纂学家当然完全没有这种认识）的条件下，一切历史现象都可以用最简单的方法来说明，同样，每一历史时期的观念和思想也可以极其简单地由这一时期的经济的生活条件以及由这些条件决定的社会关系和政治关系来说明。历史破天荒第一次被置于它的真正基础上；一个很明显的而以前完全被人忽略的事实，即人们首先必须吃、喝、住、穿，就是说首先必须劳动，然后才能争取统治，从事政治、宗教和哲学等等，——这一很明显的事实在历史上的应有之义此时终于获得了承认。

恩格斯：《卡尔·马克思》（1877 年 6 月中），《马克思恩格斯文集》第 3 卷，人民出版社 2009 年版，第 459 页。

在法国为行将到来的革命启发过人们头脑的那些伟大人物，本身都是非常革命的。他们不承认任何外界的权威，不管这种权威是什么样的。宗教、自然观、社会、国家制度，一切都受到了最无情的批判；一切都必须在理性的法庭面前为自己的存在作辩护或者放弃存在的权利。思维着的知性成了衡量一切的唯一尺度。那时，如黑格尔所说的，是世界用头立地的时代。① 最初，这句话的意思是：人的头脑以及通过头脑的思维发现的原理，要求成为人类的一切活动和社会结合的基础；后来这句话又有了更广泛的含义：同这些原理相矛盾的现实，实际上都被上下颠倒了。以往的一切社会形式和国家形式、一切传统观念，都被当做不合理性的东西扔到垃圾堆里去了；到现在为止，世界所遵循的只是一些成见；过去的一切只值得怜悯和鄙视。只是现在阳光才照射出来，理性的王国才开始出现。从今以后，迷信、非正义、特权和压迫，必将为永恒的真理、永恒的正义、基于自然的平等和不可剥夺的人权所取代。

恩格斯：《社会主义从空想到科学的发展》（1880 年 1—3 月上半月），

---

① 关于法国革命，黑格尔有如下一段话："正义思想、正义概念一下子就得到了承认，非正义的旧支柱不能对它作任何抵抗。因此，在正义思想的基础上现在创立了宪法，今后一切都必须以此为根据。自从太阳照耀在天空而行星围绕着太阳旋转的时候起，还从来没有看到人用头立地，即用思想立地并按照思想去构造现实。阿那克萨哥拉第一个说，Nûs 即理性支配着世界；可是，直到现在人们才认识到，思想应当支配精神的现实。因此，这是一次壮丽的日出。一切能思维的生物都欢庆这个时代的来临。这时到处笼罩着一种高尚的热情，全世界都浸透了一种精神的热忱，仿佛正是现在达到了神意和人世的和解。"（黑格尔《历史哲学》1840 年版第 535 页）难道现在不正是应当用反社会党人法去反对已故的黑格尔教授的这种危害社会秩序的颠覆学说吗？

《马克思恩格斯文集》第 3 卷，人民出版社 2009 年版，第 523—
524 页。

新的事实迫使人们对以往的全部历史作一番新的研究，结果发现：以
往的全部历史，除原始状态外，都是阶级斗争的历史；这些互相斗争的社
会阶级在任何时候都是生产关系和交换关系的产物，一句话，都是自己时
代的经济关系的产物；因而每一时代的社会经济结构形成现实基础，每一
个历史时期的由法的设施和政治设施以及宗教的、哲学的和其他的观念形
式所构成的全部上层建筑，归根到底都应由这个基础来说明。黑格尔把历
史观从形而上学中解放了出来，使它成为辩证的，可是他的历史观本质上
是唯心主义的。现在，唯心主义从它的最后的避难所即历史观中被驱逐出
去了，一种唯物主义的历史观被提出来了，用人们的存在说明他们的意识，
而不是像以往那样用人们的意识说明他们的存在这样一条道路已经找到了。

恩格斯：《社会主义从空想到科学的发展》（1880 年 1—3 月上半月），
《马克思恩格斯文集》第 3 卷，人民出版社 2009 年版，第 544—
545 页。

正像达尔文发现有机界的发展规律一样，马克思发现了人类历史的发
展规律，即历来为繁芜丛杂的意识形态所掩盖着的一个简单事实：人们首
先必须吃、喝、住、穿，然后才能从事政治、科学、艺术、宗教等等；所
以，直接的物质的生活资料的生产，从而一个民族或一个时代的一定的经
济发展阶段，便构成基础，人们的国家设施、法的观点、艺术以至宗教观
念，就是从这个基础上发展起来的，因而，也必须由这个基础来解释，而
不是像过去那样做得相反。

恩格斯：《在马克思墓前的讲话》（1883 年 3 月 18 日前后），《马克思
恩格斯文集》第 3 卷，人民出版社 2009 年版，第 601 页。

经济状况是基础，但是对历史斗争的进程发生影响并且在许多情况下
主要是决定着这一斗争的形式的，还有上层建筑的各种因素：阶级斗争的
各种政治形式及其成果——由胜利了的阶级在获胜以后确立的宪法等等，
各种法的形式以及所有这些实际斗争在参加者头脑中的反映，政治的、法
律的和哲学的理论，宗教的观点以及它们向教义体系的进一步发展。这里
表现出这一切因素间的相互作用，而在这种相互作用中归根到底是经济运
动作为必然的东西通过无穷无尽的偶然事件（即这样一些事物和事变，它

们的内部联系是如此疏远或者是如此难于确定，以致我们可以认为这种联系并不存在，忘掉这种联系）向前发展。否则把理论应用于任何历史时期，就会比解一个简单的一次方程式更容易了。

> 恩格斯：《恩格斯致约瑟夫·布洛赫》（1890 年 9 月 21—22 日），《马克思恩格斯文集》第 10 卷，人民出版社 2009 年版，第 591—593 页。

但是我们的历史观首先是进行研究工作的指南，并不是按照黑格尔学派的方式构造体系的杠杆。必须重新研究全部历史，必须详细研究各种社会形态的存在条件，然后设法从这些条件中找出相应的政治、私法、美学、哲学、宗教等等的观点。在这方面，到现在为止只做了很少的一点工作，因为只有很少的人认真地这样做过。在这方面，我们需要人们出大力，这个领域无限广阔，谁肯认真地工作，谁就能做出许多成绩，就能超群出众。但是，许许多多年轻的德国人却不是这样，他们只是用历史唯物主义的套语（一切都可能被变成套语）来把自己的相当贫乏的历史知识（经济史还处在襁褓之中呢！）尽速构成体系，于是就自以为非常了不起了。

> 恩格斯：《恩格斯致康拉德·施米特》（1890 年 8 月 5 日），《马克思恩格斯文集》第 10 卷，人民出版社 2009 年版，第 587 页。

正如人的认识反映不依赖于它而存在的自然界即发展着的物质那样，人的社会认识（即哲学、宗教、政治等等的不同观点和学说）反映社会的经济制度。政治设施是经济基础的上层建筑。我们看到，例如现代欧洲各国的各种政治形式，都是为巩固资产阶级对无产阶级的统治服务的。

> 列宁：《马克思主义的三个来源和三个组成部分》（发表于 1913 年 3 月），《列宁全集》第 23 卷，人民出版社 1990 年版，第 45 页。

3. "用纯粹说教的方法消除宗教偏见，那是愚蠢可笑的"

迄今为止人们总是为自己造出关于自己本身、关于自己是何物或应当成为何物的种种虚假观念。他们按照自己关于神、关于标准人等等观念来建立自己的关系。他们头脑的产物不受他们支配。他们这些创造者屈从于自己的创造物。他们在幻象、观念、教条和臆想的存在物的枷锁下日渐委靡消沉，我们要把他们从中解放出来。我们要起来反抗这种思想的统治。一个人说，我们要教会他们用符合人的本质的思想来代替这些臆想，另一个人说，我们要教会他们批判地对待这些臆想，还有个人说，我们要教会他们从头脑里抛掉这些臆想，这样——当前的现实就会崩溃。

这些天真的幼稚的空想构成现代青年黑格尔派哲学的核心。在德国不仅是公众怀着畏惧和虔敬的心情来接受这种哲学，而且哲学英雄们自己在抬出这种哲学的时候，也一本正经地觉得它有颠覆世界的危险性和不怕被治罪的坚决性。本书第一卷的目的就是要揭露这些自以为是狼、也被人看成是狼的绵羊，指出他们的咩咩叫声只不过是以哲学的形式来重复德国市民的观念，而这些哲学宣讲者的夸夸其谈只不过反映出德国现实状况的可悲。本书的目的就是要揭穿同现实的影子所作的哲学斗争，揭穿这种投合耽于幻想、精神委靡的德国民众口味的哲学斗争，使之信誉扫地。

有一个好汉忽然想到，人们之所以溺死，是因为他们被重力思想迷住了。如果他们从头脑中抛掉这个观念，比方说，宣称它是迷信观念，是宗教观念，他们就会避免任何溺死的危险。他一生都在同重力的幻想作斗争，各种统计给他提供大量有关这种幻想的有害后果的新证据。这位好汉就是现代德国革命哲学家们的标本。

> 马克思、恩格斯：《德意志意识形态——对费尔巴哈、布·鲍威尔和施蒂纳所代表的现代德国哲学以及各式各样先知所代表的德国社会主义的批判》（1845年秋—1846年5月），《马克思恩格斯文集》第1卷，人民出版社2009年版，第509—510页。

此外德国新教——这是基督教的唯一的值得加以批判的现代形式。天主教在十八世纪已经丝毫不值得批判了，它简直成了论战的对象（可见老天主教徒们①多么愚蠢啊！）；分裂为无数教派的英国新教没有神学的发展，即使有，那也只是每一阶段都以创立一个新教派为形式的一种发展。只有德国人掌握着神学，并且由于这个缘故而拥有批判——历史学的、语文学的和哲学的批判的对象。这种批判是德国的产物，如果没有德国的新教，这种批判是不可能的，然而它是绝对必要的。仅仅用嘲笑和攻击是不可能消灭像基督教这样的宗教的，还应该从科学方面来克服它，也就是说从历史上来说明它，而这一任务甚至连自然科学也是无力完成的。

---

① "老天主教徒"是许多天主教徒人士不接受1869—1870年梵蒂冈宗教会议关于罗马教皇永无谬误的决定而形成的一个流派。被革除天主教会的新教条反对者成立了独立的教会并取名为老天主教会。老天主教会存在于很多国家，其中包括德意志联邦共和国、瑞士（基督教天主教会）、奥地利、荷兰、法国、美国。

恩格斯：《关于德国的札记》（1873 年底—1874 年初），《马克思恩格斯全集》第 18 卷，人民出版社 1964 年版，第 653—654 页。

至于那些更高地悬浮于空中的意识形态的领域，即宗教、哲学等等，它们都有一种被历史时期所发现和接受的史前的东西，这种东西我们今天不免要称之为愚昧。这些关于自然界、关于人本身的性质、关于灵魂、魔力等等的形形色色的虚假观念，多半只是在消极意义上以经济为基础；史前时期低水平的经济发展有关于自然界的虚假观念作为补充，但是有时也作为条件，甚至作为原因。虽然经济上的需要曾经是，而且越来越是对自然界的认识不断进展的主要动力，但是，要给这一切原始状态的愚昧寻找经济上的原因，那就太迂腐了。科学的历史，就是逐渐消除这种愚昧的历史，或者说，是用新的、但越来越不荒唐的愚昧取而代之的历史。从事这些事情的人们又属于分工的特殊部门，并且认为自己是致力于一个独立的领域。只要他们形成社会分工之内的独立集团，他们的产物，包括他们的错误在内，就要反过来影响全部社会发展，甚至影响经济发展。但是，尽管如此，他们本身又处于经济发展的起支配作用的影响之下。例如在哲学上，拿资产阶级时期来说这种情形是最容易证明的。霍布斯是第一个现代唯物主义者（18 世纪意义上的），但是当专制君主制在整个欧洲处于全盛时期，并在英国开始和人民进行斗争的时候，他是专制制度的拥护者。洛克在宗教上和政治上都是 1688 年的阶级妥协的产儿。英国自然神论者①和他们的更彻底的继承者法国唯物主义者都是真正的资产阶级哲学家，法国人甚至是资产阶级革命的哲学家。在从康德到黑格尔的德国哲学中始终显现着德国庸人的面孔——有时积极地，有时消极地。但是，每一个时代的哲学作为分工的一个特定的领域，都具有由它的先驱传给它而它便由此出发的特定的思想材料作为前提。因此，经济上落后的国家在哲学上仍然能够演奏第一小提琴：18 世纪的法国对英国来说是如此（法国人是以英国哲学为依据的），后来的德国对英法两国来说也是如此。但是，不论在法国或

---

①　自然神论者是一种推崇理性原则，把上帝解释为非人格的始因的宗教哲学理论，曾是资产阶级反对封建制度和正统宗教的一种理论武器，也是无神论在当时的一种隐蔽形式。这种理论反对蒙昧主义和神秘主义，认为上帝不过是"世界理性"或"有智慧的意志"，上帝在创世之后就不再干预世界事务，而让世界按它本身的规律存在和发展下去。在封建教会世界观统治的条件下，自然神论者往往站在理性主义的立场上批判中世纪的神学世界观，揭露僧侣们的寄生生活和招摇撞骗的行为。

是在德国，哲学和那个时代的普遍的学术繁荣一样，也是经济高涨的结果。经济发展对这些领域也具有最终的至上权力，这在我看来是确定无疑的，但是这种至上权力是发生在各个领域本身所规定的那些条件的范围内：例如在哲学中，它是发生在这样一种作用所规定的条件的范围内，这种作用就是各种经济影响（这些经济影响多半又只是在它的政治等等的外衣下起作用）对先驱所提供的现有哲学材料发生的作用。经济在这里并不重新创造出任何东西，但是它决定着现有思想材料的改变和进一步发展的方式，而且多半也是间接决定的，因为对哲学发生最大的直接影响的，是政治的、法律的和道德的反映。

关于宗教，我在论费尔巴哈①的最后一章里已经把最必要的东西说过了。

恩格斯：《恩格斯致康拉德·施米特》（1890 年 10 月 27 日），《马克思恩格斯文集》第 10 卷，人民出版社 2009 年版，第 598—600 页。

我们的党纲完全是建立在科学的而且是唯物主义的世界观上的。因此，要说明我们的党纲，就必须同时说明产生宗教迷雾的真正的历史根源和经济根源。我们的宣传也必须包括对无神论的宣传；出版有关的科学书刊（直到现在，这些书刊还遭到农奴制的专制政权的查禁）现在应当成为我们党的工作之一。我们现在必须遵从恩格斯有一次向德国社会主义者提出的建议：翻译和大量发行 18 世纪的法国启蒙著作和无神论著作。②

可是，我们无论如何也不应当因此而"从理性出发"，离开阶级斗争去抽象地、唯心地来提宗教问题，——资产阶级的激进民主派常常是这样提出问题的。如果认为，在一个以无休止的压迫和折磨劳动群众为基础的社会里，可以用纯粹说教的方法消除宗教偏见，那是愚蠢可笑的。如果忘记，宗教对人类的压迫只不过是社会内部经济压迫的产物和反映，那就是受了资产阶级观点的束缚。如果无产阶级本身的反对资本主义黑暗势力的斗争没有启发无产阶级，那么任何书本、任何说教都是无济于事的。在我们看来，被压迫阶级为创立人间的天堂而进行的这种真正革命斗争的一致，要比无产者对虚幻的天堂的看法上的一致更为重要。

---

① 恩格斯：《路德维希·费尔巴哈和德国古典哲学的终结》，见《马克思恩格斯文集》第 4 卷。

② 见《马克思恩格斯全集》第 18 卷，人民出版社 1964 年版，第 583—584 页。

列宁：《社会主义和宗教》（1905 年 12 月 3 日），《列宁全集》第 12 卷，人民出版社 1987 年版，第 134 页。

我们的法律在历史上第一次取消了一切使妇女处于无权地位的东西。但是，问题不在于法律。这项关于婚姻完全自由的法律在我们城市和工厂区实行得很好，而在农村则往往成为一纸空文。在那里，到教堂结婚至今还很盛行。这是受了神父的影响，同这种坏现象作斗争比同旧法律作斗争更困难。

同宗教偏见作斗争，必须特别慎重；在这场斗争中伤害宗教感情，会带来许多害处。应当通过宣传、通过教育来进行斗争。斗争过激会引起群众的愤恨；这样进行斗争会加深群众因宗教信仰而造成的分裂，而我们的力量在于团结。宗教偏见的最深刻的根源是穷困和愚昧；我们正是应当同这个祸害作斗争。

列宁：《在全俄女工第一次代表大会上的讲话》（1918 年 11 月 19 日），《列宁全集》第 35 卷，人民出版社 1985 年版，第 180—181 页。

我们对于那些至今还处在毛拉①影响下的吉尔吉斯人、乌兹别克人、塔吉克人、土库曼人能做些什么呢？在我们俄国，居民有过和神父打交道的长期经验，所以他们帮助我们把这些神父打倒了。但你们知道，关于非宗教婚姻的法令至今还执行得很差。我们是否可以到这些民族那里去说"我们要打倒你们的剥削者"呢？我们不能这样做，因为他们完全受自己的毛拉的控制。这里必须等待这个民族的发展，等待无产阶级同资产阶级分子的分离，这种发展必然会来到。

列宁：《俄共（布）第八次代表大会文献》（1919 年 3 月 18—23 日），《列宁全集》第 36 卷，人民出版社 1985 年版，第 144 页。

---

① 毛拉是阿拉伯语中"主人"一词的音译，是对伊斯兰教学者的尊称。在俄国，毛拉是指伊斯兰教仪式的主持人。

二 论宗教的发生与发展

1. 宗教的发生

我们如果把自己的目光投向历史这个人类的伟大导师，那么就会看到，在历史上用铁笔镌刻着：任何一个民族，即使它达到了最高度的文明，即使它孕育出了一些最伟大的人物，即使它的技艺达到了全面鼎盛的程度，即使各门科学解决了最困难的问题，它也不能解脱迷信的枷锁；无论关于自己，还是关于神，它都没有形成有价值的、真正的概念；就连伦理、道德在它那里也永远脱离不了外来的补充，脱离不了不高尚的限制；甚至它的德行，与其说是出于对真正完美的追求，还不如说是出于粗野的力量、无约束的利己主义、对荣誉的渴求和勇敢的行为。

> 马克思：《根据〈约翰福音〉第 15 章第 1 至 14 节论信徒同基督结合为一体，这种结合的原因和实质，它的绝对必要性和作用》（1835 年 8 月 10 日），《马克思恩格斯全集》第 1 卷，人民出版社1995 年版，第 449 页。

即使当我们考察各个人的历史，考察人的本性的时候，我们虽然常常看到人心中有神性的火花、好善的热情、对知识的追求、对真理的渴望，但是欲望的火焰却在吞没永恒的东西的火花；罪恶的诱惑声在淹没崇尚德行的热情，一旦生活使我们感到它的全部威力，这种崇尚德行的热情就受到嘲弄。对尘世间富贵功名的庸俗追求排挤着对知识的追求，对真理的渴望被虚伪的甜言蜜语所熄灭，可见，人是自然界唯一达不到自己目的的存在物，是整个宇宙中唯一不配做上帝创造物的成员。

> 马克思：《根据〈约翰福音〉第 15 章第 1 至 14 节论信徒同基督结合为一体，这种结合的原因和实质，它的绝对必要性和作用》（1835 年 8 月 10 日），《马克思恩格斯全集》第 1 卷，人民出版社1995 年版，第 450 页。

古希腊很幸运地看到，它的风景的特点在它的居民的宗教里被意识到了。古希腊是一个泛神论的国家。它的全部风景镶在，至少可以说曾经镶在和谐的框子里。它的每一棵树，每一泓泉水，每一座山都太引人注目了，它的天空过分蔚蓝，它的阳光过分灿烂，它的海洋过分浩瀚，所以它们不能满足于雪莱所颂扬的自然精神①的纯朴神化，不能满足于包罗万象的帕恩神的纯朴神化；大自然的每一个完美无缺的单独部分都要求有自己的神，每一条河有自己的河泽女神，每一片树林有自己的森林女神，古希腊人的宗教就是这样创立起来的。其他地区没有这样幸运，没有一个民族把景物作为自己信仰的基础，它们只好等待诗人来唤醒沉睡在它们之中的宗教神灵。当你站在宾根郊区的德拉亨费尔斯或罗胡斯贝格的高峰上，越过葡萄藤飘香的莱茵河谷眺望同地平线融成一片的远远的青山、洒满金色阳光的郁郁葱葱的田野和葡萄园、河里倒映的蓝天，——你会觉得明朗的天空向大地倾垂，并且在大地上反映出来，精神沉浸于物质之中，言语有血有肉了并且生存于我们中间——这就是具体化了的基督教。北德意志荒原同这种情景完全相反，那里无非是干枯的草茎和意识到自己柔弱而不敢从地面挺立起来的羞怯的欧石南；有些地方可以见到原来是坚韧挺拔而现在被雷电劈倒的树木；天空越是晴朗，它就越是洋洋自得地远离躺在它面前的颓丧悲凉的该诅咒的贫瘠大地，就越是会用它的眼睛，太阳，怒视着光秃秃的不毛的沙地：这里就表现了犹太人的世界观。

　　恩格斯：《风景》（1840 年 6 月底—7 月），《马克思恩格斯全集》第41 卷，人民出版社 1982 年版，第 91—92 页。

　　亚里士多德说，有时看起来是概念证实现象，而现象又证实概念。譬如，人人都有一个关于神的观念并把最高的处所划给神性的东西；无论异邦人还是希腊人，总之，凡是相信神的存在的人，莫不如此，他们显然把不死的东西和不死的东西联系起来了；因为不这样也是不可能的。因此，如果有神性的东西存在——就像它确实存在那样，那么我们关于天体的实体的论断也是正确的。但就人的信念而言，这种论断也是同感性知觉相符合的。因为在整个过去的时代中，根据人们辗转流传的回忆来看，无论整个天体或天体的任何部分看来都没有发生什么变化。就连名称，看来也是古代人流传下来直至今天的，因为他们所指的东西，同我们所说的东西是一回事。因为同样的看法传到我们现在，不是一次，也不是两次，而是无数次。正因为原初的物体是某种有别于土和火、空气和水的东西，他们就

---

　　①　自然精神是雪莱的长诗《麦布女王》和其他作品中象征泛神论的形象。

把最高的地方称为"以太"（由 θετυάει① 一词而来），并且给了它一个别名叫作"永恒的时间"②。但是，古代人把天和最高的地方划给神，因为唯有天是不死的。而现在的学说也证明，天是不可毁灭的、没有起始的、不遭受生灭世界的一切灾祸的。这样一来，我们的概念就同时符合关于神的预言。③ 至于说天只有一个，这是显然的。认为天体即是众神，而神性的东西包围着整个自然界的看法，是从祖先和古代人那里流传下来并以神话的形式在后人中间保存下来的。其余的东西则是为了引起群众的信仰，当作有利于法律和生活的东西而被披上神话的外衣添加进去的。因为群众把众神说成近似于人，近似于一些别的生物，从而虚构出许多与此有关和类似的东西。如果有人抛开其余的东西，只坚持原初的东西，即认为原初的实体是众神这一信仰，那么他必定会认为这是神的启示，并且认为，正如曾经发生过的那样，在各种各样的艺术和哲学被创造出来，随后又消失了以后，上述这些意见却像古董一样，流传到现在。④

　　马克思：《德谟克利特的自然哲学和伊壁鸠鲁的自然哲学的差别》

---

　　① 永恒的流。

　　② 亚里士多德：《天论》第 1 卷，第 3 章："看来理论可以证实现象，而现象也可以证实理论。因为人人都有一个关于神的观念并把最高的处所划给神性的东西；无论异邦人还是希腊人，总之，凡是相信神的存在的人，莫不如此，他们显然把不死的东西和不死的东西联系起来了；因为不这样也是不可能的。因此，如果有神性的东西存在——它确实存在，那么我们关于物体的原初实体的上述论断也是正确的。但就人的信念而言，这一点也为感性知觉所充分证实。因为在整个过去的时代中，根据人们彼此流传下来的材料看来，无论整个最高的天体或天体的任何部分看来都没有发生什么变化，就连名称，看来也是古代人流传下来直至今天的，因为他们所指的东西，同我们所说的东西是一回事。因为同样的看法传到我们现在，不是一次，也不是两次，而是无数次。正因为原初的物体是某种有别于土和火、空气和水的东西，他们就把最高的地方称为'以太'（由 θετυάει 一词而来），并且给了它一个别名叫作'永恒的时间'。"

　　③ 亚里士多德，同上，第 2 卷，第 1 章："但是，古代人把天和最高的地方划给神，因为唯有天是不死的，而这里提出的学说也证明，天是不可毁灭的、没有起始的、不遭受生灭世界的一切灾祸的……因此，关于它的永恒性，不仅持这种看法更加适当，而且只有这样，我们才能提出那种被公认为符合关于神的预言的见解。"

　　④ 亚里士多德：《形而上学》第 11（12）卷，第 8 章："至于说天只有一个，这是显然的……认为这些东西（即天体或原初实体）即是众神，而神性的东西包围着整个自然界的看法，是从祖先和古代人那里流传下来并以神话的形式在后人中间保存下来的。其余的东西则是为了引起群众的信仰，当作有利于法律和公共福利的东西而被披上神话的外衣添加进去的。因此人们说众神具有人的形状，近似于一些别的生物，并且说了其他一些与此有关和类似的东西。如果人们抛开这些东西，只坚持原初的东西，即认为原初的实体是众神这一信仰，那么他们可能认为这是神的启示，并且认为，正如可能发生过的那样，在各种各样的艺术和哲学多次被创造出来，随后又消失了以后，他们这些意见却像古董一样，流传到现在。"

（1841 年下半年—1841 年 3 月底），《马克思恩格斯全集》第 1 卷，
人民出版社 1995 年版，第 55—56 页。

或者，对神的存在的证明不外是对人的本质的自我意识存在的证明，
对自我意识存在的逻辑说明。例如，本体论的证明。当我们思索存在的时
候，什么存在是直接的呢？自我意识。

在这个意义上说，对神的存在的一切证明都是对神不存在的证明，都
是对一切关于神的观念的驳斥。现实的证明必须倒过来说："因为自然安排
得不好，所以神才存在。""因为非理性的世界存在，所以神才存在。""因
为思想不存在，所以神才存在。"但这岂不是说：谁觉得世界是非理性的，
因而谁本身也是非理性的，对他来说神就存在。换句话说，非理性就是神
的存在。

马克思：《德谟克利特的自然哲学和伊壁鸠鲁的自然哲学的差别》
（1840 年下半年—1841 年 3 月底），《马克思恩格斯全集》第 1 卷，
人民出版社 1995 年版，第 101—102 页。

如果国家的本质像宗教的本质一样，是人类对自身的恐惧，那么在立
宪君主制下特别是英国君主制下，这种恐惧达到了最高的程度。

恩格斯：《英国状况——英国宪法》（1844 年 2 月中—3 月中），《马
克思恩格斯全集》第 3 卷，人民出版社 2002 年版，第 561 页。

（5）任何一个存在物只有当它用自己的双脚站立的时候，才认为自己
是独立的，而且只有当它依靠自己而存在的时候，它才是用自己的双脚站
立的。靠别人恩典为生的人，把自己看成一个从属的存在物。但是，如果
我不仅靠别人维持我的生活，而且别人还创造了我的生活，别人还是我的
生活的泉源，那么我就完全靠别人的恩典为生；如果我的生活不是我自己
的创造，那么我的生活就必定在我自身之外有这样一个根源。因此，创造
［Schöpfung］是一个很难从人民意识中排除的观念。自然界的和人的通过
自身的存在，对人民意识来说是不能理解的，因为这种存在是同实际生活
的一切明显的事实相矛盾的。

马克思：《1844 年经济学哲学手稿》（1844 年 5 月底 6 月初—8 月），
《马克思恩格斯文集》第 1 卷，人民出版社 2009 年版，第 195 页。

"精神"从一开始就很倒霉，受到物质的"纠缠"，物质在这里表现为
振动着的空气层、声音，简言之，即语言。语言和意识具有同样长久的历
史；语言是一种实践的、既为别人存在因而也为我自身而存在的、现实的

意识。语言也和意识一样，只是由于需要，由于和他人交往的迫切需要才产生的。凡是有某种关系存在的地方，这种关系都是为我而存在的；动物不对什么东西发生"关系"，而且根本没有"关系"；对于动物来说，它对他物的关系不是作为关系存在的。因而，意识一开始就是社会的产物，而且只要人们存在着，它就仍然是这种产物。当然，意识起初只是对直接的可感知的环境的一种意识，是对处于开始意识到自身的个人之外的其他人和其他物的狭隘联系的一种意识。同时，它也是对自然界的一种意识，自然界起初是作为一种完全异己的、有无限威力的和不可制服的力量与人们对立的，人们同自然界的关系完全像动物同自然界的关系一样，人们就像牲畜一样慑服于自然界，因而，这是对自然界的一种纯粹动物式的意识（自然宗教）；但是，另一方面，意识到必须和周围的个人来往，也就是开始意识到人总是生活在社会中的。这个开始，同这一阶段的社会生活本身一样，带有动物的性质；这是纯粹的畜群意识，这里，人和绵羊不同的地方只是在于：他的意识代替了他的本能，或者说他的本能是被意识到了的本能。

马克思、恩格斯：《德意志意识形态——对费尔巴哈、布·鲍威尔和施蒂纳所代表的现代德国哲学以及各式各样先知所代表的德国社会主义的批判》（1845 年秋—1846 年 5 月），《马克思恩格斯文集》第 1 卷，人民出版社 2009 年版，第 533—534 页。

经历了长时间内心的反感，我终于强迫自己把费尔巴哈的破烂货读了一遍，我觉得，在我们的批判①中无法涉及这篇东西。等我把主要内容告诉你以后，你就会知道是什么原因了。

《宗教的本质》，《模仿者》第一卷，第 117—178 页——"人的依赖感是宗教的基础"（第 117 页）。因为人首先依赖于自然，所以"自然是宗教最初的原始的对象"（第 118 页）。

（"自然只不过是一个一般的名词，用来表示人认为与他自己以及与他的产品不同的那些实体、东西等等。"）

---

① 马克思、恩格斯：《德意志意识形态》。

最初的宗教表现是反映自然过程、季节更替等等的庆祝活动。一个部落或民族生活于其中的特定自然条件和自然产物，都转变为它的宗教。

人在自己的发展中得到了其他实体的支持，但这些实体不是高级的实体，不是天使，而是低级的实体，是动物。由此就产生了动物崇拜（接着是异教徒为反驳犹太教徒和基督教徒的攻击而作的辩解，老生常谈）。

自然（即使在基督教徒那里也）始终是宗教的隐蔽的背景。那些表明神与人不同的特性，就是自然的特性（最初的，就基础而言）。这就是万能性、永恒性、普遍性等等。神的真实内容只是自然，就是说，在这个意义上，即神只是被想像成自然的创造者，而不是被想像成政治的和道德的立法者。

对理智的实体创造自然、从虚无中创造等等论点所进行的反驳，大多是一种"人格化"的，就是说，一种翻译成温和的、感动市民心灵的德语的庸俗唯物主义。自然在自然宗教中之成为对象，并不是被当作自然，而是"被当作一种有人格的，活生生的，有感觉的实体……一种有情感的实体，亦即一种主观的、人的实体"（第138页）。因此人们就崇拜它，并且力图用人的动机等等去规定它。这种情况的发生，主要是由于自然界的多变。

> "对自然的依赖感，再加上把自然想像为一个任意行动的有人格的实体，这就是献祭这一自然宗教的最本质行为的基础。"（第140页）

但由于献祭的目的是利己的，所以人就是宗教的最终目标，人的神化是宗教的最终目的。

接着就是陈腐的解说和郑重的论述，说那些还信奉自然宗教的野蛮民族，把他们讨厌的东西如瘟疫、寒热病等等也都变成了神。

> "如同人从一个仅仅是肉体的实体变成一个政治的、完全不同于自然并集中于自身的实体一样（！！！），人的神也变成了一个政治的、不同于自然的实体。'因此，人'就达到了'把他自身同自然分开，从而达到了一个有别于自然的神，这首先只通过他同其他人联合为一个团体来实现，在这种团体里，那些不同于自然的、仅仅存在于思想或

想像中的力量〈!!!〉即法律、舆论、名誉、道德的力量，就成了人的依赖感的对象……'"

（这个文风怪诞的句子在第 149 页上。）自然的力量，支配生与死的力量，被贬低为政治的和道德的力量的附属品和工具。在第 151 页上有一段讲东方保守派和西方进步派的插话。

"在东方，人并不由于人而忘记自然……君主本身对人来说不是作为一个尘世的实体，而是作为一个天上的、神性的实体而成为跪拜的对象。但是在神的身旁人就消失了，只有当尘世不再有神的时候……人们才能给自己找到空间和地盘。"

（漂亮的解释：为什么东方人停滞不前，由于那里许多偶像占满了空间。）"东方人对西方人的态度，正像乡下人对城里人的态度一样，前者依赖自然，而后者依赖人，"等等，"因此，只有城里人创造历史"（只是在这个地方才带有微弱的，但又有些难闻的唯物主义气息）。

"只有能够把自然的力量牺牲给舆论的力量，把自己的生命牺牲给自己的名誉，把自己的肉体存在牺牲给自己在后代口中和思想中的存在的人，才能够从事历史的事业。"

原来如此！一切不是自然的东西，便是观念，舆论，空谈。正因为如此，所以"只有人的'虚荣心'，才是历史的原则"！

第 152 页："只要人意识到……恶习和愚昧带来不幸等等，而美德和智慧与此相反，带来……幸福，因此决定人的命运的力量是理智和意志……那时，自然对于人来说也就成为一个依赖理智和意志的实体。"

恩格斯：《恩格斯致马克思》（大约 1846 年 10 月 18 日），《马克思恩格斯全集》第 47 卷，人民出版社 2004 年版，第 415—418 页。

宗教被禁止了。

但是，一切宗教都不过是支配着人们日常生活的外部力量在人们头脑中的幻想的反映，在这种反映中，人间的力量采取了超人间的力量的形式。在历史的初期，首先是自然力量获得了这样的反映，而在进一步的发展中，在不同的民族那里又经历了极为不同和极为复杂的人格化。根据比较神话学，这一最初的过程，至少就印欧语系各民族来看，可以一直追溯到它的起源——印度的吠陀，以后又在印度人、波斯人、希腊人、罗马人、日耳曼人中间，而且就材料所及的范围而言，也可以在凯尔特人、立陶宛人和斯拉夫人中间得到详尽的证明。但是除自然力量外，不久社会力量也起了作用，这种力量和自然力量本身一样，对人来说是异己的，最初也是不能解释的，它以同样的表面上的自然必然性支配着人。最初仅仅反映自然界的神秘力量的幻想的形象，现在又获得了社会的属性，成为历史力量的代表者①。在更进一步的发展阶段上，许多神的全部自然属性和社会属性都转移到一个万能的神身上，而这个神本身又只是抽象的人的反映。这样就产生了一神教，从历史上说它是后期希腊庸俗哲学的最后产物，并在犹太的独一无二的民族神雅赫维身上得到体现。在这个适宜的、方便的和普遍适用的形式中，宗教可以作为人们对支配着他们的异己的自然力量和社会力量的这种关系的直接形式即感情上的形式而继续存在，只要人们还处在这种力量的支配之下。

> 恩格斯：《反杜林论》（1876 年 9 月—1878 年 6 月），《马克思恩格斯文集》第 9 卷，人民出版社 2009 年版，第 333—334 页。

（8）氏族的宗教仪式？

很难说印第安人氏族哪一个专有某些宗教仪式；但他们的宗教崇拜多少和氏族有着直接的关系；正是在氏族中宗教观念才得以萌芽，崇拜形式才被制定，并从氏族扩展到整个部落，而不是为氏族所专有。例如，易洛魁人每年的六个宗教节日（枫树节、栽培节、浆果节、青谷节、收获节和

---

①　神的形象后来具有的这种两重性，是比较神话学（它片面地以为神只是自然力量的反映）所忽略的、使神话学以后陷入混乱的原因之一。这样，在若干日耳曼部落里，战神，按古斯堪的纳维亚语，称为提尔，按古高地德语，称为齐奥，这就相当于希腊语里的宙斯，拉丁语的"丘必特"（替代"迪斯必特"）；在其他日耳曼部落里，埃尔、埃奥尔相当于希腊语的亚力司、拉丁语的玛尔斯。

新年节），都是组成同一部落的所有氏族的共同节日，在每年的一定时间内庆祝。

每一个氏族各选出若干名"信仰守护人"，男女都有，他们被委托主持这些节日庆典；他们与部落的酋长和酋帅（ex officio ｛按职务｝ 来说的"信仰守护人"）共司庆典。他们的职务是平等的，没有居首职的人，也没有僧侣等级的任何特征。"女性信仰守护人"偏重于负责准备宴会，这是每次会议期间在一天结束时为全体参加会议的人安排的；这是一种聚餐。

易洛魁人的宗教崇拜是一种对神恩的感谢，向大神和众小神祈祷，希望继续把幸福赐给他们。（参看摩尔根：《易洛魁人的联盟》，第 182 页。）

> 马克思：《路易斯·亨·摩尔根〈古代社会〉一书摘要》（1880 年底—1881 年 3 月初），《马克思恩格斯全集》第 45 卷，人民出版社 1985 年版，第 414 页。

祖鲁人——

‖ 不幸的人们！ ——‖

"他们从来没有想到过——卡拉韦说——地和天会是由一个看不见的神造出来的"（第 162、163 页），但他们却相信看不见的存在者，其根据一部分是从影子，但主要是从梦来的。他们在某种意义上把影子看成是与肉体相伴随的灵魂（在希腊人中间这种观念盛行）。相信他们在梦中看到的（死去的）父亲或兄弟的存在（认为他们仍然活着），相反地，祖父则被认为都是死去了的（第 163 页）。

偶像崇拜是略高一些的人类发展阶段的特点；处于最低阶段的部落，连偶像崇拜的痕迹也没有，拉菲托的书（《美洲蒙昧人的习俗》第 1 卷，第 151 页）正确地指出："基本上可以说，大多数蒙昧民族都没有偶像。"不应把偶像同受崇拜之物混淆起来，拜物教是对神的进攻，偶像崇拜则是对神的服从（第 225 页）。

偶像一般都采取人形，同偶像崇拜紧密相关的是那种以祖先崇拜为内容的宗教（第 228 页）。祖先崇拜……在不同程度上流行于所有中印度土著部落中（第 229 页）。卡弗尔人对他们死去的亲属奉献牺牲并祈祷（同上页）。其他的部落则想办法用粗糙的雕像来保持对死者的记忆。帕拉斯（《游记》第 4 卷，第 79 页）说，西伯利亚的奥斯嘉克人"祭祀死去的人。他们为奥斯嘉克人的著名人物雕制木像。在悼念他们的宴会上，人们把一部分食品摆放在这些木像前。对死去的丈夫爱情深厚的妇女也备有此类雕像，她们与这些雕像同眠，给这些雕像穿戴上好看的衣饰，非把自己的饭食在雕像前面供上一些不进餐"。埃尔曼（《西伯利亚游记》第2卷，第56页）也讲到，一个人死后，"他的亲属就制做一个粗糙的木雕像来象征和纪念死者，把它安放在他们的帐篷里象神一样地供奉"一个时期。"他们每餐都给雕像祭献食品，如此等等。"（同上页）在通常情况下，这种半神圣化只进行几年的时间，然后雕像就被焚化了。"但如果是一个萨满死了，这一习俗在他身上就变成了完全的终极的神圣化"；然后（埃尔曼接着说）对"象征着死者的这块穿着衣服的木头"就不是仅仅"供奉一定的时期"，而是"由这位祭司的后人尽最大的可能，力求使他一代一代地受人崇拜；

‖见菲尔《雅利安人村社》，此书载有现今孟加拉贵族还完全保持着这一套习俗等等的情况。‖

而且他们还用精心编造的神谕或其他的手法来为他们的家神谋取像普遍承认的神的祭坛上一样多的供品。但是后一种神（埃尔曼说）也有其历史根源；它们本来是有地位的男子的纪念像，这些纪念像后来由于传统习惯和萨满的利益而渐渐地被人们任意地加以解释和吹嘘，这一点在我看来是勿庸置疑的；而且还有一个可资印证的情况，这就是，为供奉这些圣者而设的所有神帐——这种神帐自古以来在沿河一带很多——其中只发现过一个（在萨马罗沃附近）里面有个女人像"（第230页）。

‖［拉伯克援引了智者所罗门的著作（《智慧》，第14章第12页），这位圣贤在这里神谕般地讲了崇拜木雕神像现象的产生。‖

"13 他们不是从一开始就存在，他们也不会永远存在。

14 是人类的虚荣使他们出现在世上，因此他们的末日也必然很快来临。

15 为早死的儿子而哀伤的父亲先把儿子作为死去的人而为他制作了雕像，然后把他尊奉为神，并让治下之民为其举行圣礼和祭献。

16 后来，这种得到时间承认的渎神的习俗就被当做法律来遵守，并且由统治者下令把雕像当作神来供奉。

17 对于因住地遥远而不能当面向其礼拜的人，他们则为之制一雕像：为他们所尊敬的国王制作一个清楚的雕像，是为了用此种虔心取悦于不在面前者，宛如其在面前一样。

18　而且艺匠的刻意求精也使得无知者更加盲信。

19　因为他们（即艺匠）或许是由于想讨掌权者的欢心，努力用他们的全部技艺把雕像做得精美异常。

20　于是民众，在雕像的神采的迷惑下，现在就把它当成了神，其实前不久它还只是被作为人来纪念的。"]

马克思：《约·拉伯克〈文明的起源和人的原始状态〉一书摘要》（1881 年 3—6 月），《马克思恩格斯全集》第 45 卷，人民出版社 1985 年版，第 667—669 页。

耶弗他的女儿；又见《利未记》第 7 章（第 241—243 页）。

最初根本没有神殿或庙堂；在新大陆只有在中美洲和秘鲁（第 244 页）。在印度坟冢｛tumulus｝演变为神殿｛temple｝（弗格森《拜树和拜蛇》）。

低等人种没有严格意义上的祭司（第 244 页）。在希腊有祭司，但没有专职祭司（第 245 页）。

在汤加群岛首领们被认为是不死的，图阿，即平民，被认为是有终的；关于中间等级，即穆阿，则看法不一（同上页）。

相信灵魂（不同于鬼魂），相信一种普遍的、独立的、无终的存在，这只限于最高等的（？）人种（同上页）。

朗格神父在他写的《澳洲土人》中讲到一位朋友，这位朋友"花了很长的时间和很大的耐心想使一个很聪明的澳洲人懂得

‖应该说使他相信‖

没有身体他还是存在的，可是那个黑人忍不住地笑……他很久不能相信

‖'他'指的是那个聪明的黑人‖

这位'先生'

‖即朗格神父的那位愚蠢的朋友‖

是严肃认真的，当他弄清楚的时候

‖弄清楚这位先生是诚心诚意的蠢驴，‖

说者越严肃认真，整个这回事就越显得可笑"（第 245、246 页）。

‖拉伯克在自我嘲讽而不自知。‖

凯撒告诉我们，在古代的不列吞人中间，金钱的借贷在习惯上采用死

后债（postobits）的形式——即承诺到另一个世界偿还（第 248 页）。

‖畜生拉伯克说：‖

"科学为宗教事业……所立下的巨大功劳……迄今尚未得到应有的承认。科学仍然被许多卓越的但气量狭小的

‖这个气量大的庸人！‖

人士认为是同宗教真理相敌对的，而事实上科学所反对的只是宗教的错误"（第 256 页）。

> 马克思：《约·拉伯克〈文明的起源和人的原始状态〉一书摘要》（1881 年 3—6 月），《马克思恩格斯全集》第 45 卷，人民出版社 1985 年版，第 676—678 页。

看一看神圣的观念是怎样产生的——在所谓原始部落那里可以看到——，这很有意思。神圣的东西最初是我们从动物界取来的，就是动物；相反地，"人的戒律"在上帝的诫命面前，就象在《福音书》中那样，被看作污秽的东西。

> 恩格斯：《恩格斯致马克思》（1882 年 12 月 8 日），《马克思恩格斯全集》第 35 卷，人民出版社 1971 年版，第 121 页。

全部哲学，特别是近代哲学的重大的基本问题，是思维和存在的关系问题。在远古时代，人们还完全不知道自己身体的构造，并且受梦中景象的影响①，于是就产生一种观念：他们的思维和感觉不是他们身体的活动，而是一种独特的、寓于这个身体之中而在人死亡时就离开身体的灵魂的活动。从这个时候起，人们不得不思考这种灵魂对外部世界的关系。如果灵魂在人死时离开肉体而继续活着，那就没有理由去设想它本身还会死亡；这样就产生了灵魂不死的观念，这种观念在那个发展阶段出现决不是一种安慰，而是一种不可抗拒的命运，并且往往是一种真正的不幸，例如在希腊人那里就是这样。关于个人不死的无聊臆想之所以普遍产生，不是因为宗教上的安慰的需要，而是因为人们在普遍愚昧的情况下不知道对已经被认为存在的灵魂在肉体死后该怎么办。由于十分相似的原因，通过自然力的人格化，产生了最初的神。随着各种宗教的进一步发展，这些神越来越

---

① 在蒙昧人和低级野蛮人中间，现在还流行着这样一种观念：梦中出现的人的形象是暂时离开肉体的灵魂；因而现实的人要对自己出现于他人梦中时针对做梦者而采取的行为负责。例如伊姆·特恩于 1884 年在圭亚那的印第安人中就发现了这种情形。

具有了超世界的形象，直到最后，通过智力发展中自然发生的抽象化过程——几乎可以说是蒸馏过程，在人们的头脑中，从或多或少有限的和互相限制的许多神中产生了一神教的唯一的神的观念。

> 恩格斯：《路德维希·费尔巴哈和德国古典哲学的终结》（1886 年初），《马克思恩格斯文集》第 4 卷，人民出版社 2009 年版，第277—278 页。

更高的即更远离物质经济基础的意识形态，采取了哲学和宗教的形式。在这里，观念同自己的物质存在条件的联系，越来越错综复杂，越来越被一些中间环节弄模糊了。但是这一联系是存在着的。从 15 世纪中叶起的整个文艺复兴时期，在本质上是城市的从而是市民阶级的产物，同样，从那时起重新觉醒的哲学也是如此。哲学的内容本质上仅仅是那些和中小市民阶级发展为大资产阶级的过程相适应的思想的哲学表现。在上一世纪的那些往往既是哲学家又是政治经济学家的英国人和法国人那里，这种情形是表现得很明显的，而在黑格尔学派那里，这一情况我们在上面已经说明了。

> 恩格斯：《路德维希·费尔巴哈和德国古典哲学的终结》（1886 年初），《马克思恩格斯文集》第 4 卷，人民出版社 2009 年版，第308—309 页。

现在我们再简略地谈谈宗教，因为宗教离开物质生活最远，而且好像同物质生活最不相干。宗教是在最原始的时代从人们关于他们自身的自然和周围的外部自然的错误的、最原始的观念中产生的。但是，任何意识形态一经产生，就同现有的观念材料相结合而发展起来，并对这些材料作进一步的加工；不然，它就不是意识形态了，就是说，它就不是把思想当做独立地发展的、仅仅服从自身规律的独立存在的东西来对待了。人们头脑中发生的这一思想过程，归根到底是由人们的物质生活条件决定的，这一事实，对这些人来说必然是没有意识到的，否则，全部意识形态就完结了。因此，大部分是每个有亲属关系的民族集团所共有的这些原始的宗教观念，在这些集团分裂以后，便在每个民族那里依各自遇到的生活条件而独特地发展起来，而这一过程对一系列民族集团来说，特别是对雅利安人（所谓印欧人）来说，已由比较神话学详细地证实了。这样在每一个民族中形成的神，都是民族的神，这些神的王国不越出它们所守护的民族领域，在这个界线以外，就无可争辩地由别的神统治了。只要这些民族存在，这些神也就继续活在人们的观念中；这些民族没落了，这些神也就随着灭亡。罗马世界帝国使得古老的民族没落了（关于罗马世界帝国产生的经济条件，我们没有必要在这里加以研究），古老的民族的神就灭亡了，甚至罗马的那些仅仅适合于罗马城这个狭小圈子的神也灭亡了；罗马曾企图除本地的神以外还承认和供奉一切多少受崇敬的异族的神，这就清楚地表明了有以一种世界宗教来充实世界帝国的需要。但是一种新的世界宗教是不能这样用皇帝的敕令创造出来的。新的世界宗教，即基督教，已经从普遍化了的东方神学，特别是犹太神学同庸俗化了的希腊哲学，特别是斯多亚派哲学的混合中悄悄地产生了。

恩格斯：《路德维希·费尔巴哈和德国古典哲学的终结》（1886 年初），《马克思恩格斯文集》第 4 卷，人民出版社 2009 年版，第 309—310 页。

因此，马克思说："不是人们的意识决定人们的存在，恰恰相反，正是人们的社会存在决定人们的意识。"（见马克思"政治经济学批判"）在马克思看来，经济发展是社会生活的物质基础，是它的内容，而法律、政治的和宗教、哲学的发展是这个内容的"思想形式"，是它的"上层建筑"，所以马克思说："随着经济基础的改变，全部庞大的上层建筑也会相当迅速地发生变革。"（见同书）

斯大林：《附录：无政府主义还是社会主义?》（1906 年 6 月），《斯大林全集》第 1 卷，人民出版社 1953 年版，第 334 页。

宗教是一生为他人干活而又深受穷困和孤独之苦的人民群众所普遍遭受的种种精神压迫之一。被剥削阶级由于没有力量同剥削者进行斗争，必然会产生对死后的幸福生活的憧憬，正如野蛮人由于没有力量同大自然搏斗而产生对上帝、魔鬼、奇迹等的信仰一样。对于辛劳一生贫困一生的人，宗教教导他们在人间要顺从和忍耐，劝他们把希望寄托在天国的恩赐上。对于依靠他人劳动而过活的人，宗教教导他们要在人间行善，廉价地为他们的整个剥削生活辩护，向他们廉价出售进入天国享福的门票。宗教是人民的鸦片。宗教是一种精神上的劣质酒，资本的奴隶饮了这种酒就毁坏了自己做人的形象，不再要求多少过一点人样的生活。

列宁：《社会主义和宗教》（1905 年 12 月 3 日），《列宁全集》第 12 卷，人民出版社 1987 年版，第 131 页。

2. 宗教的存在及发展

拜物教远不能使人超脱感性欲望，相反，它倒是"感性欲望的宗教"。欲望引起的幻想诱惑了偶像崇拜者，使他以为"无生命的东西"为了满足偶像崇拜者的贪欲可以改变自己的自然特性。因此，当偶像不再是偶像崇拜者的最忠顺的奴仆时，偶像崇拜者的粗野欲望就会砸碎偶像。

> 马克思：《〈科隆日报〉第179号的社论》（1842年6月28日—7月3日之间），《马克思恩格斯全集》第1卷，人民出版社1995年版，第212页。

思想、观念、意识的生产最初是直接与人们的物质活动，与人们的物质交往，与现实生活的语言交织在一起的。人们的想象、思维、精神交往在这里还是人们物质行动的直接产物。表现在某一民族的政治、法律、道德、宗教、形而上学等的语言中的精神生产也是这样。人们是自己的观念、思想等等的生产者，但这里所说的人们是现实的、从事活动的人们，他们受自己的生产力和与之相适应的交往的一定发展——直到交往的最遥远的形态——所制约。意识［das Bewußtsein］在任何时候都只能是被意识到了的存在［das bewußte Sein］，而人们的存在就是他们的现实生活过程。如果在全部意识形态中，人们和他们的关系就像在照相机中一样是倒立成像的，那么这种现象也是从人们生活的历史过程中产生的，正如物体在视网膜上的倒影是直接从人们生活的生理过程中产生的一样。

德国哲学从天国降到人间；和它完全相反，这里我们是从人间升到天国。这就是说，我们不是从人们所说的、所设想的、所想象的东西出发，也不是从口头说的、思考出来的、设想出来的、想象出来的人出发，去理解有血有肉的人。我们的出发点是从事实际活动的人，而且从他们的现实生活过程中还可以描绘出这一生活过程在意识形态上的反射和反响的发展。甚至人们头脑中的模糊幻象也是他们的可以通过经验来确认的、与物质前提相联系的物质生活过程的必然升华物。因此，道德、宗教、形而上学和其他意识形态，以及与它们相适应的意识形式便不再保留独立性的外观了。它们没有历史，没有发展，而发展着自己的物质生产和物质交往的人们，在改变自己的这个现实的同时也改变着自己的思维和思维的产物。不是意识决定生活，而是生活决定意识。前一种考察方法从意识出发，把意识看做是有生命的个人。后一种符合现实生活的考察方法则从现实的、有生命的个人本身出发，把意识仅仅看做是他们的意识。

马克思、恩格斯：《德意志意识形态——对费尔巴哈、布·鲍威尔和施蒂纳所代表的现代德国哲学以及各式各样先知所代表的德国社会主义的批判》（1845 年秋—1846 年 5 月），《马克思恩格斯文集》第 1 卷，人民出版社 2009 年版，第 524—525 页。

（话题转到了一神论上面——费尔巴哈把上述的虚无缥缈的"意识"同理智和意志的力量分了家。）随着理智和意志对世界的统治，就出现了超自然主义、从虚无中进行创造以及一神论，还特别用"人的意识的统一性"来说明一神论。至于没有统一的君主就决不会出现统一的神；至于神的统一性只不过是统一的东方专制君主的反映，那个神支配着形形色色的自然现象，联合着各种互相对抗的自然力，而这个专制君主在表面上或实际上联合着利益冲突、彼此敌对的个人——关于这一切，费尔巴哈却认为没有谈论的必要。

反对目的论的长篇空谈；旧唯物主义者的翻版。在这里，费尔巴哈指责神学家们在对待自然方面犯了错误，可是他在对待现实世界方面却犯了同样的错误。神学家们认为，没有神，自然就一定会陷入一片混乱（就是说，没有对神的信仰，自然就会分崩离析），神的意志，理智、舆论，把世界联合在一起；对此费尔巴哈拙劣地加以嘲笑；可是他自己也认为：舆论，对公众的舆论，对法律及其他思想的恐惧现在把世界联合在一起。

费尔巴哈在反对目的论时用的一个论据，表现出他是一个十足的现时代的颂扬者（laudator temporis praesentis）[①]：儿童在幼年时期的死亡率之所以很高，是因为

　　"自然由于十分富有，可以不假思索地牺牲成千上万的单个的成员"；……"这都是自然原因的结果，……例如一岁的婴儿三四个里面死去一个，5 岁的 25 个里面死去一个，等等"。

除了在这里摘下的不多几个论点以外，就没有什么可摘录的东西了。关于各种宗教的历史发展情况，我们一点也看不出来。至多列举了一些宗

---

① 套用贺拉斯的《诗论》中的一句话："laudator temporis acti"（过去的颂扬者）。

教史上的事例，来证明上述陈腐的论点。文章内容的大部分是对神和基督徒的论战，其方式同他以往的论战方式完全一样；只不过现在，当他才思枯竭的时候，尽管一再重复过去的空话，对唯物主义者的依赖性仍然明显得多地暴露了出来。如果要想就自然宗教、多神教、一神教的陈旧论调说些什么，那就必须用这些宗教形式的现实发展来作比较，为此首先必须研究这些宗教形式。但这一切，同他对基督教的解释一样，与我们的著作没有多大关系。这篇论文，对于了解费尔巴哈的实证哲学观点，没有提供什么新东西。我上面摘录下来须加以批判的几个论点，只不过证实了我们已经说过的话。如果你对这个家伙还有兴趣，你可以设法直接或间接地从基斯林那里搞到他的全集的第一卷，在这一卷里费尔巴哈还写了一篇类似序言的东西，那里面或许还会有点什么。我摘要读过一些，在那里费尔巴哈谈到"头脑里的恶"和"胃里的恶"①，仿佛是要为他自己不关心现实作无力的辩解。这正与他一年半以前写信告诉过我的一样。

> 恩格斯：《恩格斯致马克思》（大约 1846 年 10 月 18 日），《马克思恩格斯全集》第 47 卷，人民出版社 2004 年版，第 418—419 页。

当古代世界走向灭亡的时候，古代的各种宗教就被基督教战胜了。当基督教思想在 18 世纪被启蒙思想击败的时候，封建社会正在同当时革命的资产阶级进行殊死的斗争。信仰自由和宗教自由的思想，不过表明自由竞争在信仰领域里占统治地位罢了。

> 马克思、恩格斯：《共产党宣言》（1847 年 12 月—1848 年 1 月），《马克思恩格斯文集》第 2 卷，人民出版社 2009 年版，第 51 页。

其次，因为资产阶级社会本身只是发展的一种对立的形式，所以，那些早期形式的各种关系，在它里面常常只以十分萎缩的或者完全歪曲的形式出现。公社所有制就是个例子。因此，如果说资产阶级经济的范畴适用于一切其他社会形式这种说法是对的，那么，这也只能在一定意义上来理解。这些范畴可以在发展了的、萎缩了的、漫画式的种种形式上，总是在有本质区别的形式上，包含着这些社会形式。所说的历史发展总是建立在这样的基础上的：最后的形式总是把过去的形式看成是向着自己发展的各

---

① 路·费尔巴哈的原话是："人类的恶不是在头脑里或心脏里，而是在胃里。如果胃病了，人类生存的基础就坏了，那么头脑和心脏的清晰和健康又有什么用呢。"（见《费尔巴哈全集》1846 年莱比锡版第 1 卷，第 15 页。）

个阶段，并且因为它很少而且只是在特定条件下才能够进行自我批判——这里当然不是指作为崩溃时期出现的那样的历史时期——，所以总是对过去的形式作片面的理解。基督教只有在它的自我批判在一定程度上，可说是在可能范围内完成时，才有助于对早期神话作客观的理解。同样，资产阶级经济学只有在资产阶级社会的自我批判已经开始时，才能理解封建的、古代的和东方的经济。在资产阶级经济学没有用编造神话的办法把自己同过去的经济完全等同起来时，它对于以前的经济，特别是它曾经还不得不与之直接斗争的封建经济的批判，是与基督教对异教的批判或者新教对旧教的批判相似的。

> 马克思：《1857—1858 年经济学手稿》（1857—1858 年），《马克思恩格斯文集》第 8 卷，人民出版社 2009 年版，第 30 页。

　　在商品生产者的社会里，一般的社会生产关系是这样的：生产者把他们的产品当做商品，从而当做价值来对待，而且通过这种物的形式，把他们的私人劳动当做等同的人类劳动来互相发生关系。对于这种社会来说，崇拜抽象人的基督教，特别是资产阶级发展阶段的基督教，如新教、自然神教等等，是最适当的宗教形式。在古亚细亚的、古代的等等生产方式下，产品转化为商品，从而人作为商品生产者而存在的现象，处于从属地位，但是共同体越是走向没落阶段，这种现象就越是重要。真正的商业民族只存在于古代世界的空隙中，就像伊壁鸠鲁的神只存在于世界的空隙中①，或者犹太人只存在于波兰社会的缝隙中一样。这些古老的社会生产有机体比资产阶级的社会生产有机体简单明了得多，但它们或者以个人尚未成熟，尚未脱掉同其他人的自然血缘联系的脐带为基础，或者以直接的统治和服从的关系为基础。它们存在的条件是：劳动生产力处于低级发展阶段，与此相应，人们在物质生活生产过程内部的关系，即他们彼此之间以及他们同自然之间的关系是很狭隘的。这种实际的狭隘性，观念地反映在古代的自然宗教和民间宗教中。只有当实际日常生活的关系，在人们面前表现为人与人之间和人与自然之间极明白而合理的关系的时候，现实世界的宗教

---

　　① 古希腊哲学家伊壁鸠鲁认为有无数的世界。这些世界是按照它们本身的自然规律产生和存在的。神虽然存在，但存在于世界之外，存在于世界之间的空隙中，对宇宙的发展和人的生活没有任何影响。

反映才会消失①。只有当社会生活过程即物质生产过程的形态，作为自由联合的人的产物，处于人的有意识有计划的控制之下的时候，它才会把自己的神秘的纱幕揭掉。但是，这需要有一定的社会物质基础或一系列物质生存条件，而这些条件本身又是长期的、痛苦的发展史的自然产物。

马克思：《资本论（第 1 卷）》（1867 年 9 月），《马克思恩格斯文集》
第 5 卷，人民出版社 2009 年版，第 97 页。

但是，我们已经不止一次地看到，在目前的资产阶级社会中，人们就像受某种异己力量的支配一样，受自己所创造的经济关系、自己所生产的生产资料的支配。因此，宗教反映活动的事实基础就继续存在，而且宗教反映本身也同这种基础一起继续存在。即使资产阶级经济学对这种异己力量的支配作用的因果关系有一定的认识，事情并不因此而有丝毫改变。资产阶级经济学既不能制止整个危机，又不能使各个资本家避免损失、负债和破产，或者使各个工人避免失业和贫困。现在还是这样：谋事在人，成事在神（即资本主义生产方式的异己力量的支配作用）。仅仅有认识，即使这种认识比资产阶级经济学的认识更进一步和更深刻，也不足以使社会力量服从于社会的支配。为此首先需要有某种社会的行动。当这种行动完成的时候，当社会通过占有和有计划地使用全部生产资料而使自己和一切社会成员摆脱奴役状态的时候（现在，人们正被这些由他们自己所生产的、但作为不可抗拒的异己力量而同自己相对立的生产资料所奴役），当谋事在人，成事也在人的时候，现在还在宗教中反映出来的最后的异己力量才会消失，因而宗教反映本身也就随着消失。理由很简单，因为那时再没有什么东西可以反映了。

可是杜林先生不能静待宗教这样自然地死亡。他干得更加彻底。他比俾斯麦本人有过之无不及；他颁布了更严厉的五月法令②，不仅反对天主

----

① 在马克思 1843 年底写的《〈黑格尔法哲学批判〉导言》中已包含了这一思想。

② 五月法令是普鲁士宗教大臣法尔克根据俾斯麦的创议于 1873 年 5 月 11—14 日通过国会实施的四项法令的名称，这四项法令以此名而载入史册。这些法令确立了国家对天主教会活动的控制，是俾斯麦于 1872—1875 年采取的一系列反对天主教僧侣的立法措施中最重要的环节，也是所谓"文化斗争"的顶点。天主教僧侣是代表德国南部和西南部分立主义者利益的中央党的主要支柱。警察迫害引起了天主教徒的激烈反抗并为他们创造了光荣殉教的机会。1880—1887 年，俾斯麦政府为了联合一切反动势力对付工人运动，不得不在实施这些法令时采取缓和的态度，最后便取消了几乎所有反天主教的法令。

教，而且也反对一切宗教；他唆使他的未来的宪兵进攻宗教，从而帮助它殉道和延长生命期。

恩格斯：《反杜林论》（1876 年 9 月—1878 年 6 月），《马克思恩格斯文集》第 9 卷，人民出版社 2009 年版，第 334 页。

‖按照拉伯克先生的说法，宗教（可区分为）下列诸阶段：‖

（1）无神论——这里的含义是，在这方面没有任何明确概念；（2）拜物教——人认为自己能够迫使神（神的本性总是坏的）满足自己的愿望；（3）自然崇拜或图腾崇拜——自然物如树木、湖泊，石头、动物等等（天体等等）成为崇拜对象；（4）萨满教——非凡的神祇比人力量大得多，具有和人不同的性质，他们所在之处也遥远得很，只有萨满才能去得；（5）偶像崇拜或拟人观——神更全面地具有人的性质，威力更大了；但还是可以听人指使的；他们是自然的一部分，而不是自然的创造者；人们用像或者叫做偶像来表现他们；（6）神成了造物主，他不单单是自然的一部分了，他第一次成为超自然的存在。

‖这意味着，按照拉伯克先生的看法神是头脑的编造。‖

（7）道德和宗教联系了起来（第 119 页）。蒙昧人几乎总认为神灵是坏东西，是某个看不见的部落的成员（第 129 页）。

‖试比较拉伯克并没有意识到的一点，即蒙昧人的推理能力高于信神的欧洲人的推理能力（拉伯克，第 128 页及以下各页）。‖

马克思：《约·拉伯克〈文明的起源和人的原始状态〉一书摘要》（1881 年 3—6 月），《马克思恩格斯全集》第 45 卷，人民出版社 1985 年版，第 665—666 页。

罗马帝国在消灭各民族政治和社会独特性的同时，也消灭了他们独特的宗教。古代一切宗教都是自发的部落宗教和后来的民族宗教，它们从各民族的社会条件和政治条件中产生，并和这些条件紧紧连在一起。宗教的这种基础一旦遭到破坏，沿袭的社会形式、传统的政治设施和民族独立一旦遭到毁灭，那么从属于此的宗教自然也就崩溃。本民族神可以容许异民族神和自己并立（这在古代是通常现象），但不能容许他们居于自己之上。东方的祭神仪式移植到罗马，只损害罗马宗教，但不能阻止东方宗教的衰落。民族神一旦不能保卫本民族的独立和自主，就会自取灭亡。情况到处都是这样（农民，特别是山地农民除外）。庸俗哲学的启蒙作用（我简直想说伏尔泰主义①）在罗马和希腊所做到的事情，在各行省由于罗马帝国的奴役，以及由于那些从前以享有自由而自豪的战士被绝望的臣民和自私的无赖所取代，同样也做到了。

恩格斯：《布鲁诺·鲍威尔和原始基督教》（1882 年 4 月下半月），《马克思恩格斯文集》第 3 卷，人民出版社 2009 年版，第 597—598 页。

在以前的一切宗教中，仪式是主要的事情。只有参加祭祀和巡礼，在东方还须遵守十分烦琐的饮食和洁净方面的清规，才能证明自己的教籍。罗马和希腊在后一方面是宽容的，而在东方则盛行着一套宗教戒律，这在不小程度上促使它终于崩溃。属于两种不同宗教的人（埃及人、波斯人、犹太人、迦勒底人等等）不能共同饮食，不能共同进行日常活动，几乎不能交谈。人与人之间的这种隔绝状态，是古代东方衰落的很大一部分原因。基督教没有造成隔绝的仪式，甚至没有古典世界的祭祀和巡礼。这样一来，由于它否定一切民族宗教及其共有仪式，毫无差别地对待一切民族，它本身就成了第一个可行的世界宗教。犹太教由于有新的万能的神，原也有成为世界宗教的趋势。但是以色列子女在信徒和行割礼的人中，依然保持着贵族身份。连基督教也必须先打破关于犹太裔基督徒的优越地位的观念（这种观念在所谓约翰启示录中仍很流行），才能变成真正的世界宗教。另一方面，伊斯兰教由于保持着它的特殊东方仪式，它的传播范围就局限在东方以及被征服的和由阿拉伯贝都因人新垦殖的北非。在这些地方它能够成为主要的宗教，而在西方却不能。

恩格斯：《布鲁诺·鲍威尔和原始基督教》（1882 年 4 月下半月），《马克思恩格斯文集》第 3 卷，人民出版社 2009 年版，第 598—599 页。

我们必须重新进行艰苦的研究，才能够知道基督教最初是什么样子，

---

① 伏尔泰是自然神论者，他对僧侣主义、天主教和专制政体的猛烈抨击曾对他的同时代人产生极大的影响。因此伏尔泰主义特指 18 世纪末期进步的、反宗教的社会政治观点。

在马克思和恩格斯的著作里，伏尔泰主义这一概念是指资产阶级在上升时期所持的充满矛盾的思想观点和政治态度。当时，这个阶级一方面从自然神论的立场出发，反对宗教狂热和封建教权主义；另一方面又认为，为了对"贱民"实行统治，宗教的存在是必要的。

因为它那流传到我们今天的官方形式仅仅是尼西亚宗教会议①为了使它成为国教而赋予它的那种形式。它在 250 年后已经变成国教这一事实，足以证明它是适应时势的宗教。在中世纪，随着封建制度的发展，基督教成为一种同它相适应的、具有相应的封建等级制的宗教。当市民阶级兴起的时候，新教异端首先在法国南部的阿尔比派②中间，在那里的城市最繁荣的时代，同封建的天主教相对抗而发展起来。中世纪把意识形态的其他一切形式——哲学、政治、法学，都合并到神学中，使它们成为神学中的科目。因此，当时任何社会运动和政治运动都不得不采取神学的形式；对于完全由宗教培育起来的群众感情说来，要掀起巨大的风暴，就必须让群众的切身利益披上宗教的外衣出现。市民阶级从最初起就给自己制造了一种由无财产的、不属于任何公认的等级的城市平民、短工和各种仆役所组成的附属品，即后来的无产阶级的前身，同样，宗教异端也早就分成了两派：市民温和派和甚至也为市民异教徒所憎恶的平民革命派。

新教异端的不可根绝是同正在兴起的市民阶级的不可战胜相适应的；当这个市民阶级已经充分强大的时候，他们从前同封建贵族进行的主要是地方性的斗争便开始具有全国性的规模了。第一次大规模的行动发生在德国，这就是所谓的宗教改革。那时市民阶级既不够强大又不够发展，不足以把其他的反叛等级——城市平民、下层贵族和乡村农民——联合在自己的旗帜之下。贵族首先被击败；农民举行了起义，形成了这次整个革命运动的顶点；城市背弃了农民，革命被各邦君主的军队镇压下去了，这些君主攫取了革命的全部果实。从那时起，德国有整整三个世纪从那些能独立地干预历史的国家的行列中消失了。但是除德国人路德外，还出现了法国人加尔文，他以真正法国式的尖锐性突出了宗教改革的资产阶级性质，使

---

① 尼西亚宗教会议是基督教会第一次世界性主教会议。这次会议于 325 年由罗马皇帝君士坦丁一世在小亚细亚的尼西亚城召开，约 300 名主教或代表主教的长老出席。会议针对当时教会存在的"三位一体"派和阿里乌派的信仰分歧，通过了一切基督徒必须遵守"三位一体"的信条（正统基督教教义的基本原则），不承认信条以叛国罪论。会议还制定了教会法规，以加强主教权力，实为加皇帝权力。因主教由皇帝任免，从此基督教成为罗马帝国国教。

② 阿尔比派是基督教的一个教派，12—13 世纪广泛传播于法国南部和意大利北部的城市，其主要发源地是法国南部阿尔比城。阿尔比派反对天主教的豪华仪式和教阶制度，它以宗教的形式反映了城市商业和手工业居民对封建制度的反抗。法国南部的部分贵族也加入了阿尔比派，他们企图剥夺教会的土地。法国北部的封建主和教皇称该派为南方法兰西的"异教徒"。1209 年教皇英诺森三世曾组织十字军征伐阿尔比派。经过 20 年战争和残酷的镇压，阿尔比派运动终于失败。

教会共和化和民主化。当路德的宗教改革在德国已经蜕化并把德国引向灭亡的时候，加尔文的宗教改革却成了日内瓦、荷兰和苏格兰共和党人的旗帜，使荷兰摆脱了西班牙和德意志帝国的统治，并为英国发生的资产阶级革命的第二幕提供了意识形态的外衣。在这里，加尔文教派显示出它是当时资产阶级利益的真正的宗教外衣，因此，在1689年革命由于一部分贵族同资产阶级间的妥协而结束以后，它也没有得到完全的承认。英国的国教会恢复了，但不是恢复到它以前的形式，即由国王充任教皇的天主教，而是强烈地加尔文教派化了。旧的国教会庆祝欢乐的天主教礼拜日，反对枯燥的加尔文教派礼拜日。新的资产阶级化的国教会，则采用后一种礼拜日，这种礼拜日至今还在装饰着英国。

在法国，1685年加尔文教派中的少数派曾遭到镇压，被迫皈依天主教或者被驱逐出境。① 但是这有什么用处呢？那时自由思想家皮埃尔·培尔已经在忙于从事活动，而1694年伏尔泰也诞生了。路易十四的暴力措施只是使法国的资产阶级更便于以唯一同已经发展起来的资产阶级相适应的、非宗教的、纯粹政治的形式进行自己的革命。出席国民议会的不是新教徒，而是自由思想家了。由此可见，基督教进入了它的最后阶段。此后，它已不能成为任何进步阶级的意向的意识形态外衣了；它越来越变成统治阶级专有的东西，统治阶级只把它当做使下层阶级就范的统治手段。同时，每个不同的阶级都利用它自己认为适合的宗教：占有土地的容克利用天主教的耶稣会派或新教的正统派，自由的和激进的资产者则利用理性主义，至于这些先生们自己相信还是不相信他们各自的宗教，这是完全无关紧要的。

这样，我们看到，宗教一旦形成，总要包含某些传统的材料，因为在一切意识形态领域内传统都是一种巨大的保守力量。但是，这些材料所发生的变化是由造成这种变化的人们的阶级关系即经济关系引起的。在这里只说这一点就够了。

恩格斯：《路德维希·费尔巴哈和德国古典哲学的终结》（1886年初），《马克思恩格斯文集》第4卷，人民出版社2009年版，第310—312页。

---

① 17世纪20年代起对胡格诺教徒（加尔文派新教徒）施加的政治迫害和宗教迫害加剧，路易十四于1685年取消了亨利四世1598年颁布的南特敕令。这个敕令曾给予胡格诺教徒以信教和敬神的自由；由于南特敕令的取消，数十万胡格诺教徒离开了法国。

如果我证明历史唯物主义甚至对英国的体面人物①也是有益的，人们对我或许还会更宽容一些。我已经说过：大约在四五十年以前，移居英国的有教养的外国人最惊奇的，是他必然会视为英国体面的中等阶级的宗教执迷和头脑愚蠢的那种现象。现在我就要证明，那时候的体面的英国中等阶级，并不像有知识的外国人所认为的那样愚蠢。这个阶级的宗教倾向是有其缘由的。

当欧洲脱离中世纪的时候，新兴的城市中等阶级是欧洲的革命因素。这个阶级在中世纪的封建体制内已经赢得公认的地位，但是这个地位对它的扩张能力来说，也已经变得太狭小了。中等阶级即资产阶级的发展，已经不能同封建制度并存，因此，封建制度必定要覆灭。

但是封建制度的巨大的国际中心是罗马天主教会。它尽管发生了各种内部战争，还是把整个封建的西欧联合为一个大的政治体系，同闹分裂的希腊正教徒和伊斯兰教的国家相对抗。它给封建制度绕上一圈神圣的灵光。它按照封建的方式建立了自己的教阶制，最后，它本身就是最有势力的封建领主，拥有天主教世界的地产的整整三分之一。要想把每个国家的世俗的封建制度成功地各个击败，就必须先摧毁它的这个神圣的中心组织。

此外，随着中等阶级的兴起，科学也大大振兴了；天文学、力学、物理学、解剖学和生理学的研究又活跃起来。资产阶级为了发展工业生产，需要科学来查明自然物体的物理特性，弄清自然力的作用方式。在此以前，科学只是教会的恭顺的婢女，不得超越宗教信仰所规定的界限，因此根本就不是科学。现在，科学反叛教会了；资产阶级没有科学是不行的，所以也不得不参加反叛。

以上只谈到新兴的中等阶级必然要同现存的教会发生冲突的两点原因，但足以证明：第一，在反对罗马教会权力的斗争中，最有直接利害关系的阶级是资产阶级；第二，当时反对封建制度的历次斗争，都要披上宗教的外衣，把矛头首先指向教会。可是，如果说率先振臂一呼的是一些大学和城市商人，那么热烈响应的必然是而且确实是广大的乡村居民即农民，他们为了活命不得不到处同他们的精神的和尘世的封建主搏斗。

资产阶级反对封建制度的长期斗争，在三次大决战中达到了顶点。

① 在德译文中，"体面人物"后面加有"用德语来说叫做庸人"。

第一次是德国的所谓宗教改革。路德提出的反对教会的战斗号召，唤起了两次政治性的起义：首先是弗兰茨·冯·济金根领导的下层贵族的起义（1523 年），然后是 1525 年伟大的农民战争。[①] 这两次起义都失败了，主要是由于最有利害关系的集团即城市市民不坚决，——至于不坚决的原因，我们就不详述了。从那时起，斗争就蜕化为各地诸侯和中央政权之间的战斗，结果，德国在 200 年中被排除于欧洲在政治上起积极作用的民族之列。路德的宗教改革确实创立了一种新的信条，一种适合专制君主制需要的宗教。德国东北部的农民刚刚改信路德教派，就从自由人降为农奴了。

但是，在路德失败的地方，加尔文却获得了胜利。加尔文的信条正适合当时资产阶级中最果敢大胆的分子的要求。[②] 他的宿命论的学说，从宗教的角度反映了这样一件事实：在竞争的商业世界，成功或失败并不取决于一个人的活动或才智，而取决于他不能控制的各种情况。决定成败的并不是一个人的意志或行动，而是全凭未知的至高的经济力量的恩赐；在经济变革时期尤其是如此，因为这时旧的商路和中心全被新的所代替，印度和美洲已被打开大门，甚至最神圣的经济信条即金银的价值也开始动摇和崩溃了。加尔文的教会体制是完全民主的、共和的；既然上帝的王国已经共和化了，人间的王国难道还能仍然听命于君王、主教和领主吗？当德国的路德教派已变成诸侯手中的驯服工具时，加尔文教派却在荷兰创立了一个共和国，并且在英国，特别是在苏格兰，创立了一些活跃的共和主义政党。

资产阶级的第二次大起义，在加尔文教派中给自己找到了现成的战斗理论。这次起义是在英国发生的。发动者是城市中等阶级，完成者是农村地区的自耕农。很奇怪的是：在资产阶级的这三次大起义中，农民提供了战斗大军，而农民恰恰成为在胜利后由于胜利带来的经济后果而必然破产的阶级。克伦威尔之后 100 年，英国的自耕农几乎绝迹了。如

---

① 指 1522—1523 年的德国贵族起义和 1524—1525 年的德国农民战争。恩格斯在《德国农民战争》中对这两次战争作了阐述。

② 16 世纪欧洲宗教改革时期，著名宗教改革活动家让·加尔文（1509—1564）创立了加尔文教，这是基督教新教流派之一。该教派的教义是"绝对先定"和人的祸福神定的学说，一部分人是由上帝先定为可以得救的（选民），另一部分人则是永定为受惩罚的（弃民）。加尔文教严格奉行的宗教信条完全符合当时资产阶级的要求。

果没有这些自耕农和城市平民，资产阶级决不会单独把斗争进行到底，决不会把查理一世送上断头台。哪怕只是为了获得那些当时已经成熟而只待采摘的资产阶级的胜利之果，也必须使革命远远超越这一目的，就像法国在 1793 年和德国在 1848 年那样。显然，这就是资产阶级社会发展的规律之一。

……

从这时起，资产阶级就成了英国统治阶级中的卑微的但却是公认的组成部分了。在压迫国内广大劳动群众方面，它同统治阶级的其他部分有共同的利益。商人或工厂主，对自己的伙计、工人和仆役来说，是站在主人的地位，或者像不久前人们所说的那样，站在"天然尊长"的地位。他的利益是要从他们身上尽可能取得尽量多和尽量好的劳动；为此目的，就必须把他们训练得驯服顺从。他本身是信仰宗教的，他曾打着宗教的旗帜战胜了国王和贵族；不久他又发现可以用这同样的宗教来操纵他的天然下属的灵魂，使他们服从由上帝安置在他们头上的那些主人的命令。简言之，英国资产阶级这时也参与镇压"下层等级"，镇压全国广大的生产者大众了，为此所用的手段之一就是宗教的影响。

还有另一种情况也助长了资产阶级的宗教倾向。这就是唯物主义在英国的兴起。这个新的①学说，不仅震撼了中等阶级的宗教情感，还自称是一种只适合于世上有学问的和有教养的人们的哲学，完全不同于适合于缺乏教养的群众以及资产阶级的宗教。它随同霍布斯起而维护至高无上的王权，呼吁专制君主制镇压那个强壮而心怀恶意的小伙子②，即人民。同样地，在霍布斯的后继者博林布罗克、舍夫茨别利等人那里，唯物主义的新的自然神论形式，仍然是一种贵族的秘传的学说，因此，唯物主义遭受中等阶级仇视，既是由于它是宗教的异端，也是由于它具有反资产阶级的政治联系。所以，同贵族的唯物主义和自然神论 267 相反，过去曾经为反对斯图亚特王朝的斗争提供旗帜和战士的新教教派，继续提供了进步的中等阶级的主要战斗力量，并且至今还是"伟大的自由党"的骨干。

　　　　恩格斯：《〈社会主义从空想到科学的发展〉英文版导言》（1892 年 4

---

①　在德译文中，在"新的"的后面加有"无神论的"。
②　强壮而心怀恶意的小伙子是托·霍布斯的用语，见他所著《论公民》一书序言，该书于 1642 年在巴黎写成，1647 年在阿姆斯特丹刊印，最初流传的是手抄本。

月），《马克思恩格斯文集》第 3 卷，人民出版社 2009 年版，第 509—514 页。

货币主义本质上是天主教的；信用主义本质上是基督教的。"苏格兰人讨厌金子。"作为纸币，商品的货币存在只是一种社会存在。信仰使人得救①。这是对作为商品内在精神的货币价值的信仰，对生产方式及其预定秩序的信仰，对只是作为自行增殖的资本的人格化的各个生产当事人的信仰。但是，正如基督教没有从天主教的基础上解放出来一样，信用主义也没有从货币主义的基础上解放出来。

> 马克思：《资本论（第 3 卷）》（1894 年出版），《马克思恩格斯文集》第 7 卷，人民出版社 2009 年版，第 670 页。

因为在马克思看来，经济发展是社会生活的"物质基础"，是它的内容，而法律、政治的和宗教、哲学的发展是这个内容的"思想形式"，是它的"上层建筑"，所以马克思作出结论说："随着经济基础的改变，全部庞大的上层建筑也会相当迅速地发生变革。"

> 斯大林：《无政府主义还是社会主义?》（1906 年 12 月），《斯大林全集》第 1 卷，人民出版社 1953 年版，第 275 页。

现代生活非常复杂！在实际生活中，处处都可看到各种各样的阶级和集团：大资产阶级、中等资产阶级和小资产阶级，大封建主、中等封建主和小封建主，帮工、杂工和熟练产业工人，高级僧侣、中级僧侣和低级僧侣，大官僚、中等官僚和小官僚，各种知识分子及其他类似的集团，——这就是我们生活所呈现的一幅五光十色的图画！

> 斯大林：《阶级斗争》（1906 年 11 月 14 日），《斯大林全集》第 1 卷，人民出版社 1953 年版，第 242 页。

神甫们也有自己的节日，在那些日子里，他们赞美现存的制度，在这种制度下，劳动者死于穷困，寄生虫却沉溺于豪华奢侈的生活。

> 斯大林：《五一万岁!》（1912 年 4 月），《斯大林全集》第 2 卷，人民出版社 1953 年版，第 191 页。

为农民无偿地没收地主、沙皇和教堂的全部土地！

> 斯大林：《告俄国全体男女工人书》（1912 年 12 月底 1913 年 1 月

---

① "信仰使人得救"，是套用了圣经中的一句话。见《新约全书·马可福音》第 16 章第 16 节："信而受洗的必然得救。"

初），《斯大林全集》第 2 卷，人民出版社 1953 年版，第 239 页。

但问题通常不仅限于市场。统治民族中的半封建半资产阶级的官僚常用他们"只捉不放"的方法干预斗争。于是统治民族中的资产阶级，不论小资产阶级或大资产阶级，就有可能"更迅速地""更坚决地"制服自己的竞争者。"力量"既日趋统一，限制"异族"资产阶级的一连串办法以至高压手段也就开始实行起来了。斗争由经济范围转入政治范围。限制迁徙自由，限制语言使用，限制选举权，减少学校，限制宗教活动等等办法纷纷加到"竞争者"的头上。当然，采取这种办法不仅为了追求统治民族中的资产阶级的利益，而且可以说是为了追求执政官僚们特殊集团的目的。但结果都是一样：资产阶级和官僚在这种场合总是联合一致的，不论奥匈帝国或俄国，情形都是如此。

斯大林：《马克思主义和民族问题》（1913 年 1 月），《斯大林全集》
第 2 卷，人民出版社 1953 年版，第 272—273 页。

例如拿南高加索那些识字人数的百分比少到最低限度、学校由万能的毛拉主持、文化渗透了宗教精神的鞑靼人来说吧……不难了解，把他们"组织"成民族文化联盟，就是让毛拉站在他们头上，就是任凭反动的毛拉去宰割他们，就是替鞑靼群众的死敌建立一座在精神上奴役这些群众的新堡垒。

斯大林：《马克思主义和民族问题》（1913 年 1 月），《斯大林全集》
第 2 卷，人民出版社 1953 年版，第 312 页。

显然，"民族权利"和党纲"原意"是两个完全不同的东西。党纲"原意"表现无产阶级在自己的纲领中科学地规定的利益，民族权利却可能依各阶级（资产阶级、贵族和僧侣等等）的势力和影响为转移，而表现其中任何一个阶级的利益。前者是马克思主义者的义务，后者是由各阶级所组成的民族的权利。

斯大林：《马克思主义和民族问题》（1913 年 1 月），《斯大林全集》
第 2 卷，人民出版社 1953 年版，第 316—317 页。

命运这个概念，即"希克查尔"这个概念本身就是偏见，就是胡说，就是古希腊人的神话这一类东西的残余，古希腊人认为命运之神支配着人们的命运。

斯大林：《和德国作家艾米尔·路德维希的谈话》（1932 年 4 月 30
日），《斯大林全集》第 13 卷，人民出版社 1956 年版，第 105 页。

3. 宗教的衰亡

这种批判撕碎锁链上那些虚幻的花朵，不是要人依旧戴上没有幻想没有慰藉的锁链，而是要人扔掉它，采摘新鲜的花朵。对宗教的批判使人不抱幻想，使人能够作为不抱幻想而具有理智的人来思考，来行动，来建立自己的现实；使他能够围绕着自身和自己现实的太阳转动。宗教只是虚幻的太阳，当人没有围绕自身转动的时候，它总是围绕着人转动。

因此，真理的彼岸世界消逝以后，历史的任务就是确立此岸世界的真理。人的自我异化的神圣形象被揭穿以后，揭露具有非神圣形象的自我异化，就成了为历史服务的哲学的迫切任务。于是，对天国的批判变成对尘世的批判，对宗教的批判变成对法的批判，对神学的批判变成对政治的批判。

马克思：《〈黑格尔法哲学批判〉导言》（1843 年 10 月中—12 月中），

《马克思恩格斯文集》第 1 卷，人民出版社 2009 年版，第 4 页。

当然，在政治国家作为政治国家通过暴力从市民社会内部产生的时期，在人的自我解放力求以政治自我解放的形式进行的时期，国家是能够而且必定会做到废除宗教、根除宗教的。但是，这只有通过废除私有财产、限定财产最高额、没收财产、实行累进税，通过消灭生命、通过断头台，才能做到。

马克思：《论犹太人问题》（1843 年 10 月中—12 月中），《马克思恩格斯文集》第 1 卷，人民出版社 2009 年版，第 33 页。

据说应当创立一种新的宗教，即泛神论的英雄崇拜、劳动崇拜，或者应当等待将来产生这样一种宗教。这是不可能的；产生宗教的可能性一点也没有；继基督教，继绝对的即抽象的宗教之后，继"宗教本身"之后，不可能再出现任何其他形式的宗教。卡莱尔本人也认识到，天主教、新教或其他任何一种基督教，都不可阻挡地要走向灭亡；如果他了解基督教的本质，他就会认识到，继基督教之后，不再可能产生任何其他宗教。泛神论也是不可能产生的！泛神论本身就是基督教的结论，它与自己的前提是分不开的，至少现代的、斯宾诺莎的、谢林的、黑格尔的以及卡莱尔的泛神论是这样。费尔巴哈又一次使我对此不必费心去提供证明。

恩格斯：《英国状况——评托马斯·卡莱尔的〈过去和现在〉》（1843 年 10 月—1844 年 1 月中），《马克思恩格斯全集》第 3 卷，人民出版社 2002 年版，第 518—519 页。

现在让我们看一看，应该怎样在现实中去说明和表述异化的、外化的劳动这一概念。

如果劳动产品对我来说是异己的，是作为异己的力量面对着我，那么它到底属于谁呢？

如果我自己的活动不属于我，而是一种异己的活动、一种被迫的活动，那么它到底属于谁呢？

属于另一个有别于我的存在物。

这个存在物是谁呢？

是神吗？确实，起初主要的生产活动，如埃及、印度、墨西哥建造神庙的活动等等，不仅是为供奉神而进行的，而且产品本身也是属于神的。但是，神从来不是劳动的唯一主宰。自然界也不是。况且，在人通过自己的劳动使自然界日益受自己支配的情况下，在工业奇迹使神的奇迹日益变得多余的情况下，如果人竟然为讨好这些力量而放弃生产的乐趣和对产品的享受，那岂不是十分矛盾的事情。

马克思：《1844年经济学哲学手稿》（1844年5月底6月初—8月），《马克思恩格斯文集》第1卷，人民出版社2009年版，第164页。

因此，对金钱没有这种敬畏感的工人，不像资产者那样贪婪，资产者为了赚钱不惜采取任何手段，认为自己生活的目的就是装满钱袋。所以工人比资产者偏见少得多，对事实看得清楚得多，不是戴着自私的眼镜来看一切。因为缺少教育，所以他没有宗教偏见。他不懂得这些事情，也不为这些事情伤脑筋，在他身上看不到支配着资产阶级的那种狂热。如果说他也有一点宗教信仰的话，那也只是名义上的，甚至连理论上的都谈不到。实际上他只是为尘世而活着，力求得到尘世上的生存权利。所有的资产阶级作家都异口同声地说，工人不信教，不上教堂。也许只有爱尔兰人、一些老年人以及半资产者——监工、工头之类的人是例外。在群众中几乎到处都可以看到完全漠视宗教的现象，最多只有一些自然神论的迹象，而且这种自然神论是十分浮泛的看法，以致只表现为一些口头禅，或表现为对 infidel（不信教的人）和无神论者这类名词的模模糊糊的恐惧。一切教派的神职人员都很不受工人欢迎，虽然他们只是最近才失去在工人中的影响；现在，只要有人大叫一声"he is a parson！"（"他是个牧师！"），人们就常常会把一个神职人员从公共集会的讲坛上赶下来。同生活状况本身一样，缺少宗教教育和其他教育，也使得工人比资产者客观，比资产者容易摆脱传统的陈腐的原则和先入之见的束缚。资产者局限于自己的阶级偏见，头脑中充斥着别人从他年轻时起就灌输给他的原则。这种人是无可救药的。他即使在形式上是自由主义的，实质上还是保守的；他的利益和现存的制度紧密地联系在一起，他对任何运动都麻木不仁。他不再站在历史发展的前沿，工人正在取而代之，最初只是理应如此，将来必定会在实际上做到这一点。

> 恩格斯：《英国工人阶级状况——根据亲身观察和可靠材料》（1844年9月—1845年3月），《马克思恩格斯文集》第1卷，人民出版社2009年版，第439页。

随着财富的发展，因而也就是随着新的力量和不断扩大的个人交往的发展，那些成为共同体的基础的经济条件，那些与共同体相适应的共同体各不同组成部分的政治关系，以理想的方式来对共同体进行直观的宗教（这二者又都是建立在对自然界的一定关系上的，而一切生产力都归结为自然界），个人的性格、观点等等，也都解体了。单是科学——即财富的最可靠的形式，既是财富的产物，又是财富的生产者——的发展，就足以使这些共同体解体。但是，科学这种既是观念的财富同时又是实际的财富的发展，只不过是人的生产力的发展即财富的发展所表现的一个方面，一种形式。

> 马克思：《经济学手稿》（1857—1858年），《马克思恩格斯全集》第30卷，人民出版社1995年版，第539页。

单是正确地反映自然界就已经极端困难，这是长期的经验历史的产物。在原始人看来，自然力是某种异己的、神秘的、压倒一切的东西。在所有文明民族所经历的一定阶段上，他们用人格化的方法来同化自然力。正是这种人格化的欲望，到处创造了许多神；而被用来证明上帝存在的万民一致意见恰恰只证明了这种作为必然过渡阶段的人格化欲望的普遍性，因而也证明了宗教的普遍性。只有对自然力的真正认识，才把各种神或上帝相继地从各个地方撵走（赛奇及其太阳系）。现在，这个过程已进展到这样的程度，以致可以认为它在理论方面已经结束了。

> 恩格斯：《〈反杜林论〉的准备材料》（1876—1877年），《马克思恩格斯文集》第9卷，人民出版社2009年版，第356页。

换句话说，思维的至上性是在一系列非常不至上地思维着的人中实现的；拥有无条件的真理权的认识是在一系列相对的谬误中实现的；二者都只有通过人类生活的无限延续才能完全实现。

在这里，我们又遇到了在上面已经遇到过的矛盾：一方面，人的思维的性质必然被看做是绝对的；另一方面，人的思维又是在完全有限地思维着的个人中实现的。这个矛盾只有在无限的前进过程中，在至少对我们来说实际上是无止境的人类世代更迭中才能得到解决。从这个意义来说，人的思维是至上的，同样又是不至上的，它的认识能力是无限的，同样又是有限的。按它的本性、使命、可能和历史的终极目的来说，是至上的和无限的；按它的个别实现情况和每次的现实来说，又是不至上的和有限的。

永恒真理的情况也是一样。如果人类在某个时候达到了只运用永恒真理，只运用具有至上意义和无条件真理权的思维成果的地步，那么人类或许就到达了这样的一点，在那里，知识世界的无限性就现实和可能而言都穷尽了，从而就实现了数清无限数这一著名的奇迹。

> 恩格斯：《反杜林论》（1876 年 9 月—1878 年 6 月），《马克思恩格斯文集》第 9 卷，人民出版社 2009 年版，第 91—92 页。

上帝在信仰上帝的自然科学家那里的遭遇，比在任何地方都要糟糕。唯物主义者只去说明事物，是不理睬这套废话的。只有当那些纠缠不休的教徒们想把上帝强加给他们的时候，他们才会考虑这件事，并且作出简单的回答，或者像拉普拉斯那样说："陛下，我不……"[①]，或者更粗鲁一些，以荷兰商人经常用来打发硬把次货塞给他们的德国行商们的方式说："我用不着那路货色"，并且这样就把问题了结了。而上帝在他的保卫者那里竟要忍受何等遭遇啊！在现代自然科学的历史中，上帝在他的保卫者那里的遭遇，就像耶拿会战中弗里德里希—威廉三世在他的文官武将那里的遭遇一样。在科学的推进下，一支又一支部队放下武器，一座又一座堡垒投降，直到最后，自然界无穷无尽的领域全都被科学征服，不再给造物主留下一点立足之地。牛顿还把"第一推动"留给上帝，但是不允许他对自己的太阳系进行别的任何干预。神父赛奇虽然履行教规中的全部礼仪来恭维上帝，但是并不因此就变得手软些，他把上帝完全逐出了太阳系，而只允许后者在原始星云上还能作出某种"创造行动"。在一切领域中，情

[①] "陛下，我不需要这种假设"，据说是皮·拉普拉斯对拿破仑问他为什么在《论天体力学》中不提到上帝时的回答。黑格尔在《哲学史讲演录》中也引过此话，但未注明出处。

况都是如此。在生物学中，上帝的最后的伟大的唐·吉诃德，即阿加西斯，甚至要求他去做十足荒唐的事情：他不仅应当创造实在的动物，而且还应当创造抽象的动物，即创造鱼本身！最后，丁铎尔完全禁止上帝进入自然界，把他放逐到情感世界中去，而他之所以还允许上帝存在，只是因为对这一切事物（自然界）总得有个什么人能比约翰·丁铎尔知道得更多些！① 这和旧的上帝——天和地的创造者、万物的主宰，没有他连一根头发也不能从头上掉下来——相距不知有多远！

丁铎尔的情感上的需要什么也证明不了。格里厄骑士确实有爱恋和占有曼侬·列斯戈的情感上的需要，而后者一次又一次地出卖她自己和他；为了取悦于她，他做了骗子和王八。如果丁铎尔要责备他，他会回答说：这是出于"情感上的需要"！

> 恩格斯：《自然辩证法》（1873—1882 年），《马克思恩格斯文集》第
> 9 卷，人民出版社 2009 年版，第 461—462 页。

真是颠扑不破的真理！正因为如此，正因为在人民群众中大力散布了宗教的"迷途"，无论斯塔霍维奇之流，还是奥勃洛摩夫之流，或者所有那些靠人民群众的劳动过日子的资本家以及《莫斯科新闻》本身，才能"睡得香香的"。但是教育在人民中愈普及，宗教偏见愈被社会主义意识所排挤，无产阶级胜利的日子就愈近，这个胜利将把一切被压迫阶级从现代社会的奴役下拯救出来。

> 列宁：《政治鼓动和"阶级观点"》（1902 年 2 月 1 日发表），《列宁
> 全集》第 6 卷，人民出版社 1984 年版，第 247 页。

但是，奴隶一旦意识到自己的奴役地位，并且站起来为自身的解放而斗争，他就有一半已经不再是奴隶了。现代的觉悟工人，受到了大工厂工业的教育和城市生活的启发，轻蔑地抛弃了宗教偏见，把天堂生活让给僧侣和资产阶级伪善者去享受，为自己去争取人间的美好生活。现代无产阶级正在站到社会主义方面来。社会主义吸引科学来驱散宗教的迷雾，把工人团结起来为美好的人间生活作真正的斗争，从而使他们摆脱对死后生活的迷信。

> 列宁：《社会主义和宗教》（1905 年 12 月 3 日），《列宁全集》第 12

---

① 指的是约·丁铎尔在 1874 年 8 月 19 日召开的贝尔法斯特不列颠科学促进协会第四十四届年会上的开幕词。开幕词载于 1874 年 8 月 20 日《自然界》杂志第 10 卷，第 251 期。恩格斯在 1874 年 9 月 21 日给马克思的信中对丁铎尔的这一发言作了更详细的评论。

卷，人民出版社 1987 年版，第 132 页。

马克思主义就是唯物主义。正因为如此，它同 18 世纪百科全书派的唯物主义或费尔巴哈的唯物主义一样，也毫不留情地反对宗教。这是没有疑问的。但是，马克思和恩格斯的辩证唯物主义比百科全书派和费尔巴哈更进一步，它把唯物主义哲学应用到历史领域，应用到社会科学领域。我们应当同宗教作斗争。这是整个唯物主义的起码原则，因而也是马克思主义的起码原则。但是，马克思主义不是停留在起码原则上的唯物主义。马克思主义更前进了一步。它认为必须善于同宗教作斗争，为此应当用唯物主义观点来说明群众中的信仰和宗教的根源。同宗教作斗争不应该限于抽象的思想宣传，不能把它归结为这样的宣传；而应该把这一斗争同目的在于消灭产生宗教的社会根源的阶级运动的具体实践联系起来。为什么宗教在城市无产阶级的落后阶层中，在广大的半无产阶级阶层中，以及在农民群众中能够保持它的影响呢？资产阶级的进步派、激进派或资产阶级唯物主义者回答说，这是由于人民的愚昧无知。由此得出结论说：打倒宗教，无神论万岁，传播无神论观点是我们的主要任务。马克思主义者说：这话不对。这是一种肤浅的、资产阶级狭隘的文化主义观点。这种观点不够深刻，不是用唯物主义的观点而是用唯心主义的观点来说明宗教的根源。在现代资本主义国家里，这种根源主要是社会的根源。劳动群众受到社会的压制，面对时时刻刻给普通劳动人民带来最可怕的灾难、最残酷的折磨的资本主义（比战争、地震等任何非常事件带来的灾难和折磨多一千倍）捉摸不定的力量，他们觉得似乎毫无办法，——这就是目前宗教最深刻的根源。"恐惧创造神。"[1] 现代宗教的根源就是对资本的捉摸不定的力量的恐惧，而这种力量确实是捉摸不定的，因为人民群众不能预见到它，它使无产者和小业主在生活中随时随地都可能遭到，而且正在遭到"突如其来的"、"出人意料的"、"偶然发生的"破产和毁灭，使他们变成乞丐，变成穷光蛋，变成娼妓，甚至活活饿死。凡是不愿一直留在预备班的唯物主义者，都应当首先而且特别注意这种根源。只要受资本主义苦役制度压迫、受资本主义捉摸不定的破坏势力摆布的群众自己还没有学会团结一致地、有组织地、有计划地、自觉地反对宗教的这种根源，反对任何形式的资本统治，那么

---

[1] 这句话出自古罗马诗人普·帕·斯塔齐乌斯的史诗《忒拜战纪》。

无论什么启蒙书籍都不能使这些群众不信仰宗教。

> 列宁：《论工人政党对宗教的态度》（1909 年 5 月 13 日），《列宁全
> 集》第 17 卷，人民出版社 1988 年版，第 391—392 页。

农村的面貌改变得更大。在旧农村里，教堂盖在最引人注目的地方，巡官、神甫和富农的漂亮房子盖在前面，农民的破烂茅屋都在后面。这样的旧农村现在开始消失了。代替它的是新农村。

> 斯大林：《在党的第十七次代表大会上关于联共（布）中央工作的总
> 结报告》（1934 年 1 月 26 日），《斯大林全集》第 13 卷，人民出版社
> 1956 年版，第 282 页。

4. 论早期基督教

来顿的一位荷兰东方学家多济教授，出版了一本书①，其中证明"亚伯拉罕、以撒和雅各"都是幻想的形象；以色列人是偶像崇拜者，他们在"约柜"里带的是一块"石头"；西缅的宗族（在扫罗统治期间被赶走）迁徙到麦加，在那里造起了供奉偶像的庙宇，向石头顶礼膜拜；以斯拉从巴比伦囚禁中出来以后，编造了从创世起直到约书亚的全部传说，后来为准备改革又写了教规和教条，还论述了一神教等等。

有人从荷兰就这样写信告诉我，而且还说这本书在当地神学家中所以引起很大的轰动，特别是因为多济是荷兰最有学问的东方学家，而且又是来顿的教授！无论如何，在德国境外（勒南、克伦佐、多济等人）正发生着值得注意的反宗教运动。

> 马克思：《马克思致恩格斯》（1864 年 6 月 16 日），《马克思恩格斯全
> 集》第 30 卷，人民出版社 1975 年版，第 407—408 页。

《摩西五经》只是在犹太人从巴比伦囚禁中返回以后才著成的，这一点斯宾诺莎在他的《神学政治论文》中就已经探讨清楚了。

> 马克思：《马克思致莱昂·菲力浦斯》（1864 年 6 月 25 日），《马克思
> 恩格斯全集》第 30 卷，人民出版社 1975 年版，第 662 页。

如果说巴黎工人的行为是汪达尔行为②的话，那么这是誓死防御的汪

---

① 莱·多济：《麦加城的以色列人》。
② 汪达尔是古代日耳曼的一个部落，曾多次与罗马作战，公元 455 年占领罗马，破坏了无数文物。汪达尔行为指破坏文物的行为。

达尔行为，而不是在胜利后干出的汪达尔行为，如基督徒对待异教世界真正无价的古代艺术珍品所采取的那种行为。就是这后一种汪达尔行为，也有历史学家为之辩护，他们认为这是正在诞生的新社会与正在崩溃的旧社会之间所进行的伟大斗争中不可避免和较为次要的伴生现象。

> 马克思：《法兰西内战——国际工人协会总委员会宣言》（1871 年
> 4—5 月），《马克思恩格斯文集》第 3 卷，人民出版社 2009 年版，第
> 177 页。

各国政府对国际的迫害，酷似古代罗马对原始基督徒的迫害。这些人最初也为数不多，但是罗马贵族本能地感觉到，如果基督徒大告成功，罗马帝国就会灭亡。古代罗马的迫害未能挽救帝国，今天对国际的迫害也挽救不了现存制度。

> 马克思：《纪念国际成立七周年》（1871 年 9 月 24 日），《马克思恩格
> 斯文集》第 3 卷，人民出版社 2009 年版，第 618 页。

简而言之，我们采用这种新的组织会得到什么呢？会得到一个早期基督徒那样的畏缩胆怯的而又阿谀奉承的组织，早期基督徒这群奴隶曾经怀着感激的心情接受任何拳打脚踢，并且的确通过摇尾乞怜在三百年后使自己的宗教获得了胜利，——而这种革命方法无产阶级是无论如何不会仿效的！你们看，正象早期基督徒把自己幻想的天堂作为自己组织的榜样一样，我们也应当把巴枯宁先生的未来社会的乐园作为自己的榜样，我们也应当放弃斗争，而从事祈祷和期待。而这些向我们宣扬这种胡说八道的人，却自命是唯一的真正的革命者！

> 恩格斯：《桑维耳耶代表大会和国际》（1872 年 1 月 3 日左右），《马
> 克思恩格斯全集》第 17 卷，人民出版社 1963 年版，第 519—520 页。

所谓勒南的发现，例如关于所谓约翰启示录出现时间的确定——准确到月份——或者关于解开神秘数字 666 = 尼禄皇帝（Νέρων Καισαρ）这个谜和用另种说法 616 = 尼禄皇帝（Nero Caesar）证明这个答案等等，我在柏林 1841—1842 年冬季学期在斐迪南·贝纳里教授关于启示录的讲座中已经听到过了。所不同的仅仅在于，实际解开过这个神秘数字的贝纳里是十分诚实的，承认他的成就在很大程度上要归功于自己的前辈；而勒南先生在这本书里，象在其他场合一样，把来自德国科学长期发展的成果毫不客气地据为己有。

> 恩格斯：《关于厄·勒南〈反基督者〉一书书评的短评》（1873 年 7

月 5 日—15 日之间），《马克思恩格斯全集》第 45 卷，人民出版社
1985 年版，第 170 页。

对未来的革命的行动纲领作纯学理的、必然是幻想的预测，只会转移
对当前斗争的注意力。世界末日日益临近的幻梦曾经煽起原始基督徒反对
罗马世界帝国的火焰，并且给了他们取得胜利的信心。对于占统治地位的
社会秩序所必然发生而且也一直在我们眼前发生着的解体过程的科学认识，
被旧时代幽灵的化身即各国政府折磨得日益激愤的群众，以及与此同时生
产资料大踏步向前的积极发展——所有这些就足以保证：真正的无产阶级
革命一旦爆发，革命的直接的下一步的行动方式的种种条件（虽然决不会
是田园诗式的）也就具备了。

> 马克思：《马克思致斐迪南·多梅拉·纽文胡斯》（1881 年 2 月 22
> 日），《马克思恩格斯文集》第 10 卷，人民出版社 2009 年版，第
> 459 页。

我正在这里研究早期的基督教，在读勒南的书①和圣经。② 勒南是一个
异常肤浅的人，但是，作为一个非宗教人士，他比德国大学神学家的视野
要广阔一些。可是，他的书简直是一部小说。他自己对菲洛斯特拉特的评
语，也适用于他这本书：它可以作为历史资料来用，就象亚历山大·大仲
马的小说可以用来研究弗伦特运动③时期一样。在某些细节地方，我发现
他有骇人听闻的错误，同时他还非常无耻地抄袭德国人的东西。

> 恩格斯：《恩格斯致维克多·阿德勒》（1892 年 8 月 19 日），《马克思
> 恩格斯全集》第 38 卷，人民出版社 1972 年版，第 427 页。

无论马克思还是我，从 1843 年起再未同鲍威尔兄弟保持任何关系，他
们在五十年代末才到伦敦——埃德加尔呆的时间较长，布鲁诺只是客居，
那时马克思才又同他们见面。因此，据我所知，布鲁诺当时同唯物史观，
同科学社会主义完全无关；如果有某些类似东西的话，只能从布鲁诺在五
十年代和六十年代所写的较后期的文章中寻找。恐怕也不能否认，在布鲁

---

① 厄·勒南：《基督教起源史》。

② 恩格斯在 1894 年所写的《论早期基督教的历史》一文中，总结了对基督教的产生和本质
问题进行多年研究的成果，该文是科学无神论的基本著作之一。

③ 弗伦特运动是 1648—1653 年法国反专制制度的贵族资产阶级运动。运动的贵族首领依靠
自己的侍从和外国军队，利用这一时期发生的农民起义和城市的民主运动来为自己谋利益。弗伦
特运动被亚·大仲马用作小说《二十年后》的历史材料。

诺后来有关早期基督教的著作中，反映了马克思的某些思想影响；但整个说来，布鲁诺对历史发展动力的理解实质上仍然是唯心主义的。

恩格斯：《恩格斯致海尔曼·布洛歇尔》（1893 年 10 月 3 日），《马克思恩格斯全集》第 39 卷，人民出版社 1974 年版，第 127 页。

同样，最初的基督徒的情况也是如此。旧世界解体过程所解放出来的，也就是所扔出来的各种分子，都一个接一个地掉进基督教的引力圈子里，——基督教是唯一抵抗了这一解体过程（因为基督教本身就是它的必然产物）从而得以保存下来并且不断成长起来的成分，而其他成分则只不过是短命蜉蝣而已。每一种狂想、胡说或骗术都会钻进年轻的基督教会，会找到热心的听众和热诚的信徒，至少在一些地方和一段时期不会找不到。

恩格斯：《论原始基督教的历史》（1894 年 6 月 19 日—7 月 16 日），《马克思恩格斯文集》第 4 卷，人民出版社 2009 年版，第 480 页。

另一个方向，只有一个代表人物，即布鲁诺·鲍威尔。他的巨大功绩，不仅在于他对福音书和使徒书信作了无情的批判，而且还在于他第一个不但认真地研究了犹太的和希腊—亚历山大里亚的成分，并且还认真地研究了纯希腊的和希腊—罗马的成分，而正是后者才给基督教开辟了成为世界宗教的道路。说什么基督教从犹太教产生时就已经定型，并凭大体上已经确定的教义和伦理从巴勒斯坦征服了世界，这种奇谈怪论从布鲁诺·鲍威尔时起再也站不住脚了；它只能在神学院里和那些要"为人民保存宗教"而不惜损害科学的人们中间苟延残喘。斐洛的亚历山大里亚学派和希腊罗马庸俗哲学——柏拉图派的，特别是斯多亚派①的——给予在君士坦丁时

---

① 斯多亚派是公元前 4 世纪末产生于古希腊的一个哲学派别，因其创始人芝诺通常在雅典集市的画廊（画廊的希腊文是"στοα'"）讲学，故称斯多亚派，又称画廊学派。

斯多亚派哲学分为逻辑学、物理学和伦理学，以伦理学为中心，逻辑学和物理学只是为伦理学提供基础。这个学派主要宣扬服从命运并带有浓厚宗教色彩的泛神论思想，其中既有唯物主义倾向，又有唯心主义思想。早期斯多亚派认为，认识来源于对外界事物的感觉，但又承认关于神、善恶、正义等的先天观念。他们把赫拉克利特的火和逻各斯看成一个东西，认为宇宙实体既是物质性的，同时又是创造一切并统治万物的世界理性，也是神、天命和命运，或称自然。人是自然的一部分，也受天命支配，人应该顺应自然的规律而生活，即遵照理性和道德而生活。合乎理性的行为就是德行，只有德行才能使人幸福。人要有德行，成为善人，就必须用理性克制情欲，达到清心寡欲以至无情无欲的境界。中期斯多亚派强调社会责任、道德义务，加强了道德生活中的禁欲主义倾向。晚期斯多亚派宣扬安于命运，服从命运，认为人的一生注定是有罪的、痛苦的，只有忍耐和克制欲望，才能摆脱痛苦和罪恶，得到精神的安宁和幸福。晚期斯多亚派的伦理思想为基督教的兴起准备了思想条件。

代成为国教的基督教的巨大影响，虽然还远没有彻底弄清，但这种影响的存在已经得到证明，这主要归功于布鲁诺·鲍威尔；他基本上证明了基督教不是从外面、从犹地亚地区输入而强加给希腊罗马世界的，至少就其作为世界性宗教的形成而言，它正是这个世界的最道地的产物。当然，鲍威尔也像一切对根深蒂固的偏见作斗争的人们一样，在许多地方是做得过分的。为了也要根据文献来肯定斐洛，尤其是塞涅卡对形成中的基督教的影响，为了要说明新约的作者们是上述两位哲学家的直接剽窃者，鲍威尔不得不把新宗教的兴起推迟半个世纪，而不顾罗马历史编纂学家们的记述与此不符，总是十分轻率地对待历史。照他的意见，基督教直到弗拉维王朝时才真正诞生，而新约的著作则是直到哈德良、安敦尼和马可·奥勒留的时代才有的。因此，在鲍威尔心目中，新约中耶稣及其门徒的故事的任何历史背景都消失了；这些故事就成了这样一种传说，其中把最初团体的内在发展阶段和内部精神斗争都归之于多少是虚构出来的人物。在鲍威尔看来，这一新宗教的诞生地不是加利利和耶路撒冷，而是亚历山大里亚和罗马。

恩格斯：《论原始基督教的历史》（1894 年 6 月 19 日—7 月 16 日），

《马克思恩格斯文集》第 4 卷，人民出版社 2009 年版，第 482—

483 页。

当时，甚至罗马和希腊，尤其是小亚细亚、叙利亚和埃及，都把由各种不同民族的极端粗陋的迷信观念构成的毫无批判的混合物无条件地信以为真，并且用虔诚的蒙蔽和直截了当的欺骗来加以补充；当时，奇迹、狂热、幻觉、神咒、占卜、炼金术、喀巴拉①以及其他神秘荒诞的东西占据着首要地位。原始基督教就产生在这样一种气氛中，而且是产生在特别易于接受这种对超自然事物的玄想的那一类人中间。

恩格斯：《论原始基督教的历史》（1894 年 6 月 19 日—7 月 16 日），

《马克思恩格斯文集》第 4 卷，人民出版社 2009 年版，第 484 页。

最初的基督徒也分裂成无数宗派，而这恰好成了引起争论并从而获致后来的统一的手段。就在我们这篇无疑是最古的基督教文献中，我们已经

---

① 喀巴拉（希伯来语，意为传统、传说）是一种对古老的"圣"书经文进行解释的神秘而具有巫术成分的方法，即对一些词和数码赋予特殊的象征性含义。这种方法曾流行于犹太教徒中间，后又从犹太教传入基督教和伊斯兰教。

看到这种分裂成宗派的情况，而我们的作者，就像抨击整个罪恶的外部世界那样，势不两立地激烈地抨击这些宗派。这里首先是以弗所和帕加马的尼哥拉派，接着是士麦那和非拉铁非的那些自称是犹太人、其实并非犹太人而是属于撒旦一会的人，帕加马的那些信奉名叫巴兰的伪先知的教训的人，以弗所的那些自称是使徒而其实并非使徒的人，最后是推雅推喇的那些信奉名叫耶洗别的伪女先知的人。关于这些宗派的详情，我们毫无所知，只是听人谈到巴兰和耶洗别的徒众吃祭偶像之物和行奸淫的事。人们企图把所有这五个宗派说成是保罗派的基督徒，而把所有这些书信说成是反对保罗，反对伪使徒，反对虚构出来的巴兰和"尼哥拉"的。勒南在其1869年巴黎出版的《圣保罗》一书中（第303—305、367—370页）收集了一些相应的、很难使人信服的论据。所有这些论据，不外乎要从使徒行传和所谓的保罗书信出发来解释这些书信，其实这些著作至少就目前的版本来说其成书时间起码比《启示录》要迟60年，因而其中包含的与此有关的事实资料不仅极为可疑，而且是彼此完全矛盾的。有决定意义的倒是：我们这位作者不会想到要用五个不同的名称来称呼同一个宗派；单对以弗所就使用了两个（伪使徒和尼哥拉派），对帕加马也使用了两个（巴兰派和尼哥拉派），而且每次都清清楚楚地是两个不同的宗派。当然，不能否认，这些宗派里也完全可能有现在该称之为保罗信徒的那种人。

恩格斯：《论原始基督教的历史》（1894年6月19日—7月16日），《马克思恩格斯文集》第4卷，人民出版社2009年版，第488—489页。

由此我们可以看出，当时的还不曾有自我意识的基督教，同后来在尼西亚宗教会议上用教条固定下来的那种世界宗教，是有天渊之别的；二者如此不同，以致从后者很难认出前者。这里既没有后世基督教的教义，也没有后世基督教的伦理，但是却有正在进行一场对整个尘世的斗争以及这一斗争必将胜利的感觉，有斗争的渴望和胜利的信心，这种渴望和信心在现代的基督徒身上已经完全丧失，在我们这个时代里，只存在于社会的另一极——社会主义者方面。

恩格斯：《论原始基督教的历史》（1894年6月19日—7月16日），《马克思恩格斯文集》第4卷，人民出版社2009年版，第487页。

就我们所知，68年前后，基督教在其主要所在地小亚细亚就是这样。

神圣的三位一体连影子也没有，相反，只有晚期犹太教的那个旧的单一而不可分的耶和华，他在犹太教晚期，从犹太民族的神一跃而为天地间唯一最高的神，他要统治一切民族，他对改宗者许以恩泽，给不驯者以无情的毁灭，他信守古代的老规矩：宽恕降服者，制服傲慢者。因此，在末日的审判时高坐在审判席上的也就是这位神，而不是像晚出的福音书和使徒书信所描写的那样是基督。按照晚期犹太教从波斯吸收的流出说，羔羊基督一开始是从神产生出来的，由于误解富有诗意的一个段落（《以赛亚书》第十一章第二节）而造成的"神的七灵"虽然地位较低，也永远是从神产生出来的。他们都不是神，也不与神等同，而是从属于神。羔羊自己为世界罪恶赎罪而牺牲自己，为此它的地位在天上得到了相当的提升，因为这种自愿的牺牲在全篇中都是被当做特殊功勋，而不是内在本质必然产生的。不言而喻，还少不得有一整套天宫建制：天使长、基路伯、天使和圣徒。为要成为宗教，一神论从远古时代就不能不向多神论作些让步，曾德—阿维斯陀①便已开其端。犹太人慢慢地转向异教徒的诸具体神，这种情况一直继续到在流放②以后有了波斯式的天宫建制从而使宗教更适应于人们的想象的时候。就连基督教本身甚至在用自身有异的、神秘的、三位一体的神代替了永远等于自身的、不变的犹太神以后，也只是凭着对圣徒的崇拜才能在人民大众中间把对诸旧神的崇拜排除掉；例如，按照法耳梅赖耶尔的说法，在伯罗奔尼撒，在迈纳，在阿卡迪亚，对丘必特的崇拜只是在大约 9 世纪时才完全消失（《摩里亚半岛史》③ 第 1 册第 227 页）。只有现今的资产阶级时代及其新教，才又把圣徒取消，终于认真奉行自身有异的神的一神论。

> 恩格斯：《论原始基督教的历史》（1894 年 6 月 19 日—7 月 16 日），
> 《马克思恩格斯文集》第 4 卷，人民出版社 2009 年版，第 500—

---

① 曾德—阿维斯陀是 18—19 世纪时对阿维斯陀使用的不准确的名称。阿维斯陀是流行于古波斯、阿塞拜疆、中亚细亚的琐罗亚斯德教的圣书。琐罗亚斯德教的主要教义是善与恶在世界上的斗争这种二元论观念。阿维斯陀的写作时间大约是从公元前 9 世纪直到公元 3—4 世纪。

② 指公元前 6 世纪的所谓古犹太人的"巴比伦之流放"，或称"巴比伦之囚"。巴比伦王尼布甲尼撒在公元前 597 年攻占耶路撒冷和公元前 586 年最终灭掉犹太王国以后，犹太贵族、官吏、商人和手工业者被强制移居巴比伦。公元前 6 世纪 30 年代，波斯王居鲁士征服了巴比伦王国，才准许大部分被俘的犹太人返回故国。

③ 即雅·法耳梅赖耶尔《摩里亚半岛中世纪史》1830 年斯图加特—蒂宾根版。

501 页。

我们已经看到，作者尚未意识到自己与犹太人有所不同。相应地，全篇没有一个地方讲到洗礼，倒是有许多其他地方使我们相信，洗礼是基督教的第二个时期的制度。144000 个犹太信徒曾受"印记"，而不是受洗。讲到天上的圣徒和地上的信徒时说，他们洗去了自己的罪恶，洗净自己的白衣服，用羔羊的血使它们变得鲜明洁亮；根本没有提到洗礼圣水。在反基督者出现以前的那两个先知（第十一章），也没有给任何人行洗礼，而且，照第十九章第十节的话看来，耶稣的见证不是洗礼，而是预言中的灵意。在所有这些场合，自然是该提到洗礼的，如果当时洗礼已经通行的话；因此，我们差不多可以有绝对把握得出结论说，我们这位作者不知道有洗礼，洗礼是在基督徒同犹太人最后分手的时候才出现的。

关于第二种更晚出的圣礼——圣餐礼，作者也同样一无所知。在路德的译文中写到基督许诺每一个信仰坚定的推雅推喇人到他那里并同他进圣餐，这只能导致误解。在希腊文本中是 deipnêsô——我将（同他）进晚餐，英文本圣经完全正确地译为：I shall sup with him。

关于圣餐，即使作为一种悼念餐，这里也绝对没有谈到。

恩格斯：《论原始基督教的历史》（1894 年 6 月 19 日—7 月 16 日），《马克思恩格斯文集》第 4 卷，人民出版社 2009 年版，第 501—502 页。

至于说福音书和使徒行传是对现已佚失的著作的后来的加工品，这些佚失著作的微弱的历史核心在传说的层层笼罩之下现在已经辨认不出；就连那几篇所谓"真正的"使徒书信，也如布鲁诺·鲍威尔所说，或者是更晚的作品[①]，或者最多也只是无名作家的旧著经过增补以后的加工品——这在目前只有职业神学家或其他立场偏颇的历史编纂学家才加以否认。更为重要的是：我们这里有了这样一篇作品（对其写作时间的判定已经精确到几个月以内），这篇作品给我们描绘出形态最不发展时的基督教，这种形态的基督教对于 4 世纪时有着完备的教条和神话的国教的关系，大致有如塔西佗时代日耳曼人那种尚未固定的神话对于受基督教和古典古代因素影

---

① 在《社会发展》杂志上发表的经作者同意的法译文中，这句话是这样写的："就连蒂宾根学派还认为真本的那三、四篇使徒书，也都如布鲁诺·鲍威尔通过深刻分析而指出的，不过是更晚时期的作品。"

响而形成的、见于《艾达》① 的神话的关系。这里是一种世界宗教的幼芽，但这种幼芽却已均等地包含着上千种的发展可能性，这些可能性后来体现为无数的宗派。这部基督教形成时期的最古老的文献对我们之所以特别重要，是因为它以纯净的形式告诉我们，犹太教在亚历山大里亚学派的强烈影响之下，把什么带进了基督教。所有后来的东西，都是西方，希腊罗马附加进去的。只是通过一神论的犹太宗教的媒介作用，后来的希腊庸俗哲学的文明的一神论才能够取得那种唯一使它能吸引群众的宗教形式。但找到了这样一种媒介以后，它也只有在希腊罗马世界里，借助于希腊罗马世界所达到的思想成果而继续发展并且与之相融合，才能成为世界宗教。

恩格斯：《论原始基督教的历史》（1894 年 6 月 19 日—7 月 16 日），《马克思恩格斯文集》第 4 卷，人民出版社 2009 年版，第 502—503 页。

------

① 《艾达》是一部斯堪的纳维亚各民族的神话和英雄的传说与歌曲的集子；保存下来的有两种形式，一种是 13 世纪的手稿，1643 年为冰岛主教斯维因松所发现（即所谓老《艾达》），另一种是 13 世纪初诗人和编年史家斯诺里·斯图鲁逊所编的古代北欧歌唱诗人诗歌论集（即所谓小《艾达》）。《艾达》中的诗歌反映了氏族制度解体和民族大迁徙时期斯堪的纳维亚的社会状况。从中可以看到古代日耳曼人民间创作中的一些形象和情节。《厄革斯德列克》是老《艾达》诗歌集中属于较晚时期的歌词之一。恩格斯在这里引的是这首诗歌的第 32 和 36 节。

三 论宗教的本质

1. 宗教组织的本质

正如在诸侯和贵族之上有皇帝一样，在高级僧侣和低级僧侣之上也有教皇。正如对皇帝要纳"公捐"①，即帝国税一样，对教皇也要纳一般教会税，而教皇就是用教会税去支付罗马教廷的豪华生活费用的。德国由于僧侣人多势众，因此这种教会税比任何其他国家都征收得更加认真和严格。特别是在主教出缺后新任者要向教皇交纳上任年贡②时，就更是如此。随着需要的日益增长，搜括钱财的新花样也相继发明出来了，诸如贩卖圣徒遗物、收取赎罪金和庆祝费等等。大宗钱财就这样年复一年地从德国流入罗马；由此而增加的沉重负担不仅加深了人们对僧侣的憎恨，而且激发了民族感情，特别是激起了贵族们的民族感情，贵族们在当时是最有民族意识的等级。

> 恩格斯：《德国农民战争》（1850 年夏—秋），《马克思恩格斯文集》第 2 卷，人民出版社 2009 年版，第 227 页。

不久前由教士发动的这个政变引起了不少笑话，并且表明莎士比亚塑造的典型在十九世纪下半叶开出了灿烂的花朵。然而这件事情的严重方面是因教会横蛮地企图干预并且控制世俗生活而引起人民群众的疑虑。群众对教会已经如此冷淡，以至认为教会的这类企图只不过是 practical jokes（恶作剧），而当它们令人厌腻的时候，就应当加以结束。

> 马克思：《啤酒店主和礼拜日例假。——克兰里卡德》（1855 年 1 月 19 日），《马克思恩格斯全集》第 10 卷，人民出版社 1962 年版，第 659 页。

过了时的社会力量，虽然它存在的基础早已腐朽，可是，在名义上它还控制着权力的一切象征，它继续苟延残喘，同时在它尚未宣告死亡和宣

---

① "公捐"即帝国税，是 15—16 世纪德意志封建国家的一种捐税，其征收形式是将人头税和财产税合并在一起，直接向农民征收。

② 上任年贡是 14 世纪以来教皇要求征收的一种贡赋。被教皇任命担任教会职务（有俸圣职）的人须向罗马教廷缴纳一次性贡赋。此项贡赋在大多数情况下相当于恩赐职位的一年收益；担任此职务的人则向居民横征暴敛，百倍地收回他上任时所缴纳的贡赋。

读遗嘱的时候，继承者们就为遗产而争吵了起来。为历史所证明的古老真理告诉我们：正是这种社会力量在咽气以前还要作最后的挣扎，由防御转为进攻，不但不避开斗争，反而挑起斗争，并且企图从那种不但令人怀疑而且早已被历史所谴责的前提中作出最极端的结论来。现在英国寡头政治的表现就是这样。它的孪生姊妹——教会的表现也是这样。英国国教会内部（"高"教会派和"低"教会派都包括在内）曾无数次地试图改组，企图调和与非国教徒之间的分歧①，以便集中力量来和全国不信上帝的群众相对抗，现已迅速地接二连三地采取了一系列宗教方面的强制性措施。以前叫做艾释黎勋爵的那位虔诚的舍夫茨别利伯爵在上院悲痛地确认：仅仅在英格兰就有500万人不但完全离开了教会，而且根本不信奉基督教。国教会答道：《Compelle intrare》（"强迫进来"）②。国教会要艾释黎勋爵和像他一样的那些非国教的、宗派主义的、歇斯底里的信徒们为它火中取栗。

第一个宗教方面的强制性措施是 Beer Bill（啤酒法案），这个法案规定：星期日任何公共娱乐场所除晚上6点到10点以外，一律不准营业。这个法案是在虔诚的先生们以答应延长专卖制的有效期限，即答应保持大资本的垄断地位来换取了伦敦大啤酒店老板的支持以后，在议院的几乎无人出席的会议快结束时偷偷地通过的。接着就是 Sunday Trading Bill（禁止星期日交易法案），这个法案现已在下院三读通过，个别条文刚刚在下院全院委员会的会议上讨论过。这个新的强制性措施也得到了大资本的支持，因为星期日做买卖的只是一些小店铺，而大商店总是愿意用议会的手段来消除小店铺的星期日的竞争的。从这两件事中我们看到教会和垄断资本共同策划的阴谋；这两件事情表明，宗教的惩治法律的目的是为了反对下层阶级，而使上层阶级在良心上可以安静下来。Beer Bill 对贵族的俱乐部妨碍不大，正如 Sunday Trading Bill 并不影响特权阶级的星期日活动一样。工人阶级是在星期六晚上领到工资的。因而星期日的买卖只是为它而存在的。只有工人才不得不在星期日购买他们所需的一点点东西。所以新的法案打

---

① 高教会派是英国国教会中的一派，它的信仰者多半是贵族，它保持了古老的豪华的仪式，强调与天主教传统的联系。低教会派是英国国教会中的另一派，它主要是传播在资产阶级和下层牧师中间；它与高教会派对立，着重宣传资产阶级基督教的道德。非国教徒是在某种程度上不遵奉国教会信条的各宗教教派的教徒。

② 福音书里的话。

击的对象只是工人阶级。在十八世纪法国贵族说过：伏尔泰，给我们，弥撒和什一税，给人民。在十九世纪英国贵族说：信奉上帝的话，由我们来说，执行上帝意志的事，让人民去做。基督教的古圣先贤为了拯救世人的灵魂而鞭笞自己的肉体，今天的有教养的圣者们却为了拯救自己的灵魂而鞭笞人民的肉体。

这一骄奢淫逸、腐化堕落、贪求享乐的贵族阶级和教会的联盟，这一靠啤酒店大老板和垄断资本家大商人龌龊的利润来维持的联盟，昨天在海德公园引起了自乔治四世这个"欧洲第一位绅士"死后伦敦从来未见过的大规模的示威。这个示威我们从头到尾都看到了，如果说英国的革命昨天已在海德公园开始，我们认为这并不是过甚其词。最近从克里木来的消息对于这个"非议会的"、"议会外的"和"反议会的"示威说来，有效地起了酵母的作用。

人们向禁止星期日交易法案的起草人罗伯特·格娄弗诺勋爵提出了谴责，说他的法律只是为了反对穷人而不是反对富人，而格娄弗诺勋爵这样回答道：

> "贵族已大为节制，在星期日不再使他们的仆人和马匹过分劳累了。"

上周周末，在伦敦的墙上到处可以看见贴着宪章派所出的这样一张用大铅字印的宣传品：

> "新的星期日法案禁止穷人读报、修面，吸烟、吃喝，禁止穷人享受他们现在还能享受的一切生理上和精神上所需要的饮食和休息。星期日午后，在海德公园将召开一次手工业者、工人和首都'底层'的其他代表的露天群众大会，让我们亲自来证实，贵族究竟是怎样虔诚地遵守假日诫条的，他们究竟是如何操心在这一天不再使他们的仆人和马匹过分劳累的，看看究竟是不是像格娄弗诺勋爵所说的那样。大会定于3点钟在瑟盆坦湖（海德公园里的一条小河）的右岸，在通向肯辛顿公园的路上洋行。欢迎参加，并请携带妻子儿女，以便让他们也能从'上等阶级'给他们树立的榜样中吸取教益！"

应当指出，正如巴黎人的朗香一样，海德公园瑟盆坦湖畔的马路是英国 haute volée（上层）人士在下午，特别是在星期日炫耀自己的豪华的马车和服饰的地方，他们带着大群仆役在这条马路上昂首驰骋。从上述的宣传品可以看出，反对僧侣主义的斗争，像英国发生的一切严重斗争一样，同样具有穷人反对富人、人民反对贵族、"下层"阶级反对"上层"阶级的阶级斗争的性质。

> 马克思：《反教会运动。——海德公园的示威》（1855 年 6 月 25 日），《马克思恩格斯全集》第 11 卷，人民出版社 1962 年版，第 363—365 页。

封建历史中通常令人感到兴趣的一切：君主同诸侯的斗争、对城市施展的阴谋诡计，等等——所有这一切在这里表现为侏儒式的可笑模仿，因为城市卑劣而无聊，封建主可恶而低微，君主本身也微不足道。在宗教改革时期，也同在法国革命时期一样，是怯懦的背信弃义、中立、单独媾和、追求俄国在进行瓜分时扔给它某些残羹剩饭（就象俄国对瑞典、波兰和萨克森所做的那样）。加之在当权者的名单里始终只有三类人物，他们象白昼和黑夜那样互相更替，只是在次序的更换上才出现不规则的现象，但从来没有插入一个新的类型；这三类人物就是：伪君子、军士和小丑。如果说国家尽管如此还是维持下来了，那只是由于中庸——aurea mediocritas——簿记准确、避免极端、军事条例精确以及某种低劣的庸俗见解和"教会规则"。所有这些令人讨厌！

> 马克思：《马克思致恩格斯》（1856 年 12 月 2 日），《马克思恩格斯全集》第 29 卷，人民出版社 1972 年版，第 85 页。

在一切古代民族那里，积累金银最初表现为僧侣和王室的特权，因为商品之神和商品之王只属于神和王。只有他们才配占有财富本身。此外，这种积累一方面只是用来炫耀富裕，即把财富当作不寻常的节日的用品来炫耀；用作向神庙及其神灵奉献的供品；用作公共的艺术品；最后，用作应急的保障手段，购买武器等等。后来，在古代人那里，积累就成为政策。国库成为准备金，而神庙是保存这种圣体的最初的银行。

> 马克思：《经济学手稿》（1857—1858 年），《马克思恩格斯全集》第 30 卷，人民出版社 1995 年版，第 184 页。

在政治经济学领域内，自由的科学研究遇到的敌人，不只是它在一切其他领域内遇到的敌人。政治经济学所研究的材料的特殊性质，把人们心中最激烈、最卑鄙、最恶劣的感情，把代表私人利益的复仇女神召唤到战场上来反对自由的科学研究。例如，英国高教会派①宁愿饶恕对它的三十九条信纲②中的三十八条信纲进行的攻击，而不饶恕对它的现金收入的三十九分之一进行的攻击。在今天，同批评传统的财产关系相比，无神论本身是一种很小的过失。但在这方面，进步仍然是无可怀疑的。

> 马克思：《资本论（第 1 卷）》（1867 年 9 月出版），《马克思恩格斯
> 文集》第 5 卷，人民出版社 2009 年版，第 10 页。

注解（197）：从下述事实也可以看出新教的"精神"。在英格兰南部，若干土地所有者和富裕的租地农场主聚首集议，拟就了关于正确解释伊丽莎白济贫法的十个问题。他们请当时著名的法学家皇家律师斯尼格（后来在詹姆斯一世时曾任法官）对这十个问题发表意见。"第九个问题是：本教区某些富有的租地农场主想出了一个能排除法令执行中遇到的任何困难的巧妙计划。他们建议在本教区设立一座监狱。每个贫民如不愿被投入上述监狱，就不予救济。其次，应当通知邻近居民，如果有人打算租赁这个教区的贫民，他可以在一定的日子，以密封函件提出他愿出的最低价格。这个计划的起草人认为，邻郡有这样的人，他们不愿劳动，但又没有财产或信用可用来获得租地或船舶而过不劳而获的生活。这种人经过开导，可以对教区作一些很有益的事情。如果贫民在雇主的保护下死亡，那就罪在雇主，因为教区对这些贫民已经尽了自己的义务。但是我们担心，现行法令不会允许实施这类英明措施，但你们要知道，本郡及邻郡的所有其他的自由农都赞同我们的意见，来敦促他们的下院议员提出这样的法案：允许监禁贫民和强迫贫民劳动，从而使任何拒绝受监禁的人都无权要求救济。我们希望，这样做能使陷于贫困的人不要求救济。"（罗·布莱基《古今政治文献史》1855 年伦敦版第 2 卷，第 84、85 页）——苏格兰农奴制的废除要比英格兰迟几百年。1698 年索尔顿的弗莱彻还在苏格兰议会中说：

---

① 高教会派是英国国教会中的一派，产生于 19 世纪。高教会信徒主要是土地贵族和金融贵族。他们主张保持古老的豪华仪式，强调与天主教徒的传统的联系。英国国教会中与高教会相对立的另一派为低教会派，其信徒主要是资产阶级和下层教士，具有新教倾向。
② 三十九条信纲是英国国教会的信仰纲要，由女王伊丽莎白一世主持制定。1562 年女王审订批准克兰默起草的四十二条款，后压缩为三十九条。1563 年起，所有神职人员就职时必须宣誓恪守这些信纲。1571 年英国国会通过法案，三十九条信纲正式成为英国国教会的信纲。

"在苏格兰，乞丐的人数估计不下 20 万。我，一个原则上的共和主义者，能提出的消除这种现象的唯一办法是恢复农奴制的旧状态，把一切没有能力独立谋生的人变为奴隶。"伊登在《贫民的状况》第 1 卷，第 1 章第 60、61 页上说："农民的自由是需要救济的赤贫的开始……工场手工业和商业是我国贫民的真正父母。"伊登和苏格兰的那位"原则上的共和主义者"的错误只在于：不是农奴制的废除，而是农民的土地所有权的废除，才使农民成为无产者，成为需要救济的贫民。——在法国，剥夺是以另外的方式完成的，但 1566 年的穆兰敕令和 1656 年的敕令相当于英格兰的济贫法。

> 马克思：《资本论（第 1 卷）》（1867 年 9 月出版），《马克思恩格斯文集》第 5 卷，人民出版社 2009 年版，第 829—830 页。

康沃利斯向自命为"天主教领袖"的人们献媚。天主教主教们大部分因受骗而弄到最令人厌恶的奴颜卑膝的地步。

1797 年被重选入新议会的老反对派成员人数不超过 50 人。

议员之间分歧的最重要原因就是天主教问题。康沃利斯以信誓旦旦地保证给予解放来诱惑天主教徒；神父对他俯首帖耳。从来还没有一个教会象天主教会在这次事件中表现得那样冥顽不灵。它被收买，又被愚弄。1798 年，天主教徒被绞死；1799 年，对它备加爱抚；1800 年，对它央求；1801 年，赶它走开。

> 马克思：《从美国革命到 1801 年合并的爱尔兰（摘录和札记）》（1869 年 10—11 月），《马克思恩格斯全集》第 45 卷，人民出版社 1985 年版，第 84 页。

在罗马时代，教会在高卢就已经有了不少的地产，由于在捐税和其他赋役方面享有重大的特权，这些地产的收入就越加多了。不过，高卢教会的黄金时代，是在法兰克人信奉基督教以后才开始的。国王们彼此竞赛，看谁赠给教会的土地、金钱、珠宝以及教堂用具等等最多。希尔佩里克就常常说（见图尔的格雷戈里）：

> "看，我们的国库变得多么空虚！看，我们所有的财物，全部送给教会了！"①

---

① 转引自图尔的格雷戈里的著作《法兰克人史》第 6 册第 46 章。

贡特朗（他是教士们的宠儿和奴仆）在位时，馈赠简直是漫无止境了。这样一来，被加上造反罪名的自由法兰克人的地产，在被没收以后，大部分变成了教会的财产。

国王怎样，人民也怎样。不论贫富，都没完没了地向教会捐赠。

> "神奇地治好了一种真正的或臆想的病痛，实现了一种宿愿，例如生了一个儿子，避免了一种危险，都要给那个教堂捐赠，因为该教堂的圣者表现得乐于助人。在上下层居民中，流行着这样一种看法，认为向教会捐赠可以求得赦罪，所以，经常的慷慨施舍，就被认为更加必要了。"（罗特，第 250 页）

除此以外，还有豁免权，它在接连不断的内战、抢劫、没收的年月里，保护教会财产，免遭暴力的侵犯。许多小百姓们也都认为，如果缴纳适量租金而保留他们的使用权，把他们的财产让给教会是妥当的。

恩格斯：《法兰克时代》（1878 年中—1882 年初），《马克思恩格斯全集》第 25 卷，人民出版社 2001 年版，第 262 页。

因此采用捐赠、勒索、欺骗、诈骗、造假以及其他带有刑事犯罪性质的勾当而巧取豪夺来的教会地产，在短短几世纪间竟然达到了极其庞大的数目，就没有什么可奇怪的了。现在坐落在巴黎境内的圣热尔门 - 德 - 普雷修道院，在 9 世纪初共有地产 8000 芒斯或胡菲①，根据盖拉尔的计算，面积达 429987 公顷，每年收益 100 万法郎 ＝ 80 万马克②。如果每胡菲面积平均以 54 公顷计算，收益以 125 法郎 ＝ 100 马克计算，那么，在同一时候，圣但尼、吕克瑟伊和图尔的圣马丁诸修道院，每处有地产 15000 芒斯，面积 81 万公顷，收益达 150 万马克。而这还是矮子丕平没收教会土地以后的情形！据罗特（第 249 页）估计，在 7 世纪末，高卢的全部教会土地，不是少于而是多于土地总面积的三分之一。

---

① 芒斯或胡菲是中世纪农民的份地。
② 这里所列举的数字出自 19 世纪编制的圣热尔门 - 德 - 普雷修道院地产登记册（地产、人口、收入登记册）。这个登记册第一次由法国历史学家本·盖拉尔出版，并增加了注释，书名为《修道院院长伊尔米农的地产登记册》1844 年巴黎版第 1—2 卷。恩格斯转引自保·罗特《从上古到 10 世纪的采邑制度史》1850 年埃朗根版第 254—258 页。

这些庞大的地产，一部分由教会的不自由的佃农耕种，也有一部分由教会的自由佃农耕种，在非自由人中间，奴隶（servi）必须向主人提供的赋役在当初是没有什么限制的，因为他们并不是有权利的人；但是即使这时，对于定居的奴隶，似乎不久也根据习惯定出了赋役的标准。与此相反，其余两种不自由的阶级，隶农和半农奴（他们当时在法律上有什么差别，没有材料可以说明），他们的赋役倒有规定，内容包括一定数目的人工、畜工，还有一定数量的土地收益。这就是从很久以前保留下来的那种依附关系。相反，自由人不在公有地上或者他们的私有地上，而在他人的土地上耕作，这对德意志人来说，却是一件新鲜事。不待说，德意志人在高卢，以及在实行罗马法的整个地区，相当经常地遇到作为佃农的自由的罗马人。但是，他们在占地时就已安排好，他们自己不要变做佃农，而能够在自有地上耕种。可见，在自由的法兰克人能够变做任何人的佃农之前，一定是由于某种原因把占地时所获得的自主地丧失了，一个特殊的无地的自由法兰克人阶级一定已经形成了。

这个阶级是由于地产开始集中，由于引起地产集中的相同原因而形成的：一方面是由于内战和没收，另一方面多半是由于时势的逼迫，为了求得安全而把土地转让给教会。而教会很快又发现了一种特殊方法，来鼓励这样的转让：它不仅让捐赠者在缴纳代役租的情况下保留他的土地使用权，而且在这以外还租给他一块教会土地。这种捐赠采取两种形式。一种是捐赠者终生保有土地使用权，只在他死后土地才成为教会的财产（donatio post obitum）；在这种情况下，一般都是，而且以后在国王敕令里也明确规定，捐赠者从教会得到比捐赠的土地多一倍的纳租租种地。另一种情况是捐赠立即生效（cessio a die praesente），捐赠者根据教会颁发的文件，即所谓暂时租佃契约，得到教会的多两倍的租地（不包括他自己的土地），这些土地大多是交给他终身耕种的，但也往往只租给他一个或长或短的时期。无地的自由人阶级一经形成，其中有些人也就进入到这种关系中去了。答应给他们的暂时租佃，大概在开头的时候多数是为期 5 年，可是不久也都变成终身的了。

恩格斯：《法兰克时代》（1878 年中—1882 年初），《马克思恩格斯全集》第 25 卷，人民出版社 2001 年版，第 264—265 页。

在制服了谋叛的小"暴君"以后，查理想必便按照旧日的习俗，没收了他们的地产（关于这一点缺乏材料）；但是，当他后来恢复了他们的官职的时候，便把这些地产的全部或一部，作为采邑重新授予他们。对于难以驾驭的主教们的教会土地，他还不敢贸然这样做；他撤换他们，将他们的职位赐予对他恭顺的人；在这些人中，不消说，有许多人除去行过剃发式（sola tonsura clericus）以外，是毫无僧侣资格的。这些新的主教和修道院院长，现在开始遵照他的命令，将大块的教会土地，暂时出租给俗人。这在过去并非没有先例，不过现在是大规模地进行罢了。他的儿子丕平走得更远。教会没落了，僧侣被人藐视，教皇受到伦巴德人的纠缠，只好依靠丕平的帮助。丕平帮助教皇，协助他扩大教会的统治，给予他种种支持。可是，他取得了报酬，他把绝大部分的教会土地合并于王室领地，只给主教和修道院留下为维持生存所必需的一部分。这第一次大规模的教产还俗，教会毫无抵抗地忍受了。勒斯蒂恩的正教会议批准了这件事，虽然附有限制性的条款，可是从未执行。这些极其庞大的地产，使得已经枯竭的王室土地重新站稳了脚跟，并且大部分用于以后的授予，而这些授予事实上不久便采取了一般的采邑形式。

在这里，我们必须指出，教会很快便从这种打击之下恢复过来。同丕平的冲突刚一发生，这些上帝的勇士们便立刻故技重演。捐赠又从各个方面源源而来。自由的小农们还处在200年以来的那种水深火热的境地。在查理大帝及其后继者们统治下，他们的境况变得更坏了，许多农民都带着自己的房屋土地，投靠主教的曲柄圭杖的庇护。国王们把一部分赃物退还给一些受到优待的修道院，把大量王室土地送给另外一些修道院，特别是在德意志的修道院。在虔诚者路易的统治下，教会的贡特朗幸运时代似乎又重新降临了。在修道院的档案里，出自9世纪的有关捐赠的材料格外丰富。

恩格斯：《法兰克时代》（1878年中—1882年初），《马克思恩格斯全集》第25卷，人民出版社2001年版，第266—267页。

如上所述，教会过去多半把土地只是作为暂时租佃，在一定期间，交给它们的自由佃农耕种，现在得仿照王室的榜样了——我们应该假定，大土地占有者和受采邑者的情况也是如此。教会不但也开始授予采邑，而且这种授予方式竟然如此盛行，以致原有的暂时租佃也变成了终身租佃，不知不觉地带上了采邑的性质，到了9世纪，暂时租佃差不多全都变为采邑者了。在9世纪后半期，教会的受采邑者以及世俗豪绅显贵的受采邑者，一定在国家中已经占有重要的地位；他们中间的许多人，一定成为拥有庞大地产的人物，成为以后的下层贵族的始祖。否则，有些人的采邑被拉昂的欣克马尔无理地夺去的时候，秃头查理也许就不会这样热心地关怀这些人了。

> 恩格斯：《法兰克时代》（1878 年中—1882 年初），《马克思恩格斯全集》第 25 卷，人民出版社 2001 年版，第 268—269 页。

在秘鲁，不向任何人缴纳任何税捐的公社，现在必须一方面向政府、另一方面向僧侣缴纳实物税；而且每一方都得到公社所属土地的三分之一的产品。这样做的结果，就是在每个公社范围内划出一定的地段，一部分划给太阳神，另一部分划给印加王。此外，随着时间的推移，还划出了特殊的地块，把收入作为供养贫病者之用。

> 马克思：《马·柯瓦列夫斯基〈公社土地占有制，其解体的原因、进程和结果〉（第一册，1879 年莫斯科版）一书摘要》（1879 年 10 月和 1880 年 10 月），《马克思恩格斯全集》第 45 卷，人民出版社 1985 年版，第 215 页。

根据同一个本佐尼的记载，天主教传教士本身关心自己发财致富，更甚于关心使土人投入天主教会的怀抱（第 52、53 页）。

于是就吵嚷起来：

圣雅各教士团的僧侣反对把印第安人变为奴隶。结果，在 1531 年，教皇保罗三世的谕旨宣布印第安人是"人"，因而是"摆脱奴隶身份的自由人"。1524 年设立的半数由高级僧侣代表人物组成的皇家西印度事务委员会主张印第安人自由。查理五世颁布了 1542 年 5 月 21 日法律，该法律宣称："无论战时或平时，任何人都无权将印第安人当作奴隶而加以召集、训练、捕捉、出卖和交换，也无权将他们养为奴隶"；同样，1546 年 10 月 26 日法律也禁止出卖印第安人为奴，等等（第 53 页）。西班牙殖民者对于这些法律的反抗（同上页）。

拉斯·卡萨斯、唐·胡安·苏马拉加及其他天主教主教同这些狗东西的斗争（第 54 页）。于是贩卖黑人就成了给殖民者主子安排的"代替办法"（同上页）。

> 马克思：《马·柯瓦列夫斯基〈公社土地占有制，其解体的原因、进程和结果〉（第一册，1879 年莫斯科版）一书摘要》（1879 年 10 月和 1880 年 10 月），《马克思恩格斯全集》第 45 卷，人民出版社 1985 年版，第 218 页。

马尔克制度的崩溃，在民族大迁徙以后不久就开始了。法兰克的国王们，作为民族的代表，把属于整个民族的辽阔土地，尤其是森林，占为已有，并把它们当作礼物，慷慨地赠送给他们的廷臣、统帅、主教和修道院院长。这些土地就构成了后世贵族和教会的大地产的基础。远在查理大帝以前，教会早就占有法兰西全部土地的整整三分之一。可以肯定，在中世纪，几乎整个天主教西欧都保持着这样的比例。

连绵不断的国内外战争，其通常结果是土地被没收，这就使大批农民倾家荡产，所以，早在墨洛温时代，就有很多自由人没有土地。查理大帝永无休止的战争破坏了自由农民等级的主力。当初，每一个自由的土地占有者都有服兵役的义务，并且，不但要自理装备，而且在服役期间还要自理 6 个月的伙食。毫不奇怪，早在查理时代，在五个人中间，事实上连一个真正能服兵役的人也不大能找到了。在他的后继者的混乱统治下，农民的自由更加急速地趋于消亡。一方面，诺曼人的侵扰、国王们无尽无休的战争和豪绅显贵之间的私斗，逼迫自由农民相继寻找保护主。另一方面，这些豪绅显贵和教会的贪得无厌，也加速了这种过程。他们用欺诈、诺言、威胁、暴力，把越来越多的农民和农民土地，置于自己权力控制之下。不论在前一种场合或后一种场合，农民的土地总是变成了地主的土地，在最好的情形下，也要叫农民缴纳代役租、提供徭役，才归还给农民使用。可是，农民却从自由的土地占有者变成缴纳代役租、提供徭役的依附农民，甚至农奴。在西法兰克王国，一般说，在莱茵河以西，这是通常现象。反之，在莱茵河以东，却还存在着相当多的自由农民，他们大多数是散居的，只有少数集聚在整个整个的自由的村里。但是，即使在这里，在 10 到 12 世纪，贵族和教会的强大势力，也使越来越多的农民处于受奴役的地位。

一个庄园主（不论是教会的或者世俗的）得到了一块农民土地，他同时也就在马尔克内取得了与这块土地有关的权利。这些新的地主，因此就变成了马尔克社员。他们同其他自由的和依附的社员，甚至同他们自己的农奴，原先在马尔克内只是享有平等的权利。但是不久以后，他们不顾农民的顽强抵抗，在很多地方的马尔克中取得了特权，甚至往往迫使马尔克服从他们地主的统治。不管怎样，旧的马尔克公社仍然继续存在下去，虽然是在地主监护之下。

恩格斯：《马尔克》（1882 年 9 月中—12 月 20 日），《马克思恩格斯全集》第 25 卷，人民出版社 2001 年版，第 577—578 页。

各行省的情况，也不见得好些。我们所有的材料，以关于高卢的为最多。在这里，与隶农并存的，还有自由的小农。他们为了不受官吏、法官和高利贷者的侵害，往往托庇于有权势者以求保护；不仅农民个人这样做，而且整个公社也这样做，以致 4 世纪的皇帝们屡次发布命令，禁止这种行为。而寻求保护的人这样做有什么好处呢？保护者向他们提出了这样的条件：他们把自己那块土地的所有权转让给他，而他则保证他们终身使用这块土地——这是一个诡计，对此神圣的教会心领神会，并且在 9 世纪和 10 世纪竭力仿效以扩张神的王国和教会地产。

恩格斯：《家庭、私有制和国家的起源》（1884 年 3 月底—5 月 26 日），《马克思恩格斯文集》第 4 卷，人民出版社 2009 年版，第 169—170 页。

自由的法兰克农民陷入了与他们的前辈即罗马的隶农一样的处境。他们被战争和掠夺弄得破产，不得不去乞求新贵或教会的保护，因为国王的权力太弱了，已经不能保护他们；不过这种保护使他们不得不付出很高的代价。像以前高卢农民那样，他们必须将自己那块土地的所有权交给保护人，再以各种不同的和变化的形式——不过总不外是劳役和代役租——从他那里把这块土地作为租地而租回来。一经陷入这种依附形式，他们也就逐渐地丧失了自己的人身自由；过不了几代，他们大多数已经都是农奴了。自由的农民等级灭亡得多么迅速，这从伊尔米农所编的圣日尔曼—德—普雷修道院（当时在巴黎附近，现在巴黎市内）的地产登记册 88 中可以得到证明。这个修道院的地产散布四周，面积极为广大，还在查理大帝在世的时候，就住有 2788 户人家，差不多全是取德意志名字的法兰克人。其中 2080 户是隶农，35 户是半农奴，220 户是奴隶，只有 8 户是自由的佃农！保护人让农民把自己那块土地交归他所有，然后仅仅是再将这块土地交回农民终身使用，这个曾被萨尔维安宣布为背神行为的习俗，如今到处被教会施加在农民身上了。

……

只有修道院才又继续了这种实验，也只是对修道院说来才获益甚丰；但是修道院是以独身生活为基础的非正常的社会团体；它们可能会有例外的成绩，然而正因为如此，才不能不永远是一个例外。

恩格斯：《家庭、私有制和国家的起源》（1884 年 3 月底—5 月 26
日），《马克思恩格斯文集》第 4 卷，人民出版社 2009 年版，第
173—174 页。

把寺院的财产和皇族的田产全部没收，就更公平了，因为这种财产的
农奴制传统最厉害，它帮助最反动、对社会最有害的寄生虫发财致富，同
时把不少土地置于民事周转和商业周转之外。因此，没收这样的田产是完
全符合整个社会发展的利益的，这正好是一种部分的资产阶级土地国有化，
但绝对不会导致"国家社会主义"的鬼把戏；它对于巩固新俄国的民主制
度具有直接的、巨大的政治意义；同时也会提供救济饥民的追加资金。

列宁：《俄国社会民主党的土地纲领》（发表于 1902 年 8 月），《列宁
全集》第 6 卷，人民出版社 1984 年版，第 315 页。

在私有主的 10900 万俄亩地中，700 万俄亩归皇族所有，即属沙皇近
支成员的私有财产。沙皇和他的家族，是俄国的头号地主，是俄国最大的
地主。沙皇一姓的土地比 50 万农户的土地还多！其次，教会和寺院占有的
土地大约是 600 万俄亩。我们的神父向农民布道说，不要贪财，要禁欲，
而自己则巧取豪夺，搞到了大量土地。

列宁：《告贫苦农民》（1903 年 3 月 1 日和 28 日之间），《列宁全集》
第 7 卷，人民出版社 1986 年版，第 125 页。

如果这样解释社会主义，那么耶稣会士①也是"认识上的社会主义"
的热诚的信徒了，因为他们的认识论的出发点，就是神这个"社会地组织
起来的经验"。无疑地，天主教也是社会地组织起来的经验，不过它反映的
不是客观真理（为波格丹诺夫所否定而为科学所反映的客观真理），而是
一定的社会阶级利用人民的愚昧无知。

列宁：《唯物主义和经验批判主义》（1908 年 2—10 月），《列宁全
集》第 18 卷，人民出版社 1988 年版，第 240 页。

看一看比如德国反动的"中央"党即天主教党在怎样组织人民群众，
是更有教益的。他们在宗教和"爱国主义"的口号下竭力鼓动群众保卫资
本主义。德国天主教徒之所以能够利用人民群众的偏见和愚昧，部分是由

---

① 耶稣会士即耶稣会的会员。耶稣会是天主教修会之一，1534 年由西班牙人依纳爵·罗耀
拉创立于巴黎，1540 年经过罗马教皇保罗三世批准。耶稣会是天主教内反对宗教改革运动的主要
集团。

于德国天主教徒在居民中占少数，并且一度遭到国家的迫害。而被剥削的劳动群众总是本能地同情被迫害者的。反动的天主教徒就巧妙地利用了这种情绪。

天主教徒建立了一个群众性的组织，即所谓"天主教德国人民联盟"。这个联盟有盟员 75 万。它严格实行集中领导。它的宗旨是：保卫"基督教的"（实际上是资本主义的）制度，同"破坏性的"（即社会主义的）意向作斗争。

> 列宁：《德国天主教徒在组织群众》（1913 年 5 月 20 日），《列宁全集》第 23 卷，人民出版社 1990 年版，第 193—194 页。

2. 宗教僧侣的本质

我对亨斯滕贝格很反感，因为他编辑《教会报》① 的手法实在卑劣。撰稿人几乎全是匿名的，因此，编辑应当替他们承担责任。然而，某人在报上受到伤害而要求他作出解释时，亨斯滕贝格先生推说什么也不知道；他不说出作者是谁，但自己又不肯承担责任。这样的事已经给几个倒霉鬼碰上了：他们无端遭到《教会报》的某个居心叵测的人的攻击，而当他们询问亨斯滕贝格时，得到的答复是：文章不是他写的。《教会报》所以还在虔诚派教士中间享有很高的声誉，因为他们不读反对《教会报》的作品，所以该报得以维持下去。我没有看最近几号报纸，否则我可以给你举些例子。当涉及施特劳斯的苏黎世事件发生后，你想像不到《教会报》是如何卑劣地对他进行造谣和诽谤的，而当时所有的报道都异口同声地说他在这一事件的整个过程中表现得十分高尚。例如，《教会报》作了极大的努力，非要把施特劳斯同青年德意志连在一起，原因何在呢？极其遗憾的是许多人认为青年德意志坏透了。

> 恩格斯：《致弗里德里希·格雷培》（1839 年 7 月 12—27 日），《马克思恩格斯全集》第 47 卷，人民出版社 2004 年版，第 191—192 页。

如果你今天还不写信，我不加考虑就把你处以宫刑，并且像你所做的那样，让你等信，以眼还眼，以牙还牙，以信还信。不过，你这个伪君子会说，不要以眼还眼，不要以牙还牙，② 不要以信还信，让我听你那一套

---

① 《福音派教会报》。
② 《旧约全书·出埃及记》第 21 章第 24 节。

该死的基督教的诡辩。不，宁可做一个好的异教徒，也不做一个坏的基督徒。

恩格斯：《致威廉·格雷培》（1839 年 11 月 13—20 日），《马克思恩格斯全集》第 47 卷，人民出版社 2004 年版，第 219—220 页。

　　但是大腹便便的厂主们的良心是轻松愉快的，虔诚派教徒①的灵魂还不致因为一个儿童如何衰弱而下地狱，假如这个灵魂每个礼拜日到教堂去上两次，那就更没有事了。因为我们知道，厂主中间对待工人最坏的就是虔诚派教徒。他们千方百计降低工人的工资，据说还是为了工人不致酗酒，但在选举传教士的时候，他们总是抢先收买自己的人。

　　在下层等级中间，神秘主义主要是流行在手艺人中间（我没有把资本家算在他们里面）。当你在街上看到一个人驼着背，穿着过长的上衣，留着虔诚派流行式样的分发，你会感到这是一幅多么悲惨的景象。但是谁要真想了解一下这种人，谁就应当到一个虔诚派教徒的作坊——铁铺或鞋铺——里去看一看。一个师傅坐在那里，右边摆着一本圣经，左边——至少经常是——放着一瓶烧酒。在那里，工作是不会妨碍他的。他几乎总是在念圣经，时而喝上一盅，偶尔也跟帮工一起唱圣歌；但他们的主要活动往往是指摘自己临近的人。你们可以看到，这种趋势在这里也和各处一样。虔诚派教徒竭力想使人们接受他们的信仰，这种强烈的意向并没有落空。在改宗者当中——改宗多半被看成一种奇迹——可怜的酒徒和类似的人特别多。但这也没有什么奇怪的。所有这些改宗者都是堕落的蠢汉，要说服他们也是轻而易举的；他们接受了虔诚派信仰以后，每星期都有几次被感动得流泪，但又偷偷地过着自己以前的生活。

恩格斯：《乌培河谷来信》（1839 年 3 月），《马克思恩格斯全集》第 1 卷，人民出版社 1956 年版，第 499 页。

　　我们前面放着两篇讲道稿，它们激怒了一向笃信上帝的不来梅人，致使他们不准爱北斐特的热诚信仰者弗·威·克鲁马赫尔继续在圣安斯加里乌斯教堂讲道。如果说，在仅仅称上帝为宇宙之父和最高存在的一般讲道稿中常常可以发现水分太多，那么在克鲁马赫尔的上述演说中却含有碱、明矾，甚至还有硝酸。这些演说读起来之所以有趣，是因为在这里也发生

---

　　①　虔诚教派是路德教派中的一个流派，产生于十七世纪。虔诚派信徒要求承认圣经上所说的一切。

了传教士从讲坛上向教友呼吁的创举，它们表明，克鲁马赫尔是一个非常机智的、富有创造性的、想象力丰富的狂信者。他这些激烈的言词是否出自他对基督教的真正坚如磐石的信念，——这值得怀疑。我们认为，克鲁马赫尔不是一个伪君子，他只是出于爱好才使用这种方式讲道，而且不能放弃这种方式，因为福音派牧师细声细语谈论爱的时候惯用的腔调和传教士讲道时惯用妇女爱听的腔调都是十分庸俗的。如果克鲁马赫尔把讲坛变成宗教裁判者的宝座，他就歪曲了这个讲坛的意义，这一点是很清楚的。他的教友能从这种讲道中得到什么呢？除了虔诚主义极端厌恶的宗教傲慢之外，什么也得不到。谁对自己的教友仅仅要求他们有信念，谁只用一些同义词来说明这条不可违背的训诫，而把讲道稿的其余部分用来辩论当前的问题，那他就是在散布自负、高傲、正统的僵化思想，也就很少去宣讲基督教的教义了。这就造成一种印象，似乎克鲁马赫尔正在有条不紊地完成一项任务：把基督教的淳朴变成高傲。聪明、才智、幻想、诗才、艺术和科学在上帝面前都是微不足道的，——这种说法在他看来是老生常谈。

他说："天国感到高兴的不是诗人的诞生，而是误入歧途者的觉醒。"

他向自己教友中精神最贫乏的人描绘他所能具有的重要性：这种人必然觉得自己比克鲁马赫尔在讲道中动辄予以革出教门的康德、黑格尔、施特劳斯等人更高尚和更聪明。克鲁马赫尔的最隐秘的实质不就是由被抑制的虚荣心和出人头地的意图形成的吗？有许多人想往高处走，过去依靠勤奋、劳动和天才未能达到，现在就希望以非常虔诚的信仰来达到这永恒的顶峰。有些人正是想这样来说明克鲁马赫尔在不断地抨击世界上著名的一切事物。十分遗憾的是，这两篇讲道稿中很少有使人变温和的成分，很少有动人之处、亲切的话语、真正的痛苦等等。这样一个倔强和热诚的人不可能熟悉爱的主题。同时，我们在这两篇讲道稿中还找到一些段落，使我们再次谅解这个人的奇怪性格。在我们这里，如此妙语连篇的讲道是少见的，例如：

"是的，朋友们，在那遥远的海岸上暴风雨怒吼的地方，在那忧郁的月亮升起、静静的繁星悲伤地望着大地的地方，世界还没有终止。在这个世界的外面还有一个遥远的、光明的世界。啊，那里比这儿美好。那里再也没有人要拿着玫瑰花去扫墓，那里爱情再也不遭受离别之苦，那里欢乐的杯子里已经没有一滴苦酒。这样一个世界存在着，就像跟见到〈？〉耶稣基督升天一样真实。"

> 恩格斯:《弗·威·克鲁马赫尔的两篇讲道稿》（1840 年 9 月初），
> 《马克思恩格斯全集》第 41 卷，人民出版社 1982 年版，第 124—
> 125 页。

每个市民都有可能成为国家官员，因此，这是市民社会和国家之间的第二种肯定的关系，是第二种同一。这种同一具有非常肤浅的和二元论的性质。每个天主教徒都有成为神父的可能性（也就是使自己脱离俗人和尘世）。但是，这难道就会使僧侣不作为彼岸势力来与天主教徒对立吗？每个人都有获得另一领域的权利的可能性，这只是证明他本来的领域不具备这种权利的现实性罢了。

> 马克思:《黑格尔法哲学批判》（1843 年夏—1844 年秋），《马克思恩
> 格斯全集》第 3 卷，人民出版社 2002 年版，第 64—65 页。

这些教义只是从圣经和路德本人的著作中得出的结论；可是这位改革家并没有打算像人民那样走得那么远；他尽管在反对教会权力的斗争中表现勇敢，却没有摆脱他那个时代的政治偏见和社会偏见；他像信奉圣经那样，坚信诸侯和地主们拥有践踏人民的神圣权利。此外，他需要贵族和信仰新教的诸侯们的庇护，所以他写了一本小册子抨击起义者；他在小册子中不仅否定了他同起义者的一切联系，而且还劝贵族们像对付那些违背神律的叛乱者那样，用最残酷的手段扑灭他们。他喊道："像杀狗那样杀他们！"① 整本小册子对人民充满了仇恨，而且达到了暴怒和疯狂的程度，以致永远成为路德的名声上的一个污点。这表明，如果说他在开始自己的传教士生涯时是人民的一分子，这时就完全为人民的压迫者服务了。经过一场浴血的国内战争以后，起义被镇压下去，农民又被迫处于先前受奴役的状况。

> 恩格斯:《大陆上社会改革的进展》（1843 年 10 月 15 日—11 月 10
> 日），《马克思恩格斯全集》第 3 卷，人民出版社 2002 年版，第
> 486 页。

至于农业工人的宗教感，那当然比产业工人要强些，但他们和教会的关系还是很紧张，因为在这些地区里几乎所有居民都是信仰英国国教的。

---

① 马·路德:《反对杀人越货的农民暴徒》，见《路德全集》1841 年柏林版第 7 卷，第185 页。

"晨报"的一个记者以"一个跟在犁后面吆喝的人"做笔名报道了他在农业区的旅行，就中叙述了他和几个短工在教堂门口的谈话：

> "我问他们中的一个人，今天的传教士是不是他们自己的牧师。'是呀，去他的吧（Yes，blast him），他是我们自己的教士；他老是在乞讨，从我认识他那天起，他一直就在乞讨'（传教士呼吁大家捐钱，用来使异教徒改宗）。另一个人补充说：'从我认识他那天起，我还没有见过一个教士不老是为这为那向人乞讨的。'一个刚从教堂里出来的女人说：'是呵，工人的工资老是下降，可是看看那些有钱的懒汉吧，教士们就是和这些家伙一起吃、一起喝，一起打猎的。天哪，我们宁愿到习艺所去，宁愿饿死，也不愿替那些到异教徒那里去的教士出钱。'另外一个女人说：'干吗他们不把每天老在萨里斯柏雷大教堂里哼哼唧唧的那些教士搞到那里去？在那个教堂里，除了石头，谁也不听他们的。为什么这些家伙不到异教徒那里去？'最初和我谈话的那个老头说：'这些家伙是不会到那里去的，他们有钱，他们的土地多得不得了，但是为了摆脱那些穷教士，他们就向人捐钱；我很清楚他们要的是什么；我早就把他们看透了。'我问：'这是怎么回事呀，我的朋友们，难道你们老是怀着这种痛恨牧师的心情走出教堂吗？你们为什么老到教堂里去呢？'一个女人回答道：'我们为什么去？只要我们不想丢掉一切，不想丢掉工作和一切，我们就得去；当然我们只好去。'后来我才知道，如果他们到教堂去的话，他们就可以得到燃料供给方面的一些小小的优先权和一小块种土豆的地，当然这块地是要他们付租金的。"

我们的记者在描述了这种贫困和愚昧以后，就用以下的话作为结束：

> "现在我敢断言，这些人的状况、他们的穷困、他们对教堂的仇恨、他们对教会的显贵们的外表上的顺从和内心里的怨恨，在英国所有的农村教区里都是常例，相反的情形倒只是例外而已。"

恩格斯：《英国工人阶级状况——根据亲身观察和可靠材料》（1844

年 9 月—1845 年 3 月），《马克思恩格斯全集》第 5 卷，人民出版社
1957 年版，第 557—558 页。

正如僧侣总是同封建主携手同行一样，僧侣的社会主义也总是同封建
的社会主义携手同行的。

要给基督教禁欲主义涂上一层社会主义色彩，是再容易不过了。基督
教不是也激烈反对私有财产，反对婚姻，反对国家的吗？它不是提倡用行
善和求乞、独身和绝欲、修道和礼拜来代替这一切吗？基督教的社会主义，
只不过是僧侣用来使贵族的怨愤神圣化的圣水罢了。

马克思、恩格斯：《共产党宣言》（1847 年 12 月—1848 年 1 月），
《马克思恩格斯文集》第 2 卷，人民出版社 2009 年版，第 55—56 页。

维也纳条约是反动的欧洲对革命的法国取得巨大胜利的总结。它是欧
洲反动势力在 15 年复辟时期进行统治的典型形式。它恢复了正统主义、天
赋的王权、封建贵族、僧侣的统治、宗法式的立法和行政。但是因为这次
胜利是在英国、德国、意大利、西班牙等国的资产阶级特别是法国资产阶
级的帮助下取得的，所以对资产阶级也必须作若干让步。可是肥美的战利
品已经被君主、贵族、僧侣和官僚们分完，资产阶级就只好满足于任何时
候也不会兑现、任何人也不想兑现的未来的期票。

恩格斯：《法兰克福关于波兰问题的辩论》（1848 年 8 月 7 日—9 月 6
日），《马克思恩格斯全集》第 5 卷，人民出版社 1958 年版，第
430 页。

只要我真的妨碍了国家权力，哪怕只是侮辱了执行自己职务，对我实
现国家权力的官员，拿破仑的专制制度也会立即置我于死地。但是，官员
在不执行这种职务的时候，他就成了市民社会的普通一员，没有任何特权，
没有任何特别的防御手段。而普鲁士的专制制度却用官员来同我对抗，把
官员当作一种至高无上、神圣不可侵犯的人物。似乎官员的品质是和这种
专制制度结合在一起的，就像天惠是和天主教的神甫结合在一起一样。普
鲁士官员对普鲁士俗人，即非官员来说，始终是神职人员。对这种神职人
员的侮辱，即使不是在他执行职务的时候，不是当着他的面，而是当他已
经回到私生活中的时候，这仍然是对宗教的玷污，是一种亵渎行为。官职
越高，对宗教的玷污罪行就越重。因此，侮辱国王，侮辱陛下是对国家神
职人员的最大侮辱，根据 Code Pénal（刑法典），从刑法观点看来，这是决

不许可的事情。

> 马克思：《〈新莱茵报〉审判案》（1849 年 2 月 7 日），《马克思恩格斯全集》第 6 卷，人民出版社 1961 年版，第 268—269 页。

僧侣是中世纪封建主义意识形态的代表，他们也同样感受到了这种历史转折的影响。书刊印刷业的兴起和商业发展的需要，不仅打破了僧侣对读书写字的垄断，而且也打破了他们对较高层次的文化教育的垄断。在知识领域也出现了分工。新兴的法学家等级把僧侣从一系列最有影响的职位中排挤出去了。这部分僧侣从此也就成了多余的人；他们自己也承认这一事实，因为他们日益变得无所事事、愚昧无知。但是，这些人越是显得多余，其人数也就越是增多，这是由于他们拥有巨大的财富，而且还在用一切手段不断增殖财富。

僧侣中有两个极其不同的阶级。僧侣中的封建教权等级构成了贵族阶级，包括主教和大主教，修道院院长、副院长以及其他高级教士。这些教会显贵或者本身就是帝国诸侯，或者在其他诸侯手下以封建主身份控制着大片土地，拥有许多农奴和依附农。他们不仅像贵族和诸侯一样肆无忌惮地榨取自己属下的人民，而且采取了更加无耻的手段。他们除了使用残酷的暴力，还玩弄一切宗教上的刁钻伎俩，除了用严刑拷打来威胁，还用革除教籍和拒绝赦罪来威胁，此外还利用忏悔室来玩弄形形色色诡谲的花招，总之是要从他们的臣民身上榨取最后一文钱，以增添教会的产业。伪造文书是这些道貌岸然的人经常乐于使用的欺骗手段。虽然他们除了通常的封建贡赋和地租以外还要征收什一税①，但是，所有这些收入还是不够挥霍。于是他们便求助于其他各种手段，通过制造灵验的圣像和圣徒遗物、组织超度礼拜场、贩卖赦罪符，从人民身上榨取更多的财物，而且在长时期内收到了极好的效果。

> 恩格斯：《德国农民战争》（1850 年夏秋），《马克思恩格斯文集》第 2 卷，人民出版社 2009 年版，第 225—226 页。

僧侣中的平民集团是由农村传教士和城市传教士组成的。他们不属于

---

① 什一税是中世纪的一种宗教捐税，由天主教会向居民征收其收成或收入的十分之一。这种税的税额和性质在德国不同的地区也有所区别，多半是大大超过了农民生产的产品的十分之一。通常情况下，是对非粮食作物征收小什一税，而对粮食作物则征收大什一税。18 世纪末至 19 世纪什一税逐渐被废除。

教会的封建教权等级，不能分享教会的财富。他们的工作不大有人过问；虽然他们的工作对教会十分重要，可是在当时却远不像兵营内的修道士警察活动那样不可缺少。因此，他们的报酬就少得多，其薪俸多半都很菲薄。他们出身于市民或平民，生活状况同群众十分接近，因此他们尽管身为僧侣，还是保持着市民和平民的思想感情。参加当时的运动，在修道士中间只是例外，而在传教士中间却很普遍。他们为运动贡献出理论家和思想家，其中许多人都成了平民和农民的代表，并为此而牺牲在断头台上。人民对僧侣的憎恨只是在极个别的情况下才指向他们。

恩格斯：《德国农民战争》（1850 年夏秋），《马克思恩格斯文集》第
2 卷，人民出版社 2009 年版，第 226—227 页。

此外，市民反对派还很激烈地反对僧侣，僧侣的奢靡生活和放荡行为使他深恶痛绝。他们要求采取措施对这些尊贵人士的卑劣行径加以惩处。他们要求废止僧侣的独立审判权和免税权，并且限制全体修道士的人数。

恩格斯：《德国农民战争》（1850 年夏秋），《马克思恩格斯文集》第
2 卷，人民出版社 2009 年版，第 229 页。

遭受农民战争打击最大的是僧侣。他们的寺院和教堂被焚毁，他们的金银财宝被抢走，不是卖给外国，就是入炉熔化了，他们贮存的物资都耗尽了。他们在各地的抵抗力最薄弱，而人民仇恨的怒火完全集中在他们身上。其他等级，即诸侯、贵族和市民阶级，甚至眼看高级教士陷入窘境成了众矢之的而暗中称快。农民战争普遍推广了将教会财产收归俗用以利农民的做法，而世俗诸侯以及一些城市则极力设法按照对他们最有利的方式将教会财产收归俗用，在新教各邦中，高级教士的产业很快就转入诸侯或名门望族手中。甚至连僧侣诸侯的权势也已受到侵犯，世俗诸侯则很善于从这方面去利用人民的仇恨。例如，我们看到，富尔达修道院院长是如何从黑森的菲力浦的采邑领主地位降为他的臣属的。又如，肯普滕城竟强迫拥有诸侯封号的修道院院长把他在该城享有的一系列重要特权廉价地卖给该城。

恩格斯：《德国农民战争》（1850 年夏秋），《马克思恩格斯文集》第
2 卷，人民出版社 2009 年版，第 315 页。

另一个"拿破仑观念"是作为政府工具的教士的统治。可是，如果说刚刚出现的小块土地由于它和社会相协调，由于它依赖自然力并且对从上面保护它的权威采取顺从态度，因而自然是相信宗教的，那么，债台高筑、同社会和权威反目并且被迫越出自己的有限范围的小块土地自然要变成反宗教的了。苍天是刚刚获得的一小块土地的相当不错的附加物，何况它还创造着天气；可是一到有人硬要把苍天当做小块土地的代替品的时候，它就成为一种嘲弄了。那时，教士就成为地上警察的涂了圣油的警犬——这也是一种"拿破仑观念"①。对罗马的征讨下一次将在法国内部进行，不过它的意义和蒙塔朗贝尔先生所想的②正好相反。

> 马克思：《路易·波拿巴的雾月十八日》（1851 年 12 月中—1852 年 3
> 月 25 日），《马克思恩格斯文集》第 2 卷，人民出版社 2009 年版，第
> 571—572 页。

显然，资产阶级现在除了投票选举波拿巴之外，再没有别的出路了。当清教徒在康斯坦茨宗教会议③上诉说教皇生活淫乱并悲叹必须改革风气时，红衣主教彼得·大利向他们大声喝道："现在只有魔鬼还能拯救天主教会，而你们却要求天使！"法国资产阶级在政变后也同样高声嚷道：现在只有十二月十日会的头目还能拯救资产阶级社会！只有盗贼还能拯救财产；只有假誓还能拯救宗教；只有私生子还能拯救家庭；只有无秩序还能拯救秩序！

> 马克思：《路易·波拿巴的雾月十八日》（1851 年 12 月中—1852 年 3
> 月 25 日），《马克思恩格斯文集》第 2 卷，人民出版社 2009 年版，第
> 574 页。

传记作者的这个说明提醒我们谈一谈金克尔的神学家的立场。"在1840 年间"，批判已经最无情地分析了基督教的内容，以布鲁诺·鲍威尔为代表的科学的（……）同国家发生了公开的冲突。在这个时期，金克尔当了传教士。但是他既没有正统派的毅力，又缺乏客观地理解神学的能力，他像克鲁马赫尔一样，是以多愁善感的空谈方式接受基督教的，他把基督

---

① 在 1852 年版中这后面还有如下一句话："和拿破仑时期不同，在第二个波拿巴时期，地上警察的使命不是监视农民体制在城市里的敌人，而是监视波拿巴在农村里的敌人。"

② 指正统派首领沙·蒙塔朗贝尔 1850 年 5 月 22 日在一篇演说中要求国民议会议员"同社会主义进行严肃的斗争"。

③ 康斯坦茨宗教会议（1414—1418 年）是在宗教改革运动开始后为巩固天主教会的已经动摇的地位而召开的。这次会议谴责了宗教改革运动的首领约·威克利夫和杨·胡斯的教理，消除了天主教会的分裂状态并推选出新的教会首脑以代替三个争夺教皇皇位的人。

描绘成"朋友和老师",企图抛弃基督教形式上的"丑陋的东西",并且用空洞的套话来偷换它的内容。用形式偷换内容、用空话偷换思想这套手法在德国造就了整整一批牧师空谈家,他们自然是要把民主当作自己最后的避难所。讲神学有时总还需要有一些哪怕是表面的学问,讲民主则相反,空洞的套话得到了充分的运用,在这里,毫无内容的响亮的说教、空谈完全代替了思想和对情况的见解。金克尔研究神学不过是从基督教教义中摘录一些感伤的东西,采取克劳伦的方式加以阐述,在他的演说和著作中,可以看出这种胡说八道的说教,这种说教有时也被叫作"散文诗",而且他可笑地企图以此来证明他有"诗人的使命"。不过,他创作诗的目的不是要种植真正的月桂树,而是要栽培红酸浆果来装饰他那平凡的道路。他想用方便的形式而不想在内容上解决冲突,这种性格上的软弱也在他的大学讲师的位置上表现出来了。他"模仿大学生的"举止,来回避同职业上的旧的学究气作斗争,于是,讲师变成了大学生,而大学生则上升为编外讲师。这一派里出现了整整一代的施特罗特曼们、叔尔茨们以及同他们类似的人物,这些人归根到底只能在民主的招牌下说他们的套话,研究他们的学问,完成他们的无足轻重的"崇高使命"。

> 马克思:《流亡中的大人物》(1852 年 5 月 10 日前后),《马克思恩格斯全集》第 11 卷,人民出版社 1995 年版,第 297 页。

爱情之后便是阴谋。牧师恩格斯代表教务评议会告诉哥特弗里德,说他是新教牧师,同离了婚的女人,况且还是个天主教徒结婚不合体统。哥特弗里德引用了永恒的人权,慷慨激昂地提出了以下几点:

1. "他同那位女士在希尔金普兴饭店里喝咖啡,这件事并没有什么罪过。"(第 249 页)

2. "事情还没有决定,因为他到现在为止既没有公开声明,他打算同这位女士结婚,也没有说没有这个打算。"(第 251 页)

3. "至于信仰问题,那么还不知道将来会怎样。"(第 250 页)

"现在请您到我家里喝一杯咖啡。"(第 251 页)

哥特弗里德说完了这句话,便同无法拒绝邀请的恩格斯牧师一起离开了舞台。哥特弗里德善于这样威严而温和地解决同现存关系发生的冲突。

　　小金虫协会必然对哥特弗里德发生什么影响，我们引用下面这一段话来加以说明：

　　　　"1841 年 6 月 29 日，这一天隆重地庆祝小金虫协会成立一周年。"（第 253 页）"关于谁应当受奖的问题，得出了一致的决定。哥特弗里德谦恭地跪在女王的面前，女王把当然的桂冠戴在他的灼热的头上，这时夕阳的炽热的光辉照耀在诗人的容光焕发的脸上。"（第 285 页）

　　在"亨利希·冯·奥夫特丁根"隆重地接受了想象的诗人荣誉之后，蓝色花朵也赶忙表示了自己的感情和愿望。在这个晚上，莫克尔演唱了由她自己配曲的小金虫协会会歌，歌词的结尾概述了协会的全部意图：

　　　　"我们从历史中学到了什么？
　　　　小金虫，飞吧！
　　　　谁老了谁就找不到老婆，
　　　　因此，不要过多地倾听和考虑！
　　　　小金虫，飞吧！"①

　　天真的传记作者说，"这里所包含的求婚的意思，完全是无意的"（第 255 页）。哥特弗里德懂得这个意图，"但是并不想过早地放弃"两年之内继续在小金虫协会里接受人们加给他的桂冠和作为眷恋的对象向他暗送的秋波。1843 年 5 月 22 日，他和莫克尔结婚了，在这以前，莫克尔尽管不信教，却根据下面这个荒谬的借口信起新教来了："新教与其说是以确定的信条为基础，不如说是以伦理概念为基础。"（第 315 页）

　　　　"我们从历史中学到：
　　　　蓝色花朵决不可相信！"

　　哥特弗里德是在使她从不信教转向新教的借口下同她结合的。现在莫

---

　　①　阿·施特罗特曼：《哥特弗里德·金克尔……》1850 年汉堡版第 1 卷，第 257 页。

克尔要读施特劳斯的《耶稣传》，因而又变得不信教了，

> "他惴惴不安地随她沿着怀疑之路走向否定的深渊。他同她一起艰难地通过现代哲学的迷宫。"（第 308 页）

他走向否定并不是由于在当时已经对群众发生了影响的哲学的发展，而是由于一时的情绪。

从他的日记里可以知道，他究竟从这个哲学迷宫里得到了什么：

> "我倒愿意看一看，这个从康德到费尔巴哈的巨大的浪潮会不会把我推向泛神论!!"（第 308 页）

好像这个浪潮不是恰巧超出泛神论的范围，好像费尔巴哈就是德国哲学的最新成就！

> 日记里接着说道："我的生活的基石并不是历史的认识，而是牢固的体系，神学的核心不是教会史，而是教义。"（同上）

好像德国哲学不是恰巧把牢固的体系溶化在历史的认识里，不是恰巧把教义的核心溶化在教会史中！这些自白十分明显地刻画出这位彻头彻尾的反革命的民主主义者，对这位民主主义者说来，运动本身又只是达到某些不容辩驳的永恒真理即腐朽的静止点的一种手段。

根据哥特弗里德这本有关他的整个发展状况的辩护性的流水账，读者可以自己判断这位装腔作势、多愁善感的神学家身上究竟有什么革命因素。

马克思：《流亡中的大人物》（1852 年 5 月 10 日前后），《马克思恩格斯全集》第 11 卷，人民出版社 1995 年版，第 300—302 页。

注解（229）：由此可见，在社会生活的各方面，有很大的一部分落入中间人的手里。例如，在经济方面，金融家、交易所经纪人、大小商人捞取营业中的最大好处；在民法方面，律师敲诈诉讼双方；在政治方面，议员比选举人重要，大臣比君主重要；在宗教方面，上帝被"中介人"挤到次要地位，而后者又被牧师挤到次要地位，牧师又是善良的牧羊人和他的

羊群之间的必然的中间人。

马克思：《资本论（第 1 卷）》（1867 年 9 月出版），《马克思恩格斯
文集》第 5 卷，人民出版社 2009 年版，第 854 页。

托·查斯默牧师是最狂热的马尔萨斯主义者之一，他是神学教授，著有《论政治经济学和社会的道德状况、道德远景的关系》一书（1832 年伦敦第 2 版）。按照查默斯的意见，要消除一切社会弊端，没有别的手段，只有对工人阶级进行宗教教育（他指的是通过基督教的粉饰和教士的感化来灌输马尔萨斯的人口论）。同时，他竭力为各种浪费、国家的无谓开支、教士的巨额俸禄、富人的极度挥霍辩护。他对（第 260 页及以下各页）"时代精神"和"严酷的忍饥挨饿的节约"感到痛心；他要求实行重税，让那些"高级的"非生产劳动者，教士等等可以大吃大喝（同上）；当然，他对斯密的区分是极为反对的。他用整整一章（第十一章）的篇幅来谈这个区分，不过其中除了断言节约等等对"生产劳动者"只有害处以外，没有任何新的东西。下面这些话可以概括说明这一章的倾向：

"这种区分是荒谬的，而且应用起来是有害的。"（同上，第 344 页）

害处在哪里呢？

"我们所以要这样详细地谈这个问题，是因为我们认为，今日的政治经济学对教育过于严厉、过于敌视了，我们不怀疑，斯密的有害的区分大大促进了这一点。"（第 346 页）

这位牧师所说的"教会"是指他自己的教会，作为"法定"教会的英国国教会。而且，他还是把这个"教会"推行到爱尔兰的那帮家伙中的一个。至少，这个牧师是很坦率的。

马克思：《资本论（第 4 卷）》（1861 年 8 月—1863 年中），《马克思恩
格斯全集》第 26（1）卷，人民出版社 1972 年版，第 312—313 页。

我们继续往下看，神职人员延期服役或免役者有 1638 人。令人不解的是，为什么神职人员先生们不应当服兵役。相反，一年的兵役，露天的生活，同外部世界的接触，对于他们是有益无害的。因此，我们大胆地把他们列入名单；假定这一年的适龄人员占总数的三分之一，其中有四分之三是不适于服役的，那么仍然有 139 人应当列入兵役名单。

恩格斯：《普鲁士军事问题和德国工人政党》（1865 年 1 月 27 日—2 月 11 日），《马克思恩格斯全集》第 21 卷，人民出版社 2003 年版，第 80 页。

在这次旅行路过比利时期间，通过在亚琛的逗留和溯莱茵河而上的游览，我深信必须同神父进行坚决的斗争，特别是在天主教地区。我将通过国际进行这方面的工作。这群狗东西（如美因兹的主教凯特勒、杜塞尔多夫代表大会上的神父等等）在他们觉得适宜的地方，就在工人问题上献殷勤。① 我们在 1848 年实际上是为他们做了工作，只有他们在反动时期享受了革命果实。

马克思：《马克思致恩格斯》（1869 年 9 月 25 日），《马克思恩格斯全集》第 32 卷，人民出版社 1974 年版，第 352 页。

教会的和世俗的显贵们就利用下院的反对从政府那里把准备用以收买他们的钱款等等拿到手。

康沃利斯欺骗天主教的主教们。他们的奴颜婢膝令人厌恶。

马克思：《从美国革命到 1801 年合并的爱尔兰（摘录和札记）》（1869 年 10—11 月），《马克思恩格斯全集》第 45 卷，人民出版社 1985 年版，第 115 页。

但是，这一切对虔敬的教士来说，还是不够的。利用万劫不复的地狱刑罚作威胁，他们可以合法地勒索到越来越多的捐赠。查理大帝早在 811 年的亚琛敕令②里，就责备过他们这一行径，并且还责备他们

"引诱人们发伪誓作伪证，以增加你们的（主教和修道院院长的）财富"。

---

① 六十年代，在普鲁士的莱茵省，在巴登和德国的其他地区，天主教神父，其中包括美因兹的主教凯特勒，开展了拥护普选权和劳工法等等的蛊惑性宣传鼓动。天主教的宣传力图阻挠社会主义思想在德国工人阶级中的传播。1869 年 9 月 6 日，在杜塞尔多夫召开了天主教团体的代表大会，会上除通过其他决议以外，还通过了一项宣言性质的决议："要求各阶层的所有的基督教徒关心工人阶级，促进它的经济上和道德上的提高。"

② 敕令是中世纪早期（8—9 世纪）法兰克国王的立法诏书和命令。亚琛敕令为当时教会封建主和世俗封建主大规模夺取农民土地的事实提供了明证。是关于法兰克王国历史的最重要的资料之一。

他们还诈取不合法的捐赠，因为他们确信，教会除了法律上的特权地位，还拥有足够的手段嘲弄司法。在6、7世纪，高卢的宗教会议，对于一切反对给教会捐赠的人，几乎没有一次会议，不是以逐出教会相威胁的。甚至手续上无效的捐赠，通过这一途径也就变为有效，个别僧侣的私人债务，也就赖掉不还了。

"为了不断唤起人们捐赠的兴趣，我们看到，他们采用的手段实在卑鄙。描绘天堂之乐和地狱之苦已经不再见效的时候，他们就从遥远的地方搬来圣徒的遗骨，举行巡回展览，建造新的教堂；这在9世纪简直成为一种正式的营业部门了。"（罗特，第254页）"苏瓦松的圣梅达尔德修道院的使者，在罗马费了极多的周折，乞求到圣塞巴斯蒂安的遗体，并将格雷戈里的遗体也一同偷走。当这两具遗体放在修道院里的时候，跑来瞻仰新到的圣徒的人，多得像蝗虫一样布满了那个地区，对于求助者，不是一个一个治疗，而是成群结队一起治疗。结果是，修道士们用斗来量金钱，量了有85斗，修道院的黄金库存量达到900镑。"（第255页）

欺骗、魔术、死人特别是圣徒的显灵，都被教会用作骗取财物的手段。最后但也是最重要的方法是假造证件。这种事——我们还是让罗特说话吧——

"许多宗教界人士都在大规模地干……这种营业老早便已开始了……这样的营业规模到底有多大，可以从我们所搜集的大量假造文件的数目中看出来。在布雷基尼所引用的360件墨洛温王朝文书中，约有130件绝对是假的。……兰斯的欣克马尔就利用过雷米吉乌斯的假遗嘱为他的教会弄到许多财产，而这些财产在真的遗嘱里面根本没有提到过，虽然真遗嘱从未遗失，欣克马尔又清楚地知道前者是伪造的。"

甚至教皇约翰八世也企图利用一张明知是伪造的文件霸占巴黎附近圣但尼修道院的产业（罗特，第256页及以下几页）。

恩格斯：《法兰克时代》（1878 年中—1882 年初），《马克思恩格斯全集》第 25 卷，人民出版社 2001 年版，第 262—264 页。

在非洲某些地方"吃受拜物"（这种事情在今天还象征性地存在着，例如发誓时"把受拜物刮下一点或磨下一点放到水中或食物中，然后含在口里但不吞咽"）就是一种庄重的立誓仪式，妇女用之以向丈夫表示忠诚，男子用之以向朋友表示忠诚（第 241 页）。

牺牲物一般地并不是无例外地给所有的人吃；在斐济只限于老年男人和祭司；妇女和青年男子完全排除在外。渐渐地，祭司们攫取了独享全部牺牲物的权利，这就促进了祭献活动。而且还影响到祭祀的性质。例如博斯曼说，祭司们鼓励人们祭祀蛇神而不太鼓励人们祭祀大海，因为祭祀大海"什么也不会剩给他们"（第 241、242 页）。

马克思：《约·拉伯克〈文明的起源和人的原始状态〉一书摘要》（1881 年 3—6 月），《马克思恩格斯全集》第 45 卷，人民出版社 1985 年版，第 676 页。

储户的职业分类资料是上述情况一个很有意义的旁证。这个资料包括近 300 万（2942000）储户，存款总额达 54500 万卢布。平均每户 185 卢布，显然，这个数字清楚地表明，在储户中占绝大多数的是俄国人民中为数极少的"幸运儿"，他们不是拥有祖产，就是自己置有家产。最大的储户是僧侣：存款总额 4600 万卢布，储户 137000 个，平均每户 333 卢布。看来，关心拯救信徒灵魂，并不是无利可图的事情……

列宁：《俄国经济生活》（发表于 1902 年 2 月 15 日），《列宁全集》第 6 卷，人民出版社 1984 年版，第 263—264 页。

托尔斯泰的作品、观点、学说、学派中的矛盾的确是显著的。一方面，是一个天才的艺术家，不仅创作了无与伦比的俄国生活的图画，而且创作了世界文学中的第一流的作品；另一方面，是一个发狂地信仰基督的地主。一方面，他对社会上的撒谎和虚伪提出了非常有力的、直率的、真诚的抗议；另一方面，是一个"托尔斯泰主义者"，即一个颓唐的、歇斯底里的可怜虫，所谓俄国的知识分子，这种人当众拍着胸脯说："我卑鄙，我下流，可是我在进行道德上的自我修身；我再也不吃肉了，我现在只吃米粉饼子。"一方面，无情地批判了资本主义的剥削，揭露了政府的暴虐以及法庭和国家管理机关的滑稽剧，暴露了财富的增加和文明的成就同工人群众的穷困、野蛮和痛苦的加剧之间极其深刻的矛盾；另一方面，疯狂地鼓吹"不"用暴力"抵抗邪恶"。一方面，是最清醒的现实主义，撕下了一切假面具；另一方面，鼓吹世界上最卑鄙龌龊的东西之一，即宗教，力求让有道德信念的神父代替有官职的神父，这就是说，培养一种最精巧的因而是特别恶劣的僧侣主义。

> 列宁：《列夫·托尔斯泰是俄国革命的镜子》（1908 年 9 月 11 日），
> 《列宁全集》第 17 卷，人民出版社 1988 年版，第 182 页。

如果书报检查机关的检查很严格，可以把各处的"僧侣主义"一词都改为"信仰主义"，并在注解中加以说明（"信仰主义是一种以信仰代替知识或一般地赋予信仰一定意义的学说"）。这是说明我将要作的让步的性质的一个例子。

> 列宁：《致安·伊·乌里扬诺娃—叶利扎罗娃》（1908 年 11 月 8 日），
> 《列宁全集》第 53 卷，人民出版社 1988 年版，第 316 页。

社会民主党人苏尔科夫说得对，这不是穿着教袍的官吏，而是穿着教袍的农奴主。维护教会的封建特权，公开捍卫中世纪制度，——这就是第三届杜马中多数僧侣的政策的实质。叶夫洛吉主教决不是一个例外。格佩茨基也大喊大叫反对"世俗化"，认为这是不能容忍的"侮辱"（4 月 14 日）。马什克维奇神父攻击十月党人的报告是企图"破坏我们教会生活所依据的和应当依据的历史基础和教规基础"，"把俄国正教教会的生活和活动从教规的道路移到另一条道路，在这条道路上……真正的教会王公——主教将不得不把自己从使徒那里承继来的权利，几乎全部都让给世俗王公……" "这无非是……侵犯他人的财产，侵犯教会的权利和财产。" "报告人引导我们去破坏教会生活的教规制度，他想使正教教会及其一切经济职能服从国家杜马，服从这个由各种各样的分子（既有信仰我国容许的宗教的分子，也有信仰我国不容许的宗教的分子）组成的机构。"（4 月 14 日）

> 列宁：《论工人政党对宗教的态度》（1909 年 5 月 13 日），《列宁全集》第 17 卷，人民出版社 1988 年版，第 404 页。

请看一看政府的报纸对托尔斯泰的评价。它们流着鳄鱼的眼泪，硬说自己尊崇这位"伟大的作家"，同时又维护"最神圣的"正教院。而最神圣的神父们刚刚干了一桩特别卑鄙龌龊的事情，他们派几个神父到这个濒危的人那里去，目的是欺骗人民，说托尔斯泰"忏悔了"。最神圣的正教院开除了托尔斯泰的教籍。这样倒更好些。当人民将来惩治这些身披袈裟的官吏、信奉基督的宪兵、支持沙皇黑帮匪徒的反犹太大暴行和其他功绩的居心叵测的异端裁判官的时候，对正教院的这一功绩也要加以清算的。

> 列宁：《列·尼·托尔斯泰》（1910 年 11 月 16 日），《列宁全集》第 20 卷，人民出版社 1989 年版，第 24 页。

事实说明，一切有产阶级，直到小资产者和"知识分子"，都已纷纷站到帝国主义者一边，而考茨基却和套中人一样，做出一副异乎寻常的洋洋自得的神态，用一些甜言蜜语来抹杀这些事实。他不是根据小资产阶级的行动，而是根据某些小资产者的言论来判断小资产阶级的利益，尽管这些言论不断地为他们的行动所推翻。这正和不是以资产阶级的行动而是以那些赌咒发誓说现存制度充满基督教理想的资产阶级牧师的博爱言词来判断整个资产阶级的"利益"完全一样。考茨基运用马克思主义时所采取的方法是抽去它的一切内容，只留下具有某种超自然、超世俗的意义的"利益"一词，因为它所指的不是现实的经济，而是关于普遍幸福的天真愿望。

> 列宁：《第二国际的破产》（1915 年 5—6 月），《列宁全集》第 26 卷，人民出版社 1990 年版，第 244 页。

考茨基把马克思主义糟蹋到了骇人听闻的地步，他成了不折不扣的牧师。这位牧师在规劝资本家转向和平的民主，并且说这是辩证法：假如起先有过自由贸易，后来又有垄断和帝国主义，那么为什么就不能有"超帝国主义"，就不能再有自由贸易呢？这位牧师在安慰被压迫的群众，把这个"超帝国主义"说得天花乱坠，尽管这位牧师甚至还不敢说这个东西能否"实现"！有些人维护宗教的理由是宗教可以安慰人，费尔巴哈正确地向他们指出了这种安慰的反动作用，他说：谁要是安慰奴隶，而不去发动他们起来反对奴隶制，谁就是在为奴隶主帮忙。

所有一切压迫阶级，为了维持自己的统治，都需要两种社会职能：一种是刽子手的职能，另一种是牧师的职能。刽子手的任务是镇压被压迫者的反抗和暴乱。牧师的使命是安慰被压迫者，给他们描绘一幅在保存阶级统治的条件下减少苦难和牺牲的前景（这做起来特别方便，只要不担保这种前景一定能"实现"……），从而使他们顺从这种统治，使他们放弃革命行动，打消他们的革命热情，破坏他们的革命决心。考茨基把马克思主义歪曲成了最恶劣最笨拙的反革命理论，歪曲成了最龌龊的僧侣主义。

> 列宁:《第二国际的破产》（1915 年 5—6 月），《列宁全集》第 26
> 卷，人民出版社 1990 年版，第 248 页。

战争是政治的继续。而政治在战争时期也在"继续"！德国同保加利亚和奥地利缔结了分赃的秘密条约，并且继续在进行这种谈判。俄国同英法等国缔结了秘密条约，所有这些秘密条约都是为了抢劫和掠夺，为了掠夺德国的殖民地，掠夺奥地利和瓜分土耳其等等。

"社会党人"在这种情况下向各国人民和各国政府谈论什么亲善和约，这无异于神父看到狼狈为奸的妓院鸨母和警察局长坐在教堂前排，就向他们和向人们"布道"：要爱他人，要遵守基督的训诫。

> 列宁:《论单独媾和》（发表于 1916 年 1 月 6 日），《列宁全集》第 28
> 卷，人民出版社 1990 年版，第 195 页。

这些社会和平主义者，即口头上的社会主义者，实际上的资产阶级和平主义谎言的传播者，目前所起的作用同基督教的牧师几世纪以来所起的作用是一模一样的，不过后者是用关于博爱和基督训诫的空话来粉饰压迫阶级，即奴隶主、封建主和资本家的政策，使被压迫阶级容忍他们的统治。

> 列宁:《告国际社会党委员会和各国社会党书的提纲草稿》（1916 年
> 12 月 25 日以前），《列宁全集》第 28 卷，人民出版社 1990 年版，第
> 258—259 页。

所以，建议古契柯夫－米留可夫政府尽速缔结真诚的、民主的、睦邻的和约，就等于一个善良的乡村"神父"要地主和商人"按照上帝的旨意"生活，慈爱待人，左脸挨了打，再让人家打右脸。地主和商人一面听说教，一面继续压迫和掠夺人民，并且由于"神父"能够很好地安抚"农夫"而感到非常高兴。

> 列宁:《远方来信——第四封信》（1917 年 3 月 12 日），《列宁全集》
> 第 29 卷，人民出版社 1985 年版，第 49 页。

实质上，这一类"责难者"即使"承认"阶级斗争，也只是口头上承认，实际上往往陷入要各个阶级"协议"与"合作"的小市民空想。因为在革命时代，阶级斗争在一切国家总是不可避免地要采取国内战争的形式，而没有极其严重的破坏，没有恐怖，没有为了战争利益而对形式上的民主的限制，国内战争是不可想象的。只有甜言蜜语的牧师，不管是基督教牧师，还是沙龙的议会的社会党人这样的"世俗"牧师，才会看不见、不理解和感觉不到这种必然性。只是僵死的"套中人"才会因此避开革命，而不在历史要

求用斗争和战争来解决人类最大的问题时以最大的热情和决心投入战斗。

> 列宁：《给美国工人的信》（1918 年 8 月 20 日），《列宁全集》第 35
> 卷，人民出版社 1985 年版，第 56 页。

费尔巴哈曾非常准确地回答了那些维护宗教、把宗教当作"安慰"的源泉的人们，他说，安慰奴隶是有利于奴隶主的事情，而真正同情奴隶的人，则是教导他们愤恨、举行暴动和打碎枷锁，而决不是去"安慰"他们。奴才们把一朵朵的假花装饰起来，借以"安慰"被雇佣奴隶制的锁链束缚着的雇佣奴隶。主张解放雇佣奴隶的人，则从锁链上摘下装饰它的假花，使奴隶们更加自觉、更加强烈地憎恨他们身上的锁链，尽快地挣脱锁链并伸手摘取新鲜的花朵。

> 列宁：《在下房里》（1919 年 7 月），《列宁全集》第 37 卷，人民出版
> 社 1986 年版，第 132 页。

出于不久前转送给报纸的罗斯塔消息不是为了发表，即：关于黑帮分子已准备在彼得尔对抗没收教会贵重物品的法令的消息需要提出来。如果把报纸上报道的有关僧侣对待没收教会贵重物品的法令的态度、然后是我们所知吉洪牧首的非法呼吁书同这一事实比较一下，那就非常清楚，以自己领袖为首的黑帮僧侣正在此刻十分周密地实施对我们进行决战的计划。

显然，这个计划是在最有影响的黑帮僧侣集团的秘密会议上经过斟酌而又相当果断做出的。舒亚事件是这个总计划的一种表现和运用。

> 列宁：《致维·米·莫洛托夫并转俄共（布）中央政治局委员》
> （1922 年 3 月 19 日），郑天星、张雅平编译：《列宁论无神论宗教和
> 教会》，华文出版社 1993 年版，第 520—521 页。

我以为，在这里我们的敌人在犯着大的战略错误，企图将我们拖入当对他们特别绝望特别不利时的最后斗争中。相反，对于我们来说，恰恰在这个关头，这不仅是十分有利的，而且也是唯一的时刻，即我们有百分之九十九的完全成功的机会来击溃敌人并保住我们在几十年里所必需的阵地。正是现在，仅仅是现在，当饥饿的地方在人吃人、路上躺着如果不是数千具也有几百具尸体的时候，我们能够（因而也必需）以最猛烈最无情的毅力、不惜镇压任何反抗来没收教会的贵重物品。正是现在，仅仅是现在，大多数农民群众将要么支持我们，要么在任何情况下都无力多少坚决支持那一小撮可能和要体验下用暴力反抗苏维埃法令的政治黑帮僧侣和反动市侩。

我们无论如何必需以最果断最迅速的方式没收教会贵重物品，这样我们就会保障数亿金卢布的基金（应记住一些修道院和大修道院的巨大财富）。没有这项基金，整个国家工作，特别是经济建设，尤其是捍卫在热那亚的立场，都是完全不可思议的。手中掌握几亿（也可能是几十亿）金卢布的基金，我们无论如何都要做到。只有现在我们才能做成这件事。所有想法在于指出，再晚我们就会做不成这件事，因为除了绝望的饥饿时期，没有任何时机能够给我们提供广大农民群众的这样情绪，这个时机要么会保证这些群众对我们的同情，要么会保证这些群众至少在如下意义上的中立，即在没收贵重物品的斗争中胜利将绝对彻底在我们这一边。

> 列宁：《致维·米·莫洛托夫并转俄共（布）中央政治局委员》（1922 年 3 月 19 日），郑天星、张雅平编译：《列宁论无神论宗教和教会》，华文出版社 1993 年版，第 521 页。

路德维希：可是难道你不承认耶稣教徒有好的品质吗？

斯大林：是的，为了实现丑恶的目的，他们在工作中是有一贯性和顽强性的。但是，他们的基本方法是监视、间谍活动、刺探情况和侮辱人，这里能有什么是好的呢？例如在宿舍中的监视：九点钟铃响喝茶，我们都到食堂去，而当我们回到自己房间里的时候，发觉我们所有装东西的箱子在这段时间内都已经搜查过、翻过了……这里能有什么是好的呢？

> 斯大林：《和德国作家艾米尔·路德维希的谈话》（1932 年 4 月 30 日），《斯大林全集》第 13 卷，人民出版社 1956 年版，第 100 页。

3. 宗教制度的本质

社会主义者运动的创始人欧文在自己的许多小册子中写起来像个德国哲学家那样，就是说，他写得很糟，但是他也有清醒的时刻，这时他那些晦涩的文句就变得可以理解了；此外，他的见解涉及面很广。按照欧文的说法，"婚姻、宗教和财产是自有世以来就存在的一切不幸的惟一原因"（!!）①；他所有的著作里都充满了对神学家、法律家和医生的义愤，他对他们不是区别

---

① "婚姻、宗教和财产是自有世以来就存在的一切不幸的惟一原因"是罗·欧文的基本论点之一。他自 1820 年以来几乎在每一部著作中都反复论述这一观点，例如他在《新道德世界的婚姻制度》1838 年利兹版第 54 页就谈到：婚姻、宗教和私有财产构成"在人类中引起犯罪和不道德行为的三大原因"。

对待。"陪审法庭都由一些仍然完全信奉神学的人把持，因而都抱有偏见；法律也浸透了神学，因此应当和陪审法庭一起被废除。"

恩格斯：《伦敦来信（三）》（1843 年 5 月 15 日—6 月 1 日），《马克思恩格斯全集》第 3 卷，人民出版社 2002 年版，第 434 页。

空虚早已存在，因为宗教是人使自我空虚的行为；现在，当掩盖这种空虚的紫袍褪色，遮蔽它的烟雾消失之后，这种空虚才暴露出来，令你惊恐，对此，你感到奇怪了？

其次，卡莱尔谴责当代的伪善和谎言，这是上述行为的直接结果。当然，空虚和软弱还必须借助各种装饰品、加衬垫的衣服和用鲸须架撑起的紧身褡体面地掩饰起来，保持其仪表挺秀！我们也抨击现代基督教世界秩序的伪善；我们惟一迫切的任务归根结底就是同它进行斗争，使我们摆脱它，使世界摆脱它；但是，因为我们是随着哲学的发展认识这种伪善，在科学的基础上进行斗争的，所以这种伪善的本质对我们来说不再是那么陌生和不可理解，而对于卡莱尔，当然还是陌生和不可理解的。我们把这种伪善也归咎于宗教，因为宗教的第一句话就是谎言——或者说，宗教一开头向我们说起某种有关人的事物的时候，不就把这种事物硬说成某种超人的、神的事物吗？但是，因为我们知道：所有这些谎言和不道德现象都来源于宗教，宗教伪善、神学是其他一切谎言和伪善的蓝本，所以我们就有理由像费尔巴哈和布·鲍威尔首创的那样，把神学这个名称扩大到当代一切假话和伪善。如果卡莱尔愿意了解毒化我们一切关系的不道德现象的由来，那就请他读一读费尔巴哈和布·鲍威尔的著作吧。

恩格斯：《英国状况——评托马斯·卡莱尔的〈过去和现在〉》（1843 年 10 月—1844 年 1 月中），《马克思恩格斯全集》第 3 卷，人民出版社 2002 年版，第 518 页。

伦理观念的现实性在这里成了私有财产的宗教。（因为在长子继承权中私有财产是以宗教方式对待自己的，所以在现代，一般宗教就成了地产所固有的特质，而且替长子继承权作辩护的所有文章都充满了宗教虚伪的笃诚。宗教是这种野蛮性所能达到的最高思维形式。）"明显的、能了解自身的实体性意志"变成一种模糊的、被土地打碎的意志，它陶醉于自己依附的不可穿透的要素。"以真理为依据的确定性"，即"政治信念"，是以"自己的土地"（本来意义上的）为依据的确定性。"已经成为习惯的"政治"意向"不再"仅仅是……结果",而是国家之外现存的设制。政治信念不再是"信任",而毋宁说是一种"信心,是这样一种意识:我的实体性利益和特殊利益不依赖于把我当作单个人来对待的他物(这里指国家)的利益和目的"。这就是我的对国家无依赖的自由的意识。

> 马克思:《黑格尔法哲学批判》(1843 年夏—1844 年秋),《马克思恩格斯全集》第 3 卷,人民出版社 2002 年版,第 128 页。

基督教的社会原则有过一千八百年的发展,它并不需要普鲁士国教顾问做任何进一步的发展。

基督教的社会原则曾为古代奴隶制进行过辩护,也曾把中世纪的农奴制吹得天花乱坠,必要的时候,虽然装出几分怜悯的表情,也还可以为无产阶级遭受压迫进行辩解。

基督教的社会原则宣扬阶级(统治阶级和被压迫阶级)存在的必要性,它们对被压迫阶级只有一个虔诚的愿望,希望他们能得到统治阶级的恩典。

基督教的社会原则把国教顾问答应对一切已使人受害的弊端的补偿搬到天上,从而为这些弊端的继续在地上存在进行辩护。

基督教的社会原则认为压迫者对待被压迫者的各种卑鄙龌龊的行为,不是对生就的罪恶和其他罪恶的公正惩罚,就是无限英明的上帝对人们赎罪的考验。

基督教的社会原则颂扬怯懦、自卑、自甘屈辱、顺从驯服,总之,颂扬愚民的各种特点,但对不希望把自己当愚民看待的无产阶级说来,勇敢、自尊、自豪感和独立感比面包还要重要。

基督教的社会原则带有狡猾和假仁假义的烙印,而无产阶级却是革命的。

基督教的社会原则就是这样。……

> 马克思:《〈莱茵观察家〉的共产主义》(1847 年 9 月 5 日),《马克思恩格斯全集》第 4 卷,人民出版社 1958 年版,第 218 页。

"这是福音书规定的"——随便什么规定的都可以,只要不是普鲁士国库极端严重的空虚规定的就好,在国库这个无底洞中,三年内就可以把 1500 万俄国人完全吞没。一般说来,福音书规定了很多东西,其中阉割是社会改革用于自身的起点("马太福音"第十九章第十二节)。

> 马克思:《〈莱茵观察家〉的共产主义》(1847 年 9 月 5 日),《马克

思恩格斯全集》第 4 卷，人民出版社 1958 年版，第 219 页。

现在，我们这里到处都在举行公开的集会，以便建立工人阶级生活改善协会；这使德国人非常激动，并促使庸人们重视社会问题。这些集会说开就开，并不征求警察当局的意见。在科隆，章程起草委员会中我们的人占一半；在埃尔伯费尔德，委员会里至少有一个我们的人；由于得到了理性主义者①的帮助，我们已经在两次集会上使虔诚的宗教信徒们遭到严重的失败；在绝大多数人的赞同下，章程中排除了一切带有基督教色彩的东西。② 我感到有趣的是：这帮理性主义者，在理论上是基督教，在实践上是无神论，因而显得十分可笑。在原则上，他们认为基督教反对派是完全正确的，而在实践上，他们却不许章程中有一个字提到基督教，然而按照他们自己的说法，基督教是上述协会的基础；章程里写进什么都行，唯独不要协会的生命攸关的原则！可是，这些家伙顽固地坚持这种可笑的立场，因此我完全用不着说什么话了，我们在目前情况下只能得到这样的章程。下星期天又要开会，但我不能出席，因为我明天要到威斯特伐利亚去。

恩格斯：《恩格斯致马克思》（1844 年 11 月 19 日），《马克思恩格斯文集》第 10 卷，人民出版社 2009 年版，第 22—23 页。

在结束印度这个题目时，我不能不表示一些结论性的意见。

---

① 理性主义者指试图把神学与哲学结合起来，并试图证明"神圣真理"可以由理性来解释的新教教派的代表。理性主义反对路德教派中具有极端神秘主义倾向的虔诚主义。恩格斯在这里把伍珀河谷工业界代表讽刺地称为理性主义者。这些代表在很大程度上仍然囿于所处的宗教环境，但是为了资本主义利益，又不得不反对脱离现实生活的虔诚主义狂热。

② 在科隆工人阶级生活改善协会章程起草委员会 1844 年 11 月 10 日的集会上，成立了救助和教育总会。参加这次集会的有《莱茵报》的大部分前股东和撰稿人，如古·贝根罗特、伊·毕尔格尔斯、卢·康普豪森、格·约·康佩斯、格·荣克、古·梅维森、达·奥本海姆、弗·拉沃和鲁·施拉姆；还有激进民主派和社会主义派的知识分子的代表，如卡·德斯特尔、卡·海因岑。1844 年 12 月 4 日，章程起草委员会在《科隆日报》上发表了章程草案，其中规定协会的宗旨是：建立救济和医疗补助基金，帮助无家可归者和缺吃少穿者，组织职业介绍，成立公共住宅建筑合作社，消费合作社和生产合作社，为小手工业者和生产合作社设立信贷基金和提供销售市场，为工人和手工业者提供更好的职业培训学校。1845 年 3 月 16、31 日和 4 月 13 日，协会召开了有 1000 多人出席的全体大会，一致通过了上述章程。此后，行政区长官禁止人们继续举行集会，并于同年 10 月宣布拒绝承认协会的章程。

1844 年 11 月 17 日在埃尔伯费尔德举行的集会上，成立了人民教育协会。协会的组织者从一开始就反对当地的教士，特别是伍珀河谷的那些伪装虔诚的教士，这些教士企图把协会置于自己的影响之下并使协会活动带有宗教色彩。恩格斯和他的朋友们努力利用协会和协会委员会的集会来宣传共产主义观点（参见恩格斯《在埃尔伯费尔德的演说》，《马克思恩格斯全集》第 2 卷）。协会的章程未被政府当局批准，协会本身在 1845 年春季之后也不复存在。

当我们把目光从资产阶级文明的故乡转向殖民地的时候，资产阶级文明的极端伪善和它的野蛮本性就赤裸裸地呈现在我们面前，它在故乡还装出一副体面的样子，而在殖民地它就丝毫不加掩饰了。资产阶级是财产的捍卫者，但是难道曾经有哪个革命党发动过孟加拉、马德拉斯和孟买那样的土地革命吗？当资产阶级在印度单靠贪污不能填满他们那无底的欲壑的时候，难道他们不是都像大强盗克莱夫勋爵本人所说的那样，采取了凶恶的勒索手段吗？当他们在欧洲大谈国债神圣不可侵犯的时候，难道他们不是同时就在印度没收了那些把私人积蓄投给东印度公司作股本的拉甲①所应得的红利吗？当他们以保护"我们的神圣宗教"为口实反对法国革命的时候，难道他们不是同时就在印度禁止传播基督教吗？而且为了从络绎不绝的朝拜奥里萨和孟加拉的神庙的香客身上榨取钱财，难道他们不是把札格纳特庙里的杀生害命和卖淫变成了一种职业吗？② 这就是维护"财产、秩序、家庭和宗教"的人的真面目！

马克思：《不列颠在印度统治的未来结果》（1853年7月22日），《马克思恩格斯文集》第2卷，第690—691页。

主张自由贸易的厂主厚颜无耻地断言，现代社会的存在与否取决于他们今后还能不能靠工人的血汗来积累财富，对此我们只想说一句话。在历史上各个时期中，绝大多数的人民都不过是以各种不同的形式充当了一小撮特权者发财致富的工具。但是所有过去的时代，实行这种吸血的制度，都是以各种各样的道德、宗教和政治的借口来粉饰的：教士、哲学家、律师和政治家总是向人民说，为了他们自己的幸福他们必定要忍饥挨饿，因为这是上帝的意旨。而现在却完全相反，自由贸易论者蛮横宣称："你们工人是奴隶，并将永远做奴隶，因为只有你们当奴隶，我们才能增加自己的财富和幸福，因为你们不做奴隶，我们这个国家统治阶级就不能继续统治下去。"于是，压迫的秘密现在终于揭开了；现在幸亏有自由贸易论者，人民才终于能够清楚地了解自己的处境；现在问题终于直截了当地提出来了：

---

① 拉甲（raja）是古代印度贵族的称号，指一族的酋长或一地的首领。最初由人民推选，后演变成世袭职位。近代英国殖民政府称印度土著王公为拉甲。

② 奥里萨（东印度）的札格纳特庙是崇拜印度教主神之一毗湿奴－札格纳特的中心。庙里的僧侣受到东印度公司的庇护，从群众朝拜以及豪华祭祀中取得巨额收入。在群众朝拜时，他们乘机怂恿住在庙里的妇女卖淫，而在举行祭祀时，则有一些狂热信徒进行自我折磨和自我残害。

有我无你，有你无我，因此，我们认为公开的敌人比虚伪的朋友好，蛮横的自由贸易论者比伪善的贵族慈善家好，贵格会会士①布莱特比阿什利勋爵好。

> 恩格斯：《十小时工作日问题》（1850 年 2 月 9 日—大约 20 日之间），《马克思恩格斯全集》第 10 卷，人民出版社 1998 年版，第 282—283 页。

重要的是应当指出，财富本身，即资产阶级财富，当它表现为中介，表现为交换价值和使用价值这两极间的中介时，总是在最高次方上表现为交换价值。这个中项总是表现为完成的经济关系，因为它把两个对立面综合在一起，并且，归根到底，这个中项总是表现为片面的较高次方的东西而同两极本身相对立；因为最初在两极间起中介作用的运动或关系，按照辩证法必然会导致这样的结果，即这种运动或关系表现为自身的中介，表现为主体，两极只是这个主体的要素，它扬弃这两极的独立的前提，以便通过这两极的扬弃本身来把自己确立为唯一独立的东西。在宗教领域内也是这样，耶稣，即上帝与人之间的中介——两者之间的单纯流通工具——变成了二者的统一体，变成了神人，而且作为神人变得比上帝更重要；圣徒比耶稣更重要；牧师比圣徒更重要。

> 马克思：《1857—1858 年经济学手稿》（1857—1858 年），《马克思恩格斯全集》第 30 卷，人民出版社 1995 年版，第 293 页。

因为从货币身上看不出它是由什么东西转化成的，所以，一切东西，不论是不是商品，都可以转化成货币。一切东西都可以买卖。流通成了巨大的社会蒸馏器，一切东西抛到里面去，再出来时都成为货币的结晶。连圣徒的遗骨也不能抗拒这种炼金术，更不用说那些人间交易范围之外的不那么粗陋的圣物了。②

> 马克思：《资本论（第 1 卷）》（1867 年 9 月出版），《马克思恩格斯文集》第 5 卷，人民出版社 2009 年版，第 155 页。

---

① 贵格会（正式名称是教友会），是基督教新教的一派，17 世纪资产阶级革命时期产生于英国，在北美也流传很广。教友会信徒反对官方教会和它的仪式，鼓吹和平主义思想。19 世纪 20 年代产生的主张革新教友会信条的拥护者被称为"湿的"贵格会（区别于信奉正统教义的贵格会——"干的"贵格会）。

② 法国笃信基督教的国王亨利三世，抢劫了修道院等地的圣物，以便把它们变成银。大家知道，福基斯人抢劫德尔斐神庙的财宝曾在希腊史上起了什么作用。众所周知，古代人把神庙看作商品之神的住所。神庙是"神圣的银行"。以经商为王的民族腓尼基人，认为货币是万物的转换形态。因此，那些在爱神节委身于外来人的少女把作为报酬得来的钱献给女神，是很自然的事。

关于基督教殖民制度，有一位把基督教当做专业来研究的人，威·豪伊特曾这样说过：

"所谓的基督教人种在世界各地对他们所能奴役的一切民族所采取的野蛮和残酷的暴行，是世界历史上任何时期，任何野蛮愚昧和残暴无耻的人种都无法比拟的。"①

> 马克思：《资本论（第 1 卷）》（1867 年 9 月出版），《马克思恩格斯文集》第 5 卷，人民出版社 2009 年版，第 861 页。

所有这些卓越的历来受人尊敬的职业——君主、法官、军官、教士等等，所有由这些职业产生的各个旧的意识形态阶层，所有属于这些阶层的学者、学士、教士……在经济学上被放在与他们自己的、由资产阶级以及有闲财富的代表（土地贵族和有闲资本家）豢养的大批仆从和丑角同样的地位。他们不过是社会的仆人，就像别人是他们的仆人一样。他们靠别人劳动的产品生活。因此，他们的人数必须减到必不可少的最低限度。国家、教会等等，只有在它们是管理和处理生产的资产者的共同利益的委员会这个情况下，才是正当的；这些机构的费用必须缩减到必要的最低限度，因为这些费用本身属于生产上的非生产费用②。这种观点具有历史的意义，一方面，它同古代的见解形成尖锐的对立，在古代，物质生产劳动带有奴隶制的烙印，这种劳动被看作仅仅是有闲的市民的立足基石；另一方面，它又同由于中世纪瓦解而产生的专制君主国或贵族君主立宪国的见解形成尖锐的对立……

> 马克思：《资本论（第 4 卷）》（1861 年 8 月—1863 年中），《马克思恩格斯全集》第 26（1）卷，人民出版社 1972 年版，第 314—315 页。

随着资本主义生产的发展，会形成资产阶级社会的平均水平，与此同时，也会在极不相同的民族之间形成气质和意向的平均水平。资本主义生产，像基督教一样，本质上是世界主义的。所以，基督教也是资本所特有的宗教。在这两个方面只有人是重要的。一个人就其自身来说，他的价值不比别人大，

---

① 威廉·豪伊特：《殖民和基督教。欧洲人对待所有殖民地人民的通俗历史》1838 年伦敦版第 9 页。关于对奴隶的待遇，沙尔·孔德在其《立法论》（1837 年布鲁塞尔第 3 版）中收集了很多材料。要想知道资产者在其能够随心所欲地按照自己的形象来塑造世界的地方，把自己和工人变成了什么，就必须仔细研究这部著作。

② 不直接参加生产过程，但在一定条件下又非有不可的辅助费用。（卡·马克思原注）

也不比别人小。对于基督教来说，一切取决于人有没有信仰，而对于资本来说，一切取决于他有没有信用。此外，当然在第一种场合还要附加上天命，而在第二种场合要附加上一个偶然因素，即他是否生下来就有钱。

马克思：《资本论（第 4 卷）》（1861 年 8 月—1863 年中），《马克思恩格斯全集》第 26（3）卷，人民出版社 1974 年版，第 495 页。

自然研究当时也在普遍的革命中发展着，而且它本身就是彻底革命的，因为它必须为争取自己的生存权利而斗争。自然研究同开创了近代哲学的意大利伟大人物携手并进，并使自己的殉道者被送到火刑场和宗教裁判所的牢狱。值得注意的是，新教徒在迫害自由的自然研究方面超过了天主教徒。塞尔维特正要发现血液循环过程的时候，加尔文便烧死了他，而且还活活地把他烤了两个钟头；而宗教裁判所则只是满足于直截了当地烧死乔尔丹诺·布鲁诺。

恩格斯：《自然辩证法》（1873—1882 年），《马克思恩格斯文集》第 9 卷，人民出版社 2009 年版，第 410 页。

现代自然科学——它同希腊人的天才的直觉和阿拉伯人的零散的无联系的研究比较起来，是唯一可以称得上科学的自然科学——发端于市民等级摧毁封建主义的那个伟大时代——那个时代，在市民和封建贵族间的斗争背景下出现了造反的农民，而在农民后面则出现了现代无产阶级的革命先驱，他们已经手持红旗，高喊共产主义了——那个时代，在欧洲建立起了大君主国，摧毁了教皇的精神独裁，重新展现了希腊的古代，同时展现了新时代的最高度的艺术发展，打破了旧世界的界限，并且第一次真正地发现了地球。

这是地球从来没有经历过的一场最伟大的革命。自然科学在这场革命中也生机勃勃，它是彻底革命的，它和意大利伟大人物的觉醒的现代哲学携手并进，并使自己的殉道者被送到火刑场和牢狱。值得注意的是，新教徒同天主教徒一道竞相迫害他们。前者烧死了塞尔维特，后者烧死了乔尔丹诺·布鲁诺。这是一个需要巨人并且产生了巨人的时代，那是一些在学识、精神和性格方面的巨人。这个时代，法国人正确地称之为文艺复兴，而新教的欧洲则片面狭隘地称之为宗教改革。

自然科学在当时也有自己的独立宣言，诚然，宣言并不是一开头就发布的，正如路德并不是第一个新教徒一样。哥白尼在自然科学领域内推出伟大的著作，犹如路德在宗教领域内焚毁教谕；哥白尼在他的著作中虽然还有些胆怯，但经过 36 年的踌躇之后，可以说是在临终之际向教会的迷信提出了挑战。从此以后，自然研究基本上从宗教下面解放出来了，尽管彻底弄清各种细节的工作一直延续到今天，而且在许多人的头脑中还远没有解决。

恩格斯：《自然辩证法》（1873—1882 年），《马克思恩格斯文集》第
9 卷，人民出版社 2009 年版，第 405—406 页。

偶像决不是只被当作一个象征物。在印度（杜布瓦，第 407 页），人民的祭礼如果不象平时那样多了，婆罗门有时候就"把这些偶像用铁链锁上手和脚，让人民看这副受辱的样子，并对人民说，他们的神曾经因穷困而借钱来满足自己的需求，现在被无情的债主锁拿起来，婆罗门宣称，不把借的钱本利全部还清，无情的债主们决不释放这些神。人们看到自己的神被锁拿起来而惶恐不安，乃挺身而出；由于认为为使神得到解救而出力是一切善行中最有价值的，他们就按照婆罗门所要求的数目筹款代偿此债"（第 231 页）。

［这里试比较《唐·吉诃德》第 2 部第 23 章里这位勇士在蒙特西诺斯深洞中的情节。他正和蒙特西诺斯谈话间，忽然看见］
不幸的达辛尼亚两个伙伴中的一个走到他身边，满眼含泪，低声抽噎着对他说："我家夫人达辛尼亚·台尔·托波索亲你老人家的手，给你请安。现在她非常拮据，所以要向你老人家迫切恳求，请你收下我现在带在这儿的这条新的斜纹布裙子做抵押，借给他六个雷阿尔，或者尽你身边所有的无论多少，她说很快就可以还的。"
这个请求
［唐·吉诃德向桑科·判扎和学者叙述道］
引起我的诧异和惊奇，我就转身向着蒙特西诺斯先生，问他道："蒙特西诺斯先生，着了魔法的高贵人物也可能有拮据的时候吗？"他回答道："你相信我吧，唐·吉诃德·德·拉·曼却先生，所谓拮据这种情况是到处都流行的，一切都波及的，人人都有份的，连对那些着了魔法的人也不肯放松。现在达辛尼亚夫人既然差人来向你借六个雷阿尔，那抵押品看来也很好，那你没有别的办法，只有借给她了，因为她的境况一定是窘迫得很。"我回答道（唐·吉诃德说）："我并不要抵押，可也不能如数借给她，因为我身边只有四个雷阿尔。"我就把钱借给了她……并说道："好姑娘，你去告诉你家夫人，说我听见她境况不好，心里非常忧恼，恨不得变成富格尔，给她助一臂之力，云云。"

马克思：《约·拉伯克〈文明的起源和人的原始状态〉一书摘要》（1881 年 3—6 月），《马克思恩格斯全集》第 45 卷，人民出版社 1985 年版，第 669—670 页。

这种新的强暴行动，也还有它的经济原因。在宗教改革时代的斗争中，只有德意志的邦君扩大了权力。贵族们进行抢劫这一高贵行业，已经过时了。如果他们不甘心没落，就必须从他们的地产里榨取更多的收益。不过，惟一的方法是仿效更大的君主、特别是寺院的榜样，自己至少负责经营一部分土地。过去这只是一种例外，现在却成为一种必要。但是，这种新的经营方法遇到了障碍，几乎所有地方的土地都分给了纳租的农民。把自由的或依附的纳租农民变成十足的农奴，老爷们才能获得自主行动的权利。一部分农民，正如专门术语所说的被"肃清"（gelegt），这就是说，不是被撵走，便是沦为只有一间草屋和一小块园地的无地农民（Kotsassen），他们的田庄被合并成一个大规模的地主田庄，由新的无地农民和余下的农民以徭役劳动耕种。这样，不仅有大批农民干脆被赶走，而且留下来的农民所负担的徭役也日益大量地增加。资本主义时期，在农村中是作为以农奴徭役劳动为基础的农业的大规模经营时期，宣告开始的。

恩格斯：《马尔克》（1882 年 9 月中—12 月 20 日），《马克思恩格斯全集》第 25 卷，人民出版社 2001 年版，第 580—581 页。

基督教对于古典古代奴隶制的逐渐灭亡是完全没有罪过的。它在罗马帝国和奴隶制同流合污达数世纪之久，以后也从来没有阻止过基督徒买卖奴隶——既没有阻止过德意志人在北方，或威尼斯人在地中海买卖奴隶，也没有阻止过后世买卖黑奴。奴隶制已不再有利，因此也就灭亡了。但是垂死的奴隶制却留下了它那有毒的刺，即鄙视自由民的生产劳动。在这里罗马世界就陷入了绝境：奴隶制在经济上已经不可能了，而自由民的劳动却在道德上受鄙视。前者是已经不能再作为社会生产的基本形式，后者是还不能成为这种形式。只有一次彻底革命才能摆脱这种绝境。

恩格斯：《家庭、私有制和国家的起源》（1884 年 3 月底—5 月底），《马克思恩格斯文集》第 4 卷，人民出版社 2009 年版，第 169 页。

他们①虽然没有接受欧洲中世纪的制度，但是接受了大量中世纪的传

---

① 指美国。

统、宗教、英国的普通（封建）法、迷信、降神术，总之，接受了过去对做生意并不直接有害而现在对愚化群众则非常有用的各种荒唐的东西。

恩格斯：《恩格斯致弗里德里希·阿道夫·左尔格》（1886 年 11 月 29
日），《马克思恩格斯文集》第 10 卷，人民出版社 2009 年版，第
558—559 页。

其次，法令在谈到"非正教"的工人时说，凡是他们的教会不举行宗教仪式的日子"可以"不列为他们的节日。可是要知道，也有一些节日是天主教徒举行宗教仪式而东正教徒不举行宗教仪式的。法令对这点一字不提，显而易见，这是想给非正教工人一点压力。对非基督教工人的压迫那就更重了，法令规定"可以"用一星期中的其他日子代替星期日列入节日。只有"可以"两个字！我们的信奉基督的政府如此野蛮地迫害不信国教的人，很可能在这里也企图用法令上的含糊其辞来压迫非基督徒。法令在这里写得非常模糊，对它应当这样理解：每星期中一定要有一天休息，只是可以用别的日子替换星期日。但就是"国"教也只是纵容"老爷们"，对工人是不会放过玩弄种种诡计的机会的。我们现在来看看，法令规定一定要列为假日的是哪些节日。规定星期日及节日休息，讲得倒是很好；事实上在大多数情况下，工人不论在星期日或节日一向是照例不工作的。法令很可以把必须放假的节日规定得比习惯上放假的节日少得多。我们的信奉基督的政府在新法令中正是这样做的。新法令规定一年中必须放假的节日是 66 天，即 52 个星期日、8 个日期固定的节日（1 月 1 日和 6 日、3 月 25 日、8 月 6 日和 15 日、9 月 8 日，12 月 25 日和 26 日）和 6 个日期不固定的节日（耶稣受难周的星期五和星期六、复活节的星期一和星期二、耶稣升天日和圣灵降临日）。那么，以前我国工厂中每年习惯上放假的节日有多少呢？关于这方面的确切资料，我们手头只有莫斯科省和斯摩棱斯克省的，而且只是若干工厂的。但是各工厂之间，甚至两省之间的差别并不太大，所以完全可以用这些资料来判断新法令的真实意义。在莫斯科省收集了共有 2 万多工人的 47 个大工厂的资料。从这些资料中可以看出，每年习惯上放假的节日，手工工厂是 97 天，使用机器的工厂是 98 天。节日最少的是每年 78 天，这 78 天，所有被调查过的工厂无一例外都放假。关于斯摩棱斯克省的资料是有关总共约有 5000—6000 工人的 15 个工厂的。每年平均节日数是 86 天，就是说几乎和莫斯科省一样，最低的节日数是 75 天，这样的工厂只有一个。隶属军事部门的各工厂所规定的节

日数和俄国工厂中这种习惯上放假的每年节日数差不多相等：它们规定一年 88 个节日。经我国法律承认的政府机关的假日差不多也是这些（每年 87 天）。可见工人们每年习惯上放假的节日数，一向和其他公民一样。我们那个"信奉基督的政府"为了照顾工人的健康，把这些习惯上的节日取消了四分之一，整整 22 天，只保留了 66 天必须放假的节日。现在我们把政府在新法令中取消的习惯上放假的节日列举出来。日期固定的节日被取消的有：2 月 2 日的主进堂日；5 月 9 日圣主教尼阔赖日；6 月 29 日的宗徒致命日；7 月 8 日的喀山圣母显圣日，7 月 20 日的先知伊利亚日；8 月 29 日的授洗的伊望致命日；9 月 14 日的举荣圣架日；10 月 1 日的圣母帲幪日（政府甚至把这个节日也当作多余的无须放假的。可以确信，不会有一个厂主敢在这一天强迫工人做工。政府在这里又在保护最坏的厂主的利益，包庇他们压榨工人），11 月 21 日的圣母进堂日；12 月 6 日的圣主教尼阔赖逝世日。共计取消了 10 个日期固定的节日。① 其次，从日期不固定的节日中，取消了小斋占礼七月和大斋后周七占礼日，即取消了两个节日。就是说，在依照惯例工人一向可以得到休息的最低限度的节日中一共被取消了 12 个。政府那么喜欢自命为"信奉基督的"政府；大臣和其他官员对工人们讲起话来，往往甜言蜜语地大谈其厂主对工人、政府对工人的"基督的博爱"和"基督式的情感"等等。但是刚刚开始以行动代替空话，所有这些假仁假义的言词都不知飞到什么鬼地方去了，政府也变成了一心只想从工人身上尽可能多得点东西的小商人。很久很久以前，厂主自己，也就是厂主中比较好一些的人，已经申请以法律规定星期日和节日休息了。政府拖延了 15 年，终于颁布了这样一个法令，规定星期日及节日必须放假，但是政府不放过再压榨一下工人的机会，以补偿对工人的这个让步，它把习惯上必须放假的节日取消了四分之一。所以说，政府的行动正象一个道地的高利贷者：它作了一个让步，就费尽心机用另外一种压榨来补偿这个让步。

列宁：《新工厂法》（1897 年夏），《列宁全集》第 2 卷，人民出版社
1984 年版，第 354—357 页。

的确，这是多么有利于统治阶级的圣物啊！既然社会制度使得极少数

---

① 我们列举的只是一切工厂向来都放假的那些节日。此外还有许多绝大部分工厂都放假的节日，例如：查普斯特、小斋周的星期五、复活周的星期四、五、六及许多其他节日。

人有钱有势，而群众经常忍受"困苦"并且承担着"艰巨的义务"，那么剥削者同情宗教是十分自然的，因为宗教教导人们为了升入所谓的天堂而"毫无怨言地"忍受尘世间的地狱之苦。

> 列宁：《政治鼓动和"阶级观点"》（1902 年 2 月 1 日发表），《列宁全集》第 6 卷，人民出版社 1984 年版，第 247 页。

反革命资产阶级的代表想巩固宗教，想加强宗教对群众的影响，他们感到"穿着教袍的官吏"降低了教会的威信，已经不中用了，过时了，甚至给统治阶级带来了危害。十月党人攻击教权主义的极端措施和警察监护，是为了加强宗教对群众的影响，是为了用比较精巧、比较完善的愚民办法来代替某些过于粗暴、过于陈旧、过于腐朽而不能达到目的的办法。警察式的宗教已经不足以愚弄群众了，那就给我们一种更文明、更新式、更灵活、更能在自治教区起作用的宗教吧，——这就是资本向专制制度要求的东西。

> 列宁：《各阶级和各政党对宗教和教会的态度》（1909 年 6 月 4 日），《列宁全集》第 17 卷，人民出版社 1988 年版，第 407 页。

只要人们还没有学会透过任何有关道德、宗教、政治和社会的言论、声明、诺言，揭示出这些或那些阶级的利益，那他们始终是而且会永远是政治上受人欺骗和自己欺骗自己的愚蠢的牺牲品。只要那些主张改良和改善的人还不懂得，任何一个旧设施，不管它怎样荒谬和腐败，都由某些统治阶级的势力在支撑着，那他们总是会受旧事物拥护者的愚弄。要粉碎这些阶级的反抗，只有一个办法，就是必须在我们所处的社会中找出一种力量，教育它和组织它去进行斗争，这种力量可以（而且按它的社会地位来说应当）成为能够除旧立新的力量。

> 列宁：《马克思主义的三个来源和三个组成部分》（发表于 1913 年 3月），《列宁全集》第 23 卷，人民出版社 1990 年版，第 48 页。

在宗教政策方面，无产阶级专政（俄共）的任务是不满足于已经颁布了教会同国家分离、学校同教会分离的法令，即不满足于资产阶级民主制许诺过、但由于资本同宗教宣传有多种多样的实际联系而在世界任何地方也没有彻底实行过的那些措施。无产阶级专政应当把剥削阶级（地主和资本家）和助长群众愚昧的宗教宣传的组织之间的联系彻底摧毁。无产阶级专政应当坚持不懈地使劳动群众真正从宗教偏见中解放出来，为此就要进行宣传和提高群众的觉悟，同时注意避免对信教者的感情有丝毫伤害，避免加剧宗教狂。

列宁:《俄共(布)纲领草案》(1919 年 2 月),《列宁全集》第 36

卷,人民出版社 1985 年版,第 86—87 页。

究竟在什么意义上我们否定道德,否定品德呢?

是在资产阶级所宣传的道德的意义上,这种道德是他们从上帝的意旨中引申出来的。关于这一点,我们当然说,我们不信上帝,并且我们十分清楚,僧侣、地主和资产阶级都假借上帝的名义说话,为的是谋求他们这些剥削者自身的利益。或者他们不是从道德的要求,不是从上帝的意旨,而是从往往同上帝意旨很相似的唯心主义或半唯心主义论调中引伸出这种道德来的。

我们否定从超人类和超阶级的概念中引出的这一切道德。我们说这是欺骗,这是为了地主和资本家的利益来愚弄工农,禁锢工农的头脑。

列宁:《青年团的任务》(1920 年 10 月 2 日),《列宁全集》第 39 卷,

人民出版社 1986 年版,第 303 页。

在最自由的国家里,也就是完全不适合以"民主、人民、舆论和科学"作号召的国家,——在那些国家(美国、瑞士等等)里,人们正是特别热心地用这种纯洁的、精神上的、创造出来的神的观念来麻痹人民和工人。这正是因为,任何宗教观念,任何神的观念,甚至任何对神的谄媚,都是民主派资产阶级能特别容忍地(甚至往往是心甘情愿地)予以接受的无法形容的下流货色,——正因为如此,这是最危险的下流货色,是最可恶的"传染病"。群众识破千百万种罪恶、坏事、暴行和肉体的传染病,比识破精巧的、精神上的、用最漂亮的"思想"外衣装扮起来的神的观念要容易得多,因而前者的危害性比后者也就小得多。

列宁:《致阿·马·高尔基》(1913 年 11 月 13 日或 14 日),《列宁全

集》第 46 卷,人民出版社 1990 年版,第 361 页。

4. 宗教派别的本质

工人受教育,资产阶级得不到多少好处,反而会有许多可怕的方面。政府在 5500 万英镑的庞大预算中,用于公共教育的仅为 4 万英镑这样一个微小的数额。假如没有各宗教教派的狂热,教育经费也许还要少得更多,而这种宗教狂热带来的害处至少可以和它在某些方面的好处相抵消。但是高教会成立了自己的国民学校,每一个教派也都成立了自己的学校,它们

这样做的唯一目的就是要留住本教教徒的孩子，如果可能的话，还要从其他教派那里把可怜的孩子争取过来。结果是，宗教，而且恰好是宗教的最无聊的一面，即对异教教义的辩驳，成了最主要的课程，孩子们脑子里塞满了各种无法理解的教条和神学上的奥义，从很小的时候起就激起教派的仇恨和狂热的迷信，而一切理性的、精神的和道德的教育却被严重地忽视了。工人不断要求议会建立纯世俗的公共教育制度，而把宗教教育交给各教派的神职人员去管，但是到目前为止，还没有一届内阁同意采取这类措施。这是必然的。内阁大臣是资产阶级的驯服的奴仆，而资产阶级又分成无数的教派；每个教派都只有在他们能够使工人同时接受这个教派所特有的教条作为抗毒素的时候，才同意工人受教育，否则，让工人受教育是危险的。因为这些教派至今还在为争夺最高的统治权而争吵，所以工人阶级就只好暂时不受教育了。不错，厂主们吹嘘他们已经把大多数工人教得能阅读了，但是所谓能阅读是怎么一回事，从《童工调查委员会报告》中就可以看出。谁认识了字母，就说他已经能阅读，于是厂主们也就心安理得了。但是英文的正字法是很复杂的，因而阅读是一种真正的艺术，只有受过长期的教育才能学会，如果考虑到这一点，工人缺少知识就完全可以理解了。只有很少的工人完全会写，要写得合乎正字法，就连许多"有教养的人"都不行。在高教会、贵格会以及其他一些教派的主日学校里，根本不教学生写字，"因为这对于礼拜天来说是一种过分世俗的活动"。

> 恩格斯：《英国工人阶级状况——根据亲身观察和可靠材料》（1844
> 年9月—1845年3月），《马克思恩格斯文集》第1卷，人民出版社
> 2009年版，第424—425页。

经济学家们的论证方式是非常奇怪的。他们认为只有两种制度：一种是人为的，一种是天然的。封建制度是人为的，资产阶级制度是天然的。在这方面，经济学家很像那些把宗教也分为两类的神学家。一切异教都是人们臆造的，而他们自己的宗教则是神的启示。

> 马克思：《哲学的贫困——答蒲鲁东先生的〈贫困的哲学〉》（1847年上
> 半年），《马克思恩格斯文集》第1卷，人民出版社2009年版，第612页。

大家知道：弗里德里希—威廉三世曾把宗教变成军纪的一个部门，并用警棍来开导非国教徒。大家知道，弗里德里希—威廉四世作为十二小先知之一，想通过艾希霍恩—博德尔施文克—拉登堡内阁用暴力使人民和科学皈依本生的

宗教。大家知道，其至在康普豪森内阁时期，波兰人还是照样被掠夺、被烧死、被鞭笞，不只因为他们是波兰人，同时还因为他们是天主教徒。波美拉尼亚人总是认为，应当用军刀刺穿波兰的圣母像并且绞死天主教神甫。

在弗里德里希—威廉三世和弗里德里希—威廉四世时期，迫害反对国教的新教徒的事实也是尽人皆知的。

弗里德里希—威廉三世把那些拒不接受他本人所发明的祈祷仪式和教义的新教牧师关进要塞。这位大人物是军装和祈祷仪式的伟大发明家。而弗里德里希—威廉四世呢？艾希霍恩内阁呢？只要提一下艾希霍恩内阁就够了。

但是这一切都算不了什么！

"我们政府已明确表示放弃旧的合乎福音的管理方式的良好立场。"

那末，莱茵省、威斯特伐里亚和西里西亚的天主教徒们，等着勃兰登堡—曼托伊费尔复辟吧！过去别人用树条抽打你们，今后将用蝎尾鞭抽打你们。你们将"明确地"认识到"旧的合乎福音的管理方式的良好立场"！

我们更不用说犹太人了，从他们的教派解放以来，他们，至少是他们的上层人物，到处都成了反革命的急先锋。他们会有什么好结果呢？

马克思：《良心的忏悔》（1848 年 11 月 16 日），《马克思恩格斯全集》第 6 卷，人民出版社 1961 年版，第 29—30 页。

虽然有了最近的经验，但是照德意志意识形态看来，把中世纪送入坟墓的那些斗争仍然只不过是激烈的神学上的争论。在我们的爱国的历史学家和聪明的政治家们看来，只要那个时代的人能够对天国事物取得一致的认识，他们就毫无理由去为人间的事物争吵了。这些意识形态家实在轻信，总是把某一个时代关于本时代的一切幻想当做确凿的事实，或者把某一个时代的意识形态家们关于那个时代的一切幻想当做确凿的事实。例如，正是这帮人把 1789 年革命看成只不过是对于立宪君主制优于专制君主制问题的激烈辩论，把七月革命①看成只是关于"神授"君权无法继续这一问题

---

①　七月革命指 1830 年 7 月爆发的法国资产阶级革命。1814 年拿破仑第一帝国垮台后，代表大土地贵族利益的波旁王朝复辟，竭力恢复封建专制统治，压制资本主义的发展，限制言论自由和新闻出版自由，加剧了资产阶级同贵族地主的矛盾，激起了人民的反抗。1830 年 7 月 27—29 日巴黎爆发革命，推翻了波旁王朝。金融资产阶级攫取了革命果实，建立了以奥尔良公爵路易—菲力浦为首的代表金融贵族和大资产阶级利益的"七月王朝"。

的实际争执，把二月革命①看成只是解决"要共和制还是要君主制？"这一问题的尝试，诸如此类，不一而足。其实在这些大震荡中，始终贯穿着阶级斗争，而且每次写在旗帜上的政治口号都是阶级斗争的赤裸裸的表现，可是对于这些阶级斗争，我们的意识形态家们甚至直到今天还几乎一无所知，虽然关于阶级斗争的信息不仅从国外频频传来，而且从成千上万的国内无产者发自底层的抱怨和愤怒声中也清晰可闻。

恩格斯：《德国农民战争》（1850 年夏—秋），《马克思恩格斯文集》
第 2 卷，人民出版社 2009 年版，第 234—235 页。

16 世纪的所谓宗教战争首先也是为着十分实际的物质的阶级利益而进行的。这些战争同后来英国和法国的国内冲突完全一样，都是阶级斗争。如果说这些阶级斗争当时是在宗教的标志下进行的，如果说各阶级的利益、需要和要求都还隐蔽在宗教外衣之下，那么，这并没有改变事情的实质，而且也不难用时代条件来加以解释。

恩格斯：《德国农民战争》（1850 年夏—秋），《马克思恩格斯文集》
第 2 卷，人民出版社 2009 年版，第 235 页。

在伯恩利举行的争取十小时工作日大会上，哈伯厄姆—伊夫斯的教区牧师 E. A. 维里蒂向听众发表的讲话中有这样一段：

> "当兰开夏郡的人民受尽压迫的时候，科布顿先生、布莱特先生以及其余的曼彻斯特派的先生们在做什么呢？……富翁们暗地里在打什么主意呢？他们在盘算怎样从工人阶级那里再骗取一两个钟点。这就是所谓的曼彻斯特派的代表们所抱的目的。这就使他们成了如此无耻的伪君子，如此狡猾的流氓。我以英国国教会牧师的身分对这种行为提出抗议。"②

这些可敬的国教会牧师们所以会摇身一变成了保护工人权利的游侠骑

---

① 二月革命是指 1848 年 2 月爆发的法国资产阶级民主革命。代表金融资产阶级利益的"七月王朝"推行极端反动的政策，反对任何政治改革和经济改革，阻碍资本主义发展，加剧对无产阶级和农民的剥削，引起全国人民的不满；农业歉收和经济危机进一步加深了国内矛盾。1848 年 2 月 22—24 日巴黎爆发革命，推翻了"七月王朝"，建立了资产阶级共和派的临时政府，宣布成立法兰西第二共和国。二月革命为欧洲 1848—1849 年革命拉开了序幕。无产阶级和小资产阶级积极参加了这次革命，但革命果实却落到了资产阶级手里。

② E. A. 维里蒂：《在伯恩利的演说》。

士，而且是如此见义勇为的骑士，其原因我们已经指出过了。他们不仅要能笼络人心，以防苦难的日子、民主主义胜利的日子的来临，他们不仅意识到国教会实质上是一个和地主寡头政权共存亡的贵族机构，而且还有更重要的原因。曼彻斯特学派的代表都是国教会的反对者，他们都是非国教徒，而光是英格兰和威尔士的国教会每年就要从他们腰包里掏去 1300 万英镑，这首先就使他们非常心痛，他们决心要让这些世俗的金钱和僧侣阶层断绝关系，以便使这阶层的人更不愧为上帝的使徒。这就是说，这些虔诚的教士进行斗争是为了他们自己的切身利益。曼彻斯特学派的代表们可以从这种转变中得出这样一个结论：除非他们决心——不管他们怎样不乐意——把人民所应当享有的一份权力完全给予人民，他们就不可能把政权从贵族手中夺过来。

马克思：《议会辩论。——僧侣反对社会主义。》（1853 年 2 月 25 日），《马克思恩格斯全集》第 11 卷，人民出版社 1995 年版，第 656—657 页。

蓝皮书一开始就是关于法国在圣地问题上提出的要求的报告，这些要求还没有完全被过去的特惠条例承认，而且这些要求的提出显然是企图使天主教会压倒正教会。我完全不同意乌尔卡尔特先生的如下看法：沙皇利用在巴黎的潜在影响，唆使波拿巴发起这场冲突，以便使俄国有借口为维护正教徒的特权而亲自出面干预。大家都知道，波拿巴不惜任何代价争取天主教派的支持，他从一开始就把这种支持看作他篡夺政权成功的主要条件。波拿巴十分明白，天主教会对法国的农村居民具有强烈的影响；正是农民不顾资产阶级和无产阶级而愿意让他当皇帝。耶稣会士法卢先生是他成立的第一届内阁中最有势力的成员，而所谓伏尔泰信徒奥迪隆·巴罗只是该内阁的名义上的首脑。该内阁在波拿巴就任总统的当天通过的第一个决议就是对罗马共和国的有名的远征。耶稣会的首领蒙塔朗贝尔先生是波拿巴在准备推翻议会制度和 12 月 2 日政变时最得力的工具。1850 年，耶稣会的正式机关报《天主教全国联盟报》日复一日地要求法国政府采取积极步骤保护东方的天主教会的利益。波拿巴本来就想讨好和争取教皇，由他给自己加冕，所以当然有理由接受这种要求，把自己扮演成一个"最忠于天主教的"[①] 法

---

① "最忠于天主教的"是教皇因阿拉贡的国王斐迪南（1479—1516）将摩尔人驱逐出西班牙有功而赐予的一个封号，后来被罗马教皇经常用来称呼西班牙的国王。马克思在这里讥讽地使用了这个封号。

国皇帝。所以波拿巴的篡位是现在东方纠纷的真正根源。不过，当波拿巴一发现尼古拉皇帝要把他的要求作为把他排除在欧洲教皇选举会议之外的借口时，他就聪明地收回了自己的要求，而俄国仍然如乌尔卡尔特先生认为的那样，很想利用它无力制造的种种事件。总之，历史上一个始终使人十分迷惑不解的现象是，奥斯曼帝国目前的危机是由天主教会与正教会之间的冲突引起的，而过去却正是这种冲突推动这个帝国在欧洲建立起来。

马克思：《俄国的外交。——关于东方问题的蓝皮书。——黑山》（1854 年 2 月 10 日），《马克思恩格斯全集》第 13 卷，人民出版社 1998 年版，第 71—72 页。

其次，就像每一个说自己的口袋里装有能为群众医治百病的万应灵丹的人一样，他一开始就使自己的鼓动带有宗教的宗派性质。其实，任何宗派都带有宗教性质。再次，正因为他是一个宗派的创始人，所以他否认同德国和外国以前的运动有任何天然的联系。他陷入了蒲鲁东的错误之中，他不是从阶级运动的实际因素中去寻找自己的鼓动的现实基础，而是想根据某种教条式的处方来规定这一运动的进程。

……

您本人根据切身的体验，知道宗派运动和阶级运动是对立的。宗派不是在它和阶级运动的共同之处中，而是在把它和阶级运动区别开来的特殊护符中，寻求自己存在的权利和自己的荣誉。

马克思：《马克思致约翰·巴普提斯特·施韦泽》（1868 年 10 月 13 日），《马克思恩格斯文集》第 10 卷，人民出版社 2009 年版，第 293 页。

为了对抗天主教委员会和"爱尔兰人联合会"，政府煽动新教徒的狂热和天主教徒的内部分歧。在议会外，它唆使排斥天主教徒的都柏林市政委员会向爱尔兰其他的市政委员会兜售反对解放天主教徒的主张并同天主教贵族（世俗的和教会的）相勾结。在议会内，它依靠主张排斥天主教徒的旧党派的残余。

马克思：《从美国革命到 1801 年合并的爱尔兰（摘录和札记）》（1869 年 10—11 月），《马克思恩格斯全集》第 45 卷，人民出版社 1985 年版，第 63—64 页。

正是马克思最先发现了重大的历史运动规律。根据这个规律，一切历史上的斗争，无论是在政治、宗教、哲学的领域中进行的，还是在其他意识形态领域中进行的，实际上只是或多或少明显地表现了各社会阶级的斗争，而这些阶级的存在以及它们之间的冲突，又为它们的经济状况的发展程度、它们的生产的性质和方式以及由生产所决定的交换的性质和方式所制约。

> 恩格斯：《卡·马克思〈路易·波拿巴的雾月十八日〉第三版序言》（1885 年），《马克思恩格斯文集》第 2 卷，人民出版社 2009 年版，第 469 页。

5. 拜物教的本质

一些公式本来在额上写着，它们是属于生产过程支配人而人还没有支配生产过程的那种社会形态的，但在政治经济学的资产阶级意识中，它们竟像生产劳动本身一样，成了不言而喻的自然必然性。因此，政治经济学对待资产阶级以前的社会生产有机体形式，就像教父①对待基督教以前的宗教一样。②

---

① 教父是公元 2—6 世纪基督教界最早的希腊语和拉丁语作家的泛称，意为教会父老。他们的著作大都对后世基督教教义和神学有较深影响。教父的观点中最根本的是贬低知识和智力，颂扬无条件的信仰，敌视"异教"即非基督教的宗教和哲学，特别是古代的唯物主义。

② "经济学家们的论证方式是非常奇怪的。他们认为只有两种制度：一种是人为的，一种是天然的。封建制度是人为的，资产阶级制度是天然的。在这方面，经济学家很像那些把宗教也分为两类的神学家。一切异教都是人们臆造的，而他们自己的宗教则是神的启示……于是，以前是有历史的，现在再也没有历史了。"（卡尔·马克思：《哲学的贫困。答蒲鲁东先生的〈贫困的哲学〉》1847 年版第 113 页）巴师夏先生认为古代希腊人和罗马人专靠掠夺为生，这真是滑稽可笑。如果人们几百年都靠掠夺为生，那就得经常有可供掠夺的东西，或者说，被掠夺的对象应当不断地被再生产出来。可见，希腊人和罗马人看来也要有某种生产过程，从而有某种经济，这种经济构成他们的世界的物质基础，就像资产阶级经济构成现今世界的物质基础一样。也许巴师夏的意思是说，建立在奴隶劳动上的生产方式是以某种掠夺制度为基础吧？如果是这样，他就处于危险的境地了。既然像亚里士多德那样的思想巨人在评价奴隶劳动时都难免发生错误，那么，像巴师夏这样的经济学侏儒在评价雇佣劳动时怎么会正确无误呢？——借这个机会，我要简短地回答一下美国一家德文报纸在我的《政治经济学批判》一书出版时（1859 年）对我的指责。在那本书中我曾经说过，一定的生产方式以及与它相适应的生产关系，简言之，"社会的经济结构，即有法律的和政治的上层建筑竖立其上并有一定的社会意识形式与之相适应的现实基础"，"物质生活的生产方式制约着整个社会生活、政治生活和精神生活的过程"。可是据上述报纸说，这一切提法固然适用于物质利益占统治地位的现今世界，但却不适用于天主教占统治地位的中世纪，也不适用于政治占统治地位的雅典和罗马。首先，居然有人以为这些关于中世纪和古代世界的人所共知的老生常谈还会有人不知道，这真是令人惊奇。但有一点很清楚，中世纪不能靠天主教生活，古代世界不能靠政治生活。相反，这两个时代谋生的方式和方法表明，为什么在古代世界政治起着主要作用，而在中世纪天主教起着主要作用。此外，例如只要对罗马共和国的历史稍微有点了解，就会知道，地产的历史构成罗马共和国的秘史。而从另一方面说，唐·吉诃德误认为游侠生活可以同任何社会经济形式并存，结果遭到了惩罚。

商品世界具有的拜物教性质或劳动的社会规定所具有的物的外观，使一部分经济学家迷惑到什么程度，也可以从关于自然在交换价值的形成中的作用所进行的枯燥无味的争论中得到证明。既然交换价值是表示消耗在物上的劳动的一定社会方式，它就像例如汇率一样并不包含自然物质。

因为商品形式是资产阶级生产的最一般的和最不发达的形式（因此它早就出现了，虽然不像今天这样是占统治地位的，从而是典型的方式），所以，它的拜物教性质显得还比较容易看穿。但是在比较具体的形式中，连这种简单性的外观也消失了。货币主义的幻觉是从哪里来的呢？是由于货币主义没有看出：金银作为货币代表一种社会生产关系，不过这种关系采取了一种具有奇特的社会属性的自然物的形式。而蔑视货币主义的现代经济学，当它考察资本时，它的拜物教不是也很明显吗？认为地租是由土地而不是由社会产生的重农主义幻觉，又破灭了多久呢？

马克思：《资本论（第 1 卷）》（1867 年 9 月出版），《马克思恩格斯
文集》第 5 卷，人民出版社 2009 年版，第 98—101 页。

可见，商品形式的奥秘不过在于：商品形式在人们面前把人们本身劳动的社会性质反映成劳动产品本身的物的性质，反映成这些物的天然的社会属性，从而把生产者同总劳动的社会关系反映成存在于生产者之外的物与物之间的社会关系。由于这种转换，劳动产品成了商品，成了可感觉而又超感觉的物或社会的物。正如一物在视神经中留下的光的印象，不是表现为视神经本身的主观兴奋，而是表现为眼睛外面的物的客观形式。但是在视觉活动中，光确实从一物射到另一物，即从外界对象射入眼睛。这是物理的物之间的一种物理关系。相反，商品形式和它借以得到表现的劳动产品的价值关系，是同劳动产品的物理性质以及由此产生的物的关系完全无关的。这只是人们自己的一定的社会关系，但它在人们面前采取了物与物的关系的虚幻形式。因此，要找一个比喻，我们就得逃到宗教世界的幻境中去。在那里，人脑的产物表现为赋有生命的、彼此发生关系并同人发生关系的独立存在的东西。在商品世界里，人手的产物也是这样。我把这叫做拜物教。劳动产品一旦作为商品来生产，就带上拜物教性质，因此拜物教是同商品生产分不开的。

商品世界的这种拜物教性质，像以上分析已经表明的，是来源于生产商品的劳动所特有的社会性质。

马克思：《资本论（第 1 卷）》（1867 年 9 月出版），《马克思恩格斯文集》第 5 卷，人民出版社 2009 年版，第 89—90 页。

因为彼得格勒苏维埃公开规定并公布起义日期（十月二十五日）的错误，只能用在这个公开的起义日期以前举行起义来纠正。因为列宁把起义看做艺术，他不会不知道，敌人晓得了起义日期（由于彼得格勒苏维埃的不谨慎），一定要竭力准备对付这一天，所以必须抢在敌人前面，就是说，一定要在公开的起义日期以前举行起义。主要就是这个原因，列宁在他的信中痛斥了日期（十月二十五日）拜物教徒。事变证明列宁是完全正确的。

斯大林：《托洛茨基主义还是列宁主义?》（1924 年 11 月 26 日），《斯大林全集》第 6 卷，人民出版社 1956 年版，第 292 页。

四 论宗教的社会作用

1. 论宗教改革

德国还在宗教改革①时代就有自己的社会改革家。在路德开始宣布教会改革、鼓动人民起来反对教会权力以后不久，德国南部和中部的农民掀起了总起义，反对他们的世俗的主。路德经常表述，他的目的是在教义和实践中都恢复原始基督教②；农民也持完全相同的立场，因此，他们要求不仅在教会教规中，而且在社会实践中，都恢复原始基督教。他们认为，他们身处的邪恶的和受奴役的状况是和圣经的教义不一致的。他们受到一群傲慢的男爵和伯爵的压迫，每天被搜刮，被当作牲畜看待；他们没有一项保护自己的法律，即使有，也找不到人去实施法律。这种状况同最早的基督徒的公社以及圣经上阐述的基督的教义截然对立。因此农民起来进行反对他们的主子的战争，这种战争只能是殊死的战争。他们推戴的领袖托马斯·闵采尔传教士发表了一项宣言，其中自然充满了那个时代所特有的宗教的和迷信的谬论，可是，除此之外，也还包括了这样一些原则：按照圣经，任何一个基督徒都没有权利独自占有任何财产；财产共有是惟一适合于基督徒社会的状况；一个善良的基督徒不得向其他基督徒行使权力或发号施令，不得担任任何政府职务或享有世袭权力；相反，既然一切人在上帝面前都是平等的，那么在人间也应该是平等的。③ 这些教义只是从圣经和路德本人的著作中得出的结论；……

恩格斯：《大陆上社会改革的进展》（1843 年 10 月 15 日—11 月 10

---

① 指 16 世纪德国新教创始人马丁·路德领导的、要求摆脱教皇控制、改革封建关系的宗教改革运动。1517 年 10 月 31 日，路德把 95 信条钉在魏登贝格一座教堂的门上。信条对出卖赦罪符和滥用天主教会的事实进行了猛烈的攻击。信条中，体现平民理想的路德宗教学说也具有了初步轮廓。随着 95 信条的传播，开始了宗教改革运动。1524—1525 年的德国南部和中部的农民战争是宗教改革运动的顶点。关于这一运动的情况，可看看恩格斯：《德国农民战争》第 2 章 （《马克思恩格斯全集》中文第 2 版第 10 卷，第 481—501 页）。

② 威·戚美尔曼：《伟大农民战争通史。根据手写的和印刷的材料》1841 年斯图加特版第 1 卷 365—366 页。

③ 托·闵采尔：《根据路加对福音的证明来公开驳斥不忠实世界的错误信仰，使可怜的和不幸的基督教界知道它的迷途》1524 年米尔豪森版。

日），《马克思恩格斯全集》第 3 卷，人民出版社 2002 年版，第
485—486 页。

即使从历史的观点来看，理论的解放对德国也有特殊的实践意义。德
国的革命的过去就是理论性的，这就是宗教改革①。正像当时的革命是从
僧侣的头脑开始一样，现在的革命则从哲学家的头脑开始。

的确，路德战胜了虔信造成的奴役制，是因为他用信念造成的奴役制
代替了它。他破除了对权威的信仰，是因为他恢复了信仰的权威。他把僧
侣变成了世俗人，是因为他把世俗人变成了僧侣。他把人从外在的宗教笃
诚解放出来，是因为他把宗教笃诚变成了人的内在世界。他把肉体从锁链
中解放出来，是因为他给人的心灵套上了锁链。

但是，新教即使没有正确解决问题，毕竟正确地提出了问题。现在问
题已经不再是世俗人同世俗人以外的僧侣进行斗争，而是同他自己内心的
僧侣进行斗争，同他自己的僧侣本性进行斗争。如果说新教把德国世俗人
转变为僧侣，就是解放了世俗教皇即王公，以及他们的同伙即特权者和庸
人，那么哲学把受僧侣精神影响的德国人转变为人，就是解放人民。但是，
正像解放不应停留于王公的解放，财产的收归俗用②也不应停留于剥夺教
会财产，而这种剥夺是由伪善的普鲁士最先实行的。当时，农民战争，这
个德国历史上最彻底的事件，因碰到神学而失败了。今天，神学本身遭到
失败，德国历史上最不自由的实际状况——我们的现状——也会因碰到哲
学而土崩瓦解。宗教改革之前，官方德国是罗马最忠顺的奴仆。而在德国
发生革命之前，它则是小于罗马的普鲁士和奥地利的忠顺奴仆，是土容克
和庸人的忠顺奴仆。

　　　　　　　马克思：《〈黑格尔法哲学批判〉导言》（1843 年 10 月中—12 月中），

---

①　指 16 世纪德国新教创始人马丁·路德领导的要求摆脱教皇控制、改革封建关系的宗教改
革运动。1517 年 10 月 31 日，路德在维滕贝格教堂门前张贴了《九十五条论纲》，抗议教皇滥用特
权，派教廷大员以敛财为目的向各地教徒兜售赎罪券，并要求对此展开辩认。随着《九十五条论
纲》的传播，掀起了宗教改革运动。关于这一运动的情况，可参看恩格斯：《德国农民战争》第二
章（《马克思恩格斯文集》第 2 卷）。

②　教会财产的收归俗用，在德国是随着宗教改革开始的。教会地产首先转为诸侯地产，只有
极小部分低等贵族和市民阶层的成员（城市新贵）从中获利。在法国大资产阶级的直接影响下，
1803 年的帝国代表会议的决议决定，教会诸侯领地收归俗用。普鲁士和南德意志的中等邦国首先
能够获得最大的土地利润。随着 1810 年 10 月 10 日颁布的敕令，普鲁士境内教会财产的收归俗用
遂告结束。

《马克思恩格斯文集》第 1 卷，人民出版社 2009 年版，第 12 页。

闵采尔的政治理论是同他的革命的宗教观紧密相连的；正如他的神学远远超出了当时流行的看法一样，他的政治理论也远远超出了当时的社会政治条件。正如他的宗教哲学接近无神论一样，他的政治纲领也接近共产主义。甚至在二月革命前夕，许多近代共产主义派别拥有的理论武库还不如 16 世纪"闵采尔派"的理论武库那么丰富。闵采尔的纲领，与其说是当时平民要求的总汇，不如说是对当时平民中刚刚开始发展的无产阶级因素的解放条件的天才预见。这个纲领要求立即在人间建立天国，建立早已预言的千年王国，其途径是恢复教会的本来面目，并废除同这种似乎是原始基督教会而实际上是崭新的教会相冲突的一切机构。闵采尔所理解的天国不是别的，只不过是这样一种社会状态，在那里不再有阶级差别，不再有私有财产，不再有对社会成员而言是独立的和异己的国家政权。闵采尔认为，当时所有的政权，只要是不依附、不参与革命的，都应当推翻，一切劳动和一切财产都应当具有公共的性质，必须实行最完全的平等。为了不仅在整个德国，而且在整个基督教世界实现这一切，必须建立一个同盟；必须邀请诸侯和封建主都来参加；如果他们拒绝，同盟就应当不失时机地用武器去推翻或消灭他们。

恩格斯：《德国农民战争》（1850 年夏—秋），《马克思恩格斯文集》
第 2 卷，人民出版社 2009 年版，第 248 页。

闵采尔于是穿过士瓦本到阿尔萨斯和瑞士，然后再回到黑林山南部。这个地区早在数月以前就已经爆发了起义，他的再洗礼派密使在很大程度上加速了这次起义的进程。闵采尔的宣传旅行，对于人民派的组成，对于这个派的要求获得明确提法，对于起义最后在 1525 年 4 月全面爆发，显然都起了极其重要的作用。闵采尔在这次旅行中在两方面起了特别显著的作用，一方面是对人民，当时人民唯一能领会的语言是宗教预言，闵采尔就用这种语言对他们进行诱导；另一方面是对志同道合的人们，闵采尔能坦率地同他们畅谈自己的最终目的。闵采尔当初在图林根的时候就已经在自己周围聚集了一批最坚决的人，这些人不仅来自民间，而且也有些是低级僧侣，他就用这一批人去领导秘密组织；现在，闵采尔已经成为德国西南部整个革命运动的核心人物，从萨克森和图林根，到法兰克尼亚和士瓦本，直到阿尔萨斯和瑞士边境，他都建立了组织联系，德国南部的鼓动家，如瓦尔茨胡特的胡布迈尔、苏黎世的康拉德·格雷贝尔、格里森的汉斯·雷布曼、梅明根的沙佩勒尔、莱普海姆的雅科布·韦厄和斯图加特的曼特尔博士，都成了他的弟子和同盟的首领，这些人大多是革命的教士。他本人多半逗留在沙夫豪森边境的格里森，由此出发巡游黑高和克莱特高等地区。惶惶不安的诸侯和封建主到处对这个新的平民异教进行血腥的迫害，反而使平民派的反抗精神更加昂扬，使他们的团结更加巩固。闵采尔在德国南部进行鼓动近五个月之久，并在密谋接近实现的时刻又回到图林根。他要在这里亲自领导起义，详情后面再谈。

恩格斯：《德国农民战争》（1850 年夏—秋），《马克思恩格斯文集》第 2 卷，人民出版社 2009 年版，第 253 页。

一个年轻的牧人兼乐师，尼克拉斯豪森的汉斯·伯海姆，人称吹鼓手小汉斯，忽然以预言者的身份出现于陶伯河谷。他说圣母马利亚曾在他面前显灵；圣母叫他把鼓烧掉，不要再为跳舞和邪恶的狂欢伴奏，而要劝告人民忏悔。所以，每个人都应该洗刷自己的罪过，戒除尘世虚浮的欲念，抛弃一切浮华的饰物，到尼克拉斯豪森去朝拜圣母，以求赦罪。

在这个地方，也就是在运动的第一个先驱者这里，我们可以发现中世纪一切带着宗教色彩的起义以及近代任何无产阶级运动的初期都具有的那种禁欲主义。这种严格的禁欲主义的道德规范，这种摒弃一切人生享受和娱乐的要求，一方面是要针对统治阶级而确立斯巴达式的平等原则，另一方面又是一个必经的阶段，不经过这个阶段，社会的最底层是决不能发动起来的。社会的最底层要展示自己的革命毅力，要明确自己同其他一切社会成员处于敌对的地位，要使自己集结成一个阶级，就必须一开始就彻底抛弃自己身上还能同现存社会制度和平相处的一切；就必须放弃那些使深受压抑的生活有时尚堪忍受的一点点乐趣，放弃连最残酷的压迫也不能剥夺的一点点乐趣。这种平民的和无产阶级的禁欲主义，无论就它的粗犷狂热形式来看，还是就它的内容来看，都和市民阶级的、路德派的道德以及英国的清教徒①（不同于

① 清教徒是基督教新教教徒中的一派，16 世纪中叶产生于英国，原为英国国教会（圣公会）内以加尔文学说为旗帜的新宗派，如长老会、公理会等。清教徒要求"清洗"英国国教内保留的天主教旧制度和烦琐仪文，反对王公贵族的骄奢淫逸，提倡"勤俭清洁"的简朴生活，因而得名。16 世纪末，清教徒中开始形成两派，即温和派（长老派）和激进派（独立派）。温和派代表大资产阶级和上层新贵族的利益，主张君主立宪政体。激进派代表中层资产阶级和中小贵族的利益，主张共和政体。

独立派①和更激进的各教派）所鼓吹的市民阶级禁欲主义大不相同；市民阶级禁欲主义的全部奥秘不过是市民阶级的节俭而已。此外，显而易见，这种平民无产阶级的禁欲主义将随着下述两种情况的出现而失掉其革命性质：一方面，随着现代生产力的发展，消费资料无止境地增加，因而使斯巴达式的平等成为多余；另一方面，随着无产阶级的社会地位日益革命化，无产阶级本身也就日益革命化。这样一来，这种禁欲主义就将逐渐从群众中销声匿迹；就是在那些坚持这种禁欲主义的教派分子那里，它也直接演变为市民阶级的吝啬之风，或者演变为一种矫揉造作的骑士式的道德规范，而实际上也不过是一种小市民的、行会手工业者式的鄙吝习气而已。无产阶级群众既然几乎再也没有什么东西可以割舍，那就无须再对他们进行什么禁欲的说教了。

恩格斯：《德国农民战争》（1850 年夏—秋），《马克思恩格斯文集》第 2 卷，人民出版社 2009 年版，第 255—256 页。

在 16 世纪，宗教改革和随之而来的对教会地产的大规模的盗窃，使暴力剥夺人民群众的过程得到新的惊人的推动。在宗教改革的时候，天主教会是英国相当大一部分土地的封建所有者。对修道院等的压迫，把住在里面的人抛进了无产阶级行列。很大一部分教会地产送给了贪得无厌的国王宠臣，或者非常便宜地卖给了投机的租地农场主和市民，这些人把旧的世袭佃户大批地赶走，把他们耕种的土地合并在一起。法律保证贫苦农民对一部分教会什一税的所有权，也被暗中取消了。②伊丽莎白女王一次巡视英格兰之后叫喊说："穷人到处受苦难。"在她执政的第四十三年，终于不得不通过征收济贫税而正式承认有需要救济的贫民。

"这一法律的起草人不好意思说明起草该法律的理由，因此一反惯例，未附有任何说明性的序言就把该法律公布了。"③

查理一世十六年颁布的第 4 号法令宣布这项法律是永久性的，事实上

———————

① 独立派是英国清教徒中的激进派，16 世纪末开始形成，反对专制主义和英国国教会，反对设立国教，更不赞成教会从属于国家政权。这一宗教政治派别代表中等工商业资产阶级及资产阶级化了的中小贵族的利益，在 17 世纪英国资产阶级革命开始后，他们单独成立了一个政党，主张推翻并处决君主，成立共和国。1648 年在奥·克伦威尔领导下，该派取得了政权，1649 年共和国成立后，镇压平均派和掘地派的人民群众运动，并于 1653 年建立军事专政的"护国政府"。

② "贫民享有一部分教会什一税的权利是由旧法律明文规定的。"（塔克特：《劳动人口今昔状况的历史》第 2 卷，第 804、805 页）

③ 威廉·科贝特：《新教"改革"史》第 471 节。

只是在 1834 年，这项法律才获得新的更严格的形式。① 宗教改革的这些直接的影响并不是它的最持久的影响。教会所有权是古老的土地所有权关系的宗教堡垒。随着这一堡垒的倾覆，这些关系也就不能维持了。②

马克思：《资本论（第 1 卷）》（1867 年 9 月），《马克思恩格斯文集》第 5 卷，人民出版社 2009 年版，第 828—830 页。

（1）德国市民阶级完成了自己的革命，由于时代精神的缘故，这个革命是以宗教形式表现出来的，即表现为宗教改革。但是真糟糕！如果没有帝国骑士等级和农民，革命根本不可能实现。但是，所有三个等级的互相矛盾的利益起了阻碍作用：骑士——城市的经常掠夺者（见蒙果德·冯·艾伯施坦的著作）和农民的压迫者；城市也狠狠地剥削农民（乌尔姆市委员会和农民！）。最先起义的是帝国骑士，但是，由于资产者背弃了他们，所以遭到了彻底失败。继他们之后农民也起义了，然而市民们却直接反对他们。与此同时市民们的宗教革命在极大程度上被阉割了，于是不得不迎合诸侯的胃口，而领导作用也就转到诸侯手中去了。——十六世纪德国革命的特殊的神学——

---

① 从下述事实也可以看出新教的"精神"。在英格兰南部，若干土地所有者和富裕的租地农场主聚首集议，拟就了关于正确解释伊丽莎白济贫法的十个问题。他们请当时著名的法学家、皇家律师斯尼格（后来在詹姆斯一世时曾任法官）对这十个问题发表意见。"第九个问题是：本教区某些富有的租地农场主想出了一个能排除法令执行中遇到的任何困难的巧妙计划。他们建议在本教区设立一座监狱。每个贫民如不愿被投入上述监狱，就不予救济。其次，应当通知邻近居民，如果有人打算租赁这个教区的贫民，他可以在一定的日子，以密封函件提出他愿出的最低价格。这个计划的起草人认为，邻郡有这样的人，他们不愿劳动，但又没有财产或信用可用来获得租地或船舶而过不劳而获的生活。这种人经过开导，可以对教区作一些很有益的事情。如果贫民在雇主的保护下死亡，那罪在雇主，因为教区对这些贫民已经尽了自己的义务。但是我们担心，现行法令不会允许实施这类英明措施，但你们要知道，本郡及邻郡的所有其他的自由农都赞同我们的意见，来敦促他们的下院议员提出这样的法案：允许监禁贫民和强迫贫民劳动，从而使任何拒绝受监禁的人都无权要求救济。我们希望，这样做能使陷于贫困的人不要求救济。"（罗·布莱基：《古今政治文献史》1855 年伦敦版第 2 卷，第 84、85 页）——苏格兰农奴制的废除要比英格兰迟几百年。1698 年索尔顿的弗莱彻还在苏格兰议会中说："在苏格兰，乞丐的人数估计不下 20 万。我，一个原则上的共和主义者，能提出的消除这种现象的唯一办法是恢复农奴制的旧状态，把一切没有能力独立谋生的人变为奴隶。"伊登在《贫民的状况》第 1 卷，第 1 章第 60、61 页上说："农民的自由是需要救济的赤贫的开始……工场手工业和商业是我国贫民的真正父母。"伊登和苏格兰的那位"原则上的共和主义者"的错误只在于：不是农奴制的废除，而是农民的土地所有权的废除，才使农民成为无产者，成为需要救济的贫民。——在法国，剥夺是以另外的方式完成的，但 1566 年的穆兰敕令和 1656 年的敕令相当于英格兰的济贫法。

② 罗杰斯先生当时虽然是新教正统派的故乡牛津大学的政治经济学教授，却在他所著的《英国的农业史和价格史》一书的序言中强调宗教改革使人民群众成为需要救济的贫民。

理论的性质。主要是注意这个世界之外的事物。摆脱贫穷不堪的现实，这就是后来德国人在理论方面（从莱布尼茨到黑格尔）占优势的基础。

（2）世界贸易的道路从德国移开了，于是德国好像被排挤到了穷乡僻壤；这样一来资产者 dito（以及）宗教改革的力量被破坏了。

> 恩格斯：《关于德国的札记》（1873 年底—1874 年初），《马克思恩格斯全集》第 18 卷，人民出版社 1964 年版，第 648—649 页。

可是大家知道，从资产阶级由封建时代的市民等级破茧而出的时候起，从中世纪的等级转变为现代的阶级的时候起，资产阶级就由它的影子即无产阶级不可避免地一直伴随着。同样地，资产阶级的平等要求也由无产阶级的平等要求伴随着。从消灭阶级特权的资产阶级要求提出的时候起，同时就出现了消灭阶级本身的无产阶级要求——起初采取宗教的形式，借助于原始基督教，以后就以资产阶级的平等理论本身为依据了。无产阶级抓住了资产阶级所说的话，指出：平等应当不仅仅是表面的，不仅仅在国家的领域中实行，它还应当是实际的，还应当在社会的、经济的领域中实行。尤其是从法国资产阶级自大革命开始把公民的平等提到重要地位以来，法国无产阶级就针锋相对地提出社会的、经济的平等的要求，这种平等成了法国无产阶级所特有的战斗口号。

> 恩格斯：《反杜林论》（1876 年 9 月—1878 年 6 月），《马克思恩格斯文集》第 9 卷，人民出版社 2009 年版，第 112 页。

现代的自然研究不同于古代人的天才的自然哲学的直觉，也不同于阿拉伯人的非常重要的、但是零散的并且大部分都无果而终的发现，它是唯一得到科学的、系统的、全面的发展的自然研究——现代的自然研究同整个近代史一样，发端于这样一个伟大的时代，这个时代，我们德国人根据我们当时所遭遇的民族不幸称之为宗教改革，法国人称之为文艺复兴，而意大利人则称之为 16 世纪，但这些名称没有一个能把这个时代充分地表达出来。这个时代是从 15 世纪下半叶开始的。王权依靠市民摧毁了封建贵族的权力，建立了巨大的、实质上以民族为基础的君主国，而现代的欧洲国家和现代的资产阶级社会就在这种君主国里发展起来；当市民和贵族还在互相争斗时，德国农民战争就预告了未来的阶级斗争，因为德国农民战争不仅把起义的农民引上了舞台——这已经不是什么新鲜事了——，而且在农民之后，把现代无产阶级的先驱也引上了舞台，他们手持红旗，高喊财产公有的要求。拜占庭灭亡时抢救出来的手稿，罗马废墟中发掘出来的古代雕像，在惊讶的西方面前展示了一个新世界——希腊古代；在它的光辉的形象面前，中世纪的幽灵消逝了；意大利出现了出人意料的艺术繁荣，这种艺术繁荣好像是古典古代的反照，以后就再也不曾达到过。在意大利、法国、德国都产生了新的文学，即最初的现代文学；英国和西班牙跟着很快进入了自己的古典文学时代。旧世界的界限被打破了；直到这个时候才真正发现了地球，奠定了以后的世界贸易以及从手工业过渡到工场手工业的基础，而工场手工业则构成现代大工业的起点。教会的精神独裁被摧毁了，日耳曼语各民族大部分都直截了当地抛弃了它，接受了新教，同时，在罗曼语各民族那里，一种从阿拉伯人那里吸收过来并从新发现的希腊哲学那里得到营养的开朗的自由思想，越来越深地扎下了根，为 18 世纪的唯物主义作了准备。

　　　　恩格斯：《自然辩证法》（1873—1882 年），《马克思恩格斯文集》第

　　　　9 卷，人民出版社 2009 年版，第 408—409 页。

　　这是人类以往从来没有经历过的一次最伟大的、进步的变革，是一个需要巨人并且产生了巨人的时代，那是一些在思维能力、激情和性格方面，在多才多艺和学识渊博方面的巨人。给资产阶级的现代统治打下基础的人物，决没有市民局限性。相反，这些人物都不同程度地体现了那种勇于冒险的时代特征。那时，几乎没有一个著名人物不曾作过长途的旅行，不会说四五种语言，不在好几个专业上放射出光芒。莱奥纳多·达·芬奇不仅是大画家，而且也是大数学家、力学家和工程师，他在物理学的各种不同分支中都有重要的发现。阿尔布雷希特·丢勒是画家、铜版雕刻家、雕塑家、建筑师，此外还发明了一种筑城学体系，这种筑城学体系已经包含了一些在很久以后又被蒙塔朗贝尔和近代德国筑城学采用的观念。马基雅弗利是政治家、历史编纂学家、诗人，同时又是第一个值得一提的近代军事著作家。路德不但清扫了教会这个奥吉亚斯的牛圈，而且也清扫了德国语言这个奥吉亚斯的牛圈，创造了现代德国散文，并且创作了成为 16 世纪《马赛曲》的充满胜利信心的赞美诗的词和曲。[①] 那个时代的英雄们还没有

---

　　① 路德通过翻译圣经创造了现代德国散文，促进了德国语言的发展。路德翻译的圣经第一个全译本于 1534 年在维滕贝格出版。

　　路德的赞美诗《我们的主是坚固堡垒》被海涅称赞为"宗教改革的马赛曲"（《德国的宗教和哲学史》第 2 册）。恩格斯在 1885 年 5 月 15 日给海施·留特尔的信中也用了海涅的这句话。

成为分工的奴隶，而分工所产生的限制人的、使人片面化的影响，在他们的后继者那里我们是常常看到的。而尤其突出的是，他们几乎全都置身于时代运动中，在实际斗争中意气风发，站在这一方面或那一方面进行斗争，有人用舌和笔，有人用剑，有些人则两者并用。因此他们具有成为全面的人的那种性格上的丰富和力量。书斋里的学者是例外：他们不是二流或三流的人物，就是唯恐烧着自己手指的小心翼翼的庸人。

恩格斯：《自然辩证法》（1873—1882 年），《马克思恩格斯文集》第
9 卷，人民出版社 2009 年版，第 409—410 页。

宗教改革——路德的和加尔文的宗教改革——这是包括农民战争这一危急事件在内的第一号资产阶级革命。封建制度的瓦解，以及城市的发展，这两个过程引起了地方分权制；因此就产生了实行君主专制的直接必要性，通过君主专制把民族结合起来。君主专制必然是专制的，正是由于一切因素的离心性。但是，不应该庸俗地理解它的专制性质；（它）是在时而同等级的代表机关时而同叛乱的封建主和城市的不断斗争中（发展起来的）；等级在任何地方也没有被它取消；因此，应该宁可把它看成是等级的君主制（仍然是封建君主制，但却是瓦解中的封建君主制和萌芽中的资产阶级君主制）。

———

第一号革命——它是比英国革命更为欧洲式的革命，它成为欧洲式的革命比法国革命快得多，——在瑞士、荷兰、苏格兰、英格兰以及从某种程度上说在瑞典（早在古斯达夫·瓦萨时期）和丹麦（在这里只是在 1660年通过正统专制形式）都获得了胜利。

恩格斯：《关于〈农民战争〉》（1884 年底），《马克思恩格斯全集》
第 21 卷，人民出版社 1965 年版，第 459 页。

中世纪的世界观本质上是神学的世界观。事实上不存在内部统一的欧洲世界，为反对共同的外部敌人——萨拉秦人而通过基督教联合起来了。由一群在经常变化的相互关系中发展起来的民族组成的西欧世界，则是通过天主教联合起来的。这种神学上的联合不只是观念上的。它不仅实际体现在这种联合的君主制中心即教皇身上，而且首先体现在按封建和等级制原则组织起来的教会中。教会在每个国家大约占有三分之一的土地，它在封建组织内部拥有巨大的权势。拥有封建领地的教会是各国之间的真正的联系；封建的教会组织利用宗教把世俗的封建国家制度神圣化；而且，僧侣又是唯一的受过教育的阶级。因此，教会信条自然成了任何思想的出发点和基础。法学、自然科学、哲学，这一切都由其内容是否符合教会的教义来决定。

但是，市民阶级的势力在封建制度内部发展起来了。一个新的阶级起而反抗大土地所有者。市民首先是而且仅仅是商品生产者和商人，而封建主义的生产方式的基础则本质上是狭小的范围内生产出来的产品的自身消费，即一部分由生产者自己消费，一部分由征收贡赋的封建主消费。按封建制度的尺度剪裁的天主教世界观不能再满足这个新的阶级及其生产和交换的条件了。但是，这个新的阶级仍然长期受到万能的神学的束缚。十三世纪至十七世纪发生的一切宗教改革运动，以及在宗教幌子下进行的与此有关的斗争，从它们的理论方面来看，都只是市民阶级、城市平民、以及同他们一起参加暴动的农民使旧的神学世界观适应于改变了的经济条件和新阶级的生活方式的反复尝试。但这种情况是不能继续很久的。到十七世纪时宗教的旗帜最后一次在英国飘扬，过了不到五十年，新的世界观就不带任何掩饰地在法国出现了，这就是法学世界观，它应当成为资产阶级的经典世界观。

它是神学世界观的世俗化。代替教条和神权的是人权，代替教会的是国家。以前，经济关系和社会关系是由教会批准的，因此曾被认为是教会和教条所创造的，而现在这些关系则被认为是以权利为根据并由国家创造的。

> 恩格斯：《法学家的社会主义》（1886 年 11—12 月初），《马克思恩格斯全集》第 21 卷，人民出版社 1965 年版，第 545—546 页。

我只是到现在才真正明白（过去看了泽特贝尔的著作，我不清楚，不明确），德国的金银开采（以及匈牙利的金银开采，它的贵金属是通过德国流入西方的）在多大程度上成为最后的推动力，使德国在 1470—1530 年在经济方面处于欧洲的首位，从而使它成为以宗教形式（所谓宗教改革）出现的第一次资产阶级革命的中心。说它是最后一个因素，是说行会手工业和中介商业已达到较高的发展水平，而这一点使德国超过了意大利，法国和英国。

> 恩格斯：《恩格斯致卡尔·考茨基》（1889 年 9 月 15 日），《马克思恩

格斯全集》第 37 卷，人民出版社 1971 年版，第 267 页。

近日来，我有一个想法：写一部关于路德的作品——以其活动和著作为依据，——是非常必要的。首先，无论是揭露新教的神话，还是揭露扬森（他目前在德国享有盛名）领导的天主教反对新教的那种狭隘的斗争，都是非常适时的；同时，从我们的观点说明宗教改革运动是一个何等的资产阶级运动，也确实是必要的。其次，一方面把卡尔施塔特、再洗礼派和农民战争之前的路德①和这一切之后的路德专门作一比较，另一方面把 1848 年以前和以后的资产阶级专门作一比较，详尽地探索路德的这个转变是怎样逐渐发生的，这是十分重要的。

> 恩格斯：《恩格斯致卡尔·考茨基》（1892 年 2 月 1 日），《马克思恩格斯全集》第 38 卷，人民出版社 1972 年版，第 260—261 页。

2. 论宗教与历史演进

只是由于一切宗教的内容起源于人，它们才在某些地方还可求得人的尊敬；只有意识到，即使是最疯狂的迷信，其实也包含有人类本质的永恒规定性，尽管具有的形式已经是歪曲了的和走了样的；只有意识到这一点，才能使宗教的历史，特别是中世纪宗教的历史，不致被全盘否定，被永远忘记；不然的话，这种"充满神性的"历史自然会有这样的命运。

> 恩格斯：《英国状况——评托马斯·卡莱尔的〈过去和现在〉》（1843 年 10 月—1844 年 1 月中），《马克思恩格斯全集》第 3 卷，人民出版社 2002 年版，第 520—521 页。

第二部分，即"正文"，从正面叙述了新的宗教。这位德国哲学家因为自己反基督教的斗争被人遗忘，因为人民对宗教这个唯一值得哲学家注意的对象表示冷漠，所以他在这里发泄了他的怒气。为了给自己被竞争挤垮的行业恢复声誉，我们这个哲人对旧宗教狂吠了一通以后只好创造一种

---

① 恩格斯指的是路德最激进的最初活动时期，他奠定了自己学说的基础，广大民众把他的学说看做是他们的革命情绪的反映。自 1521 年底至 1522 年初，路德领导的市民宗教改革越来越脱离平民和农民，路德本人也逐渐转向支持宗教改革的德国诸侯方面。1521 年 12 月，路德公开反对德国神学家安·卡尔施塔特在宗教改革中心维登堡所进行的彻底的教会改革，这是统一的宗教改革队伍发生分裂的一个征兆。在德国的 1524—1525 年农民战争期间，路德公然投向起义农民的最残暴的敌人方面，他反映了德国市民阶层主要部分的情绪，这些人由于害怕人民群众的革命行动，转到了封建反动势力方面。

新的宗教。但是，这种新宗教同第一部分完全限于同一个内容，它不过是继续汇集德国庸俗文化中的一些格言、题诗和纪念诗。这本新古兰经的各篇，只不过是把德国现存制度从道义上加以美化、用诗歌进行修饰的一大堆空话而已。这些空话虽然去掉了直接的宗教形式，但还是同旧宗教有同源的关系。

> "全新的世界秩序和世界关系只有通过新的宗教才能产生。宗教能够干些什么，基督教和伊斯兰教可作为这方面的例证，抽象的独有的政治是软弱无力和毫无结果的，1848 年开展的运动就可以非常明显地证明这一点。"（第 1 卷，第 313 页）

从这种内容丰富的论点中我们马上可以看到，这位德国"思想家"是非常浅薄无知的，他竟把德国的、特别是巴伐利亚的一点"三月成果"看成是 1848 年和 1849 年的欧洲运动，他要求逐步开拓着和汇集着伟大革命的最初的、甚至只是浅层的迸发就应当产生出"全新的世界秩序和世界关系"。对哲人道默先生来说，整个复杂的社会斗争，在最近两年中从巴黎到德布勒森、从柏林到巴勒莫发生的这种社会斗争的前哨战，只是使"1849 年 1 月埃朗根立宪协会的希望变得非常渺茫"（第 1 卷，第 312 页），只是对可能再一次令人不快地惊扰道默先生研究哈菲兹、穆罕默德和贝尔托尔德·奥尔巴赫的那种新斗争感到恐惧。

正是道默先生的这种无耻的浅薄，使他完全无视下列事实：古代"世界秩序"彻底瓦解以后产生了基督教，基督教不过是这种瓦解的表现；"全新的世界秩序"不是通过基督教从内部产生的，而是在匈奴人和日耳曼人"从外部"攻击罗马帝国的尸体时才产生的；在日耳曼人入侵以后，不是按照基督教建立起"新的世界秩序"，而是基督教随着这种世界秩序的每一个新阶段的到来而发生变化。但愿道默先生能给我们举个例子来说明旧世界秩序是随着新宗教的出现而发生变化的，而在此同时并不出现非常激烈的"外在的抽象的政治"动荡。

显然，随着每一次社会秩序的巨大历史变革，人们的观点和观念也会发生变革，因此，人们的宗教观念也发生变革。但是，现在的变革和过去一切变革不同的地方恰恰在于：人们最终识破了这种历史变革过程的秘密，抛弃一切宗教，而不再以新宗教的狂热形式把这种实际的"外在的"过程奉为神明。

马克思、恩格斯：《〈新莱茵报。政治经济评论〉第 2 期上发表的书评》（1850 年 1—2 月），《马克思恩格斯全集》第 10 卷，人民出版社 1998 年版，第 252—253 页。

在爱尔兰的英国国教会——或者如这里的人们通常所说的，爱尔兰教会——是英国地主所有制在爱尔兰的宗教堡垒，同时又是英国本土的国教会的前沿堡垒（在这里我是把国教会当做土地所有者来谈的）。随着国教会在爱尔兰的垮台，在英国它也会衰败下去，而紧跟在这二者之后（没落）的将首先是爱尔兰的地主所有制，然后是英国的地主所有制。我早就确信，社会革命必须认真地从基础开始，就是说，从土地所有制开始。

此外，事态将会产生极其有利的结果：爱尔兰教会一旦垮台，阿尔斯特省信仰新教的爱尔兰佃农便会向爱尔兰其他三省信仰天主教的佃农靠拢，并参加他们的运动，而到目前为止，地主所有制还是能够利用这种宗教矛盾的……

马克思：《马克思致路德维希·库格曼》（1868 年 4 月 6 日），《马克思恩格斯文集》第 10 卷，人民出版社 2009 年版，第 287—288 页。

如果说，在真理和谬误的问题上我们没有什么前进，那么在善和恶的问题上就更没有前进了。这一对立完全是在道德领域中，也就是在属于人类历史的领域中运动，在这里播下的最后的终极的真理恰恰是最稀少的。善恶观念从一个民族到另一个民族、从一个时代到另一个时代变更得这样厉害，以致它们常常是互相直接矛盾的。但是，如果有人反驳说，无论如何善不是恶，恶不是善；如果把善恶混淆起来，那么一切道德都将完结，而每个人都将可以为所欲为了。杜林先生的意见，只要除去一切隐晦玄妙的词句，就是这样的。但是问题毕竟不是这样简单地解决的。如果事情真的这样简单，那么关于善和恶就根本不会有争论了，每个人都会知道什么是善，什么是恶。但是今天的情形是怎样的呢？今天向我们宣扬的是什么样的道德呢？首先是由过去信教时代传下来的基督教的封建的道德，这种道德主要又分成天主教的和新教的道德，其中又不乏不同分支，从耶稣会天主教的和正统新教的道德，直到松弛的启蒙的道德。和这些道德并列的，有现代资产阶级的道德，和资产阶级道德并列的，又有未来的无产阶级道德，所以仅仅在欧洲最先进国家中，过去、现在和将来就提供了三大类同时和并列地起作用的道德论。哪一种是合乎真理的呢？如果就绝对的终极性来说，哪一种也不是；但是，现在代表着现状的变革、代表着未来的那种道德，即无产阶级道德，肯定拥有最多的能够长久保持的因素。

恩格斯：《反杜林论》（1876 年 9 月—1878 年 6 月），《马克思恩格斯文集》第 9 卷，人民出版社 2009 年版，第 98—99 页。

另一方面，不动产个体化趋势的加强，也可以从以下情况得到证明，即分家更容易了，而且不但对于自力取得的财产，就是对于氏族的财产，也可以更自由支配了，特别是将财产收益施与僧侣种姓成员即婆罗门时，更是如此（第 113 页）。

‖ 所以，僧侣贼徒 ｛pack｝ 在家庭财产个体化的过程中起着主要作用（第 113 页）。‖

不可分的家庭财产的主要标志是它的不可出让性。因此要动摇这种财产权，在婆罗门影响之下发展起来的立法就必然越来越甚地进攻它的这个堡垒。《摩奴法典》还没有提到不可分的家庭财产出让的情形；《那罗陀法典》也是这样。后期的法典——如广博和如意——允许在所有共同占有者一致同意的条件下实行这一类出让。

‖ 由于"赠物"对僧侣无害，所以这个条件对他们来说很麻烦。〔用赠送方式出让，到处都是僧侣的拿手戏！〕‖

因此，僧侣种姓一方面力图使分家易于进行和加速实现，而分家的结果则是不动产转入可以自由出让的状态，另一方面，又力图在立法中加入特殊规定，使人们易于处理家庭财产，以便把家庭财产赠给僧侣种姓。《摩奴法典》已经允许分家以增加举行家庭祭祀地点的数目。晚近的法典都一致鼓励这类分居。有一部法典这样说："如果一家人都住在一处，则供奉祖先的香火的数目无疑也要少一些；因此，对于祖先的亡灵来说，分家是有好处的，甚至是必要的。"祈祷主有一种滑稽的说法："同居共食的人供奉祖先、湿婆和婆罗门，食物就单一了，如果把他们分开，那么每个分居的家里都供奉"（第 114 页）。

在僧侣立法家看来，分家只是排除家庭财产不得出让的原则在增加婆罗门财产的道路上所设置的障碍物的手段之一。为了同一个目的，家长按法律规定获得了自由布施僧侣的权利，不受家庭财产不可出让这个一般规则的限制，可以破例（第114页）。在《密陀娑罗》中，不但允许家长赠送不动产，而且允许任何一个家庭成员赠送不动产，只要这种出让是出于任何一种笃信宗教的目的。迦㮹延、哈里塔和其他人都背离印度法——它只承认对被出让财物的实际占有权转到新所有者手中以后出让行为才有效力——的一般原则，他们承认任何人在弥留之际对教士①所作的赠送都有效力；这样一来，他们就给古代立法中从来不曾提到过的后世的遗嘱法的发展开了先声（第115页）。

在生时和在临终前赠送僧侣，是最古的一种处理家庭财产的办法，这从《密陀娑罗》中所确认的下述事实可以得到最好的证明：其他各种处理财产的办法，也都通过赠送的形式，以便使这些办法得到与前一种办法同样的法律保证（同上页）。

> 马克思：《马·柯瓦列夫斯基〈公社土地占有制，其解体的原因、进程和结果〉（第一册，1879年莫斯科版）一书摘要》（1879年10月和1880年10月之间），《马克思恩格斯全集》第45卷，人民出版社1985年版，第258—260页。

这是对的。基督教同现代社会主义完全一样，是以各种宗派的形式，尤其是通过彼此矛盾的个人观点来掌握群众的，这些观点中有的比较明确，有的比较混乱，而后者又占绝大多数；不过所有这些观点都敌视当时的制度，敌视"当局"。

> 恩格斯：《启示录》（发表于1883年8月），《马克思恩格斯全集》第21卷，人民出版社1965年版，第10—11页。

基督教同任何大的革命运动一样，是群众创造的。它是在新宗派、新宗教、新先知数以百计地出现的时代，以一种我们完全不知道的方式在巴勒斯坦产生的。基督教事实上是自发地形成的，是这些宗派中最发达的宗派相互影响而产生的中间物，后来由于加进了亚历山大里亚犹太人斐洛的论点，稍后又由于受到斯多葛派②思想的广泛渗透，而形成为一种教义。

> 恩格斯：《启示录》（发表于1883年8月），《马克思恩格斯全集》第21卷，人民出版社1965年版，第11—12页。

这可真是好极了。一个紧密团结的工人政党，在历史上破天荒第一次

---

① 柯瓦列夫斯基原文作："僧侣"。
② 巴霍芬。

作为一支真正的政治力量出现，它是在极其严酷的迫害下发展壮大起来的，势不可挡地夺取一个又一个阵地。它在欧洲市侩习气最浓、为胜利而陶醉最厉害的国家中，却没有沾染任何的市侩习气和沙文主义。这支力量的存在和发展，对政府和旧的统治阶级来说，是不可理解和不可思议的，正如基督教狂潮的汹涌，对覆灭中的罗马帝国的当权者来说，是不可思议和不可理解的一样。这支力量和当年的基督教一样，满怀信心、势不可挡地为自己开辟道路，它是那样地有信心，以至现在就可以精确地算出它的加速度方程式，从而推算出它最终胜利的时刻。

> 恩格斯：《恩格斯致卡尔·考茨基》（1884 年 11 月 8 日），《马克思恩
> 格斯全集》第 36 卷，人民出版社 1974 年版，第 230 页。

费尔巴哈的下面这个论断是绝对错误的：

"人类的各个时期仅仅由于宗教的变迁而彼此区别开来。"

重大的历史转折点有宗教变迁相伴随，只是就迄今存在的三种世界宗教——佛教、基督教和伊斯兰教而言。古老的自发产生的部落宗教和民族宗教是不传布的，一旦部落或民族的独立遭到破坏，它们便失掉任何抵抗力；拿日耳曼人来说，甚至他们一接触正在崩溃的罗马世界帝国以及它刚刚采用的，适应于它的经济、政治、精神状态的世界基督教，这种情形就发生了。仅仅在这些多少是人工造成的世界宗教，特别是基督教和伊斯兰教那里，我们才发现比较一般的历史运动带有宗教的色彩，甚至在基督教传播的范围内，具有真正普遍意义的革命也只有在资产阶级解放斗争的最初阶段即从 13 世纪到 17 世纪，才带有这种宗教色彩；而且，这种色彩不能像费尔巴哈所想的那样，用人的心灵和人的宗教需要来解释，而要用以往的整个中世纪的历史来解释，中世纪的历史只知道一种形式的意识形态，即宗教和神学。但是到了 18 世纪，资产阶级已经强大得足以建立他们自己的、同他们的阶级地位相适应的意识形态了，这时他们才进行了他们的伟大而彻底的革命——法国革命，而且仅仅诉诸法律的和政治的观念，只是在宗教挡住他们的道路时，他们才理会宗教；但是他们没有想到要用某种新的宗教来代替旧的宗教；大家知道，罗伯斯比尔在这方面曾遭受了怎样的失败。

> 恩格斯：《路德维希·费尔巴哈和德国古典哲学的终结》（1886 年
> 初），《马克思恩格斯文集》第 4 卷，人民出版社 2009 年版，第

288—289 页。

关于衰落的罗马社会的许多有趣的描述确实应归功于这些教父，但是，他们照例都没有对这个社会进行批评，他们只是满足于对它进行痛骂，而且使用的词句如此激烈，以致现代社会主义者的最激烈的言辞，甚至无政府主义者的愤怒的吼叫和它们比较起来都显得太温和。

恩格斯：《法学家的社会主义》（1886 年 11—12 月初），《马克思恩格斯全集》第 21 卷，人民出版社 1965 年版，第 552 页。

由"杂婚"到一夫一妻制的发展，以及由母权制到父权制的发展，据他①的意见，——特别是在希腊人中间——是由于宗教观念的进一步发展，由于代表新观念的新神侵入体现旧观念的传统神，因此，旧神就越来越被新神排挤到后边去了。所以，照巴霍芬看来，并不是人们的现实生活条件的发展，而是这些条件在这些人们头脑中的宗教反映，引起了男女两性相互的社会地位的历史性的变化。根据这一点，巴霍芬指出，埃斯库罗斯的《奥列斯特》三部曲是用戏剧的形式来描写没落的母权制跟发生于英雄时代并获得胜利的父权制之间的斗争。克丽达妮斯特拉为了她的情人亚格斯都士，杀死了她的刚从特洛伊战争归来的丈夫亚加米农；而她和亚加米农所生的儿子奥列斯特又杀死自己的母亲，以报杀父之仇。为此，他受到母权制的凶恶维护者依理逆司神的追究，因为照母权制，杀母是不可赎的大罪。但是，曾通过自己的传谕者鼓励奥列斯特去做这件事情的阿波罗和被请来当裁判官的雅典娜这两位在这里代表父权制新秩序的神，则庇护奥列斯特；雅典娜听取了双方的申诉。整个争论点集中地表现在奥列斯特与依理逆司神的辩论中。奥列斯特的理由是：克丽达妮斯特拉既杀了自己的丈夫，同时又杀了他的父亲，犯了两重罪。为什么依理逆司神要追究他，而不追究罪行严重得多的她呢？回答是令人吃惊的：

"她跟她所杀死的男人没有血缘亲属关系。"

杀死一个没有血缘亲属关系的男人，即使他是杀死他的那个女人的丈夫，也是可以赎罪的，此事是跟依理逆司神毫不相干的；她们的职务只是

---

① 巴霍芬。

追究血缘亲属中间的杀害案件，在这里，按照母权制，杀母是最不可赎的大罪。但是，阿波罗却出来做奥列斯特的辩护人；于是雅典娜就把问题提交阿雷奥帕格的法官们——雅典娜的陪审员们——投票表决；主张宣告无罪与主张有罪的票数相等；这时，雅典娜以审判长的资格，给奥列斯特投了一票，宣告他无罪。父权制战胜了母权制；"幼辈的神"（依理逆司神自己这样称呼他们）战胜了依理逆司神，后者终于也同意担任新的职务，转而为新的秩序服务了。

对《奥列斯特》三部曲的这个新的但完全正确的解释，是巴霍芬全书中最精彩最好的地方之一，但它同时证明，巴霍芬至少是象当年的埃斯库罗斯一样地相信依理逆司神、阿波罗神及雅典娜神；也就是说，他相信这些神在希腊的英雄时代创造了奇迹：推翻了母权制，代之以父权制。显然，这种认为宗教具有世界历史的决定性杠杆的作用的观点，归根结蒂会成为纯粹的神秘主义。

> 恩格斯：《关于原始家庭的历史》（1891 年 6 月 16 日），《马克思恩格斯全集》第 22 卷，人民出版社 1965 年版，第 248—250 页。

历史方面的意识形态家（历史在这里应当是政治、法律、哲学、神学，总之，一切属于社会而不是单纯属于自然界的领域的简单概括）在每一科学领域中都有一定的材料，这些材料是从以前的各代人的思维中独立形成的，并且在这些世代相继的人们的头脑中经过了自己的独立的发展道路。当然，属于本领域或其他领域的外部事实对这种发展可能共同起决定性的作用，但是这种事实本身又被默认为只是思维过程的果实，于是我们便始终停留在纯粹思维的范围之中，而这种思维仿佛顺利地消化了甚至最顽强的事实。

正是国家制度、法的体系、各个不同领域的意识形态观念的独立历史这种外观，首先迷惑了大多数人。如果说，路德和加尔文"克服了"官方的天主教，黑格尔"克服了"费希特和康德，卢梭以其共和主义的《社会契约论》间接地"克服了"立宪主义者孟德斯鸠，那么，这仍然是神学、哲学、政治学内部的一个过程，它表现为这些思维领域历史中的一个阶段，完全不越出思维领域。而自从出现了关于资本主义生产永恒不变和绝对完善的资产阶级幻想以后，甚至重农主义者和亚当·斯密克服重商主义者，也被看做纯粹的思想胜利；不是被看做改变了的经济事实在思想上的反映，而是被看做对始终普遍存在的实际条件最终达到的真正理解。如果狮心查理和菲力浦—奥古斯特实行了自由贸易，而不是卷入了十字军征讨，那我们就可以避免 500 年的贫穷和愚昧。

对问题的这一方面（我在这里只能稍微谈谈），我觉得我们大家都有不应有的疏忽。这是一个老问题：起初总是为了内容而忽略形式。如上所说，我也这样做过，而且我总是在事后才发现错误。因此，我不仅根本不想为此对您提出任何责备——我在您之前就在这方面有过错，我甚至没有权利这样做——，相反，我只是想让您今后注意这一点。

与此有关的还有意识形态家们的一个愚蠢观念。这就是：因为我们否认在历史中起作用的各种意识形态领域有独立的历史发展，所以我们也否认它们对历史有任何影响。这是由于通常把原因和结果非辩证地看做僵硬对立的两极，完全忘记了相互作用。这些先生们常常几乎是故意地忘记，一种历史因素一旦被其他的、归根到底是经济的原因造成了，它也就起作用，就能够对它的环境，甚至对产生它的原因发生反作用。

恩格斯：《恩格斯致弗兰茨·梅林》（1893 年 7 月 14 日），《马克思恩格斯文集》第 10 卷，人民出版社 2009 年版，第 657—659 页。

关于你的书①，我可以说，越到后面越好。从原计划来看，柏拉图和早期基督教探讨得还非常不够。关于中世纪的那些教派就已经好得多了，而且越往后越好。最好的是塔博尔派②、闵采尔、再洗礼派③。对许多政治事件作了重要的经济论证，但是也还有一些泛论，说明研究工作中的缺陷。我从这本书中知道了很多东西；这是我修改《农民战争》不可缺少的准备

---

① 指 1895 年在斯图加特出版的《现代社会主义的先驱》（*Die Vorläufer des Neueren Sozialismus*）一书。这本书是由考茨基、伯恩斯坦、法拉格、梅林等人出版的，叫《社会主义运动史概论》（*Die Geschichte des Sozialismus in Einzeldarstellungen*），共有两册，第一册是考茨基写的《从柏拉图到再洗礼派》（*Von Plato bis zu den Wiedertaüfern*）。

② 塔博尔派是十五世纪上半叶向德国封建主和天主教会进行斗争的捷克胡斯派民族解放运动和宗教改革运动中的革命的、民主的一翼。塔博尔派之名得自 1420 年建成并成为他们的政治中心的城市塔博尔。他们的要求反映了农民群众和城市平民要消灭整个封建制度的意向。在塔博尔派中间，以宗教形式传播着确立财产平等的号召，他们并曾试图在消费方面实行平均共产主义的原则。建立起自己的军事组织的塔博尔派，是击退教皇和德国皇帝对捷克进行的五次十字军东征的胡斯派军队的核心。只是由于捷克的贵族和市民阶级分子的叛变行为——屡次反对塔博尔派并同外国封建反动势力实行妥协来对付他们，塔博尔派于 1437 年遭到失败，胡斯派运动也随之被镇压下去。

③ 再洗礼派（即改信他教派）是基督教中的一个派别，要求在成年时再受洗礼（由此而得名再洗礼派）。再洗礼派曾积极参加德国 1524—1525 年的农民战争，反映德国革命的农村平民的利益。

工作。① 主要的错误我认为有两个：（1）对于完全处在封建的等级划分之外、失去了阶级特点，几乎被置于最低阶层的地位的那些分子的发展和作用研究得很不够。这些分子随着每一个城市的形成而必不可免地要出现，他们组成了中世纪每一个城市居民中最低的、毫无权利的阶层，他们处于马尔克公社、封建从属关系和行会之外。这样的研究工作是很艰巨的，但是这是主要的基础，因为随着各种封建关系的瓦解，这些人逐渐形成了无产阶级的前身，1789 年它在巴黎郊区进行了革命，吸收了封建的和行会的社会中一切被抛弃的人。你谈到无产者（这个用语是不妥当的）并且把织布匠（他们的重要性你描述得完全正确）也算在内，但是，只是在有了失去阶级特点的、不属于行会的做日工的织布匠以后，而且只是由于有了他们，你才能把这些人算作你的"无产阶级"。这里还有许多地方需要加工。

（2）你对于十五世纪末德国在世界市场上的地位——如果可以谈到这种地位的话——和在国际上的经济地位没有充分了解。只有这种地位才能说明，为什么在英国、尼德兰和波希米亚已经衰败的具有宗教形式的市民—平民运动在十六世纪的德国能够获得一定的成就，即运动的宗教伪装的成就，而市民内容的成就则留给了下一个世纪，留给了体现着这个时期世界市场新方向的国家即荷兰和英国了。这是一个很大的题目，我希望在《农民战争》中详尽地加以阐述——但愿我能做到这一点！

恩格斯：《恩格斯致卡尔·考茨基》（1895 年 5 月 21 日），《马克思恩
格斯全集》第 39 卷，人民出版社 1974 年版，第 461—462 页。

2. 我们认为，经济条件归根到底制约着历史的发展。种族本身就是一种经济因素。不过这里有两点不应当忽视

（a）政治、法律、哲学、宗教、文学、艺术等的发展是以经济发展为基础的。但是，它们又都互相影响并对经济基础发生影响。并不是只有经济状况才是原因，才是积极的，而其余一切都不过是消极的结果。这是在归根到底不断为自己开辟道路的经济必然性的基础上的互相作用。例如，国家就是通过保护关税、贸易自由、好的或者坏的财政制度发生作用的。甚至德国庸人们那种致命的疲惫和软弱，——导源于 1648—1830 年时期德

---

① 恩格斯这个愿望未实现。保存的片断和提纲见《马克思恩格斯全集》中文版第 21 卷，第 448—460 页。

国经济的可怜状况，最初表现于虔诚主义，而后表现于多愁善感和对诸侯、贵族的奴颜婢膝，也不是没有对经济起过作用。这对于重新振兴曾是一大障碍，而这一障碍只是由于革命战争和拿破仑战争使得慢性穷困尖锐化起来才动摇了。所以，这并不象某些人为着简便起见而设想的那样是经济状况自动发生作用，而是人们自己创造着自己的历史，但他们是在制约着他们的一定环境中，是在既有的现实关系的基础上进行创造的，在这些现实关系中，尽管其他的条件——政治的和思想的——对于经济条件有很大的影响，但经济条件归根到底还是具有决定意义的，它构成一条贯穿于全部发展进程并唯一能使我们理解这个发展进程的红线。

（b）人们自己创造着自己的历史，但是到现在为止，他们并不是按照共同的意志，根据一个共同的计划，甚至不是在某个特定的局限的社会内来创造这个历史。他们的意向是相互交错着的，因此在所有这样的社会里，都是那种以偶然性为其补充和表现形式的必然性占统治地位。在这里透过各种偶然性来为自己开辟道路的必然性，归根到底仍然是经济的必然性。这里我们就来谈谈所谓伟大人物问题。恰巧某个伟大人物在一定时间出现于某一国家，这当然纯粹是一种偶然现象。但是，如果我们把这个人除掉，那时就会需要有另外一个人来代替他，并且这个代替者是会出现的，——或好或坏，但是随着时间的推移总是会出现的。恰巧拿破仑这个科西嘉人做了被战争弄得精疲力竭的法兰西共和国所需要的军事独裁者，——这是个偶然现象。但是，假如不曾有拿破仑这个人，那末他的角色是会由另一个人来扮演的。这点可以由下面的事实来证明，即每当需要有这样一个人的时候，他就会出现；如凯撒、奥古斯都、克伦威尔等等。如果说马克思发现了唯物史观，那末梯叶里、米涅、基佐以及1850年以前英国所有的历史学家都证明，事情已经向这个方面发展，而摩尔根对于同一观点的发现表明，做到这点的时机已经成熟了，这一观点必将被发现。

历史上所有其他的偶然性和表面的偶然性都是如此。我们所研究的领域愈是远离经济领域，愈是接近于纯粹抽象的思想领域，我们在它的发展中看到的偶然性就愈多，它的曲线就愈是曲折。如果您划出曲线的中轴线，您就会发觉，研究的时期愈长，研究的范围愈广，这个轴线就愈接近经济发展的轴线，就愈是跟后者平行而进。

恩格斯：《恩格斯致瓦尔特·博尔吉乌斯》（1894年1月25日），《马克思恩格斯全集》第 39 卷，人民出版社 1974 年版，第 199—200 页。

历史的嘲弄惩罚了专制制度，连对它友好的社会力量如教权派，也要打破或摆脱警察官僚制度的框框而组织起来，在某种程度上反对专制制度了。神职人员中也表现出不满情绪，他们渴望新的生活方式，教权派分立，基督教社会主义者和基督教民主主义者应运而生，"异教徒"、教权分子等等怨声载道，——所有这一切，对革命来说是再有利不过了，并且为宣传教会同国家分离打下了良好的基础。自愿和不自愿、自觉和不自觉的革命同盟者不是与日俱增，而是与时俱增，他们在不断壮大成长。人民战胜专制制度的可能性愈来愈大了。

> 列宁：《第三次代表大会》（1905 年 5 月 14 日），《列宁全集》第 10
> 卷，人民出版社 1987 年版，第 213 页。

深谙世道的观察家们承认，就连僧侣这样一个俄国社会阶层也保留着"残存的叛逆本性"，而且还有生命力，还相当有力量，——这一事实，很值得注意。

> 列宁：《僧侣和政治》（1912 年 9 月 1 日），《列宁全集》第 22 卷，人
> 民出版社 1990 年版，第 83 页。

如果说从前，在极辽阔的罗马帝国内，基督教被认为是受压迫受摧残的奴隶的救星，那末现在的情形是：在帝国主义的极广大的殖民地国家中，社会主义可以成为（而且已经开始成为！）千百万群众解放的旗帜。

> 斯大林：《十月革命和中间阶层问题》（1923 年 11 月 7 日），《斯大林
> 全集》第 5 卷，人民出版社 1957 年版，第 277 页。

3. 论宗教的社会影响

我们至今发表的两篇文章，都同样指责宗教干预法的领域。可是，这些文章都没有阐述婚姻本身就其本质来说在多大程度上是宗教的或非宗教的，因而，也就不能阐明，如果一个彻底的立法者遵循事物的本质并且决不满足于该本质的纯粹抽象的规定，那他必须怎么办。如果立法者认为，婚姻的本质不是人的伦理性，而是宗教的神圣性，因而以上天注定代替自己作主，以超自然的恩准代替内心的、自然的奉献，以消极地顺从那凌驾于这种关系的本性之上的戒律代替忠诚地服从这种关系的本性，那么，如果这位信教的立法者也把婚姻从属于教会（而教会的使命就是实现宗教的

需要和要求），把世俗婚姻置于教会当局的最高监督之下，我们能指责他吗？这样做难道不是简单的和必然的结果吗？

如果有人以为，指出信教的立法者的这些或那些规定同婚姻的世俗本质相矛盾就可驳倒他，那就错了。信教的立法者反对的并不是世俗婚姻的离异，倒不如说，他反对的是婚姻的世俗本质。他一方面竭力使婚姻失去其世俗性，另一方面在不可能做到这一点的地方，则竭力使婚姻的世俗性仅仅作为被容忍的一面每时每刻都感觉到自己的局限性，竭力去摧毁它的后果的罪恶反抗。

但是，在这里登载的这篇评论中作了机智阐述的莱茵法学观点，是完全不够的。把婚姻分成宗教的和世俗的两种本质，使其中一种本质只同教会和个人的信仰相联系，而另一种本质则同国家和公民的法的意识相联系，这是不够的。把两个不同的领域强加给婚姻并不能消除矛盾；相反，这样做会在这两个至关重要的领域本身之间制造矛盾和无法解决的冲突。谁能责令立法者持二元论，持双重的世界观呢？难道一个持宗教观点的有良心的立法者，不应当把在教会世界和宗教形式中他认为是真理本身的东西，他作为唯一力量来崇拜的东西，看作现实世界和世俗形式中的唯一力量吗？

马克思：《〈莱茵报〉编辑部为〈论新婚姻法草案〉一文所加的按语》
(1842 年 11 月 6—14 日)，《马克思恩格斯全集》第 1 卷，人民出版社 1995 年版，第 315—316 页。

像斯芬克斯一样的大自然——德国神秘主义，英国人读这一章的时候这样说——向每个人和每个时代提出了问题。谁正确地回答问题，谁就幸福；谁不能回答或不能正确地回答问题，谁就为半身具有粗暴兽性的斯芬克斯所害，他发现的，不是美貌的未婚妻，而是一只凶暴的牝狮。对各个民族来说也是一样：你们能不能猜中命运的谜语？所有不幸的民族，正像所有不幸的个人一样，都不能正确地回答问题，把假象当成真理，不看宇宙的永恒内在的事实，只看到外在的暂时的表现形式；英国也正是这样做的。正如卡莱尔在后面表述的，英国为无神论所害，它现在的状况是这个事实的必然结果。关于这一点，我们以后再谈，现在只是说明：以上关于斯芬克斯的比喻，如果从上述早期谢林的泛神论意义上来理解，卡莱尔还可以再继续讲下去——现在，如同在神话里一样，谜底是人，确切地说，人是最广义的谜底。而这个谜语也将会被猜中。

……

卡莱尔接着写道，我们抛弃了中世纪的宗教笃诚，但是为此没有获得任何东西。

"我们已经忘了上帝，我们闭眼不看事物的永恒的本质，却睁眼只看事物的骗人的假象，同时我们心安理得地认为，宇宙按其内在本质来说是个巨大的、不可理解的'可能'；就其外表来看，又好像是个巨大的牲畜圈和设有大厨房与餐桌的习艺所，聪明人可以在那里找到一席之地，这个宇宙的全部真相是不确定的；盈利和亏本，食物和赞美，只有这些对讲求实际的人才是而且永远是十分清楚的。——对我们来说，不再有上帝存在了；上帝的戒律成了'最大幸福的原则'，议会的谋略；对我们来说，天宇成了天文钟，成了赫歇尔望远镜的狩猎场，在那里人们射猎科学的成果和情感；用我们的和本·琼森的话来说，这就是：人丧失了自己的灵魂，现在开始发觉它不存在了。这是真正的病根，是全社会坏疽的中心。——宗教不存在了，上帝不存在了，人丧失了自己的灵魂，正在徒劳地寻求医治脓疮的药剂。绞死国王，法国大革命，改革法案，曼彻斯特的反抗行动，这是徒劳的，这一切都不是灵丹妙药。体表变形的麻风病一时可以缓解，过后再犯就会更加严重，无可救药。"①

但是，旧宗教的地位不能老是空缺，于是我们有新福音取而代之，与时代的空虚和无思想内容相应的福音——玛门福音。基督教的天堂和基督教的地狱都被抛弃，因为前者值得怀疑，后者近乎荒谬——新地狱又代替了旧地狱；现代英国的地狱就是人们意识到自己"不发迹，赚不到钱"！——

> 恩格斯：《英国状况——评托马斯·卡莱尔的〈过去和现在〉》（1843年10月—1844年1月中），《马克思恩格斯全集》第3卷，人民出版社2002年版，第502—504页。

在英国所有的学校里，道德教育是和宗教教育结合在一起的，这种道

---

① 托·卡莱尔：《过去和现在》1843年伦敦版，第185—186页。

德教育所产生的结果显然也不会比宗教教育好。人们用来调节人与人关系的简单原则，由于社会状况，由于一切人反对一切人的战争，本来就已经陷入极度混乱的状态，而当这些原则和无法理解的宗教原理掺杂在一起，并以一种专横而毫无根据的训令的宗教形式出现时，就不能不使那些没有受过教育的工人感到莫名其妙和格格不入。正像所有的权威、特别是童工调查委员会所承认的那样，学校对工人阶级的道德几乎没有起任何作用。英国资产阶级由于自私自利竟这样冷酷，这样鼠目寸光，甚至不肯花一点力气把现代道德，即资产阶级为了自身的利益、为了自身的保障而炮制出来的道德灌输给工人！日益委靡、怠惰的资产阶级连为自己考虑都认为是太费力了，都好像是多余的了。当然，总有一天他们会后悔的，到那时就已经晚了。如果工人不了解这种道德，不遵从这种道德，资产阶级是不应该抱怨的。

> 恩格斯：《英国工人阶级状况——根据亲身观察和可靠材料》（1844
> 年9月—1845年3月），《马克思恩格斯文集》第1卷，人民出版社
> 2009年版，第427—428页。

1841年上台执政的托利党政府又注意到了工厂法。内务大臣詹姆斯·格莱安爵士在1843年向议会提出了一个把童工的工作时间限制为六小时半并加强义务教育的法案；这个法案的要点是要求创办比较好的学校。然而这个法案由于非国教徒的宗教狂热而未获通过，因为义务教育虽然并不要求非国教徒的子女学习宗教课程，但学校要受国教的监督，而圣经又是大家必读的书，宗教也就成了全部教育的基础，所以非国教徒认为这对自己是一种危险。厂主们和自由党人都支持非国教徒；工人们由于宗教的争执而分裂了，所以没有什么活动；这个法案的反对派，虽然没有在索尔福和斯托克波尔特这样的大的工厂城市里得到支持，虽然在其他像曼彻斯特这样的城市里，由于害怕工人，只敢对这法案的某几点进行攻击，但是，他们仍然为自己的请愿书征集了将近200万人的签名，这就把格莱安吓得撤回了他的整个法案。次年，格莱安删除了法案中有关学校的一切条文，他没有再提过去的条款，只提议把八岁到十三岁的童工的工作时间限制为每天六小时半，并使得整个上午或整个下午成为他们自由支配的时间；把十三岁到十八岁的未成年工人及全体女工的工作时间限制为十二小时；此外，还实行一些限制，使过去那种常常规避法律的行为成为不可能。

> 恩格斯：《英国工人阶级状况——根据亲身观察和可靠材料》（1844

年9月—1845年3月），《马克思恩格斯全集》第5卷，人民出版社
1957年版，第460—461页。

政治反对派所遇到的种种障碍，无论在普鲁士或各小邦都促成了宗教
反对派，即平行地进行活动的德国天主教和自由公理会。历史给我们提供
了许多例子，说明在那些享受国教的祝福而政治问题的讨论却受到束缚的
国家里，与世俗权力相对抗的危险的世俗反对派，常常隐藏在更加神圣的、
看来更加无意于世俗利益而一意反对精神专制的斗争后面。很多政府不允
许对自己的任何行动进行讨论，但它们却不敢贸然制造殉教事件和激起群
众的宗教狂热。所以，1845年在德国的每一个邦里，或者是旧罗马天主
教，或者是新教，或者是这两者，都被视为国家制度不可缺少的组成部分。
在每一个邦，这两个教派的或其中一派的教士，都是官僚政府机构的重要
因素。因此，攻击新教或天主教正统，攻击教士，就等于变相攻击政府本
身。至于德国天主教派，他们的存在本身就是对德国，尤其是对奥地利和
巴伐利亚的天主教政府的攻击；而这些政府也正是这样理解这一点的。自
由公理会的信徒，反对国教的新教徒，有点像是英国和美国的一位论派①，
他们公开宣称反对普鲁士国王及其宠臣、宗教和教育事务大臣艾希霍恩先
生的那种教权主义和严格的正统主义的倾向。两个新教派都曾一度得到迅
速的发展，前者是在天主教国家，后者是在新教国家，二者除了起源不同
之外，没有别的区别；至于教义，两派在最重要的一点上是完全一致的，
都认为一切已确定的教条是无效的。这种缺乏确定性便是它们的真正实质。
它们自称要建筑一个伟大的神殿，使所有德国人都能在其屋顶下联合起来；
这样它们就用宗教的形式表达了当时的另一种政治思想，即统一德国的思
想。可是它们相互之间却无论如何也不能取得一致。

恩格斯：《德国的革命和反革命》（1851年8月17日—1852年9月23
日），《马克思恩格斯文集》第2卷，人民出版社2009年版，第
371—372页。

上述的教派企图发明一种适合于所有德国人的需要、习惯和趣味的特
制的共同宗教，以便至少是在宗教方面实现德国的统一。这种思想的确传

---

① 一位论派或反三一论派，是反对"神的三位一体"教义的宗教派别。一位论派运动产生
于16世纪的宗教改革时期，最初在波兰、匈牙利、荷兰等国流行，17世纪以后又在英国和北美出
现。19世纪，一位论派的教义反对宗教的表面仪式，把宗教中的道德伦理因素提到了首位。

布很广，尤其是在各小邦中。自从德意志帝国被拿破仑灭亡以后，要求将德国的一切分散的成员联合起来的呼声，已成为对于现状不满的最普遍的表示，在各小邦尤其是这样。因为在小邦里维持宫廷、行政机关、军队等等的巨大开支，简言之，沉重的捐税负担，与各邦的微小和贫弱成正比地增加着。但是，如果德国的统一得到实现的话，那么这种统一究竟应该怎样，在这一点上各党派的看法是有分歧的。不愿有严重革命动荡的资产阶级，满足于前面我们已经提到的他们认为"切实可行的"东西，即要求在普鲁士立宪政府的领导下建立除奥地利之外的全德联盟。的确，既然要避免危险的风暴，当时所能做的也只能到此为止。至于小资产阶级和农民（如果说农民也愿意过问这类事情的话），他们从来没有能够对他们后来所大声疾呼要求的德国统一有任何明确的观念；少数的梦想家，多半是封建的反动派，希望恢复德意志帝国；一些无知的所谓的激进派羡慕瑞士的制度（他们当时还没有实行那种制度的经验，后来这种经验才使他们十分滑稽地醒悟过来），主张建立联邦共和国；只有最极端的党派敢于在当时要求建立一个统一的、不可分割的德意志共和国。因此，德国统一问题本身就孕育着分歧、争执，在某种情况下甚至孕育着内战。

> 恩格斯：《德国的革命和反革命》（1851 年 8 月 17 日—1852 年 9 月 23
> 日），《马克思恩格斯文集》第 2 卷，人民出版社 2009 年版，第
> 372—373 页。

从人的感情上来说，亲眼看到这无数辛勤经营的宗法制的祥和无害的社会组织一个个土崩瓦解，被投入苦海，亲眼看到它们的每个成员既丧失自己的古老形式的文明又丧失祖传的谋生手段，是会感到难过的；但是我们不应该忘记，这些田园风味的农村公社不管看起来怎样祥和无害，却始终是东方专制制度的牢固基础，它们使人的头脑局限在极小的范围内，成为迷信的驯服工具，成为传统规则的奴隶，表现不出任何伟大的作为和历史首创精神。我们不应该忘记那些不开化的人的利己主义，他们把全部注意力集中在一块小得可怜的土地上，静静地看着一个个帝国的崩溃、各种难以形容的残暴行为和大城市居民的被屠杀，就像观看自然现象那样无动于衷；至于他们自己，只要哪个侵略者肯于垂顾他们一下，他们就成为这个侵略者的驯顺的猎获物。我们不应该忘记，这种有损尊严的、停滞不前的、单调苟安的生活，这种消极被动的生存，在另一方面反而产生了野性

的、盲目的、放纵的破坏力量，甚至使杀生害命在印度斯坦成为一种宗教仪式。我们不应该忘记，这些小小的公社带着种姓划分和奴隶制度的污痕；它们使人屈服于外界环境，而不是把人提高为环境的主宰；它们把自动发展的社会状态变成了一成不变的自然命运，因而造成了对自然的野蛮的崇拜，从身为自然主宰的人竟然向猴子哈努曼和母牛撒巴拉虔诚地叩拜这个事实，就可以看出这种崇拜是多么糟蹋人了。

> 马克思：《不列颠在印度的统治》（1853 年 6 月 10 日），《马克思恩格斯文集》第 2 卷，人民出版社 2009 年版，第 682—683 页。

17 世纪的一位著作家就是这样写的。我们看到，随着金银被看作财富的物质代表和财富的一般形式，金银的积累怎样受到了真正的刺激。货币崇拜产生禁欲主义，节欲，自我牺牲——节俭和悭吝，蔑视世俗的、一时的、短暂的享受，追求永恒的财宝。因此，英国的清教和荷兰的新教都离不开搞钱。

> 马克思：《1857—1858 年经济学手稿》（1857—1858 年），《马克思恩格斯全集》第 30 卷，人民出版社 1995 年版，第 186 页。

把货币从流通洪流中拯救出来而不让它参与社会的物质变换，还明显地表现为窖藏，这样一来，社会的财富变成了地下的长久的库藏，与商品所有者发生一种完全秘密的私的关系。在德里的奥朗则布的宫殿里住过一段时间的贝尔尼埃博士，曾谈到商人们，特别是几乎掌握了全部贸易和货币的不信回教的异教徒，怎样把他们的货币秘密地、深深地埋在地下；他们

> "深信生前埋下的金银，对他们死后在另一个世界里有用。"①

可是，只要货币贮藏者的禁欲主义与勤劳相结合，在宗教上他就实际上成了新教徒，尤其是清教徒。

> "不可否认，买卖是必需的，没有它是不行的；人们尽可以按照基督教的道理来购买，特别是购买必需品及和体面有关的东西，因为就是长老们也曾买卖过牲畜、羊毛、谷物、牛油、牛奶等物品。这是上帝从大地拿来分配给人类的赐物。但是对外贸易从加尔各答、印度等地运回

---

① 弗·贝尔尼埃：《大莫卧儿国家游记》1830 年巴黎版第 1 卷，第 312—314 页。

的商品，是贵重的丝绸、金器和香料，只供奢侈而别无用处，耗费了国家和人民的金钱；如果我们有统一的政权和君主，就不应该允许这种对外贸易存在。但是关于这一点我现在不想多写，因为我认为，当最后我们已经不再有钱的时候，这种贸易自然就会终止，奢侈和大吃大喝也是如此，因为不到贫困逼着我们的时候，文章和说教都是徒然的。"①

> 马克思：《1859—1861 年经济学著作和手稿》（1858 年 11 月—1859 年 1 月），《马克思恩格斯全集》第 31 卷，人民出版社 1998 年版，第 524—525 页。

四、哲学问题。宗教观念与社会、政治和思想发展的关系。

> 马克思：《伦敦代表会议（1865 年）通过的日内瓦代表大会议程》（1865 年 11 月 20 日），《马克思恩格斯全集》第 21 卷，人民出版社 2003 年版，第 215 页。

鉴于俄国的教派运动就其许多表现来说，是俄国的民主主义思潮之一，第二次代表大会提请全体党员注意教派信徒中的工作，以便把他们吸引到社会民主党方面来。代表大会允许弗·邦契·布鲁耶维奇同志在中央机关报编辑部监督下试办通俗报纸《教派信徒报》，并委托中央委员会和中央机关报编辑部采取必要的措施，使这个报纸得以出版并且办好，确定使它正确发挥作用的一切条件。

> 列宁：《俄国社会民主工党第二次代表大会文献》（1904 年 8 月 10 日），

---

① 马丁·路德博士《论商业与高利贷》1524 年版。路德在同一个地方说："上帝把我们德国人置于这样的境地：我们不得不让自己的金银流到外国，让全世界变富而自己沦为乞丐。如果德国不买英国的布，英国的金就没有这么多；如果我们不买葡萄牙的香料，葡萄牙国王的金也会少些。要是你计算一下，通过法兰克福一个集市有多少金钱毫无必要和毫无理由地从德国运出，你就会奇怪，怎么在德国境内还会留下一个铜板。法兰克福是金银的豁口，通过这个豁口从德国流出的，是在我们这里刚刚涌现、产生、铸造或打成铸币的东西；如果堵塞这个豁口，现在就会听不到这样的怨言：到处都只有债务而没有货币，乡村和城市都受着高利贷的盘剥。但是，该怎样就怎样吧；我们德国人应该始终是德国人！我们决不罢休，我们应该干。"米塞尔登在上面所引的著作（《自由贸易或贸易繁荣之道》）中希望把金银至少保留在基督教国家的范围内。他说："由于同土耳其、波斯和东印度等非基督教国家进行贸易，货币减少了。这种贸易大部分是用现金进行的，但是这和基督教国家之间的贸易完全不同。因为基督教国家之间的贸易虽然也用现金，但这些现金仍保留在基督教国家内。基督教国家之间进行的贸易中实际上也有货币的顺流和逆流，涨潮和退潮，因为这个国家欠缺，那个国家有余，有时这个地方的货币多，那个地方的货币少；货币在基督教国家范围内来回周转，但始终没有超出它的范围。可是用来同上述非基督教国家进行贸易的货币，就总是不断支出而永不返回。"

《列宁全集》第 7 卷，人民出版社 1986 年版，第 293 页。

英国报纸和保守的德国报纸都直言不讳地说政府（或弗拉基米尔）有这样的行动计划。这很可能是事实。1 月 9 日流血日事件极好地证实了这一点。但是这种计划的存在丝毫不排斥加邦神父可能是无意中成为这一计划的工具的。在俄国一部分青年僧侣中间存在着自由主义改良运动，这是不容怀疑的，因为不论在宗教哲学协会的会议上，还是在教会的书刊中，都有这个运动的代言人。这个运动甚至还获得了名称："新正教"运动。因此，不能绝对排除这种想法：加邦神父可能是虔诚的基督教社会主义者，正是流血星期日把他推上完全革命的道路。我们倾向于这种推测，何况加邦在 1 月 9 日大屠杀之后所写的信中曾说"我们没有沙皇"，并且还号召为自由而战等等。这一切都是事实，这些事实说明他的正直和诚意；因为一个奸细的任务中决不可能包括这种主张继续进行起义的强有力的鼓动。

列宁：《革命的日子》（1905 年 1 月 18 日），《列宁全集》第 9 卷，人民出版社 1987 年版卷，第 191—192 页。

托尔斯泰富于独创性，因为他的全部观点，总的说来，恰恰表现了我国革命是农民资产阶级革命的特点。从这个角度来看，托尔斯泰观点中的矛盾，的确是一面反映农民在我国革命中的历史活动所处的矛盾条件的镜子。一方面，几百年来农奴制的压迫和改革以后几十年来的加速破产，积下了无数的仇恨、愤怒和生死搏斗的决心。要求彻底铲除官办的教会，打倒地主和地主政府，消灭一切旧的土地占有形式和占有制度，清扫土地，建立一种自由平等的小农的社会生活来代替警察式的阶级国家，——这种愿望象一根红线贯穿着农民在我国革命中的每一个历史步骤，而且毫无疑问，托尔斯泰作品的思想内容，与其说符合于抽象的"基督教无政府主义"（这有时被人们看作是他的观点"体系"），不如说更符合于农民的这种愿望。

另一方面，追求新的社会生活方式的农民，是用很不自觉的、宗法式的、宗教狂的态度来看待下列问题的：这种社会生活应当是什么样子，要进行什么样的斗争才能给自己争得自由，在这个斗争中他们能有什么样的领导者，资产阶级和资产阶级知识分子对于农民革命的利益采取什么样的态度，为什么要消灭地主土地占有制就必须用暴力推翻沙皇政权？

列宁：《列夫·托尔斯泰是俄国革命的镜子》（1908 年 9 月 11 日），《列宁全集》第 17 卷，人民出版社 1988 年版，第 185—186 页。

作为一个文学流派的所谓"造神派",以及一般地把宗教成分注入社会主义的东西,它的产生,是对马克思主义基础作了非科学的因而是有害于无产阶级的解释的结果。巴库委员会着重指出,马克思主义的出现及其形成为确定的世界观,并不是和宗教成分结合的结果,而是和宗教成分进行无情斗争的结果。

> 斯大林:《党的生活》(1909 年 8 月 2 日),《斯大林全集》第 2 卷,人民出版社 1953 年版,第 147 页。

至于"政府"代表公然鼓励酗酒,作为充实国库的来源,那就不用说了。根据这一切,巴库委员会断言:无论是正在组织的戒酒代表大会和"戒酒协会"的"自由派"的说教,或者是神甫的劝导,都不能减轻、更不能根除这种由于生活不平等所造成而为专制制度所加甚的酗酒恶习。在资本主义制度的范围内,只有不以根除酗酒为目的而以把它减到最低限度为目的的斗争,才是可能的和必要的。

> 斯大林:《高加索来信》(1909 年 12 月 20 日),《斯大林全集》第 2 卷,人民出版社 1953 年版,第 162—163 页。

现在还是和从前一样,陆海军士兵为农民要求土地、为全体人民要求自由,常被沙皇的法庭判处枪毙,不久以前枪毙十七名黑海水兵的事情就是例子。这是地主拥戴的全俄专制皇帝尼古拉·罗曼诺夫在行使他的"天赐"皇权——正教行政总署里披着法衣的恶棍们以及黑帮分子普利什凯维奇和赫沃斯托夫之流所祝福的皇权。

> 斯大林:《告俄国全体男女工人书》(1912 年 12 月底 1913 年 1 月初),《斯大林全集》第 2 卷,人民出版社 1953 年版,第 236—237 页。

最后,女工和农妇是我们青年——我们国家的未来——的母亲和教养者。她们能摧残孩子的心灵,也能为我们教养出心理健全、能把我们国家推向前进的青年,这要看做母亲的是同情苏维埃制度还是做神甫、富农、资产阶级的尾巴。

> 斯大林:《纪念女工和农妇第一次代表大会五周年》(1923 年 11 月 10 日),《斯大林全集》第 5 卷,人民出版社 1957 年版,第 279 页。

路德维希:是什么激起了你的反抗行为?也许是你的父母待你不好吧?

斯大林:不是的。我的父母是没有受过教育的人,但是他们待我很不坏。而当时我读书的正教教会中学就不同了。为了抗议正教中学里所实行的侮辱人的校规和耶稣教会的办法,我决心要成为并且真的已经成为革命者，成为真正革命学说马克思主义的信仰者了。

斯大林：《和德国作家艾米尔·路德维希的谈话》（1932 年 4 月 30

日），《斯大林全集》第 13 卷，人民出版社 1956 年版，第 99—100 页。

4. 恩格斯论早期基督教的作用

另一种异教则有完全不同的性质，这种异教是农民和平民的要求的直接表现，并且几乎总是同起义结合在一起的。这种异教虽然也同意市民异教关于僧侣、教皇权力以及恢复原始基督教教规的一切要求，但是它却走得更远。它要求在教区成员间恢复原始基督教的平等关系，要求承认这种关系也是市民间的准则。它从"上帝儿女的平等"得出有关市民平等的结论，甚至已经部分地得出有关财产平等的结论。它要求贵族同农民平等，要求城市贵族和享有特权的市民同平民平等，它要求取消徭役、地租、捐税、特权，要求至少消除那些极其悬殊的贫富差别——这些要求，都是带着或多或少的明确性提出来的，而且被说成是原始基督教教义的必然结论。这种农民平民异教，在封建制度全盛时期，例如在阿尔比派中，还不易同市民异教相区别，但是到了 14 和 15 世纪，它就发展成一种与市民异教截然不同的派别见解了，这时，农民平民异教通常总是完全独立地出现，同市民异教并立。例如在英国，在威克利夫运动之外有瓦特·泰勒起义①的传教者约翰·保尔。又如在波希米亚，在加里克斯廷派之外有塔博尔派②。在塔博尔派里，甚至已经在神权政治的掩饰下出现了共和制倾向，而在 15 世纪末 16 世纪初，德国的平民代表人物又进一步发展了这种倾向。

———————

① 1381 年的瓦特·泰勒起义是中世纪英国最大一次反封建的农民起义。领导人除泰勒外还有传教人约翰·保尔。起义席卷了全国大部分郡。6 月，起义者在城市贫民的支持下进入伦敦。起义者同国王谈判要求废除农奴制（迈尔恩德纲领），归还村社土地，一切等级平等（斯密茨菲尔德纲领）。起义领袖泰勒在与国王谈判时被谋杀。起义虽遭镇压，但对农奴制和徭役制的废除起到了促进作用。

② 塔博尔派是 15 世纪上半叶同德国封建主和天主教会进行斗争的波希米亚胡斯派民族解放运动和宗教改革运动中革命的、民主的一翼。塔博尔派之名得自 1420 年建成并成为该派政治中心的城市塔博尔。该派建立了自己的军队，领袖之一是扬·杰士卡，基本群众是农民和城市平民，其中大多数人主张消除封建所有制和封建特权，没收天主教会财产，建立一个"没有国王的国家"，并试图在消费方面实行平均共产主义的原则。该派曾经联合胡斯运动中的温和派——圣杯派，多次击退教皇和德意志皇帝对波希米亚的征讨，后来由于圣杯派与天主教势力妥协，塔博尔派于 1437 年遭到失败，胡斯运动也随之被镇压下去。

恩格斯：《德国农民战争》（1850 年夏—秋），《马克思恩格斯文集》第 2 卷，人民出版社 2009 年版，第 237—238 页。

从平民的这种地位就可以解释，为什么平民集团早在当时就不可能仅限于反对封建制度和享有特权的城关市民①，为什么这个集团——至少在幻想里——甚至已经超出当时刚刚萌生的现代资产阶级社会，为什么这个完全无产的集团早在当时就必然对一切以阶级对立为基础的社会形式所共有的公共机构、观点和看法提出疑问。原始基督教中的锡利亚式狂想②同这类想法就很容易联系起来。但是，这种超越不仅超出了现在，甚至超出了未来，因此，它只能是武断的、空想的超越，而在第一次付诸实践的尝试之后，就不得不退到当时条件所容许的有限范围中去。对私有制的攻击，对财产公有制的要求，都必然烟消云散，结果出现的只是原始的慈善团体；意义模糊的基督教平等，至多只能归结为资产阶级的"法律面前一律平等"；要废除一切官厅，最后变成了要建立民选的共和政府。这种靠幻想来对共产主义所作的预见，在实际上成了对现代资产阶级关系的预见。

恩格斯：《德国农民战争》（1850 年夏—秋），《马克思恩格斯文集》第 2 卷，人民出版社 2009 年版，第 238—239 页。

一切人——希腊人、罗马人和野蛮人，自由民和奴隶，本国人和外国人，公民和被保护民等等——的平等，在古希腊罗马人看来，不仅是发疯的，而且是犯罪的，它的萌芽在基督教中始终一贯地受到迫害。——在基督教中，最初是一切人作为罪人在上帝面前的消极的平等，以及更狭隘意义上的平等，即那些被基督的仁慈和血拯救过来的上帝的孩子们的平等。这两种看法是从基督教作为奴隶、被放逐者、遭排挤者、受迫害者、被压迫者的宗教所起的作用中产生的。随着基督教的胜利，这种因素便退居次要地位；教徒和非教徒、正教徒和异教徒的对立则成为紧接着出现的主要问题。——随着城市的兴起，以及或多或少有所发展的资产阶级和无产阶级的因素的相应出现，作为资产阶级存在条件的平等要求，也必然逐渐地

---

① 城关市民指中世纪居住在原城区界桩以外的居民。城市往往为提高防御能力而给他们以公民权。

② 锡利亚一词源于希腊文 Chilioi，意为一千。锡利亚教义产生于奴隶制度解体时期，宣传基督复临，在世上建立公正、平等和幸福的"千年王国"的宗教神秘主义学说，它反映了农民和城市贫民的心态。恩格斯把这种信仰称作"锡利亚式狂想"。在基督教早期，这种信仰流传很广，后来经常出现在中世纪各种教派的教义中。

再度提出，而与此相连的必然是无产阶级从政治平等中引申出社会平等的结论。这一点最先明确地表现在农民战争中，当然，采取了宗教形式。

> 恩格斯：《〈反杜林论〉的准备材料》（1876—1877 年），《马克思恩格斯文集》第 9 卷，人民出版社 2009 年版，第 353 页。

基督教只承认一切人的一种平等，即原罪的平等，这同它曾经作为奴隶和被压迫者的宗教的性质是完全适合的。此外，基督教至多还承认上帝的选民的平等，但是这种平等只是在开始时才被强调过。在新宗教的最初阶段同样可以发现财产共有的痕迹，这与其说是来源于真正的平等观念，不如说是来源于被迫害者的团结。僧侣和俗人对立的确立，很快就使这种基督教平等的萌芽也归于消失。——日耳曼人在西欧的横行，逐渐建立了空前复杂的社会的和政治的等级制度，从而在几个世纪内消除了一切平等观念，但是同时使西欧和中欧卷入了历史的运动，在那里第一次创造了一个牢固的文化区域，并在这个区域内第一次建立了一个由互相影响和互相防范的、主要是民族国家所组成的体系。这样就准备了一个基础，后来只是在这个基础上才有可能谈人的平等和人权的问题。

> 恩格斯：《反杜林论》（1876 年 9 月—1878 年 6 月），《马克思恩格斯文集》第 9 卷，人民出版社 2009 年版，第 109—110 页。

从中世纪的自由思想者①到 18 世纪的启蒙学者中间，一直流行着这样一种观点，即认为一切宗教，包括基督教在内，都是骗子的捏造。但是，自从黑格尔向哲学提出了说明世界历史中的理性发展的任务②之后，上述观点便再也不能令人满意了。

事情很清楚，自发的宗教，如黑人对物神的膜拜或雅利安人③共有的原始宗教，在它们产生的时候，并没有欺骗的成分，但在以后的发展中，僧侣的欺诈很快就成为不可避免的了。至于人为的宗教，虽然充满着虔诚的狂热，但在其创立的时候，便少不了欺骗和伪造历史，而基督教，正如

---

①　自由思想者指对宗教信条持怀疑和批判态度，坚持用理性来评价宗教教义、主张在探索真理的过程中捍卫理性自由的人。早在 10 世纪，就有一些自由思想者在巴格达对犹太教、基督教和伊斯兰教进行比较，指出这三种宗教的创立者摩西、耶稣和穆罕默德都是骗子。这种观点后来传到欧洲，直到启蒙运动时期仍然在产生影响。

②　黑格尔：《历史哲学讲演录》1840 年柏林第 2 版，第 11—15 页。

③　雅利安人是欧洲 19 世纪文献中对印欧语系各民族的总称。

鲍威尔在考证新约①时所指出的，也一开始就在这方面做出了可观的成绩。但这只是指出了一般现象，并没有说明这里所要谈的具体情况。

对于一种征服罗马世界帝国、统治文明人类的绝大多数达1800年之久的宗教，简单地说它是骗子凑集而成的无稽之谈，是不能解决问题的。只有根据宗教借以产生和取得统治地位的历史条件，去说明它的起源和发展，才能解决问题。对基督教更是这样。这里要解决的问题是：为什么罗马帝国的民众，在一切宗教中特别爱好这种还是由奴隶和被压迫者所宣扬的无稽之谈，以致野心勃勃的君士坦丁最后竟认为接受这种荒诞无稽的宗教，是自己一跃而为罗马世界独裁者的最好手段？

> 恩格斯：《布鲁诺·鲍威尔和原始基督教》（1882年4月下半月），《马
> 克思恩格斯文集》第3卷，人民出版社2009年版，第591—592页。

其次，基督教拨动的琴弦，必然会在无数人的心胸中唤起共鸣。人们抱怨时代的败坏、普遍的物质匮乏和道德沦丧。对于这一切抱怨，基督教的罪孽意识回答道：事情就是这样，并且只能是这样，世界的堕落，罪在于你，在于你们大家，在于你和你们自己内心的堕落！哪里会有人说这是不对的呢？罪在我〔Mea culpa〕！承认每个人在总的不幸中都有一份罪孽，这是无可非议的，这种承认也成了基督教同时宣布的灵魂得救的前提。并且，这种灵魂得救被安排得使每个旧宗教团体的成员都易于理解。一切旧宗教都熟悉献祭赎罪这一观念，它能使被亵渎的神怒气冰释。那么，一位中间调停人牺牲自己永远赎清人类罪孽的观念，怎么会不容易获得地盘呢？这样，由于基督教把人们的普遍堕落罪在自己这一普遍流行的感觉，明白地表现为每个人的罪孽意识；同时，由于基督教通过它的创始人的牺牲，为普遍渴求的摆脱堕落世界而获取内心得救即心灵上的安慰提供了人人容易理解的形式，它就再一次证实自己能够成为世界宗教——而且是适合于现世的宗教。

> 恩格斯：《布鲁诺·鲍威尔和原始基督教》（1882年4月下半月），
> 《马克思恩格斯文集》第3卷，人民出版社2009年版，第599页。

原始基督教的历史与现代工人运动有些值得注意的共同点。基督教和

---

① 布·鲍威尔对新约进行考证的著作主要有：《约翰的福音故事考证》1840年不来梅版；《符类福音作者的福音故事考证》1841年莱比锡版第1、2卷；《符类福音作者和约翰的福音故事考证》1842年不伦瑞克版第3卷；《福音书及其起源的史实考证》1850—1852年柏林版第1—4卷；《使徒行传。保罗教义和犹太教在基督教会内部的调和》1850年柏林版以及《保罗书信考证（分三个部分论述）》1850—1852年柏林版。

后者一样，在产生时也是被压迫者的运动：它最初是奴隶和被释奴隶、穷人和无权者、被罗马征服或驱散的人们的宗教。基督教和工人的社会主义都宣传将来会从奴役和贫困中得救；基督教是在死后的彼岸生活中，在天国里寻求这种得救，而社会主义则是在现世里，在社会改造中寻求。两者都遭受过迫害和排挤，信从者遭到放逐，被待之以非常法：一种人被当做人类的敌人，另一种人被当做国家、宗教、家庭、社会秩序的敌人。虽然有这一切迫害，甚至还直接由于这些迫害，基督教和社会主义都胜利地、势不可挡地为自己开辟前进的道路。基督教在产生 300 年以后成了罗马世界帝国的公认的国教，而社会主义则在 60 来年中争得了一个可以绝对保证它取得胜利的地位。

所以，如果说安东·门格尔教授先生在其所著《十足劳动收入权》一书中表示惊异：为什么在罗马皇帝时代土地占有大集中的情况下，在几乎纯粹由奴隶构成的当时的工人阶级受着无限痛苦的情况下，"社会主义并没有随着西罗马帝国的灭亡而出现"，那是他恰恰没有注意到：这个"社会主义"在当时可能的程度上，确实是存在过的，甚至还取得了统治地位——那就是基督教。只是这种基督教——由于历史的先决条件，也不可能是别个样子，只能希望在彼岸世界，在天国，在死后的永生中，在即将来临的"千年王国"中实现社会改造，而不是在现世里。

恩格斯：《论原始基督教的历史》（1894 年 6 月 19 日—7 月 16 日），《马克思恩格斯文集》第 4 卷，人民出版社 2009 年版，第 475—476 页。

同样，最初的基督徒的情况也是如此。旧世界解体过程所解放出来的，也就是所扔出来的各种分子，都一个接一个地掉进基督教的引力圈子里——基督教是唯一抵抗了这一解体过程（因为基督教本身就是它的必然产物）从而得以保存下来并且不断成长起来的成分，而其他成分则只不过是短命蜉蝣而已。每一种狂想、胡说或骗术都会钻进年轻的基督教会，找到热心的听众和热诚的信徒，至少在一些地方和一段时期不会找不到。

恩格斯：《论原始基督教的历史》（1894 年 6 月 19 日—7 月 16 日），《马克思恩格斯文集》第 4 卷，人民出版社 2009 年版，第 480 页。

最初的基督徒来自什么样的人呢？主要来自属于人民最低阶层的"受苦受难的人"，革命因素总是这样形成的。这些人之中都有些什么人呢？在城市里，是形形色色的破产的自由人，他们很像美国南部各蓄奴州的"白

种贫民"或在殖民地口岸和中国口岸流浪并从事冒险的欧洲人，此外还有
被释的奴隶和特别是未被释的奴隶；在意大利、西西里、阿非利加的大庄
园里，是奴隶；在各行省农业地区，是日益陷入债务奴役的小农。对所有
这些人说来，绝对不存在任何共同的求得解放的道路。对所有这些人说来，
天堂已经一去不复返；破产的自由人的天堂是他们先人曾在其中作自由公
民的过去那种既是城市、又是国家的城邦；战俘奴隶的天堂是被俘和成为
奴隶以前的自由时代；小农的天堂是已经被消灭的氏族制度和土地公有制。
所有这一切，都被罗马征服者用荡平一切的铁拳消灭净尽了。古代所达到
的最大的社会群，是部落以及亲属部落的联盟；野蛮人的组织的基础是氏
族联系，而建立起城市的希腊人和意大利人的组织则以包括一个或几个部
落的城邦为基础。菲力浦和亚历山大使希腊半岛得到政治的统一，但是希
腊民族还没有就此建成。民族［Nation］只是由于罗马世界统治的衰亡才
成为可能。罗马的世界统治一下子永远结束了小的联盟；军事暴力、罗马
的审判权、税收机构彻底瓦解了传统的内部组织。除失去独立和自己特有
的组织而外，更加之以军事和民政当局的强暴掠夺：它们先夺走被征服者
的资财，然后又以重利贷给他们，为的是让他们能够交纳新的苛捐杂税。
在纯自然经济的地区或者以自然经济为主的地区，沉重的赋税以及由此引
起的对货币的需要，使农民越来越深地陷入被高利贷者奴役的境地，造成
了巨大的财产差异，使富者更富，贫者赤贫。对于巨大的罗马世界强权，
零散的小部落或城市进行任何反抗都是无望的。被奴役、受压迫、沦为赤
贫的人们的出路在哪里？他们怎样才能得救？所有这些彼此利益各不相同
甚至互相冲突的不同的人群的共同出路在哪里？可是为了使所有这些人都
卷入一个统一的伟大革命运动，必须找到这样一条出路。

　　这样的出路找到了。但不是在现世。在当时的情况下，出路只能是在
宗教领域内。于是另一个世界打开了。肉体死后灵魂继续存在，就渐渐成
为罗马世界各地公认的信条。死后的灵魂将为其生前的行为受到某种报偿
或惩罚这一信念，也越来越为大家所接受。

恩格斯：《论原始基督教的历史》（1894 年 6 月 19 日—7 月 16 日），《马

克思恩格斯文集》第 4 卷，人民出版社 2009 年版，第 492—493 页。

5. 马克思青年时代论基督教信仰的作用

　　因此，在同基督的结合中，我们首先是用爱的眼神注视上帝，感到对

他有一种最热忱的感激之情，心悦诚服地拜倒在他的面前。

在这之后，在一轮更加绚丽的太阳由于我们同基督结合为一体而为我们升起的时候，在我们充分地感觉到自己的卑贱，同时又为自己得到拯救而欢呼的时候，我们才会爱上那位先前我们认为是受辱的主宰者，而现在看来却是宽宏大量的父亲、善良的教导者的上帝。

但是，葡萄枝蔓不仅会仰望栽种葡萄的人；如果它能有感觉的话，它会紧紧贴在藤上，它会感觉到自己与葡萄藤和长在藤上的其他葡萄枝蔓最紧密地联结在一起；它会爱其他枝蔓，因为是同一个栽种葡萄的人照料着它们，是同一个藤身给它们以力量。

因此，同基督结合为一体，就是同基督实现最密切和最生动的精神交融，我们眼睛看到他，心中想着他，而且由于我们对他满怀最崇高的爱，我们同时也就把自己的心向着我们的弟兄们，因为基督将他们和我们紧密联结在一起，并且他也为他们而牺牲自己。

但是，这种对基督的爱不是徒劳的，这种爱不仅使我们对基督满怀最纯洁的崇敬和爱戴，而且使我们遵从他的命令，彼此为对方作出牺牲，做一个有德行的人，但只是出于对他的爱而做一个有德行的人。（《约翰福音》第 15 章第 9、10、12、13 和 14 节）

这就是使基督教的德行与任何别的德行区别开来，并使它超越于任何别的德行之上的一条鸿沟，这就是使人同基督结合为一体的最伟大的作用之一。

在这里，德行已经不是斯多亚派哲学①所描绘的那种阴暗的讽刺画；它也不是我们在一切信奉异教的民族那里所遇到的那种关于义务的严峻学

---

① 斯多亚主义是公元前 4—3 世纪产生于古希腊的一个哲学派别，因其创始人芝诺通常在雅典集市的画廊讲学，又称画廊学派（画廊的希腊文是"stoa"）。斯多亚派哲学分为逻辑学、物理学和伦理学，以伦理学为中心，逻辑学和物理学只是为伦理学提供基础。这个学派主要宣扬服从命运并带有浓厚宗教色彩的泛神论思想，其中既有唯物主义倾向，又有唯心主义思想。早期斯多亚派认为认识来源于对外界事物的感觉，但又承认关于神、善恶、正义等的先天观念。他们把赫拉克利特的火和逻各斯看成一个东西，认为宇宙实体既是物质性的，同时又是创造一切并统治万物的世界理性，也是神、天命和命运，或称自然。人是自然的一部分，也受天命支配，人应该顺应自然的规律而生活，即遵照理性和道德而生活。合乎理性的行为就是德行，只有德行才能使人幸福。人要有德行，成为善人，就必须用理性克制情欲，达到清心寡欲以至无情无欲的境界。中期斯多亚派强调社会责任、道德义务，加强了道德生活中的禁欲主义倾向。晚期斯多亚派宣扬安于命运，服从命运，认为人的一生注定是有罪的、痛苦的，只有忍耐和克制欲望，才能摆脱痛苦和罪恶，得到精神的安宁和幸福。晚期斯多亚派的伦理思想为基督教的兴起准备了思想条件。

说的产物，一切德行都是出于对基督的爱，出于对神的爱，正因为出于这种纯洁的根源，德行才摆脱了一切世俗的东西而成为真正神性的东西。任何令人讨厌的方面都隐匿不见了，一切世俗的东西都沉没了，所有粗野的东西都消失了，德行变得更加超凡脱俗，同时也变得更加温和、更近人情。

> 马克思：《根据〈约翰福音〉第 15 章第 1 至 14 节论信徒同基督结合为一体，这种结合的原因和实质，它的绝对必要性和作用》（1835 年 8 月 10 日），《马克思恩格斯全集》第 1 卷，人民出版社 1995 年版，第 452—453 页。

因此，同基督结合为一体可使人内心变得高尚，在苦难中得到安慰，有镇定的信心和一颗不是出于爱好虚荣，也不是出于渴求名望，而只是为了基督而向博爱和一切高尚而伟大的事物敞开的心。可见，同基督结合为一体会使人得到一种快乐，这种快乐是伊壁鸠鲁主义者①在其肤浅的哲学中，比较深刻的思想家在知识的极其隐秘的深处企图获得而又无法获得的，这种快乐只有同基督并且通过基督同上帝结合在一起的天真无邪的童心，才能体会得到，这种快乐会使生活变得更加美好和崇高（《约翰福音》第 15 章第 11 节）。

> 马克思：《根据〈约翰福音〉第 15 章第 1 至 14 节论信徒同基督结合为一体，这种结合的原因和实质，它的绝对必要性和作用》（1835 年 8 月 10 日），《马克思恩格斯全集》第 1 卷，人民出版社 1995 年版，第 453—454 页。

---

① 伊壁鸠鲁主义是公元前 4—3 世纪产生于古希腊的一个哲学派别，因其创始人伊壁鸠鲁在雅典自家花园中宣讲他的原子说和无神论，也称为花园学派。伊壁鸠鲁哲学包括物理学（关于自然界的学说）、准则学（关于认识的学说）和伦理学。伊壁鸠鲁对自然界作了唯物主义的解释，进一步发展了德谟克利特的原子论学说，认为原子有三种运动：直线式的下落运动、脱离直线的偏斜运动和由此产生的碰撞运动，从而提出了物质运动的内在源泉思想。在认识论上，他认为感觉是判断真理的标准。在伦理学方面，伊壁鸠鲁认为，由于组成人的灵魂的原子具有脱离直线作偏斜运动的倾向，因而人的行为有可能脱离命定的必然性，获得意志和行为的自由。他斥责对神的崇拜和迷信，蔑视命运，强调事在人为，认为人类行为的目的是从痛苦和恐惧中解放出来，求得快乐，快乐是幸福生活的目的。是善的唯一标准，人应当通过哲学认识自然和人生，用理性规划自己的生活。在社会政治观点方面，他首先提出了原始的社会契约说。

五　论宗教与政治

1. 宗教与国家

不是古代宗教的灭亡引起古代国家的毁灭，相反，是古代国家的灭亡引起了古代宗教的毁灭。

马克思：《〈科隆日报〉第 179 号的社论》（1842 年 6 月 28 日—7 月 3 日），《马克思恩格斯全集》第 1 卷，人民出版社 1995 年版，第 213 页。

教会权力的这种从属地位是和基督教的精神相抵触的，因此，使自命为基督教国家的国家重新把教会的那种不依赖于国家的独立地位归还给教会便是天经地义的事了。但是这种回到天主教去的做法仍然是行不通的；同样，教会要获得彻底解放，不摧毁国家的主要基石是不行的；因此，在这种情况下就得采取调和的办法。

恩格斯：《普鲁士国王弗里德里希—威廉四世》（1842 年 10 月左右），《马克思恩格斯全集》第 1 卷，人民出版社 1956 年版，第 538 页。

黑格尔从国家出发，把人变成主体化的国家。民主制从人出发，把国家变成客体化的人。正如同不是宗教创造人，而是人创造宗教一样，不是国家制度创造人民，而是人民创造国家制度。在某种意义上，民主制对其他一切国家形式的关系，同基督教对其他一切宗教的关系是一样的。基督教是卓越超绝的宗教，宗教的本质，作为特殊宗教的神化的人。民主制也是一样，它是一切国家制度的本质，作为特殊国家制度的社会化的人。它对其他形式的国家制度的关系，同类对自己的各个种的关系是一样的。然而，在这里，类本身表现为一个存在物，因此，对其他不适合自己的本质的存在物来说，它本身表现为一个特殊的种。民主制对其他一切国家形式的关系，就像对自己的旧约全书的关系一样。在民主制中，不是人为法律而存在，而是法律为人而存在；在这里法律是人的存在，而在其他国家形式中，人是法定的存在。民主制的基本特点就是这样。

马克思：《黑格尔法哲学批判》（1843 年夏—1844 年秋），《马克思恩格斯全集》第 3 卷，人民出版社 2002 年版，第 40 页。

政治制度到目前为止一直是宗教领域，是人民生活的宗教，是同人民生活现实性的尘世存在相对立的人民生活普遍性的天国。政治领域是国家中唯一的国家领域，是这样一种唯一的领域，它的内容同它的形式一样，是类的内容，是真正的普遍东西，但因为这个领域同其他领域相对立，所以它的内容也成了形式的和特殊的。现代意义上的政治生活就是人民生活的经院哲学。君主制是这种异化的完备表现。共和制则是这种异化在它自己领域内的否定。不言而喻，政治制度本身只有在各私人领域达到独立存在的地方才能发展起来。在商业和地产还不自由、还没有达到独立的地方，也就不会有政治制度。中世纪是不自由的民主制。

马克思：《黑格尔法哲学批判》（1843 年夏—1844 年秋），《马克思恩格斯全集》第 3 卷，人民出版社 2002 年版，第 42 页。

犹太教徒、基督徒、一般宗教信徒的政治解放，是国家从犹太教、基督教和一般宗教中解放出来。当国家从国教中解放出来，就是说，当国家作为一个国家，不信奉任何宗教，确切地说，信奉作为国家的自身时，国家才以自己的形式，以自己本质所固有的方式，作为一个国家，从宗教中解放出来。摆脱了宗教的政治解放，不是彻头彻尾、没有矛盾地摆脱了宗教的解放，因为政治解放不是彻头彻尾、没有矛盾的人的解放方式。

马克思：《论犹太人问题》（1843 年 10 月中—12 月中），《马克思恩格斯文集》第 1 卷，人民出版社 2009 年版，第 28 页。

人把宗教从公法领域驱逐到私法领域中去，这样人就在政治上从宗教中解放出来。宗教不再是国家的精神；因为在国家中，人——虽然是以有限的方式，以特殊的形式，在特殊的领域内——是作为类存在物和他人共同行动的；宗教成了市民社会的、利己主义领域的、一切人反对一切人的战争①的精神。它已经不再是共同性的本质，而是差别的本质。它成了人同自己的共同体、同自身并同他人分离的表现——它最初就是这样的。它只不过是特殊的颠倒、私人的奇想和任意行为的抽象教义。例如，宗教在

---

① 一切人反对一切人的战争（Bellum omnium contra omnes）是英国哲学家托·霍布斯的用语，出自他 1642 年的论文《论公民》中的致读者序（《霍布斯哲学著作集》1668 年阿姆斯特丹版第 1 卷，第 7 页）以及他的《利维坦：或教会国家和市民国家的实质、形式和权力》1651 年伦敦版的拉丁文译本（《霍布斯哲学著作集》1668 年阿姆斯特丹版第 2 卷，第 83 页）。霍布斯认为，人的自然状态，即市民社会之外的状态，是一切人反对一切人的战争；为了克服这种状态，人们必须通过契约来建立国家。

北美的不断分裂，使宗教在表面上具有纯粹个人事务的形式。它被推到许多私人利益中去，并且被逐出作为共同体的共同体。但是，我们不要对政治解放的限度产生错觉。人分为公人和私人，宗教从国家向市民社会的转移，这不是政治解放的一个阶段，这是它的完成；因此，政治解放并没有消除人的实际的宗教笃诚，也不力求消除这种宗教笃诚。

马克思：《论犹太人问题》（1843 年 10 月中—12 月中），《马克思恩格斯文集》第 1 卷，人民出版社 2009 年版，第 32 页。

的确，那种把基督教当做自己的基础、国教，因而对其他宗教抱排斥态度的所谓基督教国家，并不就是完成了的基督教国家，相反，无神论国家、民主制国家，即把宗教归为市民社会的其他要素的国家，才是这样的国家。那种仍旧持神学家观点、仍旧正式声明自己信奉基督教、仍旧不敢宣布自己成为国家的国家，在其作为国家这一现实性中，还没有做到以世俗的、人的形式来反映人的基础，而基督教是这种基础的过分的表现。所谓基督教国家只不过是非国家，因为通过现实的人的创作所实现的，并不是作为宗教的基督教，而只是基督教的人的背景。

所谓基督教国家，就是通过基督教来否定国家，而决不是通过国家来实现基督教。仍然以宗教形式信奉基督教的国家，还不是以国家形式信奉基督教，因为它仍然从宗教的角度对待宗教，就是说，它不是宗教的人的基础的真正实现，因为它还诉诸非现实性，诉诸这种人的实质的虚构形象。所谓基督教国家，就是不完善的国家，而且基督教对它来说是它的不完善性的补充和神圣化。因此，宗教对基督教国家来说必然成为手段，基督教国家是伪善的国家。完成了的国家由于国家的一般本质所固有的缺陷而把宗教列入自己的前提，未完成的国家则由于自己作为有缺陷的国家的特殊存在所固有的缺陷而声称宗教是自己的基础，二者之间是有很大差别的。在后一种情况下，宗教成了不完善的政治。在前一种情况下，甚至完成了的政治具有的那种不完善性也在宗教中显露出来。所谓基督教国家需要基督教，是为了充实自己而成为国家。民主制国家，真正的国家则不需要宗教从政治上充实自己。确切地说，它可以撇开宗教，因为它已经用世俗方式实现了宗教的人的基础。而所谓基督教国家则相反，既从政治的角度对待宗教，又从宗教的角度对待政治。当它把国家形式降为外观时，也就同样把宗教降为外观。

马克思：《论犹太人问题》（1843 年 10 月中—12 月中），《马克思恩格斯文集》第 1 卷，人民出版社 2009 年版，第 33—34 页。

可见，我们已经表明，摆脱了宗教的政治解放让宗教持续存在，虽然不是享有特权的宗教。任何一种特殊宗教的信徒同自己的公民身份的矛盾，只是政治国家和市民社会之间的普遍世俗矛盾的一部分。基督教国家的完成，就是国家表明自己是国家，并且不理会自己成员信奉的宗教。国家从宗教中解放出来并不等于现实的人从宗教中解放出来。

马克思：《论犹太人问题》（1843 年 10 月中—12 月中），《马克思恩格斯文集》第 1 卷，人民出版社 2009 年版，第 37—38 页。

古代根本不懂主体权利，它的整个世界观实质上是抽象的、普遍的、实体性的，因此古代没有奴隶制就不可能存在。基督教日耳曼世界观以抽象的主体性，从而以任意、内在性、唯灵论作为基本原则同古代相对抗；但是，正因为这种主体性是抽象的、片面的，所以它必然会立刻变成自己的对立物，它所带来的也就不是主体的自由，而是对主体的奴役。抽象的内在性变成了抽象的外在性，即人的贬低和外在化，这一新原则造成的第一个后果，就是奴隶制以另一种形式即农奴制的形式重新出现；这种形式不像奴隶制那样令人厌恶，却因此而更虚伪和不合乎人性。废除封建制度，实行政治改革，也就是说，表面上承认理性从而使非理性真正达到顶点，从表面上看这是消灭了农奴制，实际上只是使它变得更不合乎人性和更普遍。政治改革第一次宣布：人类今后不应该再通过强制即政治的手段，而应该通过利益即社会的手段联合起来。它以这个新原则为社会的运动奠定了基础。虽然这样一来它就否定了国家，但是，另一方面，它恰好又重新恢复了国家，因为它把在此以前被教会所篡夺的内容归还给国家，从而给予这个在中世纪时并无内容也无意义的国家以重新发展的力量。在封建主义的废墟上产生了基督教国家，这是基督教世界秩序在政治方面达到的顶点。由于利益被升格为普遍原则，这个基督教世界秩序也在另一方面达到了顶点。因为利益实质上是主体的、利己的、单个的利益，这样的利益就是日耳曼基督教的主体性原则和单一化原则的最高点。利益被升格为人类的纽带——只要利益仍然正好是主体的和纯粹利己的——就必然会造成普遍的分散状态，必然会使人们只管自己，使人类彼此隔绝，变成一堆互相排斥的原子；而这种单一化又是基督教的主体性原则的最终结果，也就是基督教世界秩序达到的顶点。——其次，只要外在化的主要形式即私有制仍然存在，利益就必然是单个利益，利益的统治必然表现为财产的统治。封建奴役制的废除使"现金支付成为人们之间唯一的纽带"。这样一来，财产，这个同人的、精神的要素相对立的自然的、无精神内容的要素，就被捧上宝座，最后，为了完成这种外在化，金钱，这个财产的外在化了的空洞抽象物，就成了世界的统治者。人已经不再是人的奴隶，而变成了物的奴隶；人的关系的颠倒完成了；现代生意经世界的奴役，即一种完善、发达而普遍的出卖，比封建时代的农奴制更不合乎人性、更无所不包；卖淫比初夜权更不道德、更残暴。——基督教世界秩序再也不能向前发展了；它必然要在自身内部崩溃并让位给合乎人性、合乎理性的制度。基督教国家只是一般国家所能采取的最后一种表现形式；随着基督教国家的衰亡，国家本身也必然要衰亡。人类分解为一大堆孤立的、互相排斥的原子，这种情况本身就是一切同业公会利益、民族利益以及一切特殊利益的消灭，是人类走向自由的自主联合以前必经的最后阶段。人，如果正像他现在接近于要做的那样，要重新回到自身，那么通过金钱的统治而完成外在化，就是必由之路。

英国的社会革命大大地发展了封建制度的废除所引起的这些结果，以致基督教世界秩序灭亡的危机已经为期不远；而且，这个危机时代，虽然不能准确地从年份和量上加以预测，但可以确切地从质上加以预测：一旦废除了谷物法并实行了人民宪章，也就是说，一旦金钱贵族在政治上战胜了门阀世族，而工人民主派又在政治上战胜了金钱贵族，这个危机就必然到来。

恩格斯：《英国状况——十八世纪》（1844 年 1 月初—2 月初），《马克思恩格斯文集》第 1 卷，人民出版社 2009 年版，第 93—95 页。

我们先从君主要素谈起。每个人都知道，英国的拥有最高权力的君王，不论是男的还是女的，具有什么样的意义。国王的权力实际上已经等于零，如果这一举世皆知的情况还需要证据，那么下面的事实就足以为证：反对国王的一切斗争已经停止了一百多年，甚至激进民主主义的宪章派也认为把自己的时间用于做什么事也比用来进行这种斗争要好些。那么在理论上分配给国王的三分之一立法权究竟何在呢？虽然如此——在这一点上恐惧达到了顶点——英国宪法没有君主制是不可能存在的。如果撤去国王这个

"主体顶点"，整个这一座人造的建筑物便会倾倒。英国宪法是一座颠倒的金字塔，塔顶同时又是底座。而且君主要素在现实中变得越不重要，它对英国人来说就越重要。大家知道，没有一个地方比英国更崇拜无支配权的人物了。英国报纸在卑躬屈膝的奴性方面远远超过德国报纸。然而这样令人作呕地膜拜国王本身，崇拜一个空空洞洞毫无内容的表象，——不是表象，是"国王"这个词，——这是君主制的完成，正如同崇拜"神"这个简单的词是宗教的完成一样。国王这个词是国家的本质，正像神这个词是宗教的本质一样，尽管这两个词什么意义也没有。在这两种情况下最重要的事是不提隐藏在这两个词后面的重要东西即人。

恩格斯：《英国状况——英国宪法》（1844 年 2 月中—3 月中），《马克思恩格斯全集》第 3 卷，人民出版社 2002 年版，第 562—563 页。

因此，英国现在正从确定的基督教国家向不确定的基督教国家过渡，正在向一个不以确定的宗教信仰为基础，而以现存各种宗教信仰的折中即以不确定的基督教为基础的国家过渡。当然，旧的、确定的基督教国家就已经反对人们的不信教，1699 年的叛教法①又以剥夺消极公民权、以监禁来惩治不信教的人；这个法令一直没有被废除，但也从没有再实施过。另一个起源于伊丽莎白女王时代的法律规定：凡没有正当理由星期日不到教堂做礼拜者（如果我没有弄错的话，甚至还规定要到圣公会的教堂，因为伊丽莎白女王不承认非国教徒的小教堂），课以罚款或监禁。这条法律在乡村中现在还经常实施。甚至在这里，在离曼彻斯特只有几小时路程的文明的兰开夏郡，也有几个过分虔诚的治安法官，他们——正如曼彻斯特的议员米·吉布森两星期前在下院所证实的——对许多忽略上教堂做礼拜的人有时判处长达六个星期的监禁。但是，对不信教实行制裁的主要法律是：凡不相信上帝或不相信彼岸有赏罚的人，不能够宣誓，并且按渎神论处。凡企图引起人们轻视圣经或基督教以及直接否认上帝存在的行为，都被认为是渎神；对这种行为的惩罚有监禁——通常为一年——和罚款。

---

①　恩格斯所说的叛教法显然是指下面所说的渎神法，即为更有力地镇压不敬神和渎神而制定并于 1698 年生效的法令。法令扩充了惩罚渎神行为的习惯法，规定凡以语言、学说或文字否认上帝的三位一体、基督教的真理和圣经的权威者，不得担任神职、文职和军职。违法者，即予解除职务；重犯者，判三年监禁，并宣布其不得执行民事诉讼、不能充当监护人、遗嘱执行人，不能获得遗产，不能担任官职。为了更有效地惩罚渎神行为和诽谤性出版物，1819 年又有两项法律生效。

然而，就连这个不确定的基督教国家，在它借助立法手续得到正式认可以前，已经趋于崩溃。前面说过，叛教法已经完全过时；上教堂做礼拜的规定差不多也已过时，只在例外的情况下才执行；同样，渎神法也开始过时——多亏英国的社会主义者特别是理查·卡莱尔的大无畏精神——只是在某些地方，特别是迷信的地区如爱丁堡才实施；在有可能的地方，甚至撤销了不许可宣誓令。基督教政党已经变得十分脆弱，正如它自己所看到的，要是严格实施这些法律，就会使它们很快遭到废除，因此这个政党宁愿保持缄默，以便使基督教立法这把达摩克利斯剑至少照旧悬在不信教者的头顶上，也许还可以继续起到威吓和警告的作用。

> 恩格斯：《英国状况——英国宪法》（1844 年 2 月中—3 月中），《马克思恩格斯全集》第 3 卷，人民出版社 2002 年版，第 573—574 页。

鲍威尔先生没有去研究现代国家对宗教的现实关系，就必然要幻想出一个批判的国家来，这样的国家其实无非就是那种在自己的幻想中狂妄地自认为体现着国家的神学批判家。每当鲍威尔先生陷入政治的时候，他总是重新把政治当做自己的信仰即批判的信仰的俘虏。只要他研究国家，他总是把它变成对付"敌人"即非批判的宗教和神学的论据。国家以批判神学的心愿的实现者身份来效力尽职。

当鲍威尔先生第一次摆脱了正统的非批判的神学时，在他的心目中，政治的权威就代替了宗教的权威。他对耶和华的信仰就变成了对普鲁士国家的信仰。在布鲁诺·鲍威尔的著作《普鲁士福音教》中，不仅普鲁士国家，而且——这是合乎逻辑的——普鲁士王室也被设想为绝对的。其实，鲍威尔先生对这个国家并没有什么政治兴趣，相反，在"批判"看来，这个国家的功绩就在于通过教会合并来取消宗教信条，并利用警察来迫害持不同意见的教派。

> 马克思、恩格斯：《神圣家族，或对批判的批判所做的批判。驳布鲁诺·鲍威尔及其伙伴》（1844 年 9—11 月），《马克思恩格斯文集》第 1 卷，人民出版社 2009 年版，第 311 页。

1840 年开始的政治运动使鲍威尔先生摆脱了他的保守派政治，并且一度使他上升到自由派政治的水平。但是，这种政治本来又不过是神学的借口而已。在《自由的正义事业和我自己的事业》这一著作中，自由的国家就是波恩神学院的批判家，就是反对宗教的论据。在《犹太人问题》中，国家和宗教的对立成了议论的主旨，以致对政治解放的批判变成了对犹太人的宗教的批判。在其最近的政治著作《国家、宗教和政党》中，这位狂妄的自认为体现着国家的批判家的最隐秘的心愿终于吐露出来了。宗教为国家制度牺牲，或者更确切地说，国家制度仅仅是消灭"批判"的敌人即非批判的宗教和神学的工具。最后，正像1840年以后的政治运动使批判摆脱了自己的保守派政治一样，从1843年以来在德国传播的社会主义思想使批判摆脱了（虽然只是在表面上）一切的政治，从此以后，批判终于能够把自己的反对非批判的神学的著作说成是社会的作品，而且能够毫无阻碍地从事它自己的批判的神学，宣扬精神和群众的对立，同时从事批判的救世主和尘世拯救者的布道事业了。

> 马克思、恩格斯：《神圣家族，或对批判的批判所做的批判。驳布鲁诺·鲍威尔及其伙伴》（1844年9—11月），《马克思恩格斯文集》第1卷，第311—312页。

在英国最近哄动一时的事件是，教皇任命怀斯曼先生为威斯敏斯特红衣大主教，把英国划分为13个天主教区。基督全权代理人所采取的这个完全出乎英国国教会预料的步骤，又一次证明大陆上一切反动派迷恋一种幻想，即在他们不久前效力于资产阶级而取得胜利的同时，现在也自然应当随之恢复整个封建专制的社会秩序及其所有的宗教附属物。在英国，天主教的唯一支柱是社会上的两极，即贵族和流氓无产阶级。流氓无产阶级是由爱尔兰人和他们的后裔构成的平民，按其身世来说是天主教徒。贵族沉醉于崇尚皮由兹教派①之雅事，直到最后甚至转入天主教教会也开始成为一种风气。当英国贵族在它反对进步的资产阶级的斗争中不得不越来越多地暴露自己的封建性的时候，自然必定会产生如下情况，即贵族阶级的宗教思想家，高教会派的正统神学家在跟资产阶级非国教派教会的神学家作斗争时越来越不得不承认从他们的半天主教的教条和仪式中所得出的结论，甚至英国国教会的个别反动信徒会越来越经常地转向原始的唯一救世教

---

① 皮由兹派是19世纪30—60年代英国国教中的一派，以其创始人之一皮由兹得名。皮由兹教派号召恢复天主教的礼仪，故又称崇礼派或重仪派。为宣传其教理，皮由兹教派的拥护者在《当代论著》的标题下发行小册子，故又称论著派。这一教派是英国贵族反对工业资产阶级斗争在宗教上的反映。

会。① 这些无关紧要的现象在英国天主教神父的脑海中引起了一种整个英国很快转向天主教的最美妙的希望。但是，再度把英国视为罗马行省并想使这种转入天主教的倾向再度高涨的罗马教皇的新训谕起了相反的作用。皮由兹派突然看到他们玩弄的中世纪的把戏产生严重后果以后，怒气冲冲地退了回来，皮由兹派的伦敦大主教立即发表声明，表示放弃自己的一切糊涂观念并宣布要对教皇的权力展开你死我活的斗争。资产阶级对整个这出喜剧感兴趣，只是这出喜剧使它可以趁机向高教会派及其大学展开新的攻击。负责提供关于大学情况的报告的调查委员会，在下一次议会会议上将会掀起激烈的争论。当然，人民群众对怀斯曼红衣主教没有什么兴趣，既不拥护，也不反对。相反的，在目前新闻短缺的情况下，他却给报界提供了理想的材料来发表抨击庇护九世的长篇文章和愤慨言论。《泰晤士报》甚至要求政府在教皇国内煽动起义和唆使马志尼先生和意大利侨民攻击教皇，以惩罚他的侵权行为。帕麦斯顿的机关报《地球》把教皇的训谕跟马志尼最近发表的宣言作了非常巧妙的对比。它说，教皇要求对英国进行宗教统治，并且任命在异国的大主教。在伦敦这里有以反教皇者马志尼先生为首的在异国的意大利政府。马志尼先生不仅要求在教皇领地内取得而且实际上正在享有的领导权，目前也带有纯宗教的性质。教皇的训谕具有纯宗教的内容，马志尼的宣言也是一样。两者都宣传宗教，诉诸信仰，它们的格言是上帝和人民。马志尼先生至少是他所面向的大多数人民的宗教代表（因为除了上帝和人民的宗教之外，意大利几乎没有其他的宗教），而教皇则不是这样的代表，除了这一点之外，请问，这两个人的要求还有什么两样呢？不过，马志尼利用这个机会更进了一步。也就是说，他跟意大利国民委员会的其他委员一起，现在从伦敦发行罗马制宪议会曾经批准的1000万法郎的公债（面额100法郎），而这完全是为了购买武器和军事装备。不能否认，这笔贷款要比奥地利政府在伦巴第发放的不成功的志愿公债有更大的希望。

马克思、恩格斯：《时评。1850年5—10月》（1850年10月—11月1日），《马克思恩格斯全集》第10卷，人民出版社1998年版，第599—600页。

---

① 天主教会的自称。

什么时候曾经有人控告过第一批基督徒图谋打倒任何一个罗马土地方官呢？普鲁士的国家哲学家们，从莱布尼茨到黑格尔，都致力于推翻神，可是，如果我要推翻神，那我也同样要推翻神所恩赐的国王。难道曾经有人以危害霍亨索伦王朝的罪名追究过他们吗？

马克思：《揭露科隆共产党人案件》（1852 年 10 月 25 日—12 月 6 日），《马克思恩格斯全集》第 11 卷，人民出版社 1995 年版，第 482 页。

内阁在爱尔兰旅身上打的主意落空了，这是事前就可以预料到的；但是，爱尔兰各个党派的性质和立场现在正在发生变化，看来不论是这些党派本身还是英国报刊，到目前为止都还没有意识到这些变化的深刻意义。主教们和绝大多数僧侣都赞同参加政府的天主教议员的行为。卡尔洛的僧侣完全支持萨德勒先生，假如不是保障租佃者权利同盟的成员齐心协力的话，他是不会遭到失败的。真正的天主教政党对这个分裂的看法，可以从法国的耶稣会全欧机关报《联盟报》的一篇文章看出来。这篇文章说：

"能够有充分根据地对基奥先生和萨德勒先生提出的唯一的指责，就是他们让人家把他们同两个团体（即保障租佃者权利同盟和宗教平等拥护者协会）牵扯在一起，这两个团体只有一个目的——使毁灭爱尔兰的无政府状态合法化。"

《联盟报》在激怒中泄露了自己的秘密：

"我们深感遗憾的是，这两个团体公开同主教和僧侣作对，而且这是发生在高级教士和僧侣过去一向是人民和国民组织的最信赖的领导者的国家里。"

马克思：《国防。——财政。——贵族的死绝。——政局》（1853 年 2 月 5—8 日之间），《马克思恩格斯全集》第 11 卷，人民出版社 1995 年版，第 628 页。

俄国人和十分之九的欧洲土耳其居民信奉同一宗教；俄国人的语言同 700 万土耳其国民的语言几乎完全一样；而且大家都知道，俄国人是善于学习外国语的（尽管也许没有完全掌握它），这就使报酬优厚的俄国代理人能够毫不困难地完全通晓土耳其的事务。而俄国政府也老早就利用了自己在东南欧极其有利的地位。数以百计的俄国代理人周游土耳其各地，向信希腊正教的基督徒指出，正教皇帝是被压迫的东正教教会的首领、天然的保护人和最终解放者；他们特别向南方斯拉夫人指出，这位正教皇帝，这位全能的沙皇，迟早会把大斯拉夫族的所有分支统一在一个王权之下，并且使它们成为欧洲的统治种族。希腊正教教会的教士很快就拟定了散布这种思想的大阴谋。俄国的金钱和俄国的影响或多或少直接促成了 1804 年塞尔维亚的起义和 1821 年的希腊起义。无论在哪里，只要土耳其的帕沙举起反对中央政府的反叛的旗帜，从来都少不了俄国人在背后出谋划策和给予资助。这样，当土耳其国内问题把那些对土耳其的真实情况了解得并不比对月球上的人了解得更多的西方外交家搞得晕头转向、茫然不解的时候，战争已经宣布，俄国军队已经向巴尔干挺进，奥斯曼帝国已经被一块一块地瓜分了。

> 恩格斯：《土耳其问题》（1853 年 3 月 25—31 日），《马克思恩格斯全集》第 12 卷，人民出版社 1998 年版，第 28 页。

帕麦斯顿勋爵喜欢装扮成一个为宗教信仰自由而奋斗不息的人；可是他却投票反对罗素勋爵所提出的废除宣誓法和市镇机关法的议案。为什么呢？因为他"作为一个热诚的支持宗教信仰自由的人"，不能容许人们"在天主教徒遭受着真正苦难的时候"却来替非国教徒"解除莫须有的压迫"。（下院，1828 年 2 月 26 日）

为了证明他对宗教信仰自由的热忱，他告诉我们，他"为非国教徒人数的不断增加而忧虑，希望国教在英国取得绝对的统治地位"；他还希望"国教由异教徒出钱维持"。这位爱开玩笑的勋爵阁下指责有钱的非国教徒替没有钱的非国教徒办教堂，而

> "在英国国教方面，只有穷人缺少做礼拜的地方……如果认为穷人应该从自己微薄的收入里拿出些钱来供给教堂，那是荒谬的"。（下院，1824 年 4 月 9 日）

当然，如果认为英国国教的有钱的教徒应该从自己丰厚的收入里拿出些钱来供给教堂，那就更荒谬了。

现在让我们来看看帕麦斯顿是怎样为天主教徒的解放①而奋斗的，这是他认为应该特别"要求"爱尔兰人民感谢他的好事之一。他在坎宁内阁任职时自称为天主教徒解放的拥护者，而后来却又参加了公然敌视天主教徒解放的威灵顿内阁，这我不去谈它。或许帕麦斯顿勋爵认为宗教信仰自由是人的权利之一，不应受到立法机关的干涉吧？且听他自己是怎样回答的：

> "虽然我也希望对天主教徒的要求加以考虑，但是我决不承认这些要求是以权利为根据……如果我认为天主教徒是在要求自己的权利，那就我个人来说，我会拒绝走进全院委员会。"（下院，1813 年 3 月 1日）

可是为什么他要反对天主教徒要求自己的权利呢？

> "因为国家立法机关有权剥夺社会任何等级的人的某些政治权利，如果它认为为了全社会的安全和利益必须这样做的话……这是文明政治所依据的基本原则之一。"（下院，1813 年 3 月 1 日）

这真是空前未有的最无耻的供状，原来人民群众根本不配有任何权利，他们只有在立法机关——换句话说，也就是统治阶级——认为适当的限度内才能享有一点自由。于是帕麦斯顿直截了当地宣称："解放天主教徒是出于恩典和眷顾。"（下院，1829 年 2 月 10 日）

因此，他所以俯允中止对天主教徒的权利的限制，只是一时的权宜。而在这种权宜的后面隐藏着什么呢？

因为他自己就是一个爱尔兰的大地主，所以他想使人保持一种错觉，好像除了解放天主教徒就别无他法来消除爱尔兰的灾难，好像解放天主教

---

① 天主教徒的解放是指 1829 年英国议会取消了对天主教徒政治权利的限制，市镇机关法和宣誓法也因此被废除。天主教徒大部分是爱尔兰人，他们获得了被选入议会和担任某些政府职务的权利；但同时选民的财产资格却被提高了五倍。英国统治阶级指望用这个手段把爱尔兰资产阶级和信奉天主教的土地占有者的上层拉到自己方面来，以便分裂爱尔兰的民族运动。

徒能医治在外地主所造成的苦难，并且能代替济贫法。① （下院，1829 年 3 月 18 日）

> 马克思：《帕麦斯顿勋爵》（1853 年 10 月 1 日—大约 12 月 22 日之间），《马克思恩格斯全集》第 12 卷，人民出版社 1998 年版，第 403—405 页。

俄国很可能指望把中国的西藏和鞑靼②皇帝作为同盟者，如果鞑靼皇帝被赶到满洲并且放弃中国本土的王位的话。你们都知道，汉族造反者开始了反对佛教的真正的十字军讨伐，烧毁寺庙，杀死和尚。③ 但是鞑靼人信奉佛教，而承认中国主权的西藏是大喇嘛的所在地，被信仰佛教的人看作是圣地。因此，如果天王能够把清王朝赶出中国，以后他将不得不同鞑靼人的佛教政权进行宗教战争。由于佛教信仰盛行于喜马拉雅山的两边，英国不能不支持新的中国王朝，所以毫无疑问，沙皇将站在鞑靼族方面，唆使他们反对英国，并千方百计地在尼泊尔挑起宗教暴乱。从最近东方来的邮件我们知道，

> "中国皇帝预见到北京会失守，曾命令各省总督把皇室的收入交到热河——这是皇帝的旧的氏族领土和他现在在满洲的夏宫，在长城东北约八十英里的地方"。④

总而言之，不久就要在汉人同鞑靼人之间发生宗教大战，这个战争一定会波及印度边境一带。

> 马克思：《英国和法国的军事计划。——希腊人暴动。——西班牙。——中国》（1854 年 2 月 28 日和 3 月 3 日），《马克思恩格斯全

---

① 济贫法（Poor Laws）是英国 1601 年颁布的，它规定每个教区必须缴纳救济贫民的特别税，教区中不能维持自己和自己家庭生活的居民可以通过济贫会得到救济。1834 年通过的新济贫法对 1601 年济贫法作了重要修订。

② 这里使用的"鞑靼"这一名词，在 19 世纪西欧著作界普遍用来指居住在东亚的蒙古族、满族和突厥族。

③ 1851—1864 年中国爆发了反对清朝腐败统治和外国资本主义侵略的全国规模的农民起义。起义者建号太平天国，因此，这次起义也被称作太平天国运动。太平天国颁布了《天朝田亩制度》，建立乡官、圣库制度；反对孔孟思想，对外坚持独立自主、反对外来侵略的政策，否认不平等条约。整个起义席卷了全国 18 个省，动摇了清王朝的反动统治，沉重打击了外国的侵略势力。

④ 1854 年 2 月 28 日《泰晤士报》第 21676 号。

集》第 13 卷，人民出版社 1998 年版，第 117 页。

在整个这种头绪纷繁和捉摸不定的形势中，看来只有一点是没有疑问的，那就是，这个伊斯兰强国作为欧洲国家制度的一种特殊形式，正在走向灭亡。土耳其基督徒的解放，不论是通过和平让步还是诉诸武力，都会使伊斯兰教从一种政治权力降格为一种宗教教派，并彻底破坏奥斯曼帝国的旧基础。这样不仅会完全证实沙皇关于奥斯曼帝国已病入膏肓的论断，而且还会为了治病切断病人的咽喉。在这次手术之后，苏丹可能在政治上形同虚设而仍留在自己祖先的宝座上，但国家的真正统治者却需要到别处去寻找。为什么俄国专制君主会愿意在这样的条件下同自己的西方敌手悄悄地解决问题，原因十分清楚。他想在土耳其尽可能实现最彻底的革命，而且使这种革命完全服从于他的利益。在现存的统治权力被这样摧毁之后，沙皇同这个国家的正教会的关系以及同斯拉夫人的关系实际上会使他握有这个国家的最高权力。

马克思、恩格斯：《欧洲战争》（1854 年 4 月 3—4 日），《马克思恩格斯全集》第 13 卷，人民出版社 1998 年版，第 213 页。

当时各种情况都有利于日益增长的专制权力。各省之间的不团结，分散了它们的力量；但是，给了查理最大帮助的是贵族和市民之间的尖锐的阶级对抗，它帮助查理削弱了贵族和市民双方。我们已经谈到，从 14 世纪起，城市在议会中的势力就很大了，而从天主教徒斐迪南的时代起，圣友会（Santa Hermandad）就成为城市用来反对那些责备城市破坏了古老的贵族的特权和司法权的卡斯蒂里亚贵族的有力武器。因此贵族热心地支持查理一世消灭神圣同盟的意图。查理摧毁了同盟的武装反抗后，就致力于缩小城市的自治特权；城市的居民、财富和重要性迅速减少，因而很快就失去了在议会中的影响。于是查理回过头来对付曾经帮助他压制城市自由而本身还具有不小政治作用的贵族。由于欠发军饷而引起的兵变，使查理不得不于 1539 年召开议会，以便议会同意给他一笔钱。议会对于他以前把补助费滥用于违反西班牙利益的行为感到非常愤慨，因此拒绝拨款。查理一怒之下解散了议会；而当贵族坚持要求免税的特权时，查理宣布，要求这种权利的人不得参加议会，而且真的把这些人开除出议会。这对于议会是一个致命的打击；以后议会会议纯粹是举行宫廷仪式。古代议会的第三个组成部分——僧侣，早从天主教徒斐迪南时代起就站在异端裁判所的旗帜之下，并且早就不把自己的利益同封建的西班牙的利益看作一体了。相反地，由于有了异端裁判所，教会已成为专制政体的最令人畏惧的工具。

马克思：《革命的西班牙》（1854 年 8 月 25 日—11 月 14 日），《马克思恩格斯全集》第 13 卷，人民出版社 1998 年版，第 508—509 页。

然而，即使霍亨索伦王朝不是德国宗教改革运动的骑士，无疑也是它的财务管理。他们不愿为宗教改革运动的事业奋斗，却热衷于借宗教改革运动之名进行打劫。对他们说来，宗教改革运动只不过是使教会财产世俗化的宗教根据，所以他们在十六和十七两个世纪中所获得的产业的最好部分都可以归之于一个丰富的来源，即掠夺教会。这的确是神权的相当奇异的表现方式。

马克思：《霍亨索伦王朝的神权》（1856 年 12 月 2 日），《马克思恩格斯全集》第 12 卷，人民出版社 1962 年版，第 109—110 页。

作为人，作为爱尔兰人，作为基督徒和新教徒，我们为用来反对我们的天主教徒同胞的惩治法被削弱而感到高兴；我们认为，这个措施对爱尔兰居民的团结一致和繁荣昌盛来说预示着极美好的前景。

马克思：《从美国革命到 1801 年合并的爱尔兰（摘录和札记）》（1869 年 10—11 月），《马克思恩格斯全集》第 45 卷，人民出版社 1985 年版，第 25 页。

爱尔兰下院：关于对天主教徒给予部分让步以改善其受压地位和关于对他们的热情与爱国给予某种奖赏的法案在下院提出，并且几乎通过所有的阶段而未遇到任何激烈反对。到了最后的阶段却遇到了受都柏林堡当局唆使的狂热分子的抵制。但是，这些减轻惩治法典严酷程度的法案还是两院都通过了。让步极其有限，然而天主教徒却对这些让步感到很快慰，认为这是宽容原则的萌芽。

马克思：《从美国革命到 1801 年合并的爱尔兰（摘录和札记）》（1869 年 10—11 月），《马克思恩格斯全集》第 45 卷，人民出版社 1985 年版，第 32 页。

查尔蒙特失去了阵地。他是个狂热分子，仇视天主教徒，主教则完全相反。一方主张排斥天主教徒，另一方主张宽容天主教徒，这成了两派争论的主题。争论激烈了起来。人民开始分裂。这就引起了政府所希望出现的混乱。

一支自称"权利法案营"的北方部队在致主教的信中写有这样的话：

"由于迷信和狂热的乌云——迷信和狂热都是分裂的工具——已经离开了这个王国，爱尔兰的利益就不能再因宗教信仰的不同而蒙受危害。所有的人要联合起来，奔向一个伟大的目标——在我们的国家制度中根除腐败现象。主教大人您和您的高尚助手在争取实现公民自由和宗教自由时没有一切教派的支持是不行的。"

主教做了内容相同的回答（1784年1月14日）；他在结尾处说：

"现在已经到了这样的时刻……爱尔兰必须动员自己的全部力量来反击异族的侵犯，——要么就得重新忍受这种侵犯，变本加厉地重新让社会的一部分人蹂躏别人的最宝贵的和不可剥夺的权利。要知道，在管人的天平上一百万分散的新教徒是任何时候也抵不上三百万联合起来的天主教徒的。但是，'权利法案营'的先生们，我向你们呼吁，请你们要始终坚信：暴政——不是治理，而忠诚只有通过爱护才能赢得。"

> 马克思：《从美国革命到1801年合并的爱尔兰（摘录和札记）》
> （1869年10—11月），《马克思恩格斯全集》第45卷，人民出版社
> 1985年版，第38—39页。

现在把《新时代》的文章①寄回，附上一些粗略的评语。

……

第二篇第3页。在这里，没有清楚地阐明君主专制政体作为贵族和资产阶级之间自然形成的一种妥协是怎样产生的，没有清楚地阐明这种政体因而怎样不得不维护双方的利益，不得不向双方表示好感。在这种情况下，对农民和国库的掠夺，以及通过宫廷、军队、教会和最高行政当局施加间接的政治影响，就由摆脱了政治事务的贵族去干；而实行保护关税制度和垄断，以及采用比较有秩序的管理办法和诉讼程序，则由资产阶级去干。如果你从这一点谈起，那末许多东西就会比较清楚、比较容易理解了。

> 恩格斯：《恩格斯致卡尔·考茨基》（1889年2月20日），《马克思恩
> 格斯全集》第37卷，人民出版社1971年版，第144—145页。

几乎整整1600年以前，罗马帝国也有一个危险的颠覆派活动过。它破坏了宗教和国家的一切基础；它干脆不承认皇帝的意志是最高的法律，它没有祖国，是国际性的，它散布在帝国各处，从高卢到亚细亚，并且渗入

---

① 卡·考茨基：《一七八九年的阶级对立》。

帝国边界以外的地方。它曾长期进行地下秘密活动，但是它在一个相当长的时期内感觉到自己已经足够强大，应该公开活动了。这个叫做基督徒的颠覆派，在军队中也有许多信徒；整个整个的军团都信奉基督教。当这些军团被派去参加非基督教的国教会的祭典礼仪时，颠覆派士兵们就大胆地在头盔上插上了特别的标志——十字架，以示抗议。连兵营里长官所惯用的惩戒手段也不能奏效。戴克里先皇帝不能再无动于衷地看着他军队中的秩序、服从和纪律败坏下去。他趁着还不太迟的时候采取了坚决措施。他颁布了一道反社会党人法，请原谅，我是想说反基督徒法。颠覆者被禁止举行集会，他们的集会场所被封闭甚至被捣毁了，基督教的标志——十字架等等——一概被禁止，正像在萨克森禁止红手帕一样。基督徒不得担任公职，甚至不能当上等兵。既然当时还没有在"讲体面"方面训练有素的法官，还没有冯·克勒尔先生的那个反颠覆法草案所需要有的那种法官，所以基督徒就干脆被禁止在法庭上寻求公道。但是连这项非常法也没有奏效。基督徒轻蔑地把它从墙上扯下来，并且据说他们甚至在尼科美底亚放火烧毁了皇帝当时所在的宫殿。于是皇帝就在公元 303 年用大规模迫害基督徒来进行报复。这是这类迫害的最后一次。而这次迫害竟起了如此巨大的作用，以致 17 年之后，军队中绝大多数都成了基督徒，而继任的全罗马帝国君主，即教士们所称的君士坦丁大帝，则宣布基督教为国教了。

> 恩格斯：《卡·马克思〈1848 年至 1850 年的法兰西阶级斗争〉一书导言》（1895 年 3 月 6 日），《马克思恩格斯文集》第 4 卷，人民出版社 2009 年版，第 553—554 页。

资产阶级直接影响国家事务，比它现在通过一群卖身求荣、横行霸道的官吏来影响国家事务，对工人说来，是无比有利的。资产阶级公开地影响政治，比它现在通过似乎是万能的、"独立的"政府来隐蔽地影响政治，对工人说来，也要有利得多，因为这个政府自命为"承受上帝恩典"，并把"自己的恩典"赐给受苦受难、爱好劳动的土地占有者和贫困不堪、受尽压迫的厂主。工人必须同资本家阶级进行公开斗争，以便让俄国全体无产阶级能够看到工人是为了哪些利益而斗争的，能够学会应该怎样进行斗争；以便让资产阶级的阴谋和企图不能隐藏在大公的外室里、参议员和大臣的客厅里、政府各部门绝对秘密的办公室里；以便让这些阴谋和企图暴露出来，使每个人都看清楚，究竟是谁在影响政府的政策，资本家和土地占有者追求的是什么。

列宁:《社会民主党纲领草案及其说明》(1895 年 12 月 9 日),《列宁全集》第 2 卷,人民出版社 1984 年版,第 91—92 页。

呻吟叫苦的有俄国境内被压迫的各民族和异教徒,其中包括那些被逐出乡土而其神圣情感蒙受伤害的波兰人和芬兰人,历史赋予他们的权利和自由都被专制制度蛮横地践踏了。呻吟叫苦的有经常受迫害受侮辱的犹太人,他们甚至被剥夺了其他俄国庶民所享有的微不足道的权利,即随处居住的权利、就学的权利、供职的权利等等。

斯大林:《俄国社会民主党及其当前任务》(1901 年 11 月、12 月),《斯大林全集》第 1 卷,人民出版社 1953 年版,第 18—19 页。

也许有人会指出,崩得自己也认为俄国的民主化是"建立机关"和保障自由的先决条件。但这是不对的。从"崩得第八次代表会议文件汇编"中可以看出,崩得想在俄国现存制度的基础上通过"改革"犹太教公会去达到成立这种"机关"的目的。

有一个崩得领袖在这次代表会议上说过:"犹太教公会能成为将来的民族文化自治的核心。民族文化自治是民族自我服务的形式,是满足民族需要的形式。犹太教公会这一形式也包含着同样的内容。这是一条链子的几个环节,是一个进化过程中的几个阶段。"

代表会议根据这一点决定必须争取"改革犹太教公会,通过立法手续把它变成世俗机关",即按民主原则组织起来的机关。

显然,崩得当做条件和保障的并不是俄国的民主化,而是犹太人将来的"世俗机关",这种机关是用"改革犹太教公会"的方法根据"立法"手续,即经过杜马而成立的。

斯大林:《马克思主义和民族问题》(1913 年 1 月),《斯大林全集》第 2 卷,人民出版社 1953 年版,第 301 页。

应该想到崩得会"更进一步"要求有权过一切旧的犹太节日。如果崩得不幸,犹太工人已抛弃迷信,不愿过这种节日,那末崩得就要用争取过"安息日的权利"的宣传去叫他们想起安息日,在他们身上培植所谓"安息日精神"……

斯大林:《马克思主义和民族问题》(1913 年 1 月),《斯大林全集》第 2 卷,人民出版社 1953 年版,第 303 页。

为了肃清沉重地直接压在农民身上的农奴制残余,为了使农村阶级斗争自由发展，俄国社会民主工党要求：

……

3. 没收教会、寺院、皇族和皇室的土地，把它们（包括官地）交给统辖城乡地区的大的地方自治机关，同时把移民所必需的土地以及具有全国意义的森林和水域交给民主国家掌管。

列宁：《修改党纲的材料》（1917 年 4—5 月），《列宁全集》第 29 卷，人民出版社 1985 年版，第 491—492 页。

执行委员会以擅自耕种地主土地会引起"粮食恐慌"来恫吓。但是，请看"擅自"成立的什吕谢尔堡县革命委员会为使居民能有更多的粮食而做的决定吧：

"为了获得更多的粮食以应当前的急需，决定由村社耕种原属教堂、寺院、从前的皇族以及私有主的闲置的土地。"

执行委员会能拿什么来反对这个"擅自"做出的决定呢？

斯大林：《革命的落伍者》（1917 年 5 月 4 日），《斯大林全集》第 3 卷，人民出版社 1955 年版，第 53 页。

关于土地问题的决议草案

1. 地主的和私人的所有土地，以及皇族和教会等等的土地，都应该立刻无偿地交给人民。

列宁：《全俄农民第一次代表大会文献》（1917 年 5 月 17 日以前），《马克思恩格斯全集》第 30 卷，人民出版社 1985 年版，第 136 页。

我们主张把全部土地（皇族的、官家的、阁部的、地主的、寺院或教堂的）无偿地交给全体人民。

斯大林：《论立宪会议的选举》（1917 年 7 月 27 日），《斯大林全集》第 3 卷，人民出版社 1955 年版，第 133 页。

为了使"行动"更有把握并保证自己北部的安全，南高加索行政委员会同卡拉乌洛夫和卡列金达成协议，给卡列金运去了整整几车厢弹药，帮助他解除那些他自己无力解除的部队的武装，总之，用各种手段支持他的反对苏维埃政权的斗争。不择手段地保护南高加索有产阶级，使他们不受革命士兵的侵犯，——这就是这种卑鄙"政策"的实质。唆使觉悟低的伊斯兰教武装队伍攻击俄罗斯士兵，把后者诱入预先布置好的埋伏地点，殴打和枪杀，——这就是这种"政策"的手段。

斯大林：《戴着社会主义假面具的南高加索反革命分子》（1918 年 3
月），《斯大林全集》第 4 卷，人民出版社 1956 年版，第 45—46 页。

下面是"巴库工人报"关于这件事的报道：

"一九一八年一月上半月，在梯弗里斯至叶里萨维特波里的铁路线上，几千名伊斯兰教武装匪徒在叶里萨维特波里伊斯兰教民族委员会委员们的率领下，在南高加索行政委员会派出的装甲火车的援助下，对开往俄罗斯的部队强迫缴械多次。并且击毙击伤俄罗斯士兵几千名，铁路线上布满尸体。夺去俄罗斯士兵步枪一万五千支，机关枪七十挺，炮二十门。"

事实就是这样。

斯大林：《戴着社会主义假面具的南高加索反革命分子》（1918 年 3
月），《斯大林全集》第 4 卷，人民出版社 1956 年版，第 46 页。

在沙姆霍尔和达里亚尔干出罪行的不是强盗，而是由伊斯兰教民族委员会公开领导的几千名伊斯兰教平民，他们被大批战利品所诱惑，他们确信这是遵照南高加索当局的命令办事。伊斯兰教民族委员会在叶里萨维特波里公开纠合了几千名伊斯兰教徒，把他们武装起来，在叶里萨维特波里车站把他们载上火车，开往沙姆霍尔。据目击者称，在获得"胜利"之后，"社会革命党人"萨菲丘尔斯基由伊斯兰教民族委员会的其他英雄陪着，骑在从"敌人"手里夺来的大炮上凯旋入城。

斯大林：《戴着社会主义假面具的南高加索反革命分子》（1918 年 3
月），《斯大林全集》第 4 卷，人民出版社 1956 年版，第 49 页。

请允许我代表中央苏维埃政权向你们声明：人民委员会一向认为而且现在还认为，援助东部各民族首先是受践踏最甚的东部伊斯兰教民族的被压迫被剥削群众的解放运动是自己神圣的职责。我国革命的全部性质，苏维埃政权的本质，整个国际环境，乃至俄国在帝国主义的欧洲和被压迫的亚洲之间所处的地理位置，都无疑地决定苏维埃政权应该采取兄弟般支持东部各被压迫民族解放斗争的政策。

斯大林：《在鞑靼—巴什基里亚苏维埃共和国成立大会筹备会议上的
讲话》（1918 年 5 月），《斯大林全集》第 4 卷，人民出版社 1956 年
版，第 77 页。

让这个自治共和国成为给东部伊斯兰教民族照耀摆脱压迫道路的活的灯塔吧！

斯大林：《在鞑靼—巴什基里亚苏维埃共和国成立大会筹备会议上的讲话》（1918 年 5 月），《斯大林全集》第 4 卷，人民出版社 1956 年版，第 78 页。

整个阿尔明尼亚都在抗议冒牌梯弗里斯"政府"的篡夺行为，要求议会议员滚蛋。而伊斯兰教人民的中心，南高加索苏维埃政权的堡垒——巴库把南高加索整个东部（从连柯兰和库巴到叶里萨维特波里）团结在自己的周围，手持武器捍卫着竭尽全力要同苏维埃俄国保持联系的南高加索各族人民的权利。

斯大林：《南高加索的局势》（1918 年 5 月 23 日），《斯大林全集》第 4 卷，人民出版社 1956 年版，第 80—81 页。

我们得到梯弗里斯的消息说，在阿尔明尼亚人放弃卡尔斯的时候，卡尔斯附近的土耳其军长声称，他认为派土耳其军队去占领巴库并拯救巴库区的伊斯兰教徒是不可避免的，如果南高加索政府不能很快去做这件事的话；与此同时，"在维希勃巴夏给南高加索政府主席的信中，也暗示这是不可避免的"。

我们没有文件来证实这些消息，但是有一点是毋庸怀疑的：如果土耳其"救星"真的向巴库推进，那他们将遭到广大居民首先是伊斯兰教工人和农民的坚强抵抗。

斯大林：《南高加索的局势》（1918 年 5 月 23 日），《斯大林全集》第 4 卷，人民出版社 1956 年版，第 81—82 页。

这一切不能不迫使切尔莫也夫之流和巴马托夫之流的冒牌"政府"悄悄地退出政治舞台。大家都认为这个奇怪的"政府"是永远被埋葬了。不错，巴马托夫之流的密友，所谓达格斯坦的教长在三月间还曾组织抢劫彼得罗夫斯克和杰尔宾特附近的铁路线来宣告自己的存在。但是到四月中旬教长的冒险行动就被巴库工人的苏维埃部队和达格斯坦人自己肃清了，教长及其俄国军官随员们被他们赶到达格斯坦山里去了。

斯大林：《南高加索的局势》（1918 年 5 月 23 日），《斯大林全集》第 4 卷，人民出版社 1956 年版，第 83 页。

"由于伟大的俄国革命，我们获得了数百年来我们的祖先为之抛头颅、洒热血的那种美好的自由。现在我们得到了自决权的保障，人民永远不会把这种权利让给任何人。目前，地主、王公、挑拨者，奸细以及所有那些沙米尔曾经和他们进行了五十年殊死斗争的人们正在谈论北高加索的独立。

这些人民公敌几次企图宣告高加索独立，并宣布它是教长的辖区。但是我肯定地说，沙米尔砍过这些王公祖先的脑袋，如果今天他活着，他还会这样做。我们代表组代表英谷什人民和彻岑人民在紧急会议上以人所共知的决议表达了我们对宣布北高加索独立问题的看法。"（同上，摘自"人民政权报"。）

事实就是这样。

> 斯大林：《关于顿河区域和北高加索》（1918 年 6 月 1 日），《斯大林全集》第 4 卷，人民出版社 1956 年版，第 96 页。

一年以前，在西方，世界帝国主义曾经以紧紧包围苏维埃俄国相威胁。现在看来，它自己被包围了，因为它无论在侧翼或后方都受到了打击。一年以前，东部各伊斯兰教民族第一次代表大会的代表在快要离开的时候，曾宣誓要尽一切力量把东部各民族从沉睡中唤醒，在西方革命和东方各被压迫民族之间架起一座桥梁。

> 斯大林：《在全俄东部各民族共产党组织第二次代表大会上的开幕词》（1919 年 12 月 7 日），《斯大林全集》第 4 卷，人民出版社 1956 年版，第 240 页。

显然，在实行俄罗斯苏维埃联邦社会主义共和国的经济政策时，一定要注意到我们在这些边疆地区所碰到的经济状况、阶级结构和过去历史方面的一切特点。更不用说有些荒唐的事情是必须消除的，例如柯尔克兹伊斯兰教居民从来不养猪，而粮食人民委员部却按摊派方式要他们交猪。从这个例子中可以看出，有些人是多么不愿意注意初到那里去的人一眼就可以看出的生活习惯的特点。

> 斯大林：《俄共（布）第十次代表大会》（1921 年 3 月 8—16 日），《斯大林全集》第 5 卷，人民出版社 1957 年版，第 32 页。

土耳其在国家制度方面是伊斯兰教民族中比较发达的一个国家，它不堪忍受这种前途，于是就举起了斗争的旗帜，把东方各民族团结在自己周围来反对帝国主义。第三个因素是苏维埃俄国的出现。苏维埃俄国反对帝国主义的斗争已经取得了一系列的胜利，这就自然而然地鼓舞了东方各被压迫民族，唤醒了它们，发动它们去进行斗争，从而为建立一条从爱尔兰到印度的被压迫民族的共同战线提供了可能性。

> 斯大林：《俄共（布）第十次代表大会》（1921 年 3 月 8—16 日），《斯大林全集》第 5 卷，人民出版社 1957 年版，第 29 页。

就拿宗教、妇女的毫无权利或非俄罗斯民族的被压迫和不平等地位来说吧。这些都是资产阶级民主革命的问题。小资产阶级民主派这些鄙俗之徒在这些问题上空谈了八个月。世界上没有一个最先进的国家按照资产阶级民主方针彻底地解决了这些问题。而在我国，这些问题已由十月革命后颁布的法律彻底地解决了。我们一向在认真地同宗教进行斗争。我们让一切非俄罗斯民族成立了自己的共和国或自治区。在我们俄国，妇女无权或少权这种卑鄙、丑恶、可耻的现象，这种农奴制和中世纪制度的可恶的残余已经没有了，而这种现象却在世界各国无一例外被自私自利的资产阶级和愚蠢的吓怕了的小资产阶级重新恢复了。

这都是资产阶级民主革命的内容。在 150 年和 250 年以前，这一革命（如果就同一类型的每一民族形式来说，可以说是这些革命）的先进领袖们曾向人民许愿，说要使人类排除中世纪的特权，排除妇女的不平等地位，排除国家对这种或那种宗教（即"宗教思想"、"宗教信仰"）的种种优待，排除民族权利的不平等。许了愿，但没有兑现。他们是不可能兑现的，障碍在于要"尊重"……"神圣的私有制"。在我国无产阶级革命中，就不存在这种对倍加可恶的中世纪制度和对"神圣的私有制"的可恶的"尊重"。

> 列宁：《十月革命四周年》（1921 年 10 月 14 日），《列宁全集》第 42
> 卷，人民出版社 1987 年版，第 171—172 页。

我建议除了阶级代表机关，即除了全联盟苏维埃代表大会所选出的第一院以外，我们还要根据平等原则建立一个民族代表机关。东部各民族同中国、印度有机地联系着，它们在语言、宗教和习惯等等方面同这些国家是有联系的，因此，它们对于革命是极重要的。这些小部族的重要性比乌克兰大得多。

> 斯大林：《俄共（布）第十二次代表大会》（1923 年 4 月 25 日），
> 《斯大林全集》第 5 卷，人民出版社 1957 年版，第 220 页。

列宁继续并发展马克思这个思想时写道：

"必须在无产阶级专政下重新教育千百万农民和小业主，数十万职员、官吏和资产阶级知识分子，使他们大家都服从无产阶级的国家和无产阶级的领导，战胜他们中间的资产阶级的习惯和传统"，同样，必须"……在无产阶级专政的基础上，在长期的斗争中重新教育无产者自己，因为无产者不是一下子就能摆脱自己的小资产阶级偏见的，这些偏见不是用神术，不是依圣母的意旨，不是依口号、决议、法令的意旨所能摆脱的，而是只有在和广泛的小资产阶级影响进行长期的艰苦的群众斗争中才能摆脱的"（见"列宁全集"第四版第三十一卷，第九十五页至第九十六页和第九十四页）。

> 斯大林：《论列宁主义基础》（1924 年 4 月、5 月），《斯大林全集》第 6 卷，人民出版社 1956 年版，第 98 页。

我们还有放松反宗教斗争这样的缺陷。

> 斯大林：《时事问题简评》（1926 年 12 月 17 日），《斯大林全集》第 10 卷，人民出版社 1954 年版，第 278 页。

"纽约美国人报"环球通讯社或英美新闻社的伪造家散布各种谣言，例如他们伪造了立于不败之地苏联"空军"、关于苏维埃政权同"正教教会""和解"、关于"归还"资本家在苏联的"石油占有权"等纯属虚构的"斯大林论文"，对这些伪造家现在未必有驳斥的必要，其所以没有必要，是因为这些先生在报刊上自己就揭露自己是专靠卖假货为生的职业伪造家。只要看看这些先生最近几天在报刊上登载的企图替自己的骗局"辩护"的那种"解释"，就会明白我们在这里不是和报刊代表打交道，而是和耍笔杆的强盗打交道。

> 斯大林：《时事问题简评》（1926 年 12 月 17 日），《斯大林全集》第 10 卷，人民出版社 1954 年版，第 321 页。

于是，在某种程度上也就发生了一九二一年发生过的那种情形（当然是有一定的附带条件的）。当时以列宁为首的党鉴于国内发生饥荒，就提出了没收教会贵重物品来购买粮食救济灾区的问题，并在这个基础上开展了极广泛的反宗教运动，当时神甫们抓住贵重物品不放，实际上就是反对挨饿的群众，因而激起了群众对整个教会，也对宗教偏见，尤其对神甫及其领导者的愤懑。那时在我们党内有一些怪人，他们以为列宁只是在一九二一年才懂得同教会作斗争的必要性，（笑声）在这以前，好像他并不懂得这一点。同志们，这当然是荒谬的。列宁在一九二一年以前当然也懂得同教会作斗争的必要性。但是问题完全不在这里。问题在于，要把广大群众性的反宗教运动和争取人民群众切身利益的斗争结合起来，并且要做到使这个运动为群众所了解，为群众所支持。

斯大林：《关于中央委员会和中央监察委员会四月联席全会的工作（一九二八年四月十三日在联共（布）莫斯科组织积极分子会议上的报告）》（1928 年 4 月 13 日），《斯大林全集》第 11 卷，人民出版社 1955 年版，第 42—43 页。

党的成就在于我们已经在农民中间组织了这种根本转变，并引导了广大的贫农和中农群众跟着我们前进，尽管我们遇到了许多难于置信的困难，尽管各色各样的黑暗势力，从富农和神甫到庸人和右倾机会主义者，都进行了疯狂的反抗。

斯大林：《大转变的一年》（1929 年 11 月 3 日），《斯大林全集》第 12 卷，人民出版社 1955 年版，第 109 页。

你说得完全正确，在我们这里，在我们的报刊上，在反宗教宣传问题上极为混乱。有时竟说出了有利于敌人的令人惊奇的蠢话。这方面要做的工作多极了。但是，我还没有来得及和做反宗教工作的同志们商谈你的建议。关于这一点我下次写信告诉你。

斯大林：《给阿·马·高尔基的信》（1930 年 1 月 17 日），《斯大林全集》第 12 卷，人民出版社 1955 年版，第 151 页。

至于那些从拆下教堂的钟着手组织劳动组合的所谓"革命家"，那就更不用说了。把钟拆下，——这该是多么革命呵！

斯大林：《胜利冲昏头脑》（1930 年 3 月 2 日），《斯大林全集》第 12 卷，人民出版社 1955 年版，第 169 页。

请看列宁关于富农所说的话：

"富农是最残忍、最粗暴、最野蛮的剥削者，在其他国家的历史上，他们屡次恢复过地主、皇帝、神甫、资本家的政权。富农的人数比地主和资本家多。但是富农在人民中间毕竟占少数……这些吸血者在战争期间靠人民的贫困发了财，他们抬高粮食和其他产品的价格，积蓄了成千累万的金钱。这些蜘蛛靠因战争而破产的农民，靠挨饿的工人长肥了。这些水蛭吸了劳动人民的血，城市和工厂的工人愈挨饿，他们就愈发财。这些吸血鬼过去和现在都把地主的土地抓到自己手里，他们再三盘剥贫苦农民。"（"列宁全集"第四版第二十八卷，第三十九页）

斯大林：《答集体农庄庄员同志们》（1930 年 4 月 3 日），《斯大林全集》第 12 卷，人民出版社 1955 年版，第 191—192 页。

这样，我们就看到两种因素和两种相反的趋势：

一、执行破坏苏联和资本主义国家的经济联系的政策，对苏联进行挑衅性的袭击，公开地和隐蔽地准备对苏联进行武装干涉。这些都是威胁苏联国际地位的因素。这些因素所产生的结果是：英国保守党内阁和苏联绝交，中国军阀强占中东铁路，对苏联实行财政封锁，以罗马教皇为首的教权派对苏联进行"讨伐"，外国间谍组织我国专家进行暗害活动，组织如"连纳金矿"的某些职员所干的爆炸和放火等事件，谋害苏联使节（波兰），故意阻挠我国货物的出口（美国、波兰）等等。

> 斯大林：《联共（布）中央委员会向第十六次代表大会的政治报告》
> （1930 年 6 月 27 日），《斯大林全集》第 12 卷，人民出版社 1955 年
> 版，第 217 页。

其次，有人说，绊脚石是我们的苏维埃制度、集体化、反富农斗争、反宗教宣传、对"学者"中的暗害分子和反革命分子的斗争、别谢多夫斯基之流、索洛蒙之流和德米特利也夫斯基之流等等资本奴仆的被驱逐。这未免太滑稽可笑了。原来他们不喜欢苏维埃制度。但是我们也不喜欢资本主义制度呀。（笑声，鼓掌。）我们不喜欢的是他们那里有数千万失业者被逼得挨饿受穷，而一小撮资本家却占有亿万财富。但是，既然我们已经同意不干涉他国内政，那末也就不值得再提这个问题了，这不是很明显吗？集体化、反富农斗争、和暗害分子作斗争、反宗教宣传等等，是我国宪法所确定的苏联工农不可剥夺的权利。苏联宪法是我们应当而且一定要最彻底执行的。因此很明显，谁不愿意尊重我国宪法，谁就可以走开，随便到什么地方去都行。至于别谢多夫斯基之流、索洛蒙之流和德米特利也夫斯基之流等等，那我们今后也仍然要把这种人当做对革命有害无益的废品抛掉。让那些特别同情废物的人去抬举他们吧。（笑声）我们革命的磨盘磨得很好。它把一切有用的东西取出来交给苏维埃，而把废物抛掉。据说在法国巴黎的资产者中间，这种废品大有销路。好吧，那就让他们尽量输入吧。不错，这会使法国贸易平衡表进口项多少加重一点，而这是资产者老爷们始终反对的。但是这已经是他们自己的事情了。我们还是不要去干涉法国内政吧。

> 斯大林：《联共（布）中央委员会向第十六次代表大会的政治报告》
> （1930 年 6 月 27 日），《斯大林全集》第 12 卷，人民出版社 1955 年
> 版，第 219—220 页。

结果是垂死阶级的最后残余，即私营工业家及其仆从、私商及其走卒、从前的贵族和神甫、富农及其走狗、从前的白卫军官和巡官、从前的警察和宪兵、各种沙文主义资产阶级知识分子以及其他一切反苏维埃分子都被打倒了。

> 斯大林：《第一个五年计划的总结》（1933 年 1 月 7 日），《斯大林全集》第 13 卷，人民出版社 1956 年版，第 179 页。

对宪法草案第一二四条的修改意见。要求根据禁止举行宗教仪式的方针来修改这条宪法。我认为这个意见应当否定，因为它不符合我国宪法的精神。

> 斯大林：《关于苏联宪法草案》（1936 年 11 月 25 日），《斯大林选集》下卷，人民出版社 1979 年版，第 416—417 页。

2. 宗教与政党

在《新道德世界》发表的我于本月 13 日给您的信里，我出了一个差错。我原以为《泰晤士报》通讯员误把某个孔斯旦先生称作共产主义者。但是自从我写了那封信以后，我收到一些法国的共产主义出版物，它们把孔斯旦教士称作共产主义制度的拥护者。与此同时，古德温·巴姆比先生善意地向我提供了一些有关孔斯旦教士的新材料。据古德温·巴姆比先生说，孔斯旦教士由于自己所坚持的原则而被捕入狱，他写过几种论述共产主义的作品。孔斯旦本人用下面这句话表述自己的信念：我是一个基督徒，而且我所理解的基督教就是共产主义。

有鉴于此，我恳请您在贵报下一号更正上述差错。

> 恩格斯：《法国共产主义——致〈新道德世界〉编辑》（1844 年 1 月 28 日），《马克思恩格斯全集》第 3 卷，人民出版社 2002 年版，第 554—555 页。

他的著作[①]第一卷中所阐述的那些原则，在许多方面同我们的原则是一致的；至于其他的问题，他可以在你的著作中找到比较详细的叙述。关于宗教问题，我们认为是完全次要的问题，这个问题在任何时候都不应该成为同一党派内的人们互相争执的理由。尽管如此，对于理论问题进行友好的讨论是完全可行的，甚至是值得欢迎的，他对此表示完全同意。

---

① 路·勃朗：《法国革命史》。

恩格斯:《恩格斯致马克思》(1847 年 10 月 25—26 日),《马克思恩
格斯全集》第 47 卷,人民出版社 2004 年版,第 489 页。

在六月的日子里,一切阶级和党派都团结成一个维护秩序的党来反对
无产阶级——无政府主义、社会主义和共产主义的党。它们从"社会之
敌"手里"救出了"社会。它们选择了旧社会的格言"财产、家庭、宗
教、秩序"作为自己的军队的口令,并用"在此标记下你必胜!"这句话
激励反革命十字军征讨。从这时起,许多曾经团结在这个旗号下反对过六
月起义者的政党中的任何政党只要企图为自己的阶级利益而守住革命战场,
它就要被"财产、家庭、宗教、秩序!"这一口号所战胜。每当社会的统
治者集团范围缩小时,每当比较狭小的利益压倒比较广大的利益时,社会
就得救了。任何最单纯的资产阶级财政改革的要求、任何最平凡的自由主
义的要求、任何最表面的共和主义的要求、任何最浅薄的民主主义的要求,
都同时被当做"侵害社会的行为"加以惩罚,被当做"社会主义"加以指
责。最后,连那些"宗教和秩序"的最高祭司自己也被踢出他们的皮蒂娅
的座椅,半夜里被拖下床,关进囚车,投入监狱或流放;他们的神殿被拆
毁,他们的嘴被封住,他们的笔被折断,他们的法律被撕毁,这一切都是
为了宗教、财产、家庭和秩序。一群群酩酊大醉的士兵对那些站在自己阳
台上的资产者即秩序的狂信者开枪射击,亵渎他们的家庭圣地,炮击他们
的房屋以取乐,这一切都是为了财产、家庭、宗教和秩序。最后,资产阶
级社会中的败类组成维护秩序的神圣队伍,而主人公克拉普林斯基就以
"社会救主"的资格进入了土伊勒里宫。

马克思:《路易·波拿巴的雾月十八日》(1851 年 12 月中—1852 年 3
月 25 日),《马克思恩格斯文集》第 2 卷,人民出版社 2009 年版,第
479—480 页。

豪威耳先生知道这一切情况,然而他为了自己的目的,偏让"一位名
叫卡尔·马克思的德国博士"第一次出现在"1865 年 9 月 25 日召开的"
伦敦"代表大会"上。豪威耳硬说,就是在那次会上,所说的这位"博
士"曾"因提出宗教观念而播下了纷争和瓦解的种子"。

首先,国际在 1865 年 9 月召开的不是"代表大会"。大陆上协会各主
要支部的一些代表在伦敦举行了一次会议,惟一的目的是同总委员会一起
商讨 1866 年 9 月在日内瓦召开的"第一次代表大会"的议程。这次代表会

议的实际工作是在秘密会议上，而不是在只有一丝不苟的历史学家乔治·豪威耳先生一个人提到过的什么阿德菲坊半公开大会上进行的。

我和总委员会的其他代表一样，必须争取代表会议接受我们提出的议程。当这个议程发表时，法国历史学家昂利·马丁在给《世纪报》写的一篇通讯里作了如下的评语：

> "决定国际工人代表大会（定于明年召开）议程上各项议题的那种远大的见解和卓越的道德观点、政治观点、经济观点，将赢得欧洲所有拥护进步、正义和自由的人们的一致赞同。"①

顺便说一下，我有幸替总委员会起草的议程②有一条是这样写的："必须通过实现民族自决权原则和在民主与社会主义的基础上重建波兰，来消除俄国佬在欧洲的影响。"

昂利·马丁对这一条文是这样评述的：

> "我们可以指出，'民主与社会主义的基础'一语，就波兰而言，意思是很简单明了的，因为在那里，社会结构也像政治结构一样需要重建，在那里，这种基础已经为1863年的无名政府的法令所奠定，并为全国所有各阶级所接受。这也就是真正的社会主义、同正义和自由相一致的社会进步对俄国村社专制制度扩张所作的回答。这个本来属于巴黎人的秘密如今正在成为欧洲各国人民共同的秘密。"③

不幸的是，"巴黎人"如此严守自己的"秘密"，以致出席代表会议的两位巴黎代表（一位是托伦，现为法兰西共和国的参议员，另一位是弗里布尔，现在不过是个叛徒）由于对这个秘密一无所知，恰恰抨击了后来受

---

① 昂·马丁：《国际工人协会》，载于1865年10月14日《世纪报》第11171号。
② 指1866年日内瓦代表大会议程。
③ 这段话是列入1866年日内瓦代表大会议程的议题之一。其中"民主与社会主义的基础"一语，马克思在1865年12月和1866年6月两次对议程的文字加以整理时，用的都是"民主与社会的基础"。昂利·马丁在文章中援引的也是"民主与社会的基础"，但马克思在本文下文中转引时，"社会的"一词同样改用了"社会主义的"。

到法国历史学家如此热情评述的这一项议题。

总委员会的议程上没有一个字谈到"宗教",然而在巴黎代表的要求下,这道禁菜被列入了为将要召开的代表大会准备的菜单中,提法是这样的:

> "各种宗教观念(是"各种宗教观念",而不是豪威耳所胡说的"宗教观念")及其对社会、政治和精神发展的影响。"

巴黎代表提出的这个议题交给他们自己去处理了。事实上,在1866年的日内瓦代表大会上,他们自己也放弃了它,以后再也没有人提起过。

乔治·豪威耳先生的三重神话——1865年的伦敦"代表大会","一位名叫卡尔·马克思的德国博士"在会上"提出宗教观念",从而在国际内部引发一场恶斗——最后又冠以奇谈一则。他说:

> "在就奴隶制的废除而写给美国人民的一封贺信的草稿中,'上帝以同一血脉创造出所有民族的人'一语①被删掉了",云云。

总委员会的确发出过一封贺信,但不是给美国人民的,而是给他们的总统阿伯拉罕·林肯的,他郑重地对贺信表示了答谢。我起草的这封贺信没有经过任何改动。信中根本没有"上帝以同一血脉创造出所有民族的人"一语,因此也就无从"删"起。

以下事件清楚地说明了总委员会对"宗教观念"的态度。——米哈伊尔·巴枯宁所创建的同盟的一个瑞士支部(它自称为无神论社会主义者支部),曾向总委员会申请加入国际,得到的答复是:

"总委员会曾经就'基督教青年会'一事宣布过,它不承认任何有神论支部"(见《所谓国际内部的分裂。总委员会通告》日内瓦版第13页)。

就连乔治·豪威耳先生自己——他当时还没有因钻研《基督教读本》而成为基督徒——之所以同国际终于彻底决裂,也并不是因受"宗教观念"的感召,而是完全出于世俗的理由。在创办总委员会的"专门机关报"《共和国》时,他一心谋求编辑的"高位"。在这次"雄心勃勃的"

---

① 《新约全书·使徒行传》第17章第26节。旧译"他从一本造出万族的人"。

尝试失败以后，他开始不满起来，劲头越来越小，不久就销声匿迹了。因此，在国际最有事可记的时期他是个局外人。

> 马克思：《乔治·豪威耳先生的国际工人协会史》（1878 年 7 月初），
> 《马克思恩格斯全集》第 25 卷，人民出版社 2001 年版，第 319—
> 322 页。

社会民主党人支持一切反对现存任何社会制度的革命运动，支持一切被压迫的民族、被迫害的宗教、被贱视的等级等等去争取平等权利。

> 列宁：《俄国社会民主党人的任务》（1897 年底），《列宁全集》第 2
> 卷，人民出版社 1984 年版，第 434 页。

无产阶级决不应该把其他阶级和政党看作"反动的一帮"，恰恰相反，它应该参加整个政治生活和社会生活，应该支持进步阶级和进步政党去反对反动阶级和反动政党，应该支持一切反对现存制度的革命运动，应该成为一切被压迫的民族或种族的保护者，成为一切被压制的宗教以及无权的女性等等的保护者。

> 列宁：《俄国社会民主党人抗议书》（1899 年 8 月），《列宁全集》第
> 4 卷，人民出版社 1984 年版，第 152 页。

为了真正地"考虑运动的物质因素"，必须批判地对待它们，必须善于指出自发运动的危险和缺点，必须善于把自发性提高到自觉性。说思想家（即自觉的领导者）不能使运动脱离由环境和因素的相互作用所决定的道路，这就是忘记一个起码的真理：自觉性是参加这种相互作用和这种决定的。欧洲的天主教的和君主派的工会也是环境和因素的相互作用的必然产物，不过参加这一相互作用的是神父和祖巴托夫之流的自觉性，而不是社会党人的自觉性。

> 列宁：《同经济主义的拥护者商榷》（1901 年 12 月 6 日），《列宁全
> 集》第 5 卷，人民出版社 1986 年版，第 327 页。

当然，那些仍然信奉上帝的基督教徒工人以及那些成为神秘论的拥护者（呸！呸！）的知识分子，也是不彻底的，但是我们不仅不把他们赶出苏维埃，甚至也不把他们赶出党。因为我们坚信，实际的斗争，在战斗行列中进行的工作，会使一切有生命力的人都相信马克思主义的真理，抛弃所有无生命力的东西。我们丝毫不怀疑自己的力量，即俄国社会民主党中占优势的马克思主义者的力量。

> 列宁：《我们的任务和工人代表苏维埃》（1905 年 11 月 2—4 日），

《列宁全集》第 12 卷，人民出版社 1987 年版，第 59 页。

社会民主党人不同意基督教的观点。我们认为，基督教的真正的社会的、文化的、政治的意义和内容，在叶夫洛吉主教这样的宗教界人士的观点和愿望中比在提赫文斯基神父这类人的观点和愿望中表达得更为确切。正由于这个原因，还由于我们具有绝无任何偏见的科学的唯物主义世界观，由于我们负有为全体劳动人民的自由和幸福而斗争的基本任务，我们社会民主党人对基督教学说采取否定的态度。但是在声明这一点的同时，我认为有责任就在这里坦率而公开地指出，社会民主党为信仰的完全自由而斗争，它完全尊重一切真诚的宗教信仰，只要这种信仰不是靠暴力或欺骗来进行传播的。我认为应该着重指出这一点，还因为我要谈的是我同提赫文斯基神父在观点上的分歧，至于这位农民代表无限忠于农民的利益、人民的利益，勇敢而坚决地维护这些利益，则应该受到充分的尊重。

> 列宁：《在第二届国家杜马中关于土地问题的发言稿》（1907 年 3 月
> 21—26 日），《列宁全集》第 15 卷，人民出版社 1988 年版，第
> 151 页。

社会民主党的整个世界观是以科学社会主义即马克思主义为基础的。马克思和恩格斯曾多次声明，马克思主义的哲学基础是辩证唯物主义，它完全继承了法国 18 世纪和德国 19 世纪上半叶费尔巴哈的唯物主义历史传统，即绝对无神论的、坚决反对一切宗教的唯物主义的历史传统。我们要指出，恩格斯的《反杜林论》（马克思看过该书的手稿），通篇都是揭露唯物主义者和无神论者杜林没有坚持唯物主义，给宗教和宗教哲学留下了后路。必须指出，恩格斯在论路德维希·费尔巴哈的著作中责备费尔巴哈，说他反对宗教不是为了消灭宗教而是为了革新宗教，为了创造出一种新的、"高尚的"宗教等等。宗教是人民的鸦片，——马克思的这一句名言是马克思主义在宗教问题上的全部世界观的基石。马克思主义始终认为现代所有的宗教和教会、各式各样的宗教团体，都是资产阶级反动派用来捍卫剥削制度、麻醉工人阶级的机构。

> 列宁：《论工人政党对宗教的态度》（1909 年 5 月 13 日），《列宁全
> 集》第 17 卷，人民出版社 1988 年版，第 388—389 页。

这个策略现在竟然成为陈规，竟然产生了一种对马克思主义的新的歪

曲，使它走向反面，成了机会主义。有人把爱尔福特纲领的这一论点说成这样，似乎我们社会民主党人，我们的党，认为宗教是私人的事情，对于我们社会民主党人来说，对于我们党来说，宗教是私人的事情。在 19 世纪 90 年代，恩格斯没有同这种机会主义观点进行直接的论战，但是他认为必须坚决反对这种观点，不过不是用论战的方式而是采用正面叙述的方式。就是说，当时恩格斯有意地着重声明，社会民主党认为宗教对于国家来说是私人的事情，但是对于社会民主党本身、对于马克思主义、对于工人政党来说决不是私人的事情。

从外表上看来，马克思和恩格斯对宗教问题表示意见的经过就是如此。那些轻率看待马克思主义的人，那些不善于或不愿意动脑筋的人，觉得这种经过只是表明马克思主义荒谬地自相矛盾和摇摆不定：一方面主张"彻底"无神论，另一方面又"宽容"宗教，这是多么混乱的思想；一方面主张同上帝进行最最革命的战争，另一方面懦怯地想"迁就"信教的工人，怕把他们吓跑等等，这是多么"没有原则"的动摇。在无政府主义空谈家的著作中，这种攻击马克思主义的说法是可以找到不少的。

> 列宁：《论工人政党对宗教的态度》（1909 年 5 月 13 日），《列宁全集》第 17 卷，人民出版社 1988 年版，第 390—391 页。

凡是同社会民主党对宗教的态度有关的具体问题，都应该根据上述观点来解决。例如，经常有人提出这样的问题：司祭能不能成为社会民主党党员，人们通常根据欧洲社会民主党的经验对这一问题作无条件的、肯定的回答。但是这种经验并不仅仅是把马克思主义学说应用于工人运动的结果，而且也是由西欧特殊的历史条件决定的；这种条件在俄国并不存在（关于这种条件，我们到下面再谈），所以在这个问题上无条件的肯定的回答在我国是不正确的。不能一成不变地在任何情况下都宣布说司祭不能成为社会民主党党员，但是也不能一成不变地提出相反的规定。如果有一个司祭愿意到我们这里来共同进行政治工作，真心诚意地完成党的工作，不反对党纲，那我们可以吸收他加入社会民主党，因为在这样的条件下，我们党纲的精神和基本原则同这个司祭的宗教信念的矛盾，也许只是关系到他一个人的矛盾，只是他个人的矛盾，而一个政治组织要用考试的方法检验自己成员所持的观点是否同党纲矛盾，那是办不到的。当然，这种情况即使在欧洲也是极其少有的，在俄国更是难以想象了。如果这位司祭加入社会民主党之后，竟在党内积极宣传宗教观点，以此作为他主要的甚至是唯一的工作，那么党当然应该把他开除出自己的队伍。我们不仅应当容许，而且应当特别注意吸收所有信仰上帝的工人加入社会民主党，我们当然反对任何侮辱他们宗教信念的行为，但是我们吸收他们是要用我们党纲的精神来教育他们，而不是要他们来积极反对党纲。我们容许党内自由发表意见，但是以自由结合原则所容许的一定范围为限，因为我们没有义务同积极宣传被党内多数人屏弃的观点的人携手并进。

> 列宁：《论工人政党对宗教的态度》（1909 年 5 月 13 日），《列宁全集》第 17 卷，人民出版社 1988 年版，第 394—395 页。

我们的党团在杜马讲坛上声明宗教是人民的鸦片，这样做是完全正确的，这就开创了一个先例，俄国社会民主党人每次对宗教问题发表意见时都应当以此为基点。是不是还应该更进一步，把无神论的结论发挥得更详细呢？我们认为不必。这样做会使无产阶级政党有夸大反宗教斗争意义的危险；这样做会抹杀资产阶级反宗教斗争同社会党人反宗教斗争之间的界限。社会民主党党团在黑帮杜马中应该完成的第一件事情，已经光荣地完成了。

> 列宁：《论工人政党对宗教的态度》（1909 年 5 月 13 日），《列宁全集》第 17 卷，人民出版社 1988 年版，第 398 页。

不坚决取消取消主义，我们党就不能前进。但是，取消主义不只是包括孟什维克的公开的取消主义和他们的机会主义的策略。……它包括造神说和为根本脱离马克思主义原理的造神说倾向所作的辩护。

> 列宁：《取消取消主义》（1909 年 7 月 11 日），《列宁全集》第 19 卷，人民出版社 1988 年版，第 48 页。

当一个马克思主义者由于卡拉乌洛夫的"拜神派的"发言而"吃掉"立宪民主党人的时候，他就不可能正面发挥自己的观点。但任何一个能分辨是非的人都会明白：民主派如果是拜神派，就不成其为民主派。

> 列宁：《谈谈"吃掉立宪民主党人"》（1912 年 8 月 26 日），《列宁全集》第 22 卷，人民出版社 1990 年版，第 70 页。

某一国家的共和运动可能只是其他国家教权派或财阀君主派进行阴谋的工具，那时我们就应当不支持这个具体的运动，但是，如果根据这一点就从国际社会民主党的纲领中抛弃共和国的口号，那就可笑了。

> 列宁：《关于自决问题的争论总结》（1916 年 7 月），《列宁全集》第 28 卷，人民出版社 1990 年版，第 38 页。

恩格斯顺便提出的另外一个也是有关国家问题的意见是谈宗教的。大家知道，德国社会民主党随着它的日益腐化而愈来愈机会主义化，愈来愈对"宣布宗教为私人的事情"这个有名的公式进行庸俗的歪曲。就是说，把这个公式歪曲成似乎宗教问题对于革命无产阶级政党也是私人的事情！！恩格斯起来反对的就是这种对无产阶级革命纲领的完全背叛，但恩格斯在1891年还只看到自己党内机会主义的最小的萌芽，因此他说得很谨慎：

> "因为参加公社的差不多都是工人或公认的工人代表，所以它所通过的决议也就完全是无产阶级性质的。有些决议把共和派资产阶级只是由于怯懦才不肯实行的、然而是工人阶级自由活动的必要基础的那些改革以法令形式确定下来，例如实行宗教对国家来说仅仅是私人事情的原则。有些决议则直接有利于工人阶级，并且在某种程度上深深刺入了旧社会制度的内脏。……"①

恩格斯故意强调"对国家来说"这几个字，目的是要击中德国机会主义的要害，因为德国机会主义宣布宗教对党来说是私人的事情，这样也就把革命无产阶级政党降低到最庸俗的"自由思想派"那班市侩的水平，这种市侩可以容许不信宗教，但是拒绝执行对麻醉人民的宗教鸦片进行党的斗争的任务。

将来研究德国社会民主党的历史学家在探讨该党1914年遭到可耻的破产的根源时，会找到许多关于这个问题的有趣的材料：从该党思想领袖考茨基的论文中为机会主义打开大门的暧昧言论起，直到党对1913年的与教会分离的运动②的态度止。

列宁：《国家与革命》（1917年8—9月），《列宁全集》第31卷，人民出版社1985年版，第72—73页。

工人阶级是一回事，工人阶级中的某些集团、某些小的阶层又是一回

---

① 见《马克思恩格斯全集》第22卷，人民出版社1965年版，第223页。

② 与教会分离的运动，又称退出教会运动，是第一次世界大战前在德国发生的群众性的反教会运动。1914年1月，德国社会民主党的理论刊物《新时代》杂志发表了修正主义者保尔·格雷的《与教会分离运动和社会民主党》一文，开始就党对待反教会运动的态度问题展开讨论。格雷断言党应该对这一运动取中立态度，应当禁止党员以党的名义进行反宗教和反教会的宣传。而德国社会民主党的著名活动家们在讨论过程中始终没有批判格雷的错误。

事。从 1871 年到 1914 年将近半世纪以来，德国工人阶级一直是全世界社会主义组织的榜样。我们知道，当时德国工人阶级有一个拥有百万党员的党，并且建立了拥有 200 万、300 万、400 万会员的工会，然而，在这半个世纪以来，也还有几十万德国工人加入了基督教的工会，竭力维护牧师、教会和本国皇帝。究竟谁真正代表工人阶级，是人数众多的德国社会民主党和工会呢，还是几十万教会工人呢？团结着绝大多数觉悟的先进的有头脑的工人的工人阶级是一回事，而继续站在资产阶级方面的某一个工厂、某一个地区或某些工人集团，是另一回事。

> 列宁：《莫斯科工会和工厂委员会第四次代表会议文献》（1918 年 6 月），《列宁全集》第 34 卷，人民出版社 1985 年版，第 432 页。

我主张把参加宗教仪式的人开除出党。

> 列宁：《致中央组织局》（1919 年 5 月 30 日），《列宁全集》第 48 卷，人民出版社 1987 年版，第 653 页。

委托雅罗斯拉夫斯基和布哈林修改，方针是不要突出同宗教作斗争的问题（例如删去第 7 条①），在加以种种特别限制的条件下，容许信仰宗教的但又确实是正直忠诚的共产党员留在党内。

同宗教作斗争的问题要提得更科学些。

（去掉第 10 条②）

由政治局批准。

经过认真准备后开展运动。

> 列宁：《对俄共（布）中央全会关于党纲第 13 条的决定草案的建议》（1921 年 5 月 18 日），《列宁全集》第 41 卷，人民出版社 1986 年版，第 256 页。

你们只要读一读我们党纲第七条上党所规定的"全体公民不分性别、宗教信仰、种族和民族，一律享有完全平等权利"，就会知道俄国社会民主工党负有实现这些要求的责任。

> 斯大林：《社会民主党怎样理解民族问题？》（1904 年 9 月 1 日），《斯

---

① 中央全会决定初稿的第 7 条要求："向党的一切支部和委员会"提出党对待宗教的态度问题。"责成鼓动宣传部拟并下发报告提纲。各次会议记录以及与这个问题有关的全部材料，必须由各地收集后上报中央，供向俄共第十一次代表大会报告使用。"

② 决定初稿的第 10 条说，"个别神职人员"企图"建立"起国家组织作用的"新的教会组织"，党必须同这种企图进行最坚决的斗争。

大林全集》第 1 卷，人民出版社 1953 年版，第 36 页。

正当专制政府竭力用"工联主义"、民族主义和教权主义等等来腐蚀无产阶级的阶级觉悟的时候，而另一方面，又当自由主义知识分子在竭力摧残无产阶级的政治独立性、竭力想控制无产阶级的时候，我们应当非常警惕，决不应忘记我们党是一座只对经过考验的人开放大门的堡垒。

斯大林：《无产阶级和无产阶级政党》（1905 年 1 月 1 日），《斯大林全集》第 1 卷，人民出版社 1953 年版，第 57 页。

各民族有权决定自己的命运，但这是不是说，党就不应当影响民族的意志去作最符合于无产阶级利益的决定呢？党赞成宗教信仰自由，赞成人们有信奉任何宗教的权利。是不是由此就可以得出结论说，党将拥护波兰的天主教、格鲁吉亚的正教、阿尔明尼亚的格列高里教而不和这一类的世界观作斗争呢？……而且党纲第九条和民族文化自治是两个完全不同的东西，它们可能互相"抵触"，就像海奥勃斯的金字塔和臭名远扬的取消派代表会议可能互相"抵触"一样，这难道不是不言而喻的吗？

斯大林：《在走向民族主义的道路上》（1913 年 1 月 12 日），《斯大林全集》第 2 卷，人民出版社 1953 年版，第 255 页。

总之，民族权利和社会民主党党纲的"原意"并不是一个东西。

显然也有这么些要求，它们虽然和民族权利并不抵触，但可能和党纲"原意"抵触。

例如社会民主党的党纲上有信教自由一条。按照这一条，任何一群人都有权信奉任何一种宗教：天主教、正教等。社会民主党反对一切宗教压制，反对压制正教徒、天主教徒和新教徒。这是否就意味着天主教和新教等和党纲"原意并不抵触"呢？不，不是这个意思。社会民主党始终反对压制天主教和新教，始终维护各民族有信奉任何一种宗教的权利，但同时它要根据无产阶级的真正利益去进行反对天主教、反对新教和反对正教的宣传，以便获得社会主义世界观的胜利。

社会民主党之所以要这样做，在于新教、天主教和正教等等无疑是和党纲"原意抵触"的，即和无产阶级的真正利益抵触的。

斯大林：《马克思主义和民族问题》（1913 年 1 月），《斯大林全集》第 2 卷，人民出版社 1953 年版，第 315—316 页。

巴库从革命一开始就承认而且现在还承认苏维埃政权。布尔什维克没有而且也不会向巴库举行任何进攻。只是有过一小撮鞑靼和俄罗斯的地主和将军的冒险进攻，由于伊斯兰教的和俄罗斯的工人和农民十分憎恨他们，这一进攻遭到了惨败。布尔什维克没有而且也不会同伊斯兰教徒进行任何斗争。巴库苏维埃政权过去是现在还是巴库和巴库区各民族工人和农民的政权，首先是伊斯兰教民族的政权。

斯大林：《又一个谣言》（1918 年 5 月 19 日），《斯大林全集》第 4 卷，人民出版社 1956 年版，第 79 页。

共产党人的任务就是参与东方日益增长的自发运动，向前发展这种运动，使它成为自觉的反帝国主义斗争。

在这个意义上，不久以前举行的伊斯兰教民族共产党员代表会议关于加强在东方各国即在波斯、印度和中国的宣传工作的决议，无疑地具有深刻的革命意义。

我们希望我们伊斯兰教民族的同志们能执行自己的这个极其重要的决定。

斯大林：《不要忘记东方》（1918 年 11 月 24 日），《斯大林全集》第 4 卷，人民出版社 1956 年版，第 146 页。

东部的事变所以有我们现在所看到的这种发展速度，只能是因为东部各伊斯兰教民族，首先是鞑靼、巴什基里亚、柯尔克兹等民族以及土尔克斯坦各民族的共产党组织的团结一致。

斯大林：《在全俄东部各民族共产党组织第二次代表大会上的开幕词》（1919 年 12 月 7 日），《斯大林全集》第 4 卷，人民出版社 1956 年版，第 241 页。

我们希望，各伊斯兰教民族共产党组织的工作人员把第一次代表大会所举起的解放东部劳动群众的旗帜，消灭帝国主义的旗帜光荣地高举到最后胜利。

斯大林：《在全俄东部各民族共产党组织第二次代表大会上的开幕词》（1919 年 12 月 7 日），《斯大林全集》第 4 卷，人民出版社 1956 年版，第 241 页。

既然事业在向前发展，既然有条件巩固和扩大这个机关，有条件用党的触角去破坏神甫在妇女所教养的青年中的影响，那末党的当前任务之一自然应当是在这条无疑是受威胁的战线上发挥最大的力量。

斯大林：《俄共（布）第十二次代表大会》（1923 年 4 月 17 日），

《斯大林全集》第 5 卷，人民出版社 1957 年版，第 160 页。

农村中的命令主义，选举苏维埃时的不法行为，暗中代替党组织、合作社组织和苏维埃组织的企图，在所谓反宗教宣传中的流氓行径，——这一切都玷污了共青团的旗帜，同共青团员的称号完全不相称，必须立刻抛弃和根除。任务就是要同这些罪恶行为作无情的斗争，并且在共青团同苏维埃机关和党机关之间建立正确的相互关系。

斯大林：《关于农村共产主义青年团积极分子（一九二五年四月六日
在俄共（布）中央组织局会议上的演说)》（1925 年 4 月 15 日），
《斯大林全集》第 7 卷，人民出版社 1958 年版，第 69 页。

在这里，反对派分子提到了列宁的名字。我们就来看看列宁的话吧：

"如果'纯粹的'无产阶级没有被那许许多多由无产者到半无产者（就是那些一半靠出卖劳动力谋生的人），由半无产者到小农（和小手工业者、家庭手工业者以及一般的小业主），由小农到中农等等形形色色的过渡阶层所包围，如果无产阶级自己内部没有分为发展程度不同的阶层，没有乡土、职业以至宗教等等的区分，那末资本主义就不成其为资本主义了。由于这一切原因，无产阶级的先锋队，无产阶级的觉悟部分，共产党，就必须而且绝对必须对各种无产者集团、对各种工人政党和各种小业主政党采取机动、通融和妥协的办法。全部问题就在于要善于运用这个策略来提高无产阶级的觉悟性、革命精神、斗争能力和制胜能力的一般水平，而不是降低这种水平。"（见"列宁全集"第四版第三十一卷，第五十五页至第五十六页）

斯大林：《关于英俄统一委员会（一九二六年七月十五日在联共
（布）中央委员会和中央监察委员会联席全会上的演说)》（1921 年
至 1927 年的论文和演说），《斯大林全集》第 8 卷，人民出版社 1954
年版，第 163—164 页。

我觉得汉逊在党内思想斗争的问题上是在宣扬某种完全不适合于共产党的僧侣道德。

斯大林：《关于反对右倾和"极左"倾的斗争》（1926 年 2 月 18 日），
《斯大林全集》第 8 卷，人民出版社 1954 年版，第 6 页。

请看列宁关于这一点是怎样说的：

"如果'纯粹的'无产阶级没有被那许许多多由无产者到半无产者（就是那些一半靠出卖劳动力谋生的人），由半无产者到小农（和小工业者、家庭手工业者以及一般的小业主），由小农到中农等等形形色色的过渡阶层所包围，如果无产阶级自己内部没有分为发展程度不同的阶层，没有乡土、职业以至宗教等等的区分，那么资本主义就不成其为资本主义了。由于这一切原因，无产阶级的先锋队，无产阶级的觉悟部分，共产党，就必须而且绝对必须对各种无产者集团，对各种工人政党和各种小业主政党采取机动、通融和妥协的办法。全部问题就在于善于运用这人策略来提高无产阶级的觉悟性、革命精神、斗争能力和制胜能力的一般水平，而不是降低这种水平。"（见《列宁全集》第四版第三十一卷，第五十五页至第五十六页）

斯大林：《时事问题简评》（1926 年 12 月 17 日），《斯大林全集》第 10 卷，人民出版社 1954 年版，第 37 页。

我们知道，有些好的共产党员对于共产党要求所有新党员都是无神论者这一点并不完全同意，因为现在反动的僧侣都被镇压了。今后要是宗教拥护全部科学并且不反对共产主义，那么共产党能不能对宗教采取中立态度？今后要是宗教信仰和对党的忠诚不相抵触，那么你们能不能允许党员信奉宗教？

答：这人问题有一些地方是不正确的。

第一，我不知道有过像代表团在这里所说的那种"好的共产党员"。恐怕世界上根本就没有这样的共产党员。

第二，我必须声明，我们的入党条件中，并没有正式规定要求每个候补党员都一定是无神论者。我们的入党条件是：承认党纲和党章，无条件地服从党和党机关的决议，缴纳党费，参加党的一个组织。

有一个代表说：我常常读到这样的新闻，说党员因为信奉上帝而被开除出党。

斯大林说：我只能重复上面已经讲过的入党条件。其他的条件我们是没有的。

这是不是说，党对宗教采取中立态度呢？不，不是这个意思。我们现在进行宣传而且将来还要进行宣传来反对宗教偏见。我国的法律规定每个公民都有信奉任何宗教的权利。这是各人的信仰问题。正因为如此，我们实行了教会与国家分离。但是我们在实行教会与国家分离、宣布信教自由的同时，也保留每个公民都有用说服、宣传、鼓励的方法去反对某种宗教、反对任何宗教的权利。党对宗教不能采取中立态度，并且进行反宗教的宣传来反对所有一切宗教偏见，因为党是拥护科学的，而宗教偏见是反对科学的，要知道，任何宗教都是和科学对立的东西。在美国，不久以前把达尔文主义者判了罪，这种情形在我们这里就不可能产生，因为党实行全力捍卫科学的政策。

党对宗教偏见不能采取中立态度，并且要进行反对这些偏见的宣传，因为这是清除那些支持剥削阶级、劝人顺从剥削阶级的反动僧侣的影响的一种可靠手段。

党对宗教偏见的传播者、对毒害劳动群众意识的反动僧侣不能采取中立态度。

我们是不是已经把反动僧侣镇压下去了呢？是的，镇压下去了。可惜只是还没有把他们完全肃清。反宗教的宣传就是一种必能把反动僧侣彻底肃清的手段。有这样的情况：某个党员有时阻碍全力展开反宗教的宣传。如果把这样的党员开除出去，那是很好的，因为在我们党的队伍里不容许这样的"共产党员"。

斯大林：《时事问题简评》（1926 年 12 月 17 日），《斯大林全集》第
10 卷，人民出版社 1954 年版，第 115—117 页。

请看列宁是怎样论述这个原则的：

"现在全部问题就是要使每个国家的共产党人十分自觉地认清同机会主义和'左的'教条主义作斗争的基本的原则的任务，并且十分自觉地估计到这种斗争因每个国家的经济、政治、文化、民族成分（如爱尔兰等）、殖民地、宗教派别等等的特征而具有的并且必然具有的具体特点。现在对第二国际的不满到处都感觉得到，并且在扩大和增长，这种不满是由于第二国际的机会主义，由于它不善于或不能够创立一个真正集中的、真正领导的中心，这个中心能够在革命无产阶级为建立全世界苏维埃共和国的斗争中指导革命无产阶级的国际策略。必须认识清楚，这样的领导中心无论如何不能建立在斗争策略规则的千篇一律、死板划一、彼此雷同上面。只要各民族间和各国间的民族差别和国家差别还存在（这些差别甚至在无产阶级专政在全世界范围内实现以后也还要保持很久很久），那末各国共产主义工人运动的国际策略的统一所要求的不是消除多样性，不是消灭民族差别（这在目前是可笑的幻想），而是在运用共产主义基本原则（苏维埃政

权和无产阶级专政）时，把这些原则在细节上加以正确的变更，使这些原则正确地适应并且适用于民族的和民族国家的差别。在每个国家为解决统一的国际任务、为战胜工人运动内部的机会主义和'左'的教条主义、为推翻资产阶级、为建立苏维埃共和国和无产阶级专政而采取具体办法的时候，要调查、研究、找出、看透、抓住民族特殊的东西和民族独有的东西，——这便是一切先进国家（而且不仅是先进国家）在目前历史阶段上的主要任务。"（见"共产主义运动中的'左派'幼稚病"，"列宁全集"第四版第三十一卷，第七十一页至第七十二页）

共产国际的路线就是一定要顾到这个列宁主义策略原则的路线。

> 斯大林：《时事问题简评》（1927 年 7 月 28 日），《斯大林全集》第 9
> 卷，人民出版社 1954 年版，第 284—286 页。

我们党内有些人为了良心上过得去，也就不反对宣布对右倾危险作斗争，好像神甫有时念着"阿勒卢亚，阿勒卢亚"一样，可是不采取（决不采取）任何实际办法来为反右倾斗争奠定巩固的基础，并在事实上克服这种右倾。

> 斯大林：《论联共（布）党内的右倾危险（一九二八年十月十九日在
> 联共（布）莫斯科委员会和莫斯科监察委员会联席全会上的演说）》
> （1928 年 10 月 23 日），《斯大林全集》第 11 卷，人民出版社 1955 年
> 版，第 195 页。

事实说明，我们党的总路线是唯一正确的路线。

我们在社会主义建设战线上所获得的胜利和成就证明了这一点。过去这个时期党在城乡社会主义建设战线上所获得的决定性的胜利，不是而且也不可能是实行不正确政策的结果。只有正确的总路线才能使我们获得这样的胜利。

我们的阶级敌人，资本家和他们的报刊，教皇和形形色色的主教，社会民主党人和阿布拉莫维奇及唐恩一类的"俄国"孟什维克近来对我们党的政策所发出的疯狂号叫证明了这一点。

> 斯大林：《联共（布）中央委员会向第十六次代表大会的政治报告》
> （1930 年 6 月 27 日），《斯大林全集》第 12 卷，人民出版社 1955 年
> 版，第 289 页。

3. 论政教分离

如果宗教变成了政治的因素、政治的对象，那么，再来谈论报纸不仅

可以而且应该讨论政治问题显然是多余的。看来，人世的智慧即哲学从一开始就比来世的智慧即宗教更有权关心现世的王国——国家。问题不在于应该不应该对国家进行哲学研究，而在于应该怎样进行这种研究——善意地还是恶意地、哲学地还是非哲学地、有成见地还是无成见地、有意识地还是无意识地、彻底地还是不彻底地、完全合理地还是半合理地。如果你们把宗教变成国家法的理论，那么你们自己就把宗教变成一种哲学了。

> 马克思：《〈科隆日报〉第179号的社论》（1842年6月28日—7月3日），《马克思恩格斯全集》第1卷，人民出版社1995年版，第223页。

当有人提议成立神圣同盟①这样一个可以说是宗教的国家同盟，并且建议宗教应成为欧洲各国的国徽时，教皇却胸有成竹地坚决拒绝加入这一神圣同盟，因为在他看来，把各国人民联结起来的基督教方面的普遍纽带是教会，而不是外交，也不是世俗的国家同盟。

真正的宗教国家是神权政体的国家。这些国家的首脑应该或者像犹太人的国家那样是宗教之神耶和华自己，或者像西藏那样是神的代理人达赖喇嘛，最后，像哥雷斯在自己的最后一本著作②中公正地对基督教国家所要求的那样，基督教国家应该毫无例外地服从一个教会即"永无谬误的教会"，因为如果像新教那样没有教会的最高首脑，宗教的统治就只能是统治的宗教、政府意志的崇拜。

如果一个国家有几个平等的教派，而国家又不去侵犯各个特殊教派的权利，那它就再也不可能是一个宗教国家，不可能是那种把其他教派的拥护者指责为异教徒、根据信仰配给每片面包并把教义变成个人和国家公民的存在之间的纽带的教会了。你们问一问"贫穷的绿岛埃林"③的天主教

---

① 神圣同盟是欧洲各专制君主镇压欧洲各国进步运动和维护封建君主制度的反革命联盟。同盟是战胜拿破仑一世以后，由俄国沙皇亚历山大一世和奥地利首相梅特涅倡议，于1815年9月26日在巴黎建立的，同时还缔结了神圣同盟条约。几乎所有的欧洲君主国都参加了同盟。这些国家的君主负有相互提供经济、军事和其他方面援助的义务，以维持维也纳会议上重新划定的边界和镇压各国革命。

② 指约·冯·哥雷斯《科隆纠纷结束后的教会和国家》（1842年魏森堡版）一书。该书站在天主教的立场上，对持续四年之久的普鲁士新教国家同天主教教会之间的纠纷作了分析。

③ 爱尔兰旧称。

居民，问一问法国革命以前的胡格诺派①吧，他们并不是向宗教呼吁，因为他们的宗教不是国教；他们是向"人权"呼吁，而哲学是阐明人权的，哲学要求国家是合乎人性的国家。

> 马克思：《〈科隆日报〉第179号的社论》（1842年6月28日—7月3日），《马克思恩格斯全集》第1卷，人民出版社1995年版，第224—225页。

因此，你们就不应该根据基督教，而应该根据国家的本性、国家本身的实质，也就是说，不是根据基督教社会的本质，而是根据人类社会的本质来判定各种国家制度的合理性。

拜占庭国家是一个真正的宗教国家，因为在那里教义就是国家问题，然而，拜占庭国家却是最坏的国家。旧制度的国家是最标准的基督教国家，但是尽管如此，它们仍然是"宫廷意志"的国家。

有一种二难推论是"健全的"人的理智所无法抗拒的。

要么基督教国家符合作为理性自由的实现的国家概念，那时，国家为了成为基督教国家，只要成为理性的国家就足够了，那时，只要从人类关系的理性出发来阐明国家就足够了，而这正是哲学所要做的工作。要么理性自由的国家不能从基督教出发来加以阐明，那时，你们自己将会承认，这样去阐明不符合基督教的意图，因为基督教不想要坏的国家，而不是理性自由的实现的国家就是坏的国家。

> 马克思：《〈科隆日报〉第179号的社论》（1842年6月28日—7月3日），《马克思恩格斯全集》第1卷，人民出版社1995年版，第226页。

政治原则和基督教宗教原则的混淆已成了官方的信条。现在让我们来简单地解释一下这种混淆。如果只谈作为公认的宗教的基督教，那么在你们国家里就有天主教徒和新教徒。他们都会向国家提出同样的要求，就像他们对国家都负有同样的义务一样。他们会撇开自己的宗教分歧而一致要求：国家应该是政治理性和法的理性的实现。可是，你们却想建立一个基

---

① 胡格诺派是16世纪欧洲宗教改革运动中兴起于法国的基督教新教教派，深受加尔文教义的影响。参加这一派的有不同的社会阶层，既有王公贵族，也有农民和手工业者。胡格诺派和天主教派的斗争导致的胡格诺战争从1562年起延续到1598年。结果胡格诺派的前首领纳瓦拉的亨利皈依天主教，成为国王，称亨利四世。

督教国家。如果你们的国家成了一个路德派的基督教国家，那么对天主教徒来说，这个国家就会成为一个并非他们所属、必然会被他们当作异端教会加以屏弃的教会，成为一个内在本质同他们正相抵触的教会。反过来也是一样。如果你们把基督教的一般精神说成是你们国家的特殊精神，那么你们就是从你们所受的新教的教育出发来决定什么是基督教的一般精神。虽然最近的事态已向你们表明，政府的个别官员划不清宗教和世俗、国家和教会之间的界限，但是你们还在决定什么是基督教国家。关于这种概念混乱，不应当由书报检查官作出决定，而应当由外交家去谈判。最后，如果你们把某一种教义当作无关紧要的教义而加以屏弃，那你们所持的就是异端的观点。假如你们把自己的国家称为一般的基督教国家，那你们就是以委婉的方式承认它是非基督教国家。因此，要么你们根本禁止把宗教搬到政治中去（但是你们不愿意这样做，因为你们想使之成为国家支柱的并不是自由的理性，而是信仰，对你们来说，宗教就是对现存事物的普遍肯定）；要么你们就允许把宗教狂热地搬到政治中去，二者必居其一。让宗教按照自己的方式去从事政治吧，可是你们又不愿意这样做，因为在你们看来，宗教应当支持世俗的事物，但是，世俗的事物可不要受宗教支配。你们既然把宗教搬到政治中去，那么，企图按照世俗的方式规定宗教在政治中应当以什么姿态出现，这是不折不扣的、甚至是反宗教的狂妄要求。谁由于宗教的冲动而想和宗教结合在一起，谁就得让宗教在一切问题上都有决定权。或者，也许你们把宗教理解为对你们自己的无限权力和英明统治的崇拜吧？

> 马克思：《评普鲁士最近的书报检查令》（1842 年 2 月初—2 月 10
> 日），《马克思恩格斯全集》第 1 卷，人民出版社 1995 年版，第
> 118—119 页。

在一个"基督教是国家法律的主要部分"（christianity is part and parcel of the laws of the land）的国家里，国教会是宪法的必不可少的一部分。英国，按照它的宪法，实质上是一个基督教国家，确切地说是一个非常发达的、强大的基督教国家；国家和教会完全融为一体并且密不可分。但是，这种教会和国家的合一只能存在于基督教的一个教派之中，而且排斥其他一切教派；这些被排斥的教派就自然被宣布为异教徒，并遭到宗教上和政治上的迫害。英国的情形就是这样。因此，所有被排斥的教派历来都被归

为一类，被当作不信奉国教者或非国教徒，不得参与任何国事，被阻止举行自己的礼拜，并遭到各种刑法的迫害。他们越是激烈地宣称反对教会和国家的合一，执政党就越是激烈地维护这种合一，并把它推崇为国家的生命基点。因此，当英国还是一个处于鼎盛状态的基督教国家的时候，对非国教徒特别是对天主教徒的迫害也曾被提到日程上来；这种迫害固然没有中世纪的宗教迫害那样厉害，却更普遍，更持久。急性病转成了慢性病，针对天主教而突发的勃然大怒变成冷静的政治打算，即力求用比较缓和而又连续不断的压制来根绝异端邪说。迫害已经转入世俗的范围，因此更加不能忍受。不信奉三十九条①已不再是渎神罪，而是以政治罪论处。

恩格斯：《英国状况——英国宪法》（1844 年 2 月中—3 月中），《马克思恩格斯全集》第 3 卷，人民出版社 2002 年版，第 571—572 页。

自由？这里指的是政治自由。《德法年鉴》已经向鲍威尔先生指出，犹太人要求自由而又不想放弃自己的宗教，这就是在"从事政治"，而不是在提出任何与政治自由相抵触的条件。《德法年鉴》已经向鲍威尔先生指出，把人划分为不信宗教的公民和信奉宗教的私人，这同政治解放毫不矛盾。《德法年鉴》已经向他指出，当国家摆脱了国教，而在市民社会范围内则让宗教自由行事时，国家就从宗教中解放出来了，同样，当单个的人不再把宗教当做公共事务而当做自己的私人事务来对待时，他在政治上也就从宗教中解放出来了。最后，《德法年鉴》已经指出，法国革命对宗教采取的恐怖行动远没有驳倒这种看法，相反倒证实了这种看法。

马克思、恩格斯：《神圣家族，或对批判的批判所做的批判。驳布鲁诺·鲍威尔及其伙伴》（1844 年 9—11 月），《马克思恩格斯文集》第 1 卷，人民出版社 2009 年版，第 310—311 页。

13. 彻底实行政教分离。各教派牧师的薪金一律由各个自愿组织起来的宗教团体支付。

马克思、恩格斯：《共产党在德国的要求》（1848 年 3 月 21—29 日），《马克思恩格斯全集》第 5 卷，人民出版社 1958 年版，第 4 页。

---

① 神的形象后来具有的这种两重性，是比较神话学（它片面地以为神只是自然力量的反映）所忽略的、使神话学以后陷入混乱的原因之一。这样，在若干日耳曼部落里，战神，按古斯堪的纳维亚语，称为提尔，按古高地德语，称为齐奥，这就相当于希腊语里的宙斯，拉丁语里的"丘必特"（替代"迪斯必特"）；在其他日耳曼部落里，埃尔、埃奥尔相当于希腊语的亚力司、拉丁语的玛尔斯。

本周的议会辩论是不大令人感觉兴趣的。22 日斯普纳先生在下院提出一项取消梅努特神学院津贴①的议案，而斯科菲尔德先生提出一项"废除由国家负担教会或宗教事宜的任何开支的全部现行条例"的修正案。斯普纳先生的提案以 192 票对 162 票被否决。斯科菲尔德的修正案要等到下星期三才讨论；可是这个修正案也有可能根本撤回。在关于梅努特的所有讨论中，值得注意的只有（爱尔兰旅②的）达菲先生的发言，他认为：

> "美国总统③或法国新皇帝④会乐于恢复他们的国家同爱尔兰僧侣之间的联系，这并不是完全不可能的。"⑤

> 马克思：《议会辩论。——僧侣反对社会主义。——饿死人》（1853 年 2 月 25 日），《马克思恩格斯全集》第 11 卷，人民出版社 1995 年版，第 651 页。

我们从英国报纸以及舍夫茨别利勋爵在上院作的和蒙克顿·米尔恩斯先生在下院作的报告中得悉，不列颠政府由于（至少部分地由于）希腊居民的这些运动将不得不采取措施来改善土耳其帝国基督教臣民的处境。报告中清楚地指出，西方强国所追求的伟大目标，就是使土耳其境内基督教和伊斯兰教享有平等权利。这一点或者根本不意味着什么，或者意味着赋予穆斯林和基督徒以政治权和公民权，而不分教别，根本不考虑宗教问题。换句话说，这意味着国家同教会、宗教同政治的完全分离。但是土耳其国家同所有东方国家一样，是以国家和教会、政治和宗教紧密结合而且几乎可以说是两位一体为基础的。对于土耳其帝国及其当权者来说，古兰经同是信仰和法律的源泉。但是在古兰经面前，怎么能使虔诚教徒和异教徒、

---

① 从 1846 年起，英国议会定期拨给梅努特（爱尔兰）神学院经费，用以修建和维修校舍，目的在于把天主教僧侣笼络到英国统治阶级方面来，从而削弱爱尔兰民族解放运动的力量。

② 爱尔兰旅是 19 世纪 30—50 年代英国议会中由奥康奈尔领导的爱尔兰议员所组成的派别。该派大部分成员是民族运动中的右派即妥协派的代表，他们代表了爱尔兰资产阶级上层分子、大地主和天主教教权派集团的利益。同时，在这一派中还有依靠富裕租佃者的爱尔兰自由派人物。50 年代初，该派部分议员与激进的"爱尔兰保障租佃者权利同盟"联合，在下院形成一个独立的反对党。1859 年由于爱尔兰旅的领袖与英国统治集团达成妥协，该反对党瓦解。

③ 富·皮尔斯。

④ 拿破仑第三。

⑤ 查·加·达菲：《1853 年 2 月 22 日在下院的演说》。

穆斯林和莱雅①平等呢？实际上，要做到这一点就必须用新的民法典来代替古兰经，换句话说，就是破坏土耳其社会的结构，并在它的废墟上建立新的秩序。

另一方面，正教不同于基督教其他教派的主要特征，也就是国家和教会、世俗生活和宗教生活的两位一体。在拜占庭帝国，国家和教会是非常紧密地交织在一起的，以致不记述一方的历史，就不能记述另一方的历史。在俄国也是两位一体占主导地位，尽管与拜占庭帝国的情况截然不同，教会变成了国家的纯粹的工具，变成了对内进行压迫和对外进行掠夺的工具。在奥斯曼帝国，按照土耳其人的东方概念，拜占庭的神权政治已经发展到了这种程度：教区的牧师同时是法官、市长、教师、遗嘱执行人、税吏和世俗生活中到处都出现的总管，他不是仆人，而是各项工作的主管。这里可以对土耳其人提出的主要责难，并不是他们削弱了基督教教士的特权，相反地是在他们统治之下，教会的这种无所不包的暴虐的监护、控制和干涉竟然可以渗透到了社会生活的一切领域。法耳梅赖耶尔先生在他的《东方来信》中非常有趣地描述了一位正教神父在听到他说天主教神父没有任何世俗权力、不承担世俗职责后如何惊讶的情况。这位正教神父惊呼："那么我们天主教弟兄们怎么去消磨时间呢？"因此很清楚：在土耳其实施新的民法典，即同宗教完全没有关系的并以国家和教会完全分离为基础的民法典，不仅意味着废除伊斯兰教，而且意味着毁掉在土耳其帝国存在的那种形式的正教会。难道会有人那么轻信，真的以为，不列颠现政府中那些反动的懦夫们会想到要在土耳其这样的国家里担负起包括实现彻底的社会革命这样巨大的任务吗？这种想法是十分荒谬的。他们只可能有一个目的，这就是蒙蔽英国人民和欧洲人民。

马克思：《希腊人暴动》（1854年3月14日），《马克思恩格斯全集》第13卷，人民出版社1998年版，第147—148页。

随着常备军和政府警察的废除，物质的压迫力量即被摧毁。宣布一切教会不得占有财产；从一切公立学校中取消宗教教育（同时实施免费教育），使其成为私人生活范围之内的事，靠信徒的施舍维持；使一切教育机构不受政府的监护和奴役——随着这一切的实现，精神的压迫力量即被摧

----

① 土耳其用语，从19世纪初起通常指受压迫的非伊斯兰教居民。

毁，科学不仅成为人人有份的东西，而且也摆脱掉政府压制和阶级偏见的桎梏。

> 马克思：《法兰西内战——国际工人协会总委员会宣言》（1871 年 4—5 月），《马克思恩格斯文集》第 3 卷，人民出版社 2009 年版，第 222—223 页。

次日下令，宣布教会与国家分离，取消国家用于宗教事务的一切开支，并把一切教会财产转为国家财产；4 月 8 日又据此下令把一切宗教象征、神像、教义、祷告，总之，把"有关个人良心的一切"，从学校中革除出去，此命令逐步付诸实施。

> 恩格斯：《卡·马克思〈法兰西内战〉一书导言》（1891 年 3 月 18 日），《马克思恩格斯文集》第 3 卷，人民出版社 2009 年版，第 105 页。

这样，从 3 月 18 日起，先前被抵抗外敌侵犯的斗争所遮蔽了的巴黎运动的阶级性质，便以尖锐而纯粹的形式显露出来了。因为公社委员几乎全都是工人或公认的工人代表，所以公社所通过的决议也都带有鲜明的无产阶级性质。这些决议，要么规定实行共和派资产阶级只是由于怯懦才不敢实行的、然而却是工人阶级自由活动的必要前提的那些改革，例如实行宗教对国家而言纯属私事的原则；要么就是直接代表工人阶级的利益，有时还深深触动了旧的社会制度。但是在一个被围困的城市内，实行这一切措施最多只能做出一个开端。从 5 月初起，全副力量都用到同凡尔赛政府大军作战上去了。

> 恩格斯：《卡·马克思〈法兰西内战〉一书导言》（1891 年 3 月 18 日），《马克思恩格斯文集》第 3 卷，人民出版社 2009 年版，第 105—106 页。

（5）教会和国家完全分离。国家无一例外地把一切宗教团体视为私人的团体。停止用国家资金对宗教团体提供任何资助，排除宗教团体对公立学校的一切影响。（但是不能禁止它们用自己的资金办自己的学校并在那里传授他们的胡说。）

> 恩格斯：《1891 年社会民主党纲领草案批判》（1891 年 6 月 18 日和 29 日之间），《马克思恩格斯文集》第 4 卷，人民出版社 2009 年版，第 417 页。

不管怎样，根据公社的精神提出的政教分离提案①，是他能做的最好的事情，这立刻把他们的嘴堵住了。特别是现在，法国宗教界开始意识到这种可能性，并力图证明在这种情况下应该实行爱尔兰那样的政教分离②，就是不仅保留他们的全部财产，而且将其薪俸化为资本并付出巨款予以赎买：继俾斯麦先生的几十亿③之后，又来一个教会的几十亿！牧师们真是急不可耐，因为宣布这个计划就等于使这个计划落空。假如对此不加声张，而作为政府提案突然强加给人民，这个突如其来的提案就可能被通过，而激进派也会非常愉快地接受。但是，如把这个计划事先付诸公开讨论，那就等于要它破产。有革命的民法原则的法兰西共和国，不可能象半封建的君主制英国那样，通过赎买与教会分离。

> 恩格斯：《恩格斯致劳拉·拉法格》（1892 年 1 月 6 日），《马克思恩格斯全集》第 38 卷，人民出版社 1972 年版，第 248—249 页。

俄国社会民主工党的最近的政治任务是推翻沙皇专制制度，代之以建立在民主宪法基础上的共和国，民主宪法应保证：

……

（4）信仰、言论、出版、集会、罢工和结社的自由不受限制；……

（6）废除等级制，全体公民不分性别、宗教信仰和种族一律平等；……

（10）教会同国家分离，学校同教会分离；……

> 列宁：《俄国社会民主工党纲领草案》（1902 年 1 月 8 日和 2 月 18 日），《列宁全集》第 6 卷，人民出版社 1984 年版，第 194—195 页。

其次，社会民主党人要求每个人都有充分的、完全自由地随便信仰哪

---

① 1891 年 12 月 17 日，保·拉法格代表工人党向众议院提出一项关于政教分离的法案，这项法案基本上是重申巴黎公社 1871 年 4 月 2 日的指令。法案规定取消宗教费，没收教会财产，并把由此所得的钱财用于民众教育和社会保证的需要，还规定禁建教堂，禁止吸收工人加入教会。拉法格的提案载于 1891 年 12 月 26 日《社会主义者报》第 66 号。1891 年 12 月 8 日，保·拉法格在众议院发表了第一个演说，论证他所提出的关于大赦政治犯的提案。他的演说多次被资产阶级议员的吵闹声和叫喊声打断。拉法格的提案遭到众议院的否决。

② 1869 年通过的爱尔兰政教分离法只涉及英国国教，这个国家只有为数不多的一部分居民信奉该教。根据这一法案，废除了教会的什一税，取消了过多的教职。英国国教会也失去了它的部分地产，它原来以这部分地产的收入举办慈善事业，资助爱尔兰的其他教会，提高留职的英国国教神父的薪俸。爱尔兰政教分离法是格莱斯顿的自由党政府借助微小的上层改革平息国内民族运动的一些措施之一。

③ 指法国在 1870—1871 年普法战争中失败后，根据和约条款付给德国的五十亿法郎的赔款。

种宗教的权利。欧洲各国中只有俄国和土耳其还保留着一些可耻的法律，来整治不信正教而信其他教的人，整治分裂教派，整治其他教派信徒，整治犹太人。这些法律或是干脆禁止某种宗教，或是禁止传布这种宗教，或是剥夺信仰这种宗教的人的某些权利。所有这些法律，都是极不公道、极专横、极可耻的。每个人不仅应该有随便信仰哪种宗教的完全自由，而且应该有传布任何一种宗教和改信宗教的完全自由。哪一个官吏都根本无权过问任何人信什么教，因为这是个信仰问题，谁也不能干涉。不应该有什么"占统治地位的"宗教或教会。一切宗教，一切教会，在法律面前应该一律平等。各种宗教的教士可以由信那种教的教徒来供养，国家不应该用国库的钱来资助任何一种宗教，不应供养任何教士，不管是正教的，分裂教派的，还是其他任何教派的教士。社会民主党人正在为此而斗争。在这些措施还没有无条件实行以前，人民就一直要因为信教问题而受到警察的可耻迫害，就一直避免不了警察给某一种宗教同样可耻的施舍。

列宁:《告贫苦农民》（1903 年 3 月 1 日和 28 日），《列宁全集》第 7
卷，人民出版社 1986 年版，第 150—151 页。

应当宣布宗教是私人的事情。这句话通常是用来表示社会主义者对待宗教的态度的。但是，这句话的意义必须正确地说明，以免引起任何误解。就国家而言，我们要求宗教是私人的事情，但是就我们自己的党而言，我们无论如何也不能认为宗教是私人的事情。国家不应当同宗教发生关系，宗教团体不应当同国家政权发生联系。任何人都有充分自由信仰任何宗教，或者不承认任何宗教，就是说，象通常任何一个社会主义者那样做一个无神论者。在公民中间，完全不允许因为宗教信仰而产生权利不一样的现象。在正式文件里应当根本取消关于公民某种信仰的任何记载。决不应当把国家的钱补贴给国家教会，决不应当把国家的钱补贴给教会团体和宗教团体，这些团体应当是完全自由的、与政权无关的志同道合的公民联合会。只有彻底实现这些要求，才能结束以往那种可耻的、可诅咒的现象：教会农奴般地依赖于国家，而俄国公民又农奴般地依赖于国家教会；中世纪的宗教裁判所的法律（这种法律至今还列在我国的刑法和刑事法规中）仍然存在，并且仍然有效，这种法律追究人是否有信仰，摧残人的良心，把官位和俸禄同布施某种国家教会劣质酒联系起来。教会与国家完全分离，这就是社会主义无产阶级向现代国家和现代教会提出的要求。

列宁：《社会主义和宗教》（1905 年 12 月 3 日），《列宁全集》第 12 卷，人民出版社 1987 年版，第 132 页。

对于社会主义无产阶级的政党，宗教并不是私人的事情。我们的党是争取工人阶级解放的觉悟的先进战士的联盟。这样的联盟不能够而且也不应当对信仰宗教这种不觉悟、无知和蒙昧的表现置之不理。我们要求教会与国家完全分离，以便用纯粹的思想武器，而且仅仅是思想武器，用我们的书刊、我们的言论来跟宗教迷雾进行斗争。我们建立自己的组织即俄国社会民主工党的目的之一，也正是为了要同一切利用宗教愚弄工人的行为进行这样的斗争。对我们来说，思想斗争不是私人的事情，而是全党的、全体无产阶级的事情。

列宁：《社会主义和宗教》（1905 年 12 月 3 日），《列宁全集》第 12 卷，人民出版社 1987 年版，第 133 页。

公社宣布教会同国家分离，取消了宗教预算（即国家给神父的薪俸），使国民教育具有纯粹非宗教的性质，这就给了穿袈裟的宪兵以有力的打击。

列宁：《纪念公社》（1911 年 4 月 15 日），《列宁全集》第 20 卷，人民出版社 1989 年版，第 222—223 页。

同波兰社会民主党人的不正确的论断相反，民族自决的要求在我们党的鼓动工作中所起的作用，并不亚于武装人民、教会同国家分离、由人民选举官吏以及被庸夫俗子们称为"空想的"其他各点。

列宁：《关于自决问题的争论总结》（1916 年 7 月），《列宁全集》第 28 卷，人民出版社 1990 年版，第 55 页。

13. 教会和国家分离，学校和教会分离；学校应具有完全的世俗性。

列宁：《修改党纲的材料》（1917 年 4—5 月），《列宁全集》第 29 卷，人民出版社 1985 年版，第 487 页。

昨天（1918 年 1 月 21 日）公布了教会同国家完全分离和没收教会全部财产的法令。

列宁：《致全国人民的通电》（1918 年 1 月 22 日），《列宁全集》第 33 卷，人民出版社 1985 年版，第 326 页。

我已经说过，未必还能找到别的问题，会象国家问题那样，被资产阶级的科学家、哲学家、法学家、政治经济学家和政论家有意无意地弄得这样混乱不堪。直到现在，往往还有人把这个问题同宗教问题混为一谈，不仅宗教学说的代表人物（他们这样做是十分自然的），而且自以为没有宗教偏见的人，也往往把专门的国家问题同宗教问题混为一谈，并且企图建立某种具有一套哲学见解和论据的往往异常复杂的学说，说国家是一种神奇的东西，是一种超自然的东西，是一种人类赖以生存的力量，是赋予或可能赋予人们某种并非来自人本身而来自外界的东西的力量，说国家是上天赋予的力量。必须指出，这个学说同剥削阶级——地主资本家的利益有极密切的联系，处处为他们的利益服务，深深浸透了资产阶级代表先生们的一切习惯、一切观点和全部科学，因此，你们随时随地都会遇见这一学说的残余，甚至那些愤慨地否认自己受宗教偏见支配并且深信自己能够清醒地看待国家的孟什维克和社会革命党人的观点也不例外。这个问题所以被人弄得这样混乱，这样复杂，是因为它比其他任何问题更加牵涉到统治阶级的利益（在这一点上它仅次于经济学中的基本问题）。国家学说被用来为社会特权辩护，为剥削的存在辩护，为资本主义的存在辩护，因此，在这个问题上指望人们公正无私，以为那些自称具有科学性的人会给你们拿出纯粹科学的见解，那是极端错误的。当你们熟悉了和充分钻研了国家问题的时候，你们在国家问题、国家学说、国家理论上，会随时看到各个不同阶级之间的斗争，看到这个斗争在各种国家观点的争论中、在对国家的作用和意义的估计上都有反映或表现。

> 列宁：《论国家》（1919 年 7 月 11 日），《列宁全集》第 37 卷，人民出版社 1986 年版，第 60—61 页。

临时政府应当做些什么呢？

……它还应当使教会和国家分离，使学校和教会分离……

> 斯大林：《临时革命政府和社会民主党》（1905 年 8 月 15 日），《斯大林全集》第 1 卷，人民出版社 1953 年版，第 122 页。

4. 宗教派别与政治斗争

但是，历史的进步是阻挡不了的；1688 年的立法和 1828 年的社会舆论之间的距离是如此巨大，以至这一年连下院也察觉到它必须废除那些反对非国教徒的最苛刻的法律。宣誓法以及市镇机关法的宗教条款被废除；一年以后随之而来的是天主教徒获得了解放，尽管托利党人持激烈反对态度。宪法的维护者托利党人持这种反对态度是完全有理由的，因为任何一个自由主义的政党，就连激进派在内，也没有攻击宪法本身。宪法对它们来说也仍然应当是基础，而在宪法的立场上，只有托利党人是始终如一的。他们了解并且说明：上述措施一定会引起高教会派的瓦解，而且也必然会使宪法不起作用；授予非国教徒以积极的公民权，就等于事实上消灭高教会派，等于认可对高教会派的攻击；如果准许某个承认教皇的权威高于国家权力的天主教徒参加行政管理和立法，那对国家就绝不是始终如一的。自由党人未能应答他们的这些论据；但是解放毕竟已成事实，托利党的预言也已经开始应验了。

这样一来，高教会派也就成为一个空洞的名称，它和其他教派的区别，只在于它每年有 300 万英镑的收入和一些微不足道的但恰好足以引起别人反对的特权罢了。属于这类特权的有教会法庭，在这些法庭上，英国圣公会的主教享有惟一的、然而意义非常微小的裁判权，这些法庭的压制行为主要是诉讼费；其次是地方教会税，用它来维修国教会所支配的建筑物；非国教徒归这些法庭裁判，并且必须分担地方教会税。

但是，不仅是反对教会的立法，就连维护教会的立法也都促使国教会成为空洞的名称。爱尔兰教会从来就是一个纯粹的名称，是一个完备的国教会或政府教会，是一套完整的上自大主教下至副牧师的教阶制度，所缺的只是教区，它的使命是对空荡的四壁说教、祈祷和吟唱祷文。英国的教会虽然受到非国教徒的不少排挤，特别是在威尔士和工厂区，它仍有自己的听众，可是收入优厚的牧师是不太关心教徒的。边沁说过："如果你们要使僧侣等级遭到蔑视和陷于毁灭，那就多给他们一些钱吧。"无论是英国的还是爱尔兰的教会都证明了这句名言的千真万确。在英国的乡村和城市中，人民最痛恨、最鄙视的，莫过于英国国教会的牧师。在英国这样一个虔诚信教的民族中，这种情况当然是意味着什么的。

> 恩格斯：《英国状况——英国宪法》（1844 年 2 月中—3 月中），《马
> 克思恩格斯全集》第 3 卷，人民出版社 2002 年版，第 572—573 页。

如果说，尽管如此，威美尔曼所作的论述还是缺乏内在联系，如果说他没有能指明那个时代的宗教上政治上的 kontroversen（争论问题）是当时阶级斗争的反映，如果说他在这个阶级斗争中只看出压迫者和被压迫者、善良者和凶恶者以及凶恶者的最后胜利，如果说他对于决定斗争的开端与结局的那些社会关系所持的见解带有很大的缺点，那么，这一切正是这部书问世的那个时代的缺陷。相反，就当时来说，这部书是德国唯心主义历

史著作中值得嘉许的一个例外，它还是写得很富于现实主义精神的。

我的论述打算通过对这场斗争的历史进程的简要叙述，来说明农民战争的起源，参加这一战争的各种党派的立场，这些党派企图借以弄清自己立场的那些政治的和宗教的理论，以及从当时这些阶级的历史地存在的社会生活条件中必然产生的斗争结局本身；这就是说，我是打算指明：当时德国的政治制度，反对这一制度的起义，以及当时那个时代的政治的和宗教的理论，并不是当时德国农业、工业、水陆交通、商品交易和货币交易所达到的发展程度的原因，而是这种发展程度的结果。

恩格斯：《德国农民战争》（1850 年夏—秋），《马克思恩格斯文集》
第 2 卷，人民出版社 2009 年版，第 203—204 页。

在以前的一篇通讯里，我已经指出过，保障爱尔兰租佃者权利的鼓动，不管它现在的领袖们的观点和意愿如何，很可能有一天会变成反对教权主义的运动。我指出了上层僧侣已经开始对同盟采取敌对的立场，从那时起，舞台上又出现了一种把运动朝这个方向推进的力量。北爱尔兰的地主竭力要使他们的租佃者相信，保障租佃者权利同盟和保卫天主教徒协会是同样的东西，他们正假借反对天主教的传播为名，努力组织力量来对付这个同盟。

爱尔兰地主就是这样号召他们的租佃者反对天主教僧侣的，而另一方面，英国新教僧侣则号召工人阶级反对工厂老板。英国工业无产阶级以双倍的力量重新展开了长期以来的争取实行十小时工作日法案、废除厂内店铺和实物工资制的斗争。这样的要求必然会在已经接到许多有关这方面的请愿书的下院提出来，因此，在以后的通讯里，我将有机会详细地谈谈那些惯于把报纸和议会讲坛变成散布他们的自由主义的花言巧语的传声筒的暴虐的工厂主所使用的种种残酷而卑鄙的手段。

马克思：《议会辩论。——僧侣反对社会主义。——饿死人》（1853
年 2 月 25 日），《马克思恩格斯全集》第 11 卷，人民出版社 1995 年
版，第 653—654 页。

在古希腊，如果一个演说家被人用钱收买而不说话了，人们就说他舌头上有了牛。这里要说明一下，牛就是指来自埃及的银币。对于《泰晤士报》，我们可以说，在东方问题重新产生以来的整个这个时期，它的舌头上也有了牛，——如果说这不是为了迫使它不说话，那至少是为了迫使它说话。起初，这家善于发明创造的报纸借口问题涉及基督教而为奥地利干涉黑山事务的行为

辩护。但是后来俄国进行干涉时，这家报纸就抛弃了这个论据，说全部问题只是希腊正教和罗马天主教教会之争，与英国国教"教民"毫不相干。

> 马克思：《伦敦的报刊。——拿破仑在土耳其问题上的政策》（1853年3月25日），《马克思恩格斯全集》第12卷，人民出版社1998年版，第23页。

尽管俄国进行了阴谋活动，突尼斯的贝伊①和波斯的沙赫②仍从他们的精锐部队中抽出6000人给苏丹指挥。因此，可以肯定地说，土耳其军队已包括欧洲、非洲和西亚的伊斯兰教现有的全部军事力量。两个早就在争夺东方霸权的宗教——东正教和伊斯兰教的军队现在对峙着，一个是受个人专横意志的支配，另一个则受环境的宿命力量的支配，这与他们各自的信仰相符，因为正教教会排斥先定论的教义，而伊斯兰教的核心正是宿命论。

> 马克思：《战争问题。——金融状况。——罢工》（1853年10月7日），《马克思恩格斯全集》第12卷，人民出版社1998年版，第480—481页。

在其他方面呆滞沉闷的德国社会生活面上，一再被宗教纠纷③掀起风波，这种情况会使任何一个不太熟悉德国过去历史的人大感不解。时而是所谓德国教会④的残余分子遭到现政府疯狂的、像1847年那样的迫害。时而是天主教徒和新教徒通婚的问题使天主教教士像1847年那样同普鲁士政府争吵起来。时而是弗赖堡大主教⑤同巴登大公⑥之间爆发激烈的斗争，成

---

① 艾哈迈德。

② 纳赛尔丁。

③ 指普鲁士官员受国王弗里德里希—威廉四世的委托同罗马教皇进行的谈判，其目的在于调解普鲁士政府和天主教教会之间的冲突。这一通常被称作"教会纠纷"或"科隆纠纷"的冲突是由天主教徒和新教教徒通婚所生子女的宗教信仰问题引起的。1837年11月科隆大主教因拒不服从弗里德里希—威廉三世的要求，违背普鲁士法律，许诺这类子女信奉天主教而以叛国罪被捕，冲突就此开始。此后，天主教教会与普鲁士新教国家之间的这场争执持续了数年之久。1842年5月弗里德里希—威廉四世统治时期，经过谈判，这一冲突以普鲁士政府向天主教教会投降而宣告结束。马克思在1842年7月9日致卢格的信中将这一结局称为"普鲁士在全世界面前亲吻教皇的鞋子"。

④ 在1848—1849年革命前，德国各宗教反对派——所谓"德国天主教"和新教的"自由公理会"——的代表们企图建立全德国的国教。1844年在德意志各邦建立的"德国天主教"否认罗马教皇的最高权位，反对天主教的许多教义和仪式，竭力使天主教适应德国新兴资产阶级的需要。"自由公理会"是在"光明之友"运动的影响下，于1846年和1847年从官方新教会中分离出来的，它曾试图成立全德国的教会。"自由公理会"与"德国天主教"在1859年合并。这些宗教派别都反映了40年代的资产阶级对德国反动制度的不满和它要求全国政治统一的愿望。

⑤ 海尔曼·维卡里。

⑥ 弗里德里希一世。

为最重要的事件，前者把巴登政府开除出教，并且下令在传道坛上宣读他的信件，后者则下令封闭不听话的教堂，逮捕教区牧师。时而是农民纷纷集会，武装起来保卫他们的牧师，赶走宪兵，像比绍夫斯海姆、柯尼希斯霍芬、格林斯费尔德、盖拉赫斯海姆（这些地方的村长则不得不逃跑）以及其他许多村庄发生的事情那样。如果把巴登的宗教冲突看作纯粹是地方性的冲突，那就错了。巴登只不过是天主教会特意选来进攻新教徒君主们的战场。在这个冲突中，弗赖堡大主教代表德国所有的天主教教士，巴登大公则代表所有大大小小的信奉新教教义的当权者。但是，如果说一个国家一方面以它对一切宗教传统抱彻底、大胆和无比的批判精神而著称，另一方面又因不时重新爆发17世纪的宗教纠纷而使整个欧洲吃惊，那么这样的国家是怎么一回事呢？这里的秘密不过是，政府迫使任何一种只能在暗中活动的人民动乱起初都不得不采取神秘的、几乎不受任何监督的宗教运动形式。教士们也甘心用这种幌子来欺骗自己，他们还以为自己利用人民热情去反对政府只对自己的团体有利，而实际上他们却充当了革命的不自觉、不自愿的工具。

　　　　马克思：《曼托伊费尔的演说。——普鲁士的宗教运动。——马志尼的宣言。——伦敦市政厅。——罗素的改革。——工人议会》（1853年11月29日），《马克思恩格斯全集》第12卷，人民出版社1998年版，第593—594页。

　　至于多斯特—穆罕默德（喀布尔的艾米尔），——1838年他曾向英国建议，如果英国政府认为需要的话，他可以处死沙皇派来的使节，使他自己同俄国结下不共戴天的世仇；再者，1839年英国远征阿富汗，他的王位被废除，他的国家遭到肆无忌惮的掠夺和蹂躏，——如果他现在想对英国，他的背信弃义的盟国进行报复，那是十分自然的。然而，希瓦、布哈拉和喀布尔的居民是正统的逊尼派穆斯林，而波斯人信奉什叶派的宗派教义，所以未必能够设想那些居民会同俄国——他们一向憎恨并且蔑视的波斯人的同盟者——联合起来，去反对被他们认为是一切正统教徒的最高首领的钵谛沙赫的公开同盟者——英国。

　　　　马克思：《英国和法国的军事计划。——希腊人暴动。——西班牙。——中国》（1854年2月28日和3月3日），《马克思恩格斯全集》第13卷，人民出版社1998年版，第116页。

引起巴黎和伦敦很大不安的苏丹的希腊臣民的暴动，现在被镇压下去了，但是人们认为，再度暴动的可能性还存在。关于这一点，我们可以说，在仔细地研究了有关整个事件的文件以后，我们确信：暴动者全部都是品都斯山脉南坡的山地居民；除了黑山强盗中的虔诚教徒外，他们得不到土耳其其他民族的基督徒的同情；帖撒利亚平原的居民是还处在土耳其统治下唯一密集的希腊移民，他们怕自己的同胞比怕土耳其人更厉害。不应当忘记，这部分居民胆小怕事，甚至在希腊独立战争时期也不敢起事。其余的大约 30 万希腊人，散居在土耳其帝国的各个城市，他们深受其他民族的基督徒的痛恨，以致凡是人民运动胜利的地方，如塞尔维亚和瓦拉几亚，所有希腊籍神父最终都被赶走而代之以本地牧师。

虽然这次希腊人暴动本身一般来说意义并不大，但是从它使西方强国有了干涉土耳其政府同它的大多数欧洲臣民（其中希腊人只占 100 万，而信仰正教的其他民族却有 1000 万人）之间关系的借口这一点来说，它仍然具有重大意义。所谓的希腊王国的居民以及居住在伊奥尼亚群岛受不列颠统治的希腊人，自然认为自己的民族使命就是要在一切操希腊语的地方把土耳其人赶走，把帖撒利亚和伊庇鲁斯并入希腊人自己的国家。他们甚至还可能幻想恢复拜占庭，虽然整个说来这是一个很机敏的民族，他们是不会相信这种幻想的。但是希腊人关于扩大民族国家和关于独立的这些计划，在当时是由俄国的阴谋活动挑起的（不久前揭露的阿塔纳西乌斯神父的阴谋证明了这一点），并且得到山地强盗的支持，但没有得到平原农民的响应，——这一切同土耳其臣民的宗教权利问题没有任何关系，而人们却企图把这个问题扯进去。

马克思：《希腊人暴动》（1854 年 3 月 14 日），《马克思恩格斯全集》
第 13 卷，人民出版社 1998 年版，第 146—147 页。

与此同时公布的一项通告声称：希腊王国的任何一个臣民，如果愿意做苏丹的臣民，只要他找到两个有声望的人担保他行为端庄，就可以获得批准。居住在君士坦丁堡的希腊人公开威胁说要在临走前火烧和洗劫该城，因此政府采取了紧急措施。土耳其士兵日日夜夜进行巡逻，在佩拉的大街上架着 50 门火炮。从日落到午夜，城内或郊外的行人和车马都必须点灯；而午夜以后禁止任何通行，并且特令禁止粮食外运。信奉天主教的希腊人在佩拉的天主教主教担保的条件下，被允许留下。这些蒂诺斯岛、安德罗斯岛和锡罗斯岛出生的人大都属于家仆等级。海德拉岛居民上书土耳其政府，强烈谴责希腊人暴动，同时恳求政府不把反希腊人的一般措施扩大到他们身上。帖撒利亚地区特里卡拉的土耳其帝国属下的希腊臣民也派了代表团，请求土耳其政府立即保护他们免受希腊强盗的迫害，这些强盗把整座整座的村庄焚毁，而对居民，则不分男女老幼，一律赶到边界附近去受极为残酷的折磨。

土耳其人越来越怀疑自己的西方盟友，不信任他们和敌视他们。土耳其人开始把法国和英国看作是比沙皇本人更危险的敌人，下面这两句话反映了一种普遍看法："他们要推翻苏丹和瓜分帝国，要把我们变成基督教居民的奴隶。"联军不在瓦尔纳以北而在君士坦丁堡南面登陆，现正在加利波利构筑工事来专门对付土耳其人。这座村庄所处的地带是一个由地峡与大陆相连的狭长的半岛，它很适合作侵略军的据点。过去热那亚人就是从这里向君士坦丁堡的正教皇帝进行挑衅的。此外，正统的穆斯林对新的谢赫的就任表示愤慨，因为他们认为他只不过是正教教士的工具；同时，土耳其人开始普遍具有这样一种强烈的感情，即宁愿满足尼古拉的单一要求，也不愿做一伙贪得无厌的强国的玩物。

> 马克思：《希腊和土耳其。——土耳其和西方强国。——英国小麦销售量的缩减》（1854 年 4 月 21 日），《马克思恩格斯全集》第 13 卷，人民出版社 1998 年版，第 246—247 页。

有趣的是，这些狂热的天主教徒在形势的逼迫下同英国结成了同盟，虽然西班牙人一向把英国看成比土耳其苏丹好不了多少的最坏的异端的化身。由于受到法国无神论的攻击，他们竟投入大不列颠新教的怀抱。因此也不奇怪，斐迪南七世回到西班牙后，在恢复神圣的异端裁判所的命令中说：

> "那些同样地感染了仇恨神圣的罗马教会的情绪的各个不同教派所属的外国军队留驻在西班牙，是西班牙宗教的纯洁性受到玷污"的原因之一。①

---

① 约·比格兰：《从古代到 1809 年的西班牙历史》1823 年巴黎版第 3 卷，第 324 页。

这么突然出现的各自完全独立的各省洪达，曾承认塞维利亚最高洪达有某种权威（不过，是极微小的、极不肯定的权威），因为自从马德里被外国人占领，塞维利亚就被认为是西班牙的首都。这样就建立了一种极端无政府状态的联邦政府，由于对立利益的冲突、地方的互相猜忌和竞争势力的存在，这种政府对于集中军事指挥和统一战斗行动的要求是很不适合的。

马克思：《革命的西班牙》（1854 年 8 月 25 日—11 月 14 日），《马克思恩格斯全集》第 13 卷，人民出版社 1998 年版，第 518 页。

不过，如果认为议会的大多数是拥护改革的人，那就大错特错了。议会分为三派：奴才派、自由派（这些派别的名称已从西班牙传遍整个欧洲）和"美洲派"[①]；美洲派依自己的特定利益为转移，有时同这一派一起投票，有时同那一派一起投票。奴才派人数最多，但是对于作为少数派的自由派的积极、奋发和热情却十分赞赏。占奴才派多数的教会代表随时准备牺牲国王的特权，一则由于他们没有忘记教会同国家对立，一则也是想猎取声望，从而保持本阶级的特权和陋习。在辩论普选权、一院制、取消财产资格限制和中止否决权等问题时，教会派总是联合自由派中最民主的部分来反对英国宪法的拥护者。教会派的成员之一卡涅多神父，即后来的布尔戈斯大主教和无情迫害自由派的人物，对穆尼奥斯—托雷罗先生（也是神父，不过属于自由派）说过以下的话：

> "您容许国王保持极大的权力，但是您身为教士，就必须维护教会的利益，而不是维护国王的利益。"[②]

自由派不得不同教会派妥协，这一点我们在 1812 年宪法的某些条款中

---

① 奴才派（serviles）是对西班牙反动的教权派专制集团的称呼。这个集团在第一次资产阶级革命（1808—1814 年）期间反对任何资产阶级的改革并维护专制的君主政体；以后，奴才派成为斐迪南七世的宫廷权奸，而在斐迪南七世的晚年，该派又把自己的利益和斐迪南七世的弟弟唐·卡洛斯结合在一起。自由派（Liberales）代表西班牙资产阶级和自由派贵族的利益，提出以1812 年宪法为纲领。自由派采取的政策的宗旨是铲除封建专制主义制度赖以产生的经济的、社会的以及体制上的基础。"美洲派"（Americans）是对代表西班牙殖民地进入制宪议会的议员的称呼。"美洲派"在议会里时而支持奴才派，时而支持自由派。

② 曼·马尔利安尼：《现代西班牙政治史》1849 年巴塞罗那版，第 47 页。

已经看到了。当讨论新闻出版自由的时候，神父们宣称新闻出版自由是"违反宗教"的。经过热烈辩论并宣布任何人都有权不经特别许可而公开表示自己的信念的原则以后，议会一致通过了加有"政治的"一词的修正案，结果这项自由被削去一半，同时根据特伦托公会议①的决定，一切有关宗教问题的作品仍旧由教会检查。1813 年 8 月 18 日，在通过了惩办一切谋叛宪法的人的法令后，又通过一项法令，宣布任何旨在迫使西班牙国家放弃罗马天主教的阴谋者将被看作叛国者而处死刑。在圣地亚哥的祷礼被取消后，又通过了一项补救性的决议，宣布圣特雷萨为西班牙的庇护女神。此外，自由派还注意到，在宪法颁布以前不提出和通过关于废除异端裁判所、什一税、寺院等的法令。但是正是从这时起，议会内的奴才派和议会外的教士的反对活动，已经变得不可抑制了。

马克思：《革命的西班牙》（1854 年 8 月 25 日—11 月 14 日），《马克思恩格斯全集》第 13 卷，人民出版社 1998 年版，第 549—551 页。

蒂龙起义和其他的暴动也是由宗教迫害引起的。"蒂龙和其他的奥尔斯脱领主这时已经进行了密谋策划，企图奋起保卫罗马天主教……不愿意再容忍自己领土内的郡长和驻军，决心共同抵抗英国人的任何侵犯。"（坎登）坎登这样描写蒙特乔伊总督在这次战争中的行动："他从四面八方侵入，毁坏粮田，烧毁沿途所有房屋和村庄，把暴动者置于在驻军的日益缩小的包围圈里不得不躲到森林荒原去过野兽般生活的困苦境地。"（见墨菲，第 251 页）

恩格斯：《有关爱尔兰没收土地历史的材料》（1870 年 3 月），《马克思恩格斯全集》第 45 卷，人民出版社 1985 年版，第 142 页。

斯特腊弗德在 1634 年 12 月 16 日致英国国务大臣的信中声称，在他召集的爱尔兰议会里"新教徒占多数，用这一点来论证和巩固国王陛下对康诺特和奥蒙德实行殖民的权利是非常有利的。您可以相信，所有的新教徒都拥护这一殖民行动，所有其他人都反对，因此在这件事情上您不能指望

---

①　特伦托公会议是 1545—1563 年在特伦托和博洛尼亚召开的天主教大会。会议谴责新教并通过一系列有关天主教会的决定，其中包括宣布教皇的权力是会议的最高权力并加强主教的权力。这个会议的决定成为反对宗教改革运动的封建的天主教反动派的拥护者的纲领。会议产生的主要后果是对异端徒和持自由思想的人进行迫害，并强化了教会的审查作用。从 1559 年起公布了禁书的目录，1571 年设立了禁书目录审查会议，在梵蒂冈负责对禁书进行审查。

从后者——其人数非常多——那里得到任何支持。即使王室对这两个地区的领有权得不到批准，我也仍然不放弃这样的希望，即为了国家的利益，为了王国的强大和安全，由议会通过法令把这两个地区的领有权立即转授给国王"（《国事书信》，第 1 卷，第 353 页）。

恩格斯：《有关爱尔兰没收土地历史的材料》（1870 年 3 月），《马克思恩格斯全集》第 45 卷，人民出版社 1985 年版，第 147 页。

向工人宣传在任何情况下都应当放弃政治，这就等于把他们推到传教士或资产阶级共和主义者的怀抱里去。

恩格斯：《恩格斯致泰奥多尔·库诺》（1872 年 1 月 24 日），《马克思恩格斯全集》第 33 卷，人民出版社 1973 年版，第 391 页。

在政治方面，农民多半是漠不关心的，或者是反动的：在莱茵河地区，由于对普鲁士人怀有旧恨，他们是教皇至上派；在其他地区，他们是分立派，或者是新教的保守派。宗教感情仍然是这一阶级的社会利益或政治利益的表现。

恩格斯：《暴力在历史中的作用》（1887 年 12 月底—1888 年 3 月），《马克思恩格斯全集》第 21 卷，人民出版社 1965 年版，第 515 页。

有一伙著作家，他们靠几个资产阶级出版社的帮助在我国合法的书刊上经常大肆宣扬造神说。这伙人当中就有马克西莫夫。这种宣扬恰恰是在最近一年半以来经常化起来的，在这个期间，俄国资产阶级为了反革命的目的，需要复活宗教，唤起对宗教的需求，制造宗教，向人民灌输宗教或用新的方法在人民中间巩固宗教。因此宣扬造神说就具有了社会性和政治性。在革命时期，资产阶级报刊因最热心的孟什维克酷爱立宪民主党而对他们吻了又吻，在反革命得势时期，资产阶级报刊对马克思主义者中间（决不是开玩笑！）甚至"也是布尔什维克"中间的造神派也同样是正在吻了又吻。当布尔什维主义的正式机关报在编辑部文章中声明，布尔什维主义和这种宣扬走的不是一条路时（这个声明是在布尔什维克无数次试图通过书信和个别交谈来制止这种可耻的宣扬遭到失败以后发表的），马克西莫夫同志便向《无产者报》编辑部提出了正式的书面抗议。他，马克西莫夫是由伦敦代表大会选出来的，因此他"所得到的权利"就被敢于公然与宣扬造神说的可耻行为决裂的人破坏了。"难道我们的派别在受造神派著作家的奴役！"这句话是编辑部里闹得最凶的时候马拉同志脱口说出的。是的，不错，就是这位马拉同志，他未免太谦虚，太慈善，太忍让，太好心肠了，以至于到现在还不能拿定主意：是跟布尔什维克走呢，还是跟通神的召回派走。

列宁：《论拥护召回主义和造神说的派别》（1909 年 9 月 11 日），《列宁全集》第 19 卷，人民出版社 1988 年版，第 89—90 页。

捷里亚同志当时是靠近孟什维克的，但是他完全不像那些"正统的"孟什维克，把孟什维主义奉为"可兰经"，把自己当做正教徒而把布尔什维克当做异教徒。

斯大林：《悼念捷里亚同志》（1907 年 3 月 22 日），《斯大林全集》第 2 卷，人民出版社 1953 年版，第 27—28 页。

5. 宗教与政治革命

显而易见，高教会的名称越是变得空洞和没有意义，保守的和坚决维护宪法的政党就越是要紧紧地依恋着这个名称；教会和国家分离也会使约翰·罗素勋爵为之泪下；同样显而易见的是，教会的名称越空洞，它的压迫就越沉重，越明显。特别是爱尔兰教会最令人憎恨，因为它是最没有意义的，它的目的不过是激怒人民，不过是使人民回忆起他们是被奴役的人民，征服者把自己的宗教和制度强加于他们了。

恩格斯：《英国状况——英国宪法》（1844 年 2 月中—3 月中），《马克思恩格斯全集》第 3 卷，人民出版社 2002 年版，第 573 页。

据基佐先生解释，英国革命之所以比法国革命进行得更好，主要有以下两个原因：第一，英国革命具有纯粹宗教的性质，因而它根本没有同过去的一切传统决裂；第二，英国革命一开始就不是作为破坏力量而是作为保守力量出现的，而议会捍卫现行的旧法律，使它不致受王权的侵犯。

至于第一点，基佐先生忘记了：在法国革命时期使他心惊胆战的自由思想不是从别的国家而正是从英国输入法国的。洛克是这种自由思想之父，而在舍夫茨别利和博林布罗克那里这种自由思想已经具有一种巧妙的形式，这种形式后来在法国得到辉煌的发展。因此，我们可以得出一个古怪的结论：那种被基佐先生认为是使法国革命遭到失败的自由思想正是具有宗教性质的英国革命的重要产物之一。

关于第二点，基佐先生完全忘记了：法国革命最初就像英国革命一样保守，甚至比英国革命还保守得多。专制制度，特别是诸如最后在法国出现的那种专制制度，在那里也还是一种新东西，而议会为了保护旧法律，保护旧等级君主制度的风俗和习惯曾经起来反对这种新东西。法国革命的第一步就是恢复自亨利四世和路易十三以来就破了产的三级议会，而在英国革命中却没有这样典型的保守主义的实例。

> 马克思、恩格斯：《〈新莱茵报。政治经济评论〉第 2 期上发表的书评》（1850 年 1—2 月），《马克思恩格斯全集》第 10 卷，人民出版社 1998 年版，第 263 页。

基佐先生同样不太懂得阐明宗教运动同资产阶级社会发展之间的联系。在他看来，共和国当然也不过是一些野心勃勃、狂热和心怀恶意的人搞出来的东西。至于在这个时期，在里斯本、那不勒斯和墨西拿也企图建立共和国，而且像英国一样也建立荷兰式的共和国，对这样的事实他只字不提。虽然基佐先生从来没有忽视法国革命，但是他甚至没有得出这样一个简单的结论：一切地方只有经过残酷的斗争和通过共和政体才能从专制君主制过渡到立宪君主制，甚至当旧王朝已经混不下去而不得不让位给想篡权的旁系亲属时，情况也一样。因此，关于英国复辟的君主制崩溃的问题，他只能向我们说一些很无聊的陈词滥调。他甚至没有指出崩溃的最近的原因：宗教改革造就的新兴大地主害怕天主教的复兴，因为天主教一旦复兴，他们当然就得归还过去被他们掠夺去的所有教会土地，也就是说，英国全部土地的十分之七都得易主；工商业资产阶级对天主教有所畏惧，天主教根本不利于他们的贸易活动；斯图亚特王朝为了自己和宫廷贵族的利益，毫不在乎地把全部英国工商业都出卖给法国政府，即出卖给当时唯一能在竞争中威胁英国人并在许多方面都取得胜利的国家的政府，以及其他等等。由于基佐先生处处漏掉最重要的情况，所以他就只有非常不能令人满意地、乏味地纯粹从政治角度去阐述事件了。

> 马克思、恩格斯：《〈新莱茵报。政治经济评论〉第 2 期上发表的书评》（1850 年 1—2 月），《马克思恩格斯全集》第 10 卷，人民出版社 1998 年版，第 264—265 页。

至于被压迫民族和受迫害宗教中间的民主分子，那么谁都知道，谁都看得见，这几类居民内部的阶级矛盾，要比每一类中的各个阶级共同反对专制制度和争取民主制度的一致性深刻得多，强烈得多。

> 列宁：《俄国社会民主党人的任务》（1897 年底），《列宁全集》第 2 卷，人民出版社 1984 年版，第 436 页。

只有摧毁专制制度，才能建立起依靠人民参加国家管理并保障学习、罢工、言论、宗教、民族及其他等等自由的社会制度。只有这样的制度才能给人民以自卫手段，使他们不受各种压迫者、商人、资本家、僧侣、贵族的迫害；只有这样的制度才能开辟出一条自由的道路，使人们走向美好的未来，并能自由地为建立社会主义制度而奋斗。

> 斯大林：《俄国社会民主党及其当前任务》（1901 年 11 月、12 月），
> 《斯大林全集》第 1 卷，人民出版社 1953 年版，第 21 页。

格鲁吉亚贵族的另一派，更软弱的一派，则同格鲁吉亚的主教和大司祭串通一气，从而把受实际生活驱逐的"民族主义"置于教权主义卵翼之下。这一派热中于恢复那些已被破坏的格鲁吉亚教堂（这是他们"纲领"中的主要条文！）即"昔日伟业的纪念碑"，并且虔诚地等待一个能实现他们农奴君主制"愿望"的奇迹的到来。

这样，封建君主制的民族主义在奄奄一息的时候，就采取了教权主义的形式。

> 斯大林：《社会民主党怎样理解民族问题?》（1904 年 9 月 1 日），《斯大林全集》第 1 卷，人民出版社 1953 年版，第 28 页。

彼得堡的无产阶级本来是把自己的希望寄托在沙皇肖像和教堂旗幡上的，可是人家却把这些肖像和旗幡撕成碎片扔到他们的脸上，这样就清清楚楚地向他们证明：只有武器才能对抗武器。于是彼得堡的无产阶级拿起武器，有什么武器就拿起什么武器，为的是要用敌对态度去对付敌人，向敌人报仇。但是他们在战场上留下几千个牺牲者，受到巨大损失以后，怀恨在心地退却了……

> 斯大林：《两次搏斗》（1906 年 1 月 7 日），《斯大林全集》第 1 卷，
> 人民出版社 1953 年版，第 173 页。

如果我们说一月搏斗缺少革命觉悟，那末我们就应该说十二月搏斗已具备了这种觉悟。十一个月的革命风暴已经足以使俄国战斗的无产阶级睁开眼睛，于是"打倒专制制度！""民主共和国万岁！"等口号就成为目前的口号，成为群众的口号了。此时你们已经看不见教堂旗幡，也看不见神像和沙皇肖像，你们所看见的是飘扬着的红旗和很耀眼的马克思和恩格斯的画像了。此时你们已经听不到圣歌和"上帝呵，保佑沙皇！"，你们所听

到的是到处迸发着的震聋压迫者的"马赛曲"和"华沙曲"了。

> 斯大林：《两次搏斗》（1906 年 1 月 7 日），《斯大林全集》第 1 卷，
> 人民出版社 1953 年版，第 176 页。

崩得的分离主义者沉溺于民族主义，赞美"安息日"和"行话"，这也不是偶然的。在杜马中还没有崩得议员，在崩得活动的区域里却有教权主义的反动的犹太教公会，崩得目前就在这个公会的"领导机关"里策划犹太工人和犹太资产者"合伙"。民族文化自治的逻辑本来就是如此。

> 斯大林：《马克思主义和民族问题》（1913 年 1 月），《斯大林全集》
> 第 2 卷，人民出版社 1953 年版，第 321 页。

宗教迫害和民族迫害，强迫"异族人"俄罗斯化，排挤民族文化机关，剥夺选举权，剥夺移动自由，挑拨各民族互相攻击，蹂躏和残杀，——这就是令人感到可耻的民族压迫。

> 斯大林：《论取消民族限制》（1917 年 3 月 25 日），《斯大林全集》第
> 3 卷，人民出版社 1955 年版，第 15 页。

至于你们这些资本家和地主、银行家和投机分子、神甫和特务先生们，所有你们这些为人民制造枷锁的先生们，你们庆祝胜利未免太早了，你们开始埋葬伟大的俄国革命未免太早了。

> 斯大林：《告彼得格勒全体劳动者，全体工人和士兵书》（1917 年 7
> 月 24 日），《斯大林全集》第 3 卷，人民出版社 1955 年版，第
> 123 页。

6. 论宗教人士的选举权

1837 年的选举法规定只有拥有房产、缴纳 mayores cuotas（国家征收的船舶税）和年满 25 岁的公民才有选举权。此外，享有选举权的还有西班牙历史和高等艺术科学院的成员，神学、法学和医学科系的博士、硕士，神父会会员，教区主教和他所辖的教士，有两年资历的法官和律师，取得某一军阶的现役或退役军官，有两年服务期限的内外科医生和药剂师，身为某一科学院成员的建筑师、画家和雕刻家，各种官办教育机构的教授和教员。这个法律还规定剥夺不缴纳国家或地方税者、破产者、由于道德方面的缺陷或不够公民资格而被褫夺权利者和所有被判刑的人的选举权。

> 马克思：《西班牙的革命。——博马尔松德》（1854 年 8 月 18 日），
> 《马克思恩格斯全集》第 13 卷，人民出版社 1998 年版，第 484 页。

2. 凡年满 21 岁的俄国公民，不分宗教信仰和民族，都有普遍的、直接的选举权。

> 列宁：《社会民主党纲领草案及其说明》（1895 年 12 月 9 日），《列宁全集》第 2 卷，人民出版社 1984 年版，第 71 页。

俄国工人民主派反对炮制对地主或僧侣等有利的选举法（和其他一切法律），但决不反对僧侣有参加政治生活的自由。我们坚持阶级斗争的观点，我们要求居民中任何阶级、等级、性别、民族、阶层或集团都有参与政治的完全自由。

> 列宁：《自由派和教权派》（1912 年 7 月 25 日），《列宁全集》第 21 卷，人民出版社 1990 年版，第 478 页。

对选举法和选举的最小的舞弊，民主派都无条件地表示反对，但他们无条件地主张直接地公开地吸引最广泛的僧侣群众参与政治。僧侣不参与政治斗争，是极为有害的谎言。事实上，僧侣一向是隐蔽地参与政治的，而僧侣公开参与政治，对人民只会有利。

> 列宁：《僧侣和政治》（1912 年 9 月 1 日），《列宁全集》第 22 卷，人民出版社 1990 年版，第 82—83 页。

内政部早已通令各省长"采取保证各乡选出完全可靠而不属于左派的人为初选人的办法"。这些"办法"归结起来实际上是什么呢？我们从实践中知道，就是从名单上删去左派候选人，诬告他们，然后加以逮捕、流放，就是这些"办法"！另一方面，正教行政总署劝告各教区的主教们要热烈参加这次选举，把坚决维护教会利益的人选入杜马，劝告他们为了这个目的要召开准备选举的教区神甫代表大会，出版专门的竞选报纸等等。

各政府党的事情真是糟糕透了，甚至连教会的神甫都不得不因此抛开"教会的事情"而为"世俗的事情"奔走！

使选举处在教会和世俗省长们的压力之下，这就是他们所能指望的手段了。

> 斯大林：《他们怎样准备迎接选举》（1912 年 4 月 19 日），《斯大林全集》第 2 卷，人民出版社 1953 年版，第 211 页。

7. 论宗教信仰自由

在人权这一概念中并没有宗教和人权互不相容的含义。相反，信奉宗教、用任何方式信奉宗教、履行自己特殊宗教的礼拜的权利，都被明确列入人权。信仰的特权是普遍的人权。

> 马克思：《论犹太人问题》（1843年10月中—12月中），《马克思恩
> 格斯文集》第1卷，人民出版社2009年版，第40页。

6. 宗教信仰自由，所有民族一律平等。出生、结婚和死亡的登记事宜交由不受警察干涉的独立民政官管理。

> 列宁：《社会民主党纲领草案及其说明》（1895年12月9日），《列宁
> 全集》第2卷，人民出版社1984年版，第71页。

既然俄国革命获得了胜利，它就创造了这些实际条件，即推翻了封建农奴主的政权并确立了自由。

现在必须：

（一）把摆脱了压迫的各民族的权利规定出来；

（二）把这些权利用法律固定下来。

在这个基础上也就产生了临时政府关于取消信教限制和民族限制的法令。

法令的内容归结起来大体上就是取消对非俄罗斯民族和非正教徒的下述几种公民权利的限制：（一）对定居、居住和移动的限制；（二）对取得财产权等的限制；（三）对从事各种手工业、商业等的限制；（四）对加入股份公司及其他公司的限制；（五）对担任国家机关职务等的限制；（六）对入学的限制；（七）在私人公司的文牍工作方面，在各种私立学校的教学工作方面，在商业簿记方面，对使用俄语以外的其他语言和方言的限制。

> 斯大林：《论取消民族限制》（1917年3月25日），《斯大林全集》第
> 3卷，人民出版社1955年版，第16页。

少数民族的权利应当给以特别保护。因此，党要求在学校、宗教等问题上给少数民族以完全平等的权利，取消对他们的任何限制。

> 斯大林：《俄国社会民主党（布尔什维克）第七次代表会议（四月代
> 表会议）》（1917年4月），《斯大林全集》第3卷，人民出版社1955
> 年版，第47页。

7. 废除等级制，全体公民不分性别、宗教信仰、种族和民族一律平等。

> 列宁：《修改党纲的材料》（1917年4—5月），《列宁全集》第29卷，
> 人民出版社1985年版，第487页。

迄今为止的所有宪法都是维护统治阶级利益的。只有苏维埃宪法现在和将来都始终不渝地有利于劳动者，是为实现社会主义而斗争的强有力的工具。列宁同志一针见血地指出了资产阶级宪法与苏维埃宪法"出版和集会自由"的要求上的区别。在那里，出版和集会自由为资产阶级独自垄断；在那里，资产阶级在自己的沙龙里集会，发行用银行的资金出版的大型报纸，以散布谎言和诽谤，毒化人民群众的意识；在那里，扼杀工人报刊，不准工人报刊对掠夺性战争发表自己的言论和意见，迫害反对战争的人，禁止他们集会。而在这里，在苏维埃俄国，出版工人报刊，它们为劳动者服务。在俄国，我们剥夺资产阶级豪华的宅第馆所，交给工人使用，作为他们的俱乐部，这才是真正的集会自由。宗教是个人的事情。让每个人愿意信仰什么就信仰什么，或者什么也不信仰吧。苏维埃共和国团结各民族的劳动者，并且不分民族地捍卫他们的利益。苏维埃共和国对各种宗教一视同仁。它置身于一切宗教之外，力求使宗教同苏维埃国家分离。

> 列宁：《在普列斯尼亚区群众大会上的讲话》（1918 年 7 月 26 日），
> 《列宁全集》第 34 卷，人民出版社 1985 年版，第 504—505 页。

俄共对宗教的政策是不满足于已经颁布了教会同国家分离、学校同教会分离的法令，即不满足于资产阶级民主制许诺过、但由于资本同宗教宣传有多种多样的实际联系而在世界任何地方也没有彻底实行过的那些措施。

党力求彻底摧毁剥削阶级和宗教宣传组织之间的联系，使劳动群众真正从宗教偏见中解放出来，为此要组织最广泛的科学教育和反宗教的宣传工作。同时必须注意避免对信教者的感情有丝毫伤害，因为这种伤害只会加剧宗教狂。

> 列宁：《俄共（布）纲领草案》（发表于 1919 年 2 月 26 日），《列宁
> 全集》第 36 卷，人民出版社 1985 年版，第 108 页。

教堂建筑工程当然准予竣工；请到司法人民委员库尔斯基同志那里去听取指示，我刚和他通过电话。

> 列宁：《致 B. 巴赫瓦洛夫》（1919 年 4 月 2 日），《列宁全集》第 48
> 卷，人民出版社 1987 年版，第 538 页。

我再一次请求您谨慎从事，对穆斯林必须表现出最大的善意，特别是在进入达吉斯坦的时候。要用一切办法并以最郑重的方式表示对穆斯林的同情，显示他们的自治、独立等等。请更确切更经常地报告情况。

列宁：《给格·康·奥尔忠尼启则的电报和给列·达·托洛茨基的批语》（1920 年 4 月 2 日），《列宁全集》第 49 卷，人民出版社 1988 年版，第 332 页。

莫洛托夫同志：如果我没有记错的话，报纸上刊登了中央关于五一节的一封信或通告，其中有揭穿宗教的谎言或类似的话。

这是不行的。这很不策略。正当复活节的时候，应当建议写另外的内容：

不是揭穿谎言，

而是一定要避免对宗教的任何侮辱。

应当再发表一封信或通告。如果书记处不同意，就提交政治局。

列宁：《致维·米·莫洛托夫》（1921 年 4 月 9—21 日），《列宁全集》第 50 卷，人民出版社 1988 年版，第 237—238 页。

为了不致对加里宁的话发生误解，我请求他给我两分钟来解释一下。我相信，加里宁同志无意把这样的想法强加给我，即我曾经提议把祈祷书烧掉。显然，我从来不曾提出也不可能提出这种事。你们知道，按照我国宪法，按照我们共和国的根本法，每个人的宗教信仰自由是绝对有保障的。

列宁：《全俄苏维埃第九次代表大会文献》（1921 年 12 月 23—28 日），《列宁全集》第 42 卷，人民出版社 1987 年版，第 358 页。

呻吟叫苦的有俄国境内各种教派的千百万信徒，他们不愿依照正教神父的意旨而想本着自己的良心来信奉宗教。

斯大林：《俄国社会民主党及其当前任务》（1901 年 11 月、12 月），《斯大林全集》第 1 卷，人民出版社 1953 年版，第 19 页。

少数民族感到不满的不是没有民族联盟，而是没有信仰（信教）、迁徙等等的自由。给他们这种自由，他们就不再会不满了。

斯大林：《马克思主义和民族问题》（1913 年 1 月），《斯大林全集》第 2 卷，人民出版社 1953 年版，第 322 页。

六 论宗教与文化

1. 宗教与区域文化

我从莱茵河来到了这里。我穿过破旧不堪的窄城门进入市内；肮脏、狭窄的小巷把我引向令人喜爱的集市广场，从那儿我又走向围墙上开着的门洞，这座围墙曾经把修道院的院子和教堂圈在一起。门洞左右两侧的上方，在两个小塔的下面有两座浮雕，这必然是两座齐格弗里特的像，与挂在每家大门上的护城神圣维克多的画像很容易区别。英雄站在这里，身穿紧身鱼鳞铠甲，手执长矛。右边的雕像把长矛刺入龙口；左边的雕像把"厉害的侏儒"阿尔贝里希踩倒在地。我感到惊奇的是，威廉·格林的德国英雄传奇几乎收集了齐格弗里特的全部材料，却没有提到这两座雕像。除此以外，我也记不得在什么地方读过有关这两座雕像的记载，但是它们也算是把中世纪的传说同一定的地方联系起来的最重要的证明。

我穿过回声飘荡的哥特式拱形门道，来到教堂前面。希腊式的建筑使人感到明快，摩尔式的建筑使人觉得忧郁，哥特式的建筑神圣得令人心醉神迷；希腊式的建筑风格象艳阳天，摩尔式的建筑风格象星光闪烁的黄昏，哥特式的建筑风格象朝霞。在这里，在这座教堂面前，我感受到了从未有过的哥特式建筑的威严气势。但是，哥特式教堂如果也象科伦大教堂那样，座落在现代化的建筑群中，或者竟象北德意志城市的教堂那样，被许多燕窝式的房屋所包围，那就不会给人留下十分强烈的印象；哥特式教堂应当位于林木繁茂的群山之间，象贝尔格区阿尔滕贝格的教堂那样，至少也应当象克桑滕的大教堂那样脱离一切外国式的、现代的东西，置于修道院的围墙和古老的建筑中间。只有在那里，才能深刻地感觉到，任何一个世纪如果集中全部力量完成某项重大任务，它就一定有所建树。假如面积宽广的科伦大教堂也象克桑滕的教堂一样周围开阔，放眼四望，一览无遗，那么，十九世纪真该羞愧得无地自容，它即使发挥全部聪明才智，也不能建成这样的建筑物。这样的宗教功绩，我们再也没有听说过，因此，就连弗赖太太这个在中世纪本来会是一个最普通的人物，也使我们惊叹不已。

我走进教堂，那里正在做大弥撒。从唱诗班那里传来了风琴声，它象一支能征服人心的欢呼的大军，穿过回声震荡的中厅，随后渐渐消散在教堂回廊的深处。十九世纪的儿子啊，让琴声征服你的心灵吧，因为比你更强悍、更奔放的人也被这些声响征服了！它把古老的日耳曼诸神从他们的神林里赶了出来，它带领着伟大时代的英雄们越过澎湃的大海，穿过沙漠，并且把他们的不可征服的子孙引向耶路撒冷，他们是满腔热血的渴望有所作为的世纪的影子！但是长号宣告了化身的奇迹，当牧师举起锃亮的圣餐盘，而教民们的精神已沉醉于信仰之酒的时候，你就冲出去吧，拯救自己吧，把自己的思想从淹没了教堂的感情之海中拯救出来，到教堂外面向上帝祈祷吧，因为他的大厦不是凡人的双手建造的，他的气息渗透了全世界，他要人们顶礼膜拜的是他的精神和真理。

> 恩格斯：《齐格弗里特的故乡》（1840 年 11 月），《马克思恩格斯全集》第 41 卷，人民出版社 1982 年版，第 138—140 页。

要是你把你所信仰的神带到信仰另一些神的国家去，人们就会向你证明，你是受到幻想和抽象概念的支配。这是公正的。如果有人把温德人①的某个神带给古代希腊人，那他就会发现这个神不存在的证明。因为对希腊人来说，它是不存在的。一个特定的国家对于外来的特定的神来说，就同理性的国家对于一般的神来说一样，是神停止其存在的地方。

> 马克思：《德谟克利特的自然哲学和伊壁鸠鲁的自然哲学的差别》（1840 年下半年—1841 年 3 月底），《马克思恩格斯全集》第 1 卷，人民出版社 1995 年版，第 101 页。

您不妨到有教养的英国人那里去，说您是宪章派或民主派，他们一定会怀疑您的头脑是否健全而不同您结交。或者您声明您不信基督的神圣性，那您就会被抛弃；尤其是您承认您是无神论者，那他们第二天就会装作不认识您。而独立自主的英国人真的有一天——这对他来说是很少有的事——开始思考了，抛掉了从小就接受的那种偏见的枷锁，即使那时他也还是没有勇气坦率地说出自己的信念，即使那时他还是要在公众面前假装表示某种至少是可以容忍的意见，而且他只是满足于能偶尔在私下和志同道合的人谈谈。

可见，英国有教养的阶级对任何进步都不闻不问，只是在工人阶

---

① 斯拉夫人的古称。

级的压力下，才动弹一下。不要指望这些阶级的老朽文化的日常精神
食粮不同于这些阶级本身。上流社会的全部书刊老是无休止地旧话重
提，正像自命不凡和衰朽枯竭的上流社会一样，是异常枯燥和毫无成
效的。

当施特劳斯的《耶稣传》及其声誉越过海峡的时候，没有一个有
身份的人敢于把这本书翻译出来，没有一个有名望的出版商敢于把这
本书付印。结果有一位社会主义的 Lecturer（德文没有一个词能够表达
这个带有宣讲传播教义含义的专门用语），即世界上一个没有上流社会
身份的人把它翻译出来了，一个社会主义者小印刷商把它分册付印，
每册一便士；曼彻斯特、伯明翰和伦敦的工人却是施特劳斯这本书在
英国的惟一读者。

> 恩格斯：《英国状况——评托马斯·卡莱尔的〈过去和现在〉》（1843
> 年10月—1844年1月中），《马克思恩格斯全集》第3卷，人民出版
> 社2002年版，第497—498页。

然而，奇怪的是，英国社会主义者一般都反对基督教，他们不得不容
忍那些真正基督徒所持的种种宗教偏见，而法国共产主义者，虽然属于以
不信奉基督教著称的民族，反倒是基督徒。他们最喜欢的一个公式是：基
督教就是共产主义，"*le Christianisme c'est le Communisme*"。他们竭力想用
圣经，用据说最早的基督徒生活其中的公社等等来证明这个公式。可是这
一切只表明，这些善良的人们不是最好的基督徒，尽管他们以此自居。因
为他们如果是最好的基督徒，他们对圣经就会有更正确的理解，就会相信
即使圣经里有若干段落会有利于注解共产主义，但是圣经教义的整个精神
是同共产主义、同一切合乎理性的措施截然对立的。

> 恩格斯：《大陆上社会改革的进展》（1843年10月15日—11月10
> 日），《马克思恩格斯全集》第3卷，人民出版社2002年版，第
> 483页。

18世纪是与基督教精神相反的古典古代精神的复活。唯物主义和共和
政体——古代世界的哲学和政治——又复活了；基督教内部代表古典古代
原则的法国人，曾一度夺取了历史主动权。

因此，18世纪没有解决巨大的对立，即实体和主体、自然和精神、必
然性和自由的对立，这种对立是历史从一开始就具有的，而且这种对立的

发展贯穿于整个历史之中；但是，18 世纪使对立的双方在针锋相对中得到充分发展，从而使消灭这种对立成为必不可免的事。由于对立的这种明显的、极端的发展，结果产生了普遍的革命，这个革命散见于各个不同的民族，而且它在不久的将来的实现，同时就是迄今历史上的对立得到解决。德国人，信仰基督教唯灵论的民族，经历的是哲学革命；法国人，信仰古典古代唯物主义的民族，因而是政治的民族，必须经过政治的道路来完成革命；英国人，这个民族是德意志成分和法兰西成分的混合体，就是说英国人身上具有对立的两个方面，所以比这两种因素中的任何一种更广泛，因此，英国人也就卷入了一场更广泛的革命，即社会革命。——这一点需要更详细地加以探讨，因为各个民族所占的地位，至少是在近代所占的地位，直到今天在我们的历史哲学中都阐述得很不充分，或者更确切些说，还根本没有加以阐述。

　　　　恩格斯：《英国状况 十八世纪》（1844 年 1 月初—2 月初），《马克思
　　　　恩格斯文集》第 1 卷，人民出版社 2009 年版，第 88—89 页。

　　德国、法国和英国是当代史上的三个占主导地位的国家，我认为这是既成的事实。德国人代表基督教唯灵论的原则，法国人代表古典古代唯物主义的原则，换句话说，前者代表宗教和教会，后者代表政治和国家，这一点也是显而易见的，或者到时候就会显现出来。英国人在近代历史上的作用不大引人注目，但对我们现在的论题是至关重要的。英吉利民族是由日耳曼语民族和罗曼语民族构成的，那时候正值这两个民族彼此刚刚分离，刚刚开始向对立的双方发展。日耳曼成分和罗曼成分并列地发展，最后形成一种具有不调和的两个片面性的民族。日耳曼唯心主义保留有那样多自由活动的余地，它甚至能够转变为自己的对立面，即转变为抽象的外在性；妻子儿女仍然可以被合法地出卖以及英国人的整个商业精神，肯定应该归之于日耳曼成分。同样，罗曼唯物主义也转变为抽象的唯心主义，转变为内在性和宗教笃诚；由此就产生了日耳曼新教内部持续存在着罗曼天主教这种现象，产生了国教会、世俗君主的教皇权势以及使宗教拘泥于仪式这种彻头彻尾的天主教作风。英吉利民族的特征是存在着未解决的矛盾，是截然相反的东西的合一。英国人是世界上最信宗教的民族，同时又是最不信宗教的民族；他们比任何其他民族都更加关心彼岸世界，可是与此同时，他们生活起来却好像此岸世

界就是他们的一切；他们向往天国，然而这丝毫也不妨碍他们同样坚信这个"赚不到钱的地狱"。① 因此，英国人怀着持久的内心不安——一种无法解决矛盾的感觉，这种不安促使他们走出自我而行动起来。矛盾的感觉是毅力的源泉，但只是外化了的毅力的源泉，这种矛盾的感觉曾经是英国人殖民、航海、工业建设和一切大规模实践活动的源泉。无法解决矛盾这一点贯串着全部英国哲学，并促使它走向经验和怀疑论。由于培根未能用他的理性解决唯心主义和实在论的矛盾，人们就认为理性根本不能解决这个矛盾，干脆把唯心主义丢到一边，而把经验看做是唯一的拯救良方。对认识能力的批判和一般的心理倾向也正是从同一源泉产生的。英国哲学从一开始就只是在这种倾向的范围内兜圈子，在为解决矛盾而进行了一切徒劳的尝试以后，英国哲学最终宣称矛盾是不可解决的，理性是不能胜任的，它不是求救于宗教信仰就是求救于经验。休谟的怀疑论今天仍然是英国一切非宗教的哲学推理的形式。持这种看法的人声称：我们无法知道上帝是否存在；即使上帝存在，他也不可能和我们有任何交往；因此，我们不妨按照上帝并不存在这一假定来安排自己的实践活动。我们无法知道，灵魂是否能同肉体分开，灵魂是否不死；因此，我们就按照这辈子是我们仅有的一生这个想法来生活，而不用那些超出我们的理解力的事物来折磨自己。简单地说，这种怀疑论在实践上恰好是法国的唯物主义；但是，它由于无法明确作出判断，因而仍停留于形而上学的理论。——英国人身上具有推动大陆上历史发展的两种成分，因此，尽管他们同大陆的联系不很密切，可是他们仍然跟上运动的步伐，有时甚至走在运动的前面。17 世纪英国革命恰恰是 1789 年法国革命的先声。在"长期国会"里，很容易识别相当于法国制宪议会、立法议会和国民公会的三个阶段。从立宪君主制到民主制、军事专制制度、复辟和中庸革命这个转变过程，在英国革命中也鲜明地显现出来。克伦威尔集罗伯斯比尔和拿破仑于一身；长老派相当于吉伦特派，独立派相当于山岳派，平等派相当于阿贝尔派和巴贝夫派。两次革命在政治上的结果都相当可怜；整个这一类似现象——本来可以描写得更详尽一些——同时也说明：宗教的革命和非宗教的革命，只要它们始

① 托·卡莱尔《过去和现在》1843 年伦敦版第 362 页。参看《马克思恩格斯全集》中文第 2 版第 3 卷，第 504 页。

终是政治性的，那么最终仍然会归结为一回事。当然，英国人只是暂时领先于大陆，慢慢地又与大陆处于同一水平了；英国的革命以中庸和两个全国性政党的建立而告终，可是法国的革命还没有结束，并且在没有达到德国哲学革命和英国社会革命应该达到的结果以前，它是不可能结束的。

恩格斯：《英国状况 十八世纪》（1844 年 1 月初—2 月初），《马克思
恩格斯文集》第 1 卷，人民出版社 2009 年版，第 89—91 页。

英国人的民族特性在本质上和德国人、法国人的民族特性都不相同；对消除对立丧失信心因而完全听从经验，这是英国人的民族特性所固有的。纯粹的日耳曼成分固然也把自己的抽象内在性转变成抽象外在性，但是这种外在性从来没有失去它的起源的痕迹，并且始终从属于这种内在性和唯灵论。法国人也站在唯物的、经验的这一边；但是，因为这种经验直接是一种民族倾向，而不是自身分裂的民族意识的副产品，所以它通过民族的、普遍的方式起作用，并作为政治活动表现出来。德国人认定唯灵论是绝对有根据的，因此竭力在宗教方面，后来又在哲学方面阐明人类的普遍利益。法国人把唯物主义当做一种绝对有根据的东西来对抗这种唯灵论，因而把国家当做人类普遍利益的永恒形式。但是，英国人没有普遍利益，他们不触及矛盾这一痛处就无法谈普遍利益；他们对普遍利益不抱希望，他们只有单个利益。这种绝对的主体性——把普遍分裂为许多单一——当然导源于日耳曼成分，可是前面已经讲过，它已经和自己的根分离，因而它只是以经验的方式起作用，英国的社会经验和法国的政治经验的区别就在这里。法国的活动从来就是民族的活动，这种活动从一开始就意识到自己的整体性和普遍性；英国的活动则是独立的、彼此并立的个人的活动，是无联系的原子的运动，这些原子很少作为一个整体共同行动，而且即使作为整体行动的时候也是从个人利益出发。目前的普遍贫困和极端涣散就是个人之间缺乏统一性的表现。

换句话说，只有英国才有一部社会的历史。只有在英国，个人本身才促进了民族的发展并且使发展接近完成，而没有意识到要代表普遍原则。只有在这里，群众才作为群众为自己的单个利益进行活动；只有在这里，原则要对历史产生影响，必须先转变为利益。法国人和德国人也在逐渐走向社会的历史，可是他们还没有社会的历史。在大陆，也有穷苦、贫困和社会压迫，然而这对民族的发展没有产生影响；相反，现代英国工人阶级的贫困和穷苦却具有全国性意义，甚至具有世界历史意义。在大陆，社会因素还完全隐藏于政治因素之下，还丝毫没有和后者分离；而在英国，政治因素已逐渐被社会因素战胜，并且为后者服务。英国的全部政治基本上是社会性的；只因为英国还没有越出国家的界限，因为政治还是英国必需的适当手段，所以社会问题才表现为政治问题。

只要国家和教会还是实现人的本质的普遍规定性的唯一形式，就根本谈不到社会的历史。因此，古代和中世纪也表明不可能有任何的社会发展；只有宗教改革——这种还带有成见、还有点含糊的反抗中世纪的初次尝试，才引起了社会变革，才把农奴变成了"自由的"劳动者。但是，这个变革在大陆没有那么持久的影响，其实这种变革在这里只是经过 18 世纪的革命才告完成。而在英国，随着宗教改革，当时所有的农奴变成了维兰、包达尔、考塔尔，从而变成了享有人身自由的劳动者阶级，而且，这里早在 18 世纪就已经发展了这一变革的结果。至于这种情况为什么只发生在英国，前面已经分析过了。

> 恩格斯：《英国状况 十八世纪》（1844 年 1 月初—2 月初），《马克思恩格斯文集》第 1 卷，人民出版社 2009 年版，第 91—93 页。

这个国家里受到现政府特别保护和恩宠的专制的牧师，日益摆出一副目中无人的态度。例如最近在柏林发生了这样的事：牧师们接二连三地拒绝在星期六主持婚礼；拒绝的理由是，夫妇双方在星期日早上起床时决不可能具有适于参加主日礼拜仪式的心绪，如果他们是在前一天结婚的话！根本不关心要不要正正经经地参加星期日礼拜仪式，而是相反，把星期日当作一个星期中最快乐的一天来度过的柏林人，自然大肆抱怨当权者要在他们中间推行"英国星期日"①，他们不知道有比这更可怕的东西了。的确，英国星期日对大陆所有国家的情感和习惯来说是最不相容的。

> 恩格斯：《普鲁士的牧师专制》（1844 年 5 月 11—23 日），《马克思恩格斯全集》第 3 卷，人民出版社 2002 年版，第 597 页。

罗讷河的河谷，从其发源地罗讷冰川山麓到莱芒湖，是世界上最美好的地区之一。河谷两旁是欧洲最高的山脉，两条平均海拔为 12000 英尺的

---

① "英国星期日"指英国的商店、展览馆、美术馆、图书馆、剧院、音乐厅、酒馆和饭店，等等，凡是提供娱乐和消遣的场所，星期日一律不营业。这样，英国人就得被迫上教堂。并见本卷，第 574 页。

绵延不断的山脉，山上终年积雪，由此涌出无数小溪，注入罗讷河，肥沃着河谷地带的草地和农田。从终年寒冬之乡步行几个小时就可以发现，这里的栗子树和葡萄藤宛如在四季常青的伦巴第平原上那样温暖的阳光下茂盛生长。这个河谷被称为瓦莱，部分地区住着德意志人，部分地区住着法兰西人。从东北方向进入这个地区的德意志人占据着河谷的地势较高和多山的地带，这里虽然不适宜发展农业，却是牧养牲畜的极好地区；因此，居民的这一部分直到今天依然处于几乎和他们的祖先占据上瓦莱时一样的原始状态。政治教育和宗教教育完全把持在少数贵族门阀和僧侣手中。他们自然是极力保持人民的愚昧和迷信。与此相反，法兰西人定居在下瓦莱，这里由于河谷变宽，可以从事农业和别的生产活动。法兰西人建立了瓦莱的比较大的城市，他们是开化和文明的，由于这些城市邻近莱芒湖和激进的沃州，所以他们能和外界联系，能跟上毗邻地区的思想发展。可是，上瓦莱的粗鲁的山里人在好几百年前却征服过——我不知道是怎样征服的——法兰西人的下瓦莱，并且一直把这部分地区看作一个被征服的行省，不允许这里的居民以任何方式参政。1798 年，法兰西人推翻了瑞士贵族专制的旧贵族制度，下瓦莱才取得参政权，但是没有得到应有的全部权利。1830 年，当民主党在整个瑞士都占优势时，宪法在公正和民主的原则的基础上重新得到修订；可是上瓦莱受僧侣蹂躏的牧民们和他们至高无上的思想统治者——神职人员，从那个时候起总是企图造成对不公正的旧制度有利的转变。激进党为了防止这种转变，在他们自己人和沃州激进党人中间组成了一个叫作青年瑞士——la jeune Suisse——的协会。他们遭到了僧侣们最激烈的咒骂和诽谤，并且经常被当作异教徒受到攻击，可是这个罪名在大陆上与其说使人害怕，不如说使人发笑。1840 年，青年瑞士遭到了第一次袭击，但是迷信和无知的受骗者们在发现民主党人已经有了充分准备后，就退回到他们那无法攻克的山路里去，以期在 1844 年 3 月再度出击。这一回他们把激进党人打了个措手不及，因为他们利用了对保守原则有利的普遍反应和居于领导地位的卢塞恩州（联邦政府当时的所在地）是一个保守的州这一情况。瓦莱的民主党暂时被打败了。这将需要联邦政府进行干涉；伴随着保守军队并站在它前面的僧侣们能从他们的胜利中获得什么好处，以后自有分晓；但是不管怎样，要重建任何类似旧制度的东西，或者把下瓦莱及其生气勃勃的居民置于臣属地位，即使在目前也是不可能的。

再过几年，不，再过几个月，民主党就会重新取得优势。

恩格斯：《瓦莱内战》（1844 年 6 月 4—13 日），《马克思恩格斯全集》
第 3 卷，人民出版社 2002 年版，第 600—601 页。

您的著作《基督教的本质》正在译成英文和法文两种文字：二者都即将送去付印。英文版将在曼彻斯特出版（译文由恩格斯审阅），法文版将在巴黎出版① （它是由法国人盖里埃博士和德国共产主义者艾韦贝克在一个法国修辞学家帮助之下翻译的）。

现在法国人会立即抢购这本书，因为两个派别——一派是僧侣，另一派是伏尔泰信徒和唯物主义者——都在寻求外援。一个值得注意的现象是，与 18 世纪相反，现在宗教观念是在中间等级和上层阶级中传播，而非宗教观念——那种感到自己是人的人所固有的非宗教观念——却降临到了法国无产阶级的队伍里。您要是能出席法国工人的一次集会就好了，这样您就会确信这些劳累不堪的人纯洁无瑕，心地高尚。② 英国的无产者也取得了巨大的成绩，但他们的文化素质不及法国人。不过不能不强调指出瑞士、伦敦和巴黎的德国手工业者的理论贡献。只是德国手工业者仍然过于像手工业者。

但无论怎样，历史正在把我们文明社会的这些"野蛮人"变成人类解放的实践因素。

法国人和我们德国人对立的特性，在我面前从来没有表现得如此尖锐，如此明显，就像在一本傅立叶主义者的著作中所表现的那样。这部著作的开头有这样几句话：

"人完全是在他的情欲中表现出来的"。"你什么时候遇到过这样的人，他为了思维而思维，为了回忆而回忆，为了想象而想象，为了愿望而愿望？你自身遇到过类似的情况吗？……没有，当然没有！"

---

① 英译本没有出版。法译本载于海·艾韦贝克《从最新的德国哲学看什么是宗教》1850 年巴黎版。

② 马克思之所以这样评价法国工人，是因为 1843—1844 年间他与巴黎工人运动的代表们保持着联系。他在 1860 年所著的《福格特先生》一书中写道："我第一次逗留巴黎期间，经常同那里的'同盟'领导人以及法国大多数工人秘密团体的领导人保持私人交往，但并没有加入其中任何一个团体。"（见《马克思恩格斯全集》中文第 2 版第 19 卷，第 136 页）马克思当时虽然已经与正义者同盟巴黎支部建立了联系，但是并未正式加入这个秘密组织。

因此，自然界的主要动力与社会的主要动力一样，是魔术般的、热情的、不反射的引力，并且

> "一切存在物——人、植物、动物或整个天体——都得到了这样一种力的总和，这种力的总和同这些存在物在世界秩序中的使命是相适应的"。由此可见："引力和命运成正比。"

难道这些论述不是表明，法国人是故意把自己的情欲和德国人的纯思维活动对立起来吗？人不是为了思维而思维，等等。

对于德国人来说，要摆脱对立的片面性是很困难的，我多年的朋友（但现在同我越来越疏远了）布鲁诺·鲍威尔在他的柏林出版的批判性报纸《文学报》中重新证明了这一点。不知您看过这家报纸没有。那里有不少文章是在同您进行无声的论战。

马克思：《致路德维希·费尔巴哈》（1844 年 8 月 11 日），《马克思恩格斯文集》第 10 卷，人民出版社 2009 年版，第 13—15 页。

欧洲土耳其的居民（不算随时可以从亚洲吸收的后备）的主要支柱是君士坦丁堡和其他几个大城市的暴民。他们基本上是土耳其人，同时，尽管他们主要是靠给信基督教的资本家干活为生，但是他们仍然拼命维护自己想象中的优越地位和实际上的胡作非为不受惩罚的权利，这种权利是伊斯兰教特权赋予他们的，而基督徒是不能享有的。谁都知道，任何一次重要的政变，都必须用收买和恭维的手段来争取这些暴民。正是这些暴民构成了欧洲的一个坚不可摧的庞大的土耳其居民群（某些殖民区除外）。肯定迟早有这样一天，把欧洲大陆上最好地区之一从一群这样的暴民的统治下解放出来成为绝对无法避免之事，——同这些暴民相比，罗马帝国时代的暴民应该算是圣贤和英雄了。

至于其他民族，我们可以用三言两语就把阿尔瑙特人谈完。阿尔瑙特人是强悍的土著山民，他们居住在亚得里亚海沿岸山坡地区，使用自己的语言，不过这种语言看来似乎属于大印欧语系。他们一部分是信希腊正教的基督徒，一部分是穆斯林；据我们所了解的各种情况来判断，他们对于进入文明还远远没有准备。他们的盗匪恶习会使任何一个毗邻地区的政府都不得不以军事手段对他们严加控制，除非他们将来由于周围地区工业的

发展而能够当上伐木工和汲水工。西班牙的加列戈人以及一般山区居民就是这样。

瓦拉几亚人，或称达科—罗马人，是多瑙河下游和德涅斯特河之间地区的主要居民，其成分非常复杂。他们都属于希腊正教教会，他们的语言源自拉丁语，在很多方面与意大利语不无相似之处。他们之中，特兰西瓦尼亚和布科维纳的居民是奥地利帝国的臣民，比萨拉比亚的居民则是俄罗斯帝国的臣民；摩尔多瓦和瓦拉几亚是达科—罗马种族取得政治存在的仅有的两个公国，都有自己的君主，他们名义上是土耳其政府的藩臣，实际上受俄国的统辖。关于特兰西瓦尼亚的瓦拉几亚人，我们在匈牙利战争时期已多有所闻。瓦拉几亚人迄今一直受匈牙利地主的封建压迫，而匈牙利地主同时又按照奥地利制度充当政府进行各种勒索的工具；这些变得野蛮残暴的瓦拉几亚人，如同1846年加利西亚的卢西族农奴一样，被奥地利人的种种许诺和小恩小惠收买，发动了一场焦土战争，把特兰西瓦尼亚变成一片荒漠。土耳其两个公国的达科—罗马人至少还有本族的贵族和政治机构；尽管俄国极力加以防范，革命精神还是渗透到他们中间，1848年的起义就充分证明了这一点。他们从1848年以来在俄国占领下所遭受的种种勒索和痛苦，无疑会使这种革命精神更为增长，尽管共同的宗教和他们对沙皇—教皇制度的迷信使他们至今还把戴皇冠的希腊正教教主当作天然的保护人。如果情况确是这样，那么瓦拉几亚民族在决定这些地区的最终命运方面，还可以起重要的作用。

土耳其境内的希腊人大部分是斯拉夫人后裔，但已改操现代希腊语。现在普遍认为，事实上，除了君士坦丁堡和特拉佩宗特的少数名门望族以外，甚至在希腊本土，纯血统的希腊人都已经很少见了。希腊人，和犹太人一起，在沿海口岸和许多内地城镇构成商人的大多数。在有些地区他们也种地。不管怎么说，除在帖萨利亚——也许还有伊庇鲁斯——以外，无论从人数和密集程度来看，还是从民族意识来看，他们作为一个民族在政治上都是完全无足轻重的。君士坦丁堡的少数希腊名门望族由于当通事（译员）而具有的影响，在迅速下降，因为有土耳其人在欧洲受过教育，而欧洲各国使馆也都配备了能讲土耳其语的随员。

马克思、恩格斯：《不列颠政局。——迪斯累里。——流亡者。——马志尼在伦敦。——土耳其》（1853年3月11—22日之间），《马克思恩格斯全集》第 12 卷，人民出版社 1998 年版，第 9—10 页。

要了解僧侣们的这样一种十字军征讨，便必须首先了解他们的生活方式，其次是他们的居住方式。

关于这一点，一位旅行家不久以前叙述道：

"各民族的所有这些宗教渣滓彼此隔绝地生活在耶路撒冷，他们互相敌视和忌妒；这是一些流浪居民，他们从朝圣者中源源不断地得到补充，而又经常死于瘟疫和贫困。过了若干年，欧洲人死去了或者回到欧洲去了，帕沙和他们的近卫军到大马士革或君士坦丁堡去了，而阿拉伯人则跑到沙漠里去了。耶路撒冷——这是每个来的人短时客居的地方，但谁也不在那里定居，在这个圣城中每个人都从自己的宗教中找到生活的来源——正教徒和亚美尼亚教徒依靠每年到耶路撒冷来的 12000 或 13000 朝圣者的施舍过活，天主教徒则依靠他们在法国、意大利等地的教友的津贴和周济过活。"①

信仰基督教的民族除了自己的寺院和圣所之外，在耶路撒冷还占有一些造在圣墓神殿旁边的矮小的住房或单人住所，其中居住着日夜守护着这个圣所的僧侣。履行这些职责的僧侣定期由教友替换。单人住所只有一道通向神殿内的房门；担任看守的僧侣的食物是从小窗口由外面送进来的。神殿的门经常锁着，由土耳其人看守，他们只是为了钱才把门打开，并且由于任性或者贪财而擅自把门关上。

马克思：《宣战。——关于东方问题的历史》（1854 年 3 月 28 日），《马克思恩格斯全集》第 13 卷，人民出版社 1998 年版，第 186—187 页。

缅甸人信仰佛教，他们保持的宗教仪式不像在印度和中国任何地方那样受到其他宗教的影响。缅甸的佛教徒在某些方面不像中国的佛教徒那样膜拜神像，而缅甸和尚比通常更严格地信守贫苦和独身的誓愿。在上世纪末，从缅甸国教分出了两个教派，即古老宗教的两个支派。其中一派遵循的教义在某些方面同泛神论相似，相信神的本原散布于全世界，并存在于

---

① 塞·法曼：《基督教会在东方的竞争和对它们进行保护的历史》1853 年巴黎版。

自己的创造物中，但是它的发展的最高阶段体现在佛教徒身上。第二种教派的代表则完全否认轮回说，不膜拜佛像，反对佛教徒所采取的寺院制度；他们认为死是进入极乐世界或永久苦难之门，而这取决于死者生前的行为，他们景仰唯一的至高无上的万能之精灵（Nat）。当今的国王热心捍卫自己的宗教，他已经用篝火当众烧死了属于这两个被宣布为非法的教派的14个异教徒。根据尤耳上尉的说法，这两个教派的人数始终很多，但他们举行祈祷仪式是秘密的。

> 恩格斯：《缅甸》（1858年2月初—3月8日），《马克思恩格斯全集》第14卷，人民出版社1964年版，第292页。

英国人在很久以前就不是把根据血统关系的继承当作准则，而是把根据遗嘱的继承当作准则，这可以从下面这种情况看出来，即早在中世纪初期，如果家长去世时没有留下遗嘱，那末他的妻子和孩子只能得到法律所规定的那份遗产，而根据情况把三分之一或二分之一交与教会。教士们把事情描绘成这样，即要是他立遗嘱，那末他为了拯救自己的灵魂，会把一定数量的遗产留给教会。总之，就这方面来说，在中世纪遗嘱无疑具有宗教的意义，立遗嘱不是为了还活着的人，而是为了死人。但是我要提请注意这样一种情况，即在1688年革命以后曾取消了在那以前在家属继承权（这里，我当然不是说封建所有制）方面法律加在遗嘱人身上的限制。

> 马克思：《马克思致芰遮南·拉萨尔》（1861年7月22日），《马克思恩格斯全集》第30卷，人民出版社1975年版，第607—608页。

圣贝尔纳关于爱尔兰宗教的论述——亨利二世曾以此为根据，提出在外敌面前必须使一切教会服从罗马，借以为教皇阿德里安的圣谕①辩解——内容全是低劣的货色：

（1）他们不从首次收获中缴纳应捐献的份额，也不缴纳什一税；

（2）他们不按正当的方式结婚

（就是说他们不执行罗马教会规定的礼仪），

---

① 1155年英国血统的罗马教皇阿德里安四世在英国国王亨利二世要求下颁发圣谕，以"开拓教会疆域"为名批准入侵爱尔兰，并责成国王保证使爱尔兰每年向罗马教皇纳贡。1169年盎格鲁—诺曼贵族动手征服爱尔兰。1171年亨利二世完成对爱尔兰的征服，迫使当地的首领和在那里定居的盎格鲁—诺曼贵族承认他是"最高统治者"。他在都柏林、瓦特福德和威克斯弗德留下了驻军，打下了中世纪英国在爱尔兰的殖民地的基础。1172年教皇亚历山大三世确认了亨利二世对爱尔兰的统治权。

也不做忏悔（？），没有人要求他们做忏悔，没有人给他们什么处罚。此外，（3）他们那里的神职人员非常少。但所有这一切，如圣贝尔纳本人承认的，圣玛拉基已加以纠正（《圣玛拉基传》第8章）。

但是，坎布里亚的吉拉德同样重复着这些指责：

他们既不缴纳什一税，也不缴纳首次收获中应捐献的份额；他们蔑视结婚仪式，不去教堂，同自己死去的弟兄的妻子结婚。还有一点要指出的，就是圣秩制度不完备，主教太多，而且长期没有大主教，而授职并不完全是依法进行的（第33页）。

> 恩格斯：《高德文·斯密斯〈爱尔兰历史和爱尔兰性格〉一书札记》（1869年11月），《马克思恩格斯全集》第45卷，人民出版社1985年版，第120—121页。

宗教中可以看到多神教因素是完全可以理解的，这种情况到处都有。例如在爱尔兰，在订契约的场合除触摸圣物外还要立血誓；在举行葬礼的场合葬后设宴狂饮喧闹；洗礼时右手不入洗礼盘，等等。

> 恩格斯：《高德文·斯密斯〈爱尔兰历史和爱尔兰性格〉一书札记》（1869年11月），《马克思恩格斯全集》第45卷，人民出版社1985年版，第121页。

美国是一个独特的国家，它是沿着纯粹资产阶级的道路发展起来的，没有任何封建的旧东西，但在发展过程中却从英国不加选择地接受了大量封建时代遗留下来的意识形态残余，诸如英国的习惯法、宗教、宗派主义；在这个国家里，对实际活动和资本集中的需要导致了对任何理论的普遍轻视，这种轻视理论的态度，只是现在才在最有教养的知识阶层中有所克服，——在这样一个国家里，人们只有通过自己接连犯错误，才能认识清楚本身的社会利益。这种情况工人也避免不了；……

> 恩格斯：《恩格斯致弗里德里希·阿道夫·左尔格》（1886年9月16—17日），《马克思恩格斯全集》第36卷，人民出版社1974年版，第522页。

不管美国在社会关系方面，或者挪威按它的天赋来说，都是庸人称之为"个人主义"的堡垒。每隔两、三英里，可以看到在峭壁上有小块的松土，地块的大小按它的收获量来说大概够养活一家人。的确，在每一块这样的土地上，生活着与整个世界隔绝的一家。这里农村的人，很漂亮、健壮、勇敢、偏狭，而且狂热地信仰宗教。

恩格斯：《恩格斯致弗里德里希·阿道夫·左尔格》（1890 年 8 月 9 日），《马克思恩格斯全集》第 37 卷，人民出版社 1971 年版，第 435 页。

2. 宗教与世俗文化

道地的基督教立法者不可能承认道德是一种本身神圣的独立领域，因为他们把道德的内在的普遍本质说成是宗教的附属物。独立的道德要损害宗教的普遍原则，宗教的特殊概念是同道德相抵触的。道德只承认自己普遍的和合乎理性的宗教，宗教则只承认自己特殊的现实的道德。……因为道德的基础是人类精神的自律，而宗教的基础则是人类精神的他律。

马克思：《评普鲁士最近的书报检查令》（1842 年 2 月初—2 月 10 日），《马克思恩格斯全集》第 1 卷，人民出版社 1995 年版，第 119 页。

另一方面，《莱茵报》对新草案提出了下列几点主要的反对意见：（1）草案只是以简单的修订代替了改革，因而普鲁士邦法就被当作根本法保留了下来，这样便表现出非常显著的不彻底和无把握；（2）立法不是把婚姻看作一种伦理的制度，而是看作一种宗教的和教会的制度，因此，婚姻的世俗本质被忽略了；……

马克思：《论离婚法草案》（1842 年 12 月 18 日），《马克思恩格斯全集》第 1 卷，人民出版社 1995 年版，第 346 页。

英国的社会主义者比法国的社会主义者更有原则和更为实际，主要是因为他们公开反对各种教会，并且根本不愿意同宗教打交道。在比较大的城市里，他们一般都有一个会堂（会议厅），人们每个星期日在那里听讲演，这些讲演往往是跟基督教论战和主张无神论的，但常常讲到涉及工人生活的某一方面；在他们的讲演者（说教者）当中，我认为曼彻斯特的瓦茨在任何情况下都是一个卓越的人物，他才气横溢，写过几本关于上帝的存在和国民经济学方面的小册子。这些讲演者有非常出色的推理方法：一切都从经验和可证实的或直观的事实出发，但同时又富有原则性的阐发，以致要想在他们选定的立足点上和他们斗争，就很困难了。不过，谁想选择另一领域，那他们就当面嘲笑他；例如，我说：对人来讲，上帝的存在并不取决于以事实为证据，那他们就反驳："您提出的论点多么可笑：如果上帝不是通过事实显现自身，我们何必还要为他操心呢？根据您的论点恰好得出这样的结论：人们对于上帝的存在或不存在是无所谓的。我们因为还有千百件各种各样其他的事情需要关心，所以只好把慈爱的上帝给您留在九霄云外了，那里他也许存在，也许并不存在。我们没有通过事实得知的东西，与我们毫不相干；我们以'真正的事实'为立足点，这里谈不到上帝和宗教信仰之类的虚幻东西。"所以他们在论证自己其他的共产主义论点时都是以确实经过慎重选择的事实为论证依据的。这些人的固执是笔墨难以形容的，而牧师打算用什么方法来说服他们——那只有天晓得。例如，曼彻斯特的共产主义者协会有 8000 个公开登记入会并缴纳会费的会员；如果说曼彻斯特各劳动阶级中有一半人同意他们对所有制的见解，这并非过甚其词，因为只要瓦茨在讲台（共产主义者的讲台就等于基督徒的布道坛）上说一声：今天我参加这个或那个大会，那么可以预期，讲演者的提议会得到大多数人的拥护。

恩格斯：《伦敦来信（三）》（1843 年 5 月 15 日—6 月 1 日），《马克思恩格斯全集》第 3 卷，人民出版社 2002 年版，第 432—433 页。

当英国高教会派①奢侈挥霍时，社会主义者却令人难以置信地为教育英国劳动阶级做了许多事情。你最初听到最普通的工人在科学会堂里头头是道地讲述政治、宗教和社会状况时，不禁会感到惊讶；但是，一当你发现出色的通俗小册子，听了那些身为社会主义者的讲演者们例如曼彻斯特的瓦茨的讲演，你就不会再惊奇了。现在工人能读到上个世纪法国哲学著作的又好又便宜的译本，主要有卢梭的《社会契约论》，有《自然体系》和伏尔泰的各种著作，而且在一两个分尼一本的小册子里、在各种报刊上，他们可以读到阐明共产主义原理的文章；工人手中也有托马斯·潘恩和雪莱的著作的廉价本。同时，还有星期日讲座，参加者均悉心听讲；例如，我在曼彻斯特逗留期间曾看到，一个能容纳 3000 人左右的共产主义者会堂，每个星期日都挤满了人，我也在那里听过讲演，这些讲演产生直接的影响，讲的都是贴近人民的问题，也有对牧师的挪揄。基督教受到直接的攻讦、基督徒被称为"我们的敌人"，这是常有的事。

---

① 亚里士多德，同上，第 2 卷第 1 章："但是，古代人把天和最高的地方划给神，因为唯有天是不死的，而这里提出的学说也证明，天是不可毁灭的、没有起始的、不遭受生灭世界的一切灾祸的……因此，关于它的永恒性，不仅持这种看法更加适当，而且只有这样，我们才能提出那种被公认为符合关于神的预言的见解。"

这些集会的形式，有些像教会的集会；边座上有合唱队在乐队伴奏下高唱着社会颂歌，是填上共产主义歌词的半宗教或完全宗教的曲调，听众则站着。接着，讲演者不拘礼节地戴着帽子走上摆有一张桌子和几把椅子的讲台；这时他才向在场的人脱帽致意，并脱下大衣，然后坐下来做报告。报告常常引起笑声，因为在这些讲话中英国式的机智是通过层出不穷的幽默表现出来的。会堂的一角有一个摆着书籍和小册子的书摊，另一角有一个卖桔子和其他饮料的小卖部，任何人都可以到那里去得到自己所需要的东西，或者，听厌了讲演，那里也是逃避听讲的去处。有时星期日晚上举行茶会，会上人们不分男女老少和身份，坐在一起吃普通的晚餐——茶和黄油面包片；平时会堂里经常举行舞会和音乐会，人们在那里玩得很高兴；会堂里还有喝咖啡的地方。

> 恩格斯：《伦敦来信（三）》（1843 年 5 月 15 日—6 月 1 日），《马克思恩格斯全集》第 3 卷，人民出版社 2002 年版，第 434—436 页。

重商主义体系在某种程度上还具有某种纯朴的天主教的坦率精神，它丝毫不隐瞒商业的不道德的本质。……新教的伪善代替了天主教的坦率。

> 恩格斯：《国民经济学批判大纲》（1843 年 9 月底或 10 月初—1844 年1 月中），《马克思恩格斯文集》第 1 卷，人民出版社 2009 年版，第61 页。

热情奔放的候补神学家在每次艳遇中表现出来的对结婚的向往，这一次以下面的优美诗句洋溢在纸面上：

> "我什么也不需要，
> 只要这只白白的手。"

其余的一切，眼睛、嘴唇、鬓发，他都认为是"无所谓的东西"。

> "这一切他都不需要，
> 只要那只白白的小手！"（第 174 页）

遵照"比任何时候都更加紧干预的姐姐约翰娜"的命令，并且由于经常使他心痒的对一只"手"的爱慕，他同索菲娅·伯格霍尔德小姐结下了私情，他把这种私情同时称作"深刻的、牢固的和平静的"爱情（第175页），"在这新的爱情中宗教的因素起了很大的作用"（第176页）。

就是说，在哥特弗里德的恋爱故事中宗教的因素经常同小说和戏剧的因素互相交替。当哥特弗里德没有能够通过喜剧的效果达到新的济格瓦特境界的时候，他便求助于宗教的感情，以便赋予平庸的故事以高尚的意义。济格瓦特变成了虔诚的荣克—施梯林①，上帝赋予了后者非凡的力量，三个妻子都死在他的男性的怀抱中，而他还能再把新的情人"娶回家"。

最后，我们就要谈到这个多事的生活经历中的极不幸的灾难，施梯林同那个和马蒂厄离了婚的女人约翰娜·莫克尔相识一事。哥特弗里德在她身上找到了女性的金克尔，他的浪漫的第二个我，只是更坚强，更聪明，更清醒，并由于年龄大而已经摆脱了初期的幻想。

莫克尔和金克尔的共同之点是两人都未被世界承认。她为人乖戾，相貌平庸；她的第一次婚姻是"不幸的"。她有音乐才能，但是还不足以用她的作品或演奏技巧引起轰动。在柏林，她曾经企图模仿蓓蒂娜的过了时的稚气，但是完全失败了。她的经验使她的性格变得愤世嫉俗。她和金克尔一样喜爱装腔作势，无限夸张地赋予自己生活中的平凡事件以"崇高的"性质，但随着年龄的增长，她对爱情的"需要"（施特罗特曼语）比起用诗歌大谈爱情来说的确更加急切了。在这个方面，金克尔身上女性的东西，在她那里成了男性的东西。因此，这样的女人自然很高兴同金克尔表演一出未被承认的美丽的灵魂的喜剧，来达到一种互相满足的解决，就是说，把济格瓦特认作亨利希·冯·奥夫特丁根并让他把她当作"蓝色花朵"。

金克尔刚刚通过姐姐的帮助顺利地进行了第三次或者已是第四次的订婚，现在立刻又被莫克尔引入了爱情的迷宫。

哥特弗里德置身在"社团的浪潮"（第190页）里，置身在德国大学小城里的一个不大的教授小组，或者叫作"名士小组"里，这些小组只有在基督教德意志的候补神学家的生活中才能一举成名。莫克尔唱着歌，并得到喝采。用餐的时候哥特弗里德被安置在她的座位旁边，于是便演出了

---

① 即约翰·亨利希·荣克，施梯林是他的自传体小说《亨利希·施梯林的青年时代》中主人公的名字，故又名荣克—施梯林，该小说于1778年出版，是伪善的虔诚的文学作品的典型。

下面这场戏。

> "哥特弗里德说：'当您在大家的啧啧称赞下张开天才的双翼在快乐的世界飞翔的时候，您大概感到心旷神怡吧。'莫克尔激动地回答道：'那是您的感觉。我听说您有非常好的诗才；也许您也会受到极口赞扬……那时我将问您，您幸福吗，如果您不……，'如果我不？'——哥特弗里德在她停顿下来的时候问她。"（第 188 页）

向笨拙的多情的候补神学家撒下了诱饵。
在这以后，莫克尔告诉他说，不久前她

> "听了他关于基督徒思乡的传道，她想，这个漂亮的青年不得不完全弃绝尘世，他甚至激起她胸中对纯朴孩童梦想的微弱的憧憬，从前，那已经消失的信仰之声曾唤起她这种梦想。"（第 189 页）

哥特弗里德被这一段恭维话弄得"神魂颠倒"（第 189 页）了。他异常高兴地"发现莫克尔是不幸的"（同上）。而他立刻决定，（……）"以自己关于耶稣基督拯救世界的热烈的信念"，"也能重新赢得……这个痛苦的人的心灵"（同上）。因为莫克尔是天主教徒，所以关系是在"为全能的上帝效劳"就必须赢得人的心灵这个臆造的借口下建立起来的，这是一出莫克尔也参加演出的喜剧。

> "在 1840 年间金克尔也被任命为科隆基督教教区的牧师助手，他每星期日早晨到那里去讲道。"（第 193 页）

马克思：《流亡中的大人物》（1852 年 5 月 10 日前后），《马克思恩格斯全集》第 11 卷，人民出版社 1995 年版，第 294—297 页。

像一位卓越的历史学家所正确指出的，在中世纪，天主教僧侣由于对人的本性有阴暗的看法，就依靠自己的影响把这种观点搬到刑事立法中去了，因而他们制造的罪行比他们宽恕的过错还要多。

马克思：《人口、犯罪率和赤贫现象》（1859 年 8 月 3—15 日），《马克思恩格斯全集》第 12 卷，人民出版社 1962 年版，第 552 页。

在法国彻底镇压新教对它说来不是坏事——teste（见证人）有培尔、伏尔泰和狄德罗。然而在德国镇压新教则不仅会成为德国人的不幸，而且也会成为全世界的不幸。如果这样，德国就会被强迫接受罗曼语各国的天主教发展形式；既然英国的发展形式也带有半天主教和中世纪的性质（大学和诸如此类的学院，公立学校——所有这些都是新教寺院），那末完全带有新教性质的德国教育形式（家庭教育、私人寄宿学校、大学生旁听制）也都会被废除，而欧洲的精神发展会变得无限单调：法国和英国实际上消除了成见，德国摆脱了这些成见的形式，摆脱了陈规旧套，这种情况是使得德国的一切在现在看来具有更大缺点的东西（如分裂为许多小邦）没有固定形状的部分原因，但是这种情况对民族的发展能力说来有巨大的好处；只有在将来，当这个本身是片面的阶段被克服之后，它才会结出丰硕的果实。

> 恩格斯：《关于德国的札记》（1873 年底—1874 年初），《马克思恩格斯全集》第 18 卷，人民出版社 1964 年版，第 653 页。

这里，在当地居民中，看来信教之风极为盛行，但是，尽管如此，他们却是讲究实际的人。"请投富翁斯坦利一票"——这样的广告我们在郊外到处可以看到。赖德市镇委员会是交易所活动的真正范例，赖德港口和铁路建筑公司形形色色的成员在这里开会，其会议报告在这里的地方报刊上取代了英国下院的报告。

我们的房东，是个对贫民宣读圣经的人，他那大约有二十四卷的神学藏书，装饰了我们的客厅。他虽然属于英国国教会，我仍在他的藏书中发现有斯珀吉昂的布道书。我在散当洗了一个热水澡，在公共浴室里也发现这类图书，而且走到哪里，都能看到举行某种虔诚的宗教集会的通告。的确，这里的人民很穷，看来是在教会中寻求他们的主要乐趣。

> 马克思：《马克思致恩格斯》（1874 年 7 月 15 日），《马克思恩格斯全集》第 33 卷，人民出版社 1973 年版，第 110—111 页。

至于美学方面的教育，杜林先生不得不一切重新做起。从前的诗对此都不适用。在一切宗教都被禁止的地方，学校里自然不能容忍从前的诗人惯用的"神话式的或其他宗教式的描写手法"。"例如歌德非常喜爱的诗的神秘主义"，也是为人嫌弃的。这样，杜林先生自己不得不下定决心，向我们提供诗的杰作，这些作品"符合于某种同知性相称的幻想的更高要求"，并描述出"显示世界之完美"的真正理想。但愿他别踌躇。经济公社只有以那种和知性相称的亚历山大诗体的急进步伐前进，才能起征服世界的作用。

> 恩格斯：《反杜林论》（1876 年 9 月—1878 年 6 月），《马克思恩格斯文集》第 9 卷，人民出版社 2009 年版，第 337 页。

光和暗肯定是自然界中最显明、最尖锐的对立，它从第四福音书①起直到十八世纪的启蒙运动止，对于宗教和哲学来说始终是一种修辞学上的用语。

> 恩格斯：《自然辩证法》（1873—1883 年），《马克思恩格斯全集》第 20 卷，人民出版社 1971 年版，第 631 页。

"得比勋爵建立了国民学校的制度"。——确实不错，但是为什么他这样做呢？请看看菲茨吉本写的《一八六八年的爱尔兰》这本虔诚的新教徒和托利党人的著作，或 1826 年议会委员会委员关于爱尔兰教育的官方报告。由于英国政府不管教育，爱尔兰人才把教育子女的事情自己抓起来。当时，英国的父母们坚决主张把子女送进工厂去挣钱，而不是送到学校去学习，爱尔兰农民却踊跃地自己出钱办学。学校的教师是流动的，他在每个村子各呆几个月。人们给他找一间小房子，每个孩子每周交学费两个便士，冬天再交点泥炭。夏季天气好的时候，就在靠近篱笆的田地上进行教学，所以这种学校当时以"篱笆学校"（hedge‑schools）著称。当时也有一些游学的学生，他们腋下挟着书本从一个学校到一个学校，可以毫无困难地从农民那里得到膳宿。1812 年，爱尔兰有四千六百所这种"篱笆学校"，在议会委员会委员这一年的报告中说，这种教育

> "祸多于福"，"人们实际上是为了自己而接受这种教育，尽管我们认为有可能对它进行某些纠正，但是，看来要制止它的普及是不可能的：可以改善它，但决不能阻挠它"。

可见，这些真正的国民学校并不符合英国人的目的。为了消灭它们就

---

① 圣经《约翰福音》第 1 章。

创办一些假国民学校。在这些学校里世俗的东西少到什么程度，从下面的事实即可看出：课本中所编选的都是从天主教和新教的圣经里摘出来的片断，而且经过都柏林的天主教和新教的大主教认可。请把那些直到今天仍然对义务上学叫嚷不已的英格兰人同这些爱尔兰的农民对照一下！……

> 恩格斯：《恩格斯致燕妮·龙格》（1881年2月24日），《马克思恩格斯全集》第35卷，人民出版社1971年版，第158—159页。

关于童贞马利亚—伊西达，这是一个小问题，由于篇幅不够我未能涉及。[①] 迷信马利亚和迷信所有的圣徒一样，发生在比我所探讨的要晚得多的时期（当时一些诡计多端的神父把信多神教的农民所喜欢的庇护神改造成为圣徒还给他们），最后，这种解释本来还应当从历史上来加以证明，为此就需要对这个问题作专门研究。关于光轮和月华的问题也是这样。不过，迷信伊西达，在罗马帝国时代，这是国教的一部分。

> 恩格斯：《恩格斯致爱德华·伯恩施坦》（1882年5月10日），《马克思恩格斯全集》第35卷，人民出版社1971年版，第311页。

被巴霍芬说成是对违反古代神戒的赎罪，即妇女用以赎买贞操权利的赎罪，事实上不过是对一种赎身办法的神秘化的说法，妇女用这种办法，把自己从旧时的共夫制之下赎出来，而获得只委身于一个男子的权利。这种赎身，是一种有限制的献身：巴比伦的女子每年须有一次在米莉塔庙里献身；其他前亚细亚各民族把自己的姑娘送到阿娜伊蒂斯庙去住好几年，让她们在那里同自己的意中人进行自由恋爱，然后才允许她们结婚；穿上宗教外衣的类似的风俗，差不多在地中海和恒河之间的所有亚洲民族中间都是共同的。为赎身而作出的赎罪牺牲，随着时间的进展而越来越轻，正如巴霍芬已经指出的：

> "年年提供的这种牺牲，让位于一次的供奉；从前是妇人的淫游，现在是姑娘的淫游；从前是在结婚后进行，现在是在结婚前进行；从前是不加选择地献身于任何人，现在是只献身于某些人了。"（"母权论"第 XIX 页）

---

① 显然是指恩格斯的著作《布鲁诺·鲍威尔和早期基督教》。

在其他民族中，没有这种宗教的外衣。

> 恩格斯：《家庭、私有制和国家的起源》（1884 年 3 月底—5 月 26
> 日），《马克思恩格斯文集》第 4 卷，人民出版社 2009 年版，第
> 62 页。

在今日的资产阶级中间，缔结婚姻有两种方式。在天主教国家中，父母照旧为年轻的资产阶级儿子选择适当的妻子，其结果自然是专偶制所固有的矛盾得到了最充分的发展：丈夫方面是大肆实行淫游，妻子方面是大肆通奸。天主教会禁止离婚，恐怕也只是因为它确信对付通奸就像对付死亡一样，是没有任何药物可治的。相反，在新教国家中，通例是允许资产阶级的儿子有或多或少的自由去从本阶级选择妻子；因此，一定程度的爱可能成为结婚的基础，而且，为了体面，也始终以此为前提，这一点符合新教伪善的精神。在这里，丈夫实行淫游并不那么厉害，而妻子的通奸也比较不那么常见。不过，在任何婚姻形式下，人们结婚后和结婚前仍然是同样的人，而新教国家的资产者又大多是些庸人，所以，这种新教的专偶制，即使拿一般最好的场合来看，也只不过是导致被叫做家庭幸福的极端枯燥无聊的婚姻共同体罢了。小说就是这两种缔结婚姻的方法的最好的镜子：法国的小说是天主教婚姻的镜子；德国的小说是新教婚姻的镜子。

> 恩格斯：《家庭、私有制和国家的起源》（1884 年 3 月底—5 月 26
> 日），《马克思恩格斯文集》第 4 卷，人民出版社 2009 年版，第 83—
> 84 页。

3. 宗教与原始部落及古代文明

昨天我看了一本我曾经向你提到过的关于阿拉伯碑文的书。尽管书里每行都有教士和圣经辩护人而使人厌恶，但它还不是毫无兴味的。作者认为自己最辉煌的成就是他发现了吉本在古地理学方面所犯的若干错误，并由此得出结论说，吉本的神学同样也是不行的。这本书叫做《阿拉伯的历史地理学》，圣查理·福斯特著。其中最有意思的结论如下：

（1）《创世记》中记载的所谓挪亚和亚伯拉罕等人的系谱，是按方言的亲疏等等对当时贝都英各族的相当准确的排列。大家知道，贝都英各族到今天还自称为萨勒德—贝尼、优素福—贝尼等等，即某某人的子孙。这种由古代宗法制生活方式所决定的称呼最终产生了这种系谱。《创世记》

中的支系的排列或多或少地为古地理学家所证实，而现代旅行家证明，这些古代的名称虽然按当地方言有所改变，但是大部分至今还继续存在。由此可见，犹太人本身同其他各族一样，也是一个小贝都英族，只是由于当地条件、农业等等而和其他贝都因人对立起来。

（2）关于我们已经提到的阿拉伯人的大入侵，现在已经弄清楚：贝都因人象蒙古人一样，曾经周期性地入侵；亚述帝国和巴比伦帝国都是在后来产生巴格达哈利发国的同一个地区由贝都因族建立起来的。创建巴比伦帝国的迦勒底人，现在还在同一个地方生活，用同一个名称迦勒德—贝尼。大城市尼尼微和巴比伦的迅速产生，正象三百年前东印度的阿格拉、德里、拉合尔、木坦这些大城市由于阿富汗或鞑靼的入侵而建立起来一样。因此，伊斯兰教徒的入侵在很大程度上就失去了它的某种特性。

（3）在西南部定居的阿拉伯人，看来曾经是象埃及人、亚述人等一样的文明民族；他们的建筑物就证明了这一点。伊斯兰教徒入侵时的许多事情也说明了这一点。至于谈到宗教的欺骗，那末，从南阿拉伯的古代碑文中显然可以看出，穆罕默德的宗教革命，和任何宗教运动一样，是一种表面上的反动，是一种虚假的复古和返朴。在这些碑文中，古老的阿拉伯民族的一神教传说还占优势（象在美洲的印第安人那里一样），而希伯来人的一神教只是它的一小部分。

现在我已经完全弄清楚，犹太人的所谓圣书不过是古代阿拉伯的宗教传说和部落传说的记载，只是这些传说由于犹太人和与他们同一个族系但从事游牧的邻族早已分离而有了改变。巴勒斯坦在靠阿拉伯的一面完全被沙漠，即贝都英人的土地环绕着，这种情况是叙述独特的原因。但是，古代阿拉伯的碑文、传说和可兰经，以及一切系谱等等的易于解释，都证明主要内容是关于阿拉伯人的，或者更确切些说，是关于一般闪族的，就象我们这里的《艾达》① 和德国的英雄传说一样。

恩格斯：《恩格斯致马克思》（1853 年 5 月 26 日左右），《马克思恩格斯全集》第 28 卷，人民出版社 1973 年版，第 249—251 页。

……你来信中关于希伯来人和阿拉伯人的那一部分使我很感兴趣。顺

---

① 《艾达》是一部斯堪的那维亚各民族的神话、英雄传说和歌曲的集子；保存下来的是十三世纪的两个版本。《艾达》的歌曲反映了氏族制度解体和民族大迁徙时期斯堪的那维亚社会的状况。从这里也可以看到古代日耳曼人的民间创作中的一些形象和题材。

便提一下：（1）可以证明有史以来所有的东方部落中定居下来的一部分和继续游牧的一部分之间的一般关系。（2）在穆罕默德时代，从欧洲到亚洲的通商道路有了很大改变，同印度等地有过大量贸易往来的一些阿拉伯城市在商业方面已经衰落了，这当然也是个推动。（3）至于宗教，可以归结为一个一般的、从而是易于回答的问题：为什么东方的历史表现为各种宗教的历史？

马克思：《马克思致恩格斯》（1853 年 6 月 2 日），《马克思恩格斯文
集》第 10 卷，人民出版社 2009 年版，第 111 页。

立法文献离我们的时代越近，其中承认公社土地所有制是印度土地关系的主要形式的证据就越多。这里的原因是：起初差不多完全被排除于法典以外的习惯法（地方法），逐渐越来越多地被吸收到婆罗门的成文法中。在《摩奴法典》① 中，就承认国王有权 "赋予属于再生族② 的学者善人的行为所肯定者以法律效力，凡由此（这种行为）引伸出的准则，若符合各省、各区、各种姓和各家族的法律习惯，均有法律效力"。印度晚期的法典编纂者，即印度法律文献中以《法经》③ 著称的大批汇编的编者，就是从这些习惯中汲取解释《摩奴法典》的资料。习惯法提供了主要资料来补充远古法典中那些纯法律的、特别是纯伦理的贫乏的规定，这些规定起初都是由各村、城市和省的内政当局调整的（第 89 页）。

［科尔布鲁克断定《吠陀》成于公元前 1400 年，而埃尔芬斯顿在《摩奴要旨》（以《吠陀》的宗教诗的片断为依据）中则断定为公元前 900 年左右，虽然《摩奴法典》的译者威廉·琼斯爵士认为约在公元前 1280 年；《罗摩衍那》约在公元前 1400 年；《摩诃婆罗多》是其后的史诗，是印度

---

① 摩奴法典是一部宗教教规汇编，传说出自人类始祖摩奴之手，每个虔诚的印度教徒都必须遵守这些教规。在摩奴法典中，也反映了古印度的习惯法的规则。流传下来的摩奴法典文本，其成书年代是公元 2 世纪。

② 再生族是三个高级瓦尔那或最古老种姓即婆罗门（祭司）、刹帝利（军事贵族）和吠舍（其他自由民）的成员。按照古代宗教法规，他们到一定年龄都要举行特定的仪式，这种仪式被解释为人的再生。

③ 《法经》是古代文献的名称，它被印度教信徒视为吠陀圣书的一部分。《法经》与最早的四种《吠陀经》、《梨俱吠陀》、《沙摩吠陀》、《耶柔吠陀》和《阿闼婆吠陀》不同，这四种《吠陀经》被推崇为古代圣哲从诸神处 "所闻"（"天启"），而《法经》（意为 "所记"）则仅仅被认为依据天启的吠陀而写下的。属于《法经》文献范围的有许多经书或规章总集，在这些经书中，除了有关宗教仪式的规章之外，还包括一些习惯法的准则。

文学中的《伊利亚特》。]

> 马克思:《马·柯瓦列夫斯基〈公社土地占有制,其解体的原因、进程和结果〉(第一册,1879 年莫斯科版)一书摘要》(1879 年 10 月和 1880 年 10 月之间),《马克思恩格斯全集》第 45 卷,人民出版社1985 年版,第 243—244 页。

而对奥林帕斯山的女神们的态度,则反映了对妇女以前更自由和更有势力的地位的回忆。朱诺有权力欲,智慧女神是从宙斯脑袋里跳出来的,等等。①

> 马克思:《路易斯·亨·摩尔根〈古代社会〉一书摘要》(1880 年底—1881 年 3 月初),《马克思恩格斯全集》第 45 卷,人民出版社1985 年版,第 368 页。

"不论在雅典,还是在希腊其他地区,氏族都有一个传自祖先的名称,作为他们相信有共同祖先的标志……希腊许多地方都有阿斯克莱皮亚达氏;在特萨利亚有阿琉阿达氏;在埃吉纳有米迪利达氏、普萨利基达氏、贝尔普西亚达氏、欧克塞尼达氏;在米利都有布朗希达氏;在科斯有内布里达氏;在奥林匹亚有亚米达氏和克利蒂亚达氏;在阿尔戈斯有阿凯斯托里达氏;在塞浦路斯有基尼拉达氏;在米蒂利尼岛有彭蒂利达氏;在斯巴达有塔尔西比亚达氏;在阿提卡有科德里达氏、欧摩尔皮达氏、菲塔利达氏、利科梅达氏、布塔达氏、欧奈达氏、赫西希达氏、布里蒂亚达氏等等。每一个氏族都有一个神话人物式的祖先,他被认为是该氏族的始祖和该氏族名称所由产生的英雄,例如科德鲁斯、欧摩尔普斯、布特斯、菲塔卢斯、赫西库斯等……在雅典,至少在克利斯提尼改革以后,就不使用氏族的名称了;男子用自己个人的名字,再加上父称和他所隶属的德莫的名称,例如:埃斯基涅斯,阿特罗梅图斯之子,科梭基德人……无论就财产而言,还是就人身而言,氏族都是一种结合紧密的团体。梭伦时代以前任何人都没有立遗嘱的权利。如果某人死后无子,则他的财产由他的同氏族人(gennêtes)继承,甚至在梭伦时代以后,在死者未立遗嘱的情况下,仍然照此办理……如果某人被杀害,那末首先是他的近亲,其次是他的同氏族人和同胞族人,都可以而且必须去起诉控告罪犯;但他的同德莫人,即同属一个德莫的居民则没有这种起诉权。我们所知道的关于最古的雅典法律

---

① 恩格斯在《家庭、私有制和国家的起源》一书中引用了马克思的这个看法。

的一切，都是以氏族和胞族的区分为基础的，而氏族和胞族到处被看做是家庭的扩大（!?）……这种区分与任何财产资格都完全没有关系：富人和穷人都属于同一个氏族……各个氏族在地位尊卑上是不平等的；这主要是由宗教仪式造成的，因为每一个氏族都世代专门执掌某一宗教仪式，一些宗教仪式被认为特别神圣，因而获得了全民族的意义。例如欧摩尔皮达氏和基里克氏以及布塔达氏似乎比所有其他氏族更受人尊敬，因为前二者为埃留西斯的德美特女神的秘密宗教仪式提供大祭司和主持人，后者则为雅典娜·帕拉斯女神提供女祭司，并为雅典卫城的波赛东—埃雷克修斯神提供祭司"。

马克思：《路易斯·亨·摩尔根〈古代社会〉一书摘要》（1880 年底—1881 年 3 月初），《马克思恩格斯全集》第 45 卷，人民出版社 1985 年版，第 500—501 页。

［这是只有"观念的"、亦即蛰居式的书斋学者才能干出来的事情。由于血族联系（尤其是专偶婚制发生后）已经湮远，而过去的现实看来是反映在神话的幻想中，于是老实的庸人们便作出了而且还在继续作着一种结论，即幻想的系谱创造了现实的氏族!］很多氏族成员都能够远远追溯他们的世系，而其余的成员在有实际需要时也以他们具有的氏族名称作为共同世系的充分证据。希腊人的氏族多是小团体；一个氏族有 30 个家庭，家长之妻不计算在内，平均一个氏族有 120 人。

希腊人的宗教活动发源于氏族，后来扩展到胞族，最后就发展为所有部落共同举行的定期节日活动。（德·库朗日）

［随着真正的合作制和公有制的消失，荒诞的宗教成分就成了氏族的最主要因素；香火的气味倒是保留下来了。］

马克思：《路易斯·亨·摩尔根〈古代社会〉一书摘要》（1880 年底—1881 年 3 月初），《马克思恩格斯全集》第 45 卷，人民出版社 1985 年版，第 504 页。

比较著名的希腊氏族曾经改变过姓氏；他们保留了其始祖的母亲的名字，而把其始祖的诞生归诸她与某位神祇的交合。例如，阿提卡的欧摩尔皮达氏的命名始祖欧摩尔普斯据说就是尼普顿和希俄娜的儿子。

马克思：《路易斯·亨·摩尔根〈古代社会〉一书摘要》（1880 年底—1881 年 3 月初），《马克思恩格斯全集》第 45 卷，人民出版社 1985 年版，第 559 页。

古代法的极其琐细的诉讼手续表明法学与罗马卜师的宗教仪式或蒙昧人的巫医的魔术不过是一丘之貉！

> 马克思：《亨利·萨姆纳·梅恩〈古代法制史讲演录〉（1875 年伦敦版）一书摘要》（1881 年 4—6 月），《马克思恩格斯全集》第 45 卷，人民出版社 1985 年版，第 629 页。

苏门答腊人说，月亮里有一个人不停地在纺棉线，可是每天夜里都有一只老鼠把他的线咬断，迫使他从头再纺起来（第 138 页）。

弗吉尼亚的土著人在一圈竖立着的石头中间跳圣舞，这些石头除上端粗糙地雕成人头形状外，同我们所谓的德鲁伊教神殿里的完全一样（见拉伯克，第 156 页采自拉菲托《蒙昧人的习俗》一书的插图）。

关于加利福尼亚的印第安人、关于他们的原始宗教、平等及其他等方面的有趣（报道），见耶稣会传教士巴赫特神父所著：《关于美洲加利福尼亚半岛的报告》1773 年版。1863—1864 年《斯密逊学会报告》曾译载。

> 马克思：《约·拉伯克〈文明的起源和人的原始状态〉一书摘要》（1881 年 3—6 月），《马克思恩格斯全集》第 45 卷，人民出版社 1985 年版，第 666 页。

在提尔，人们崇拜海格立斯像，并把它看做就是神的本身，因此当亚历山大大帝围城的时候，他们用铁链把它牢牢地锁住以防它跑到敌人那边去（第 231、232 页）。

随着文明的发展，首领们越来越横暴，越来越要求人们更加尊敬他们，把人们关于权力和威仪的概念大大升级，提到前所未见的高度（第 232 页）。这些升了级的概念后来也被用之于神。崇拜偶像表明人的智力发展到了比崇拜动物，甚至比崇拜天体更高级的阶段。甚至崇拜太阳在神的概念方面与崇拜偶像比较起来，虽然不总是，但通常都是处于更低级的阶段。

［这意味着对神的供奉比崇拜偶像的时候"低级"。］

这部分地是由于：首领和国王的权力逐渐增大，从而人们在思想上对存在着一个非过去任何时候所能想象的强权，习以为常（同上页）。例如在西非，贩卖奴隶使首领或国王的财富，从而也使他们的权力大增，他们大讲排场威仪，要求人民奴隶般地尊敬他们。谁也不能与他们同席而食；除非诚惶诚恐地跪着，谁也不能到他们的跟前，这无疑在很多情况下是有充分理由的（第 233 页）。这种尊敬的表现已经是近乎崇拜，所以"下层的人们就相信了国王的权力所及不仅限于地上，他还有足以使上天落雨之威力等等的说法"（第233页，引自普罗瓦亚尔《洛昂戈的历史》）。卡萨利斯说，纳塔尔的暴君们"要人们几乎象神一样地尊敬他们"（第233页）。塔希提的国王和王后被奉为神圣到了这样的程度：凡是他们用过的东西，甚至构成他们名字的那几个声音都不能拿来做任何普通的用途了。荒谬绝伦的阿谀之词成为宫廷语言的特色。国王的"寓所叫做'阿阿莱'即天上的云，如此等等"（同上页）。

人的崇拜不会长久地限于去世者。在很多情况下，也被加之于在世者。当然，崇拜一种动物或一种树的蒙昧人不会把崇拜人看做是荒谬的。

[好象文明的英国人不"崇拜"女王①或格莱斯顿先生似的！]

他们的首领在他们的眼中几乎具有同他们的神一样大的——如果不是更大的——威力。但是人的崇拜仍不盛行于完全末开化的社会，因为首领们

[这个头脑简单的家伙！]

经常同自己的追随者保持接触，所以缺少宗教所要求的、而在夜动物身上却很突出的那种神秘性。但是随着文明的进步，和首领们越来越脱离自己的臣民（！），情况就改变了，人的崇拜成了宗教的一个重要因素（第235页）。对一个大首领的崇拜似乎象对偶像的崇拜一样是理所当然的。"一个蒙古人对修士阿谢林说（《阿斯特利旅游文汇》第4卷，第551页），怎么？既然你们基督徒毫不怀疑地崇拜木桩和石块，为什么你们不肯同样地崇拜贝奥特—诺伊？要知道可汗曾下令对贝奥特—诺伊必须象对他本人一样地崇拜。"这种崇拜儿乎总是伴随有一种对神祇的信仰（第234页）。

马克思：《约·拉伯克〈文明的起源和人的原始状态〉一书摘要》（1881年3—6月），《马克思恩格斯全集》第45卷，人民出版社1985年版，第670—672页。

在萨满教还没有完全取代图腾崇拜的地方，君主政治的建立连同它那一套经常性的排场和礼仪，导致远为更加有组织的对旧有诸神的礼拜。这方面突出的例子就是西非的崇拜蛇和秘鲁的崇拜太阳（第235页）。白人常常被拿来当作神，象库克船长在大西洋，如此等等。"索莫索莫的首领图

---

① 维多利亚。

伊基拉基拉对汉特先生说：'如果你先去世，我将把你当作我的神。'""在去世者的灵魂与神之间、神与在世者之间没有明确的分界线，因为有很多祭司和老首领都被认为是圣者，他们之中有不少人也会为自己要求神权。'我是一个神'，图伊基拉基拉常常这样说，而且他也相信这是真的。"（厄斯金《西太平洋》第 246 页）

拉伯克说：

"初看起来似乎很难理解，怎么人能被认为是不死的

[他的意思是说：不会经受自然死亡；拉伯克在自我嘲讽而不自知；他认为，很自然，他们"会经受""非自然死亡"，也就是说，虽然经受了自然死亡，但是还继续活着]。然而就是这种信仰却在很多国家都存在。"（第 235 页）

梅罗拉说（《平克尔顿游记汇编》第 16 卷，第 226 页及以下各页），在他那个时候，刚果的巫师叫做星西里，意思是——土地神。他们的首领被尊为"刚嘎·齐托尔涅，这个称号是大地之神……他更宣称，他的肉体不会经受自然死亡；而且……为了让他的崇拜者深信这一说法，当他或是由于年纪或是由于疾病而感到末日将临的时候，他就把他的弟子中他所属意的继承者召来，装一番把自己的无边法力传给他的样子"；他让这个继承者把他当众吊死或杀死，如此等等（第 235、236 页）。西藏的大喇嘛也是这样。

> 马克思：《约·拉伯克〈文明的起源和人的原始状态〉一书摘要》
> （1881 年 3—6 月），《马克思恩格斯全集》第 45 卷，人民出版社 1985
> 年版，第 672—673 页。

为求善恶诸神赐福免灾而举行的牺牲祭献（第 237 页）。起初，人们以为神灵真的把献给他们的供物吃掉；但是人们又发现，作为牺牲物的动物并未消失不见；由此得出结论是，神灵吃掉了祭物的灵魂部分，把粗杂部分留给自己的虔诚的崇拜者。例如，在印度的大吉岭附近的林布人就是把供奉的牺牲物吃掉，他们说得很清楚，"把灵气给神，把肉给我们自己"（第 237 页）。

在新西兰，当特·卡纳瓦把珠宝献给仙女们的时候，她们只把影子拿走，对尘世实物是不感兴趣的（乔·格雷爵士《波利尼西亚的神话》）。在几内亚，按照博斯曼的说法，"只把血给偶像，因为肉他们自己很喜爱"。在别的地方，肉由祭献者吃掉，就象奥斯嘉克人那样，而偶像则在嘴边抹上血（奥斯嘉克人就是这样做的）。就连这个做法在有些场合下也终于改成了——

涂红颜色；印度的圣石就常常是这样（福布斯·莱斯利上校）；在刚果也是这样，受崇拜之物每逢新月都被涂上红色，如此等等（第237、238页）。

在斐济人中间，遇有盛大祭献之时，"按照当地的信条，属于被描写为大胃口的神的那一份仅仅是牺牲物的灵魂；实物则由崇拜者们分食"（威廉斯：《波利尼西亚之研究》）。

圣餐的解释。

在很多情况下，牺牲物由参加者分食似乎是仪式的一个不可少的部分。例如在印度（杜布瓦，第401页），当祭礼"一完毕，祭司即走出，将奉献给偶像的供物拿出一部分来分发。这一份东西被当作圣物来接受，并当场吃掉"。在红种人中间（斯库尔克拉夫特：《印第安部落》第3卷，第61页；坦纳：《记述》，第287页），在为狩猎季节开始而举行庆典的时候，牺牲物"必须吃光，一点不剩……在阿耳贡金人中间……在这种庆典上……牺牲物的骨头一块也不能损坏"（第239页）。

常常发生奇异的等同现象（他称之为"混淆"），

即把牺牲物和神等同起来，牺牲物先受礼拜，然后才献祭，吃掉。例如，在古埃及，牺牲物阿皮斯同时也被认为是神（柯克斯：《神话学手册》，第213页），而伊菲姬妮亚则被有些人认为同阿尔蒂米斯是一样的。

（不仅牺牲物圣牛阿皮斯，还有牺牲羊基督都同样等于神；他的亲生儿子。）

约·格·弥勒在谈到墨西哥时说，每年在一定的时间里，"祭司们就制做一尊神像，神像用各种各样的种籽，混以被杀祭之幼儿的鲜血烘烤而成。

先为准备庆典而进行多种多样的宗教性的洁净和赎罪的活动：水洗、放血、斋戒、游行、焚香、鹌鹑祭献、杀人祭献。然后由凯察尔科阿特尔的祭司对着那个威齐洛波奇特利神像射出一箭，把神像射穿。这样，那个神就算死了，同杀人祭献时一样，由祭司把神的心挖出来，由神在地上的代表——国王——把它吃掉。躯体则分给本城各区，让每个人都得到一小块"（第239、240页）。

在墨西哥每年还为特斯卡特利波卡举行大祭；一个漂亮的小伙子被挑选出来做牺牲，在大多数情况下是战俘；在整整一年之内被当作神来对待和崇拜，如此等等。在最后一个月的开始，把四个漂亮姑娘给他做妻子；最后到他的捐躯之日，就由一群庄严列队的人把他置于队首，送至神殿，以繁多的礼仪毕恭毕敬地将他杀祭，然后由祭司们和首领们把他吃掉。——中印度的孔德人也举行这种吃人祭礼。在地上竖起一根粗大的桩子，牺牲者坐着被绑在桩子上，用酥油、油和姜汁涂身，并饰以鲜花，日间受人群的礼拜。夜晚，狂欢盛宴重新开始；第三天早晨，给牺牲者喝一些牛奶，这时，主持典礼的祭司祈求女神给人民赐福，如此等等。祭司详述此种礼仪的起源和好处……最后称，遵照女神的意旨，人民在此集会，如此等等。可是，在这一套装模做样的礼仪结束以后，牺牲者却是被送到丛林里去屠杀的；为了防止他反抗，把他的臂骨和腿骨打断或者用鸦片或曼陀罗使他麻醉，然后由詹尼用斧将他砍伤……这时人们一拥而上以获取他身上的一片肉，转瞬之间牺牲者就被撕扯得只剩下骨头了（第240、241页）。

马克思：《约·拉伯克〈文明的起源和人的原始状态〉一书摘要》（1881年3—6月），《马克思恩格斯全集》第45卷，人民出版社1985年版，第673—675页。

导致以动物做牺牲的那种情感所达到的顶点自然是以人做牺牲——在几内亚、太平洋诸岛，以战俘做牺牲——在巴西；除去已经提到的孔德人，在印度还有许许多多的民族，至今那里在有些已不再准许以人做牺牲的地方，人们还用面粉、面糊或泥土做成人形，然后把它们的头砍下祭神（第242页）。在古代历史上，迦太基人、亚述人、希腊人也都是这样；罗马人直到公元二世纪或三世纪，秘鲁、墨西哥。在墨西哥，按照约·格·弥勒的说法，每年在神庙里杀祭的有两千五百人（保守的估计），但是有一年却在十万人以上。在犹太人中间，以动物做牺牲规模极大，象征性的人祭表明人祭曾经是常有的事情。

马克思：《约·拉伯克〈文明的起源和人的原始状态〉一书摘要》（1881年3—6月），《马克思恩格斯全集》第45卷，人民出版社1985年版，第676页。

这种新的家庭形式的全部严酷性，我们在希腊人那里可以看到。正如马克思所指出的，神话中的女神的地位给我们展示了一个更早的时期，那时妇女还享有比较自由和比较受尊敬的地位，[①] 但是到了英雄时代，我们

---

① 马克思在《路易斯·亨·摩尔根〈古代社会〉一书摘要》中有这样一段文字："而对奥林波斯山的女神们的态度，则反映了对妇女以前更自由和更有势力的地位的回忆。……"

就看到妇女已经由于男子的统治和女奴隶的竞争而被贬低了。① 只要读一下"奥德赛"，就可以看到特里曼珠是怎样打断他母亲的话并要求她缄默的。② 在荷马的史诗中，被俘虏的年轻妇女都成了胜利者的肉欲的牺牲品；军事首领们按照他们的军阶依次选择其中的最美丽者；大家也知道全部《伊利亚特》都是以阿基里斯和亚加米农二人争夺这样一个女奴隶的纠纷为中心的。

> 恩格斯：《家庭、私有制和国家的起源》（1884 年 3 月底—5 月 26 日），《马克思恩格斯文集》第 4 卷，人民出版社 2009 年版，第 74—75 页。

为金钱而献身，最初是一种宗教行为，它是在爱神庙举行的，所得的钱最初都归于神庙的财库。亚美尼亚的阿娜伊蒂斯庙、科林斯的阿芙罗狄蒂庙的庙奴③，以及印度神庙中的宗教舞女，即所谓 Bajaderen（葡萄牙语 bailadeira——舞女一词的讹误），都是最初的娼妓。这种献身起初是每个妇女的义务，后来便只由这些女祭司代替其他所有妇女来实行了。

> 恩格斯：《家庭、私有制和国家的起源》（1884 年 3 月底—5 月 26 日），《马克思恩格斯文集》第 4 卷，人民出版社 2009 年版，第 79 页。

在易洛魁人中间，入族仪式在部落议事会的公共集会上举行，实际上已经变为一种宗教仪式。

8. 印第安人的氏族有无专有的宗教祭祀，很难确定；不过印第安人的宗教仪式多少都是和氏族联系在一起的。在易洛魁人的六个一年一度的宗教节日期间，各个氏族的酋长和酋帅，由于他们的职位，都被列为"信仰

---

① 在 1884 年版中，这句话的末尾是这样的："但是到了英雄时代，我们就看到，妇女处于半囚禁的隔绝状态，以便保证子女确实出自父亲。"自此以下直到"但是，尽管有这些幽禁和监视"（本卷，第 77 页）以前的几大段文字，都是恩格斯在 1891 年版上增补的，以代替 1884 年版中的如下一段话："相反，男人却以被俘的女奴隶、他的战时共享帐篷的女伴来寻欢作乐。古典时期的情况未必更好。从贝克尔《哈里克尔》一书我们可以较为详细地查阅到希腊人如何对待妇女的情形。她们虽说不是被幽禁，但也是与世隔绝的，她们成了自己丈夫最高等的婢女，只能主要同其他的婢女来往。姑娘们则干脆被幽禁起来；妇女们只有由女奴作伴才能离家外出。如有男子来访，妇女就躲进自己的房间里去。"

② 荷马：《奥德赛》第 1 首歌。

③ 庙奴是古希腊和希腊殖民地中属于神庙的男女奴隶。在许多地方，包括小亚细亚和科林斯，女庙奴都在神庙中从事卖淫活动。

守护人"，而执行祭司的职能。

恩格斯：《家庭、私有制和国家的起源》（1884 年 3 月底—5 月 26 日），《马克思恩格斯文集》第 4 卷，人民出版社 2009 年版，第 102 页。

5. 有共同的宗教观念（神话）和崇拜仪式。

"印第安人，是按照野蛮人方式信仰宗教的人民。"

他们的神话迄今还远没有得到考证性的研究；他们已经给自己的宗教观念——各种精灵——赋予人的形象，但是他们还处在野蛮时代低级阶段，所以还不知道具体的造像，即所谓偶像。这是一种正向多神教发展的自然崇拜与自然力崇拜。各部落各有其定期的节日和一定的崇拜形式，特别是舞蹈和竞技；舞蹈尤其是一切宗教祭祀的主要组成部分；每一部落各自庆祝自己的节日。

恩格斯：《家庭、私有制和国家的起源》（1884 年 3 月底—5 月 26 日），《马克思恩格斯文集》第 4 卷，人民出版社 2009 年版，第 106 页。

七　论宗教与哲学

1. 宗教与哲学之关系

我在上次信里向你摆了一大堆怀疑论的想法。如果当时我已经知道施莱尔马赫的学说，我就不会这样处理这个问题了。因为这毕竟还是一种理性的基督教。任何人都能看懂，即使实际上并不接受它；可以承认它的价值，而不一定同意它的内容。我已经接受了我在这个教义中发现的哲学原则。关于它的赎罪论，我还不了解，我不愿匆匆作为信念接受这种教义，以免不久又得重新改变自己的观点。不过一有时间和可能，我就要对它进行仔细的研究。要是我以前知道这个教义，我决不会成为一个理性主义者，然而在我们伪善的河谷①何处能够听到这类东西呢？我对这种岂有此理的事气愤已极，我要尽力同虔诚主义②，同本本主义作斗争。这些东西有什么用呢？凡被科学屏弃的东西——现在整个教会史都包括在科学的发展中，——在生活中也不应当继续存在。在神学的发展过程中，虔诚主义过去大概是一种历史的合理的因素；它获得了自己的权利，它过时了，现在也不应该拒不让位于思辨神学。当前只有思辨神学才能发展出一些可靠的东西。我不明白，怎么还有人试图继续相信圣经的每一个字或者维护上帝的直接影响，要知道上帝的存在是任何地方也无法证实的。

恩格斯：《致弗里德里希·格雷培》（1839 年 7 月 12—27 日），《马克思恩格斯全集》第 47 卷，人民出版社 2004 年版，第 187—188 页。

用大声喧嚷向世界宣告宙斯诞生的柯利班们和卡比尔们，首先反对的是研究宗教问题的那部分哲学家；其所以如此，一方面是因为宗教裁判官的本能善于最准确地抓住公众的这种温情的一面；另一方面是因为，公众（包括哲学的敌人在内）只有用自己观念的触角才能够触及哲学的观念领

---

　　① 指伍珀河谷。
　　② 虔诚主义是 17 世纪德国路德教派中形成的一个神秘主义派别。这个派别提出宗教感情高于宗教教义，并反对理性主义思维和启蒙时代的哲学。19 世纪的虔诚主义的特点是极端神秘主义和虚伪。虔诚主义反对表面的宗教仪式，赋予激情的感受和祈祷以特殊的意义，宣称一切妖术活动以及阅读非宗教的书籍都是犯罪。

域，而在公众的眼里，和物质需要的体系几乎具有同等价值的唯一的思想领域，就是宗教思想领域，最后还因为，宗教不是反对哲学的某一特定体系，而是反对包括各特定体系的一般哲学。

> 马克思：《〈科隆日报〉第179号的社论》（1842年6月28日—7月3日之间），《马克思恩格斯全集》第1卷，人民出版社1995年版，第220—221页。

但是，哲学谈论宗教问题和哲学问题同你们不一样。你们没有经过研究就谈论这些问题，而哲学是在研究之后才谈论的；你们求助于感情，哲学则求助于理智；你们是在咒骂，哲学是在教导；你向人们许诺天堂和人间，哲学只许诺真理；你们要求人们信仰你们的信仰，哲学并不要求人们信仰它的结论，而只要求检验疑团；你们在恐吓，哲学在安慰。的确，哲学非常精明老练，它知道，自己的结论无论对天堂的或人间的贪求享受和利己主义，都不会纵容姑息。而为了真理和知识而热爱真理和知识的公众，是善于同那些愚昧无知、卑躬屈节、毫无操守和卖身求荣的文丐来较量判断力和德行的。

> 马克思：《〈科隆日报〉第179号的社论》（1842年6月28日—7月3日之间），《马克思恩格斯全集》第1卷，人民出版社1995年版，第222页。

18世纪这个革命的世纪使经济学也发生了革命。然而，正如这个世纪的一切革命都是片面的并且停留在对立的状态中一样，正如抽象的唯物主义和抽象的唯灵论相对立，共和国和君主国相对立，社会契约和神权相对立一样，经济学的革命也未能克服对立。到处依然存在着下述前提：唯物主义不抨击基督教对人的轻视和侮辱，只是把自然界当做一种绝对的东西来代替基督教的上帝而与人相对立；政治学没有想去检验国家的各个前提本身；经济学没有想去过问私有制的合理性的问题。

> 恩格斯：《国民经济学批判大纲》（1843年9月底或10月初—1844年1月中），《马克思恩格斯文集》第1卷，人民出版社2009年版，第57页。

例如，基督教，或一般的宗教，和哲学是两个极端。然而，实际上，宗教对哲学来说形不成真正的对立面，因为哲学是通过宗教的虚幻现实来理解宗教的。于是，对哲学来说，宗教由于想成为某种现实而自行解体。本质的真正二元性是没有的。关于这一点以后再详细地谈。

> 马克思：《黑格尔法哲学批判》（1843年夏—1844年秋），《马克思恩

格斯全集》第 3 卷，人民出版社 2002 年版，第 112 页。

哲学家和基督徒不同之处正是在于：基督徒只有一个逻各斯的化身，不管什么逻辑不逻辑；而哲学家则有无数化身。既然如此，那么一切存在物，一切生活在地上和水中的东西经过抽象都可以归结为逻辑范畴，因而整个现实世界都淹没在抽象世界之中，即淹没在逻辑范畴的世界之中，这又有什么奇怪呢？

马克思：《哲学的贫困——答蒲鲁东先生的〈贫困的哲学〉》（1847
年上半年），《马克思恩格斯文集》第 1 卷，人民出版社 2009 年版，
第 600 页。

这一切都是资本主义生产初期的矛盾，那时资本主义生产正从封建社会内部挣脱出来，暂时还只能给这个封建社会本身以资产阶级的解释，还没有找到它本身的形式；这正象哲学一样，哲学最初在意识的宗教形式中形成，从而一方面它消灭宗教本身，另一方面从它的积极内容说来，它自己还只在这个理想化的、化为思想的宗教领域内活动。

马克思：《资本论（第 4 卷）》（1861 年 8 月—1863 年中），《马克思
恩格斯全集》第 26（1）卷，人民出版社 1972 年版，第 26 页。

古希腊罗马哲学最初是自发的唯物主义。从这种唯物主义中产生了唯心主义、唯灵论，即唯物主义的否定，它先是采取灵魂和肉体对立的形式，后来又采取灵魂不死说和一神教的形式。这种唯灵论借助基督教普遍地传播开来。对这种否定的否定就是古代唯物主义在更高阶段上的再现，即现代的唯物主义，它和过去相比，是以科学社会主义为其理论成果的。……

恩格斯：《〈反杜林论〉的准备材料》（1876—1877 年），《马克思恩
格斯文集》第 9 卷，人民出版社 2009 年版，第 357 页。

可是，所有这些矛盾和不可能性，同提出自身等同的世界原始状态的杜林先生所陷入的混乱比较起来，还是纯粹的儿戏。如果世界曾经处于一种绝对不发生任何变化的状态，那么，它怎么能从这一状态转到变化呢？绝对没有变化的、而且从来就处于这种状态的东西，不能靠它自己走出这种状态而转入运动和变化的状态。因此，必须有一个从外部、从世界之外来的第一推动，它使世界运动起来。可是大家知道，"第一推动"只是代表上帝的另一种说法。杜林先生在自己的世界模式论中佯称已经干干净净地扫除了上帝和彼岸世界，在这里他自己又把二者加以尖锐化和深化，重新带进自然哲学。

恩格斯：《反杜林论》（1876 年 9 月—1878 年 6 月），《马克思恩格斯文集》第 9 卷，人民出版社 2009 年版，第 57 页。

——但是，不平等应当在于一个是具有人性的人，而另一个则带有一些兽性。而人来源于动物界这一事实已经决定人永远不能完全摆脱兽性，所以问题永远只能在于摆脱得多些或少些，在于兽性或人性的程度上的差异。把人分成截然不同的两类，分成具有人性的人和具有兽性的人，分成善人和恶人，绵羊和山羊，这样的分类，除现实哲学外，只有基督教才知道，基督教也一贯有自己的世界审判者来实行这种分类。但是在现实哲学中，世界审判者应当是谁呢？这个问题大概要照基督教的做法来处理，在那里，虔诚的羔羊对自己的世俗近邻山羊行使世界审判者的职权，而且成绩卓著。现实哲学家的教派一旦出现，在这方面一定不会比地上的虔信者逊色。然而，这对我们是无所谓的；使我们感兴趣的，是承认这样一点：由于人们之间的道德上的不平等，平等再一次化为乌有。

恩格斯：《反杜林论》（1876 年 9 月—1878 年 6 月），《马克思恩格斯文集》第 9 卷，人民出版社 2009 年版，第 106 页。

古希腊罗马哲学是原始的自发的唯物主义。作为这样的唯物主义，它没有能力弄清思维对物质的关系。但是，弄清这个问题的必要性，引出了关于可以和肉体分开的灵魂的学说，然后引出了这种灵魂不死的论断，最后引出了一神教。这样，旧唯物主义就被唯心主义否定了。但是在哲学的进一步发展中，唯心主义也站不住脚了，它被现代唯物主义所否定。现代唯物主义，否定的否定，不是单纯地恢复旧唯物主义，而是把 2000 年来哲学和自然科学发展的全部思想内容以及这 2000 年的历史本身的全部思想内容加到旧唯物主义的持久性的基础上。这已经根本不再是哲学，而只是世界观，这种世界观不应当在某种特殊的科学的科学中，而应当在各种现实的科学中得到证实和表现出来。因此，哲学在这里被"扬弃"了，就是说，"既被克服又被保存"；按其形式来说是被克服了，按其现实的内容来说是被保存了。

恩格斯：《反杜林论》（1876 年 9 月—1878 年 6 月），《马克思恩格斯文集》第 9 卷，人民出版社 2009 年版，第 146 页。

与此对立的是决定论，它从法国唯物主义中移入自然科学，并且力图用根本否认偶然性的办法来对付偶然性。按照这种观点，在自然界中占统治地位的，只是单纯的直接的必然性。这个豌豆荚中有五粒豌豆，而不是四粒或六粒；这条狗的尾巴是五英寸长，丝毫不长，也丝毫不短；这朵苜蓿花今年已由一只蜜蜂授粉，而那一朵却没有，而且这朵花是由这只特定的蜜蜂在这一特定的时间内授粉的；这粒被风吹来的特定的蒲公英种子发了芽，而那一粒却没有；今天清晨四点钟一只跳蚤咬了我一口，而不是三点钟或五点钟，而且是咬在右肩上，而不是咬在左腿上——这一切都是由一条不可移易的因果链，由一种不可动摇的必然性造成的事实，而且产生太阳系的气团早就被安排得使这些事情只能这样发生，而不能以另外的方式发生。承认这样一种必然性，我们还是没有摆脱神学的自然观。无论我们是用奥古斯丁和加尔文的说法把这叫做上帝的永恒的意旨，或者是用土耳其人的说法把这称做天数①，还是把这就叫做必然性，这对科学来说差不多是一样的。在这里的任何一个场合下都谈不上对因果链的探索，因此，我们在一个场合下并不比在另一场合下更聪明一些，所谓必然性仍旧是一句空话，因而偶然性依然如故。

> 恩格斯：《自然辩证法》（1873—1882 年），《马克思恩格斯文集》第
> 9 卷，人民出版社 2009 年版，第 478—479 页。

至于这块拱顶石在历史上是怎样砌到斯多亚—斐洛学说里去的，我们找不到真正可靠的史料。但是有一点可以肯定，这块拱顶石不是由哲学家，即斐洛的学生或斯多亚派砌上的。宗教是由那些本身感到宗教的需要，并且懂得群众对宗教的需要的人创立的，而那些组成学派的哲学家通常不是这样。相反，在总解体的时期（例如现在还是这样），我们看到哲学和宗教教义都以粗俗的形式被庸俗化，并且得到广泛传播。如果说希腊古典哲学的最终形式（尤其是伊壁鸠鲁学派）发展为无神论的唯物主义，那么希腊的庸俗哲学则发展为一神论和灵魂不死说。犹太教也是这样，它在同外族人和半犹太人的混合和交往中理性主义地庸俗化了，忽视了法定的仪式，把过去犹太人独有的民族神雅赫维②变为唯一的真神——天地的创造主，

---

① 天数源于阿拉伯语，是伊斯兰教的一个术语，意即定数、命运、天意。后来在土耳其语及其他语种中被采用。

② 埃瓦尔德已经证明，犹太人在注有元音和发音符号的手稿中，在雅赫维（Jahweh）这个忌讳说出的名字的辅音底下，写上了这个名字的代称阿特乃（Adonai）一词中的元音。后来的人就把它读成耶和华（Jehovah）。可见，这个词不是某位神的名字，而只是一个重大的语法错误，因为在希伯来语中根本就不可能有这个词。

并且接受了原先同犹太教格格不入的灵魂不死说。这样，一神论的庸俗哲学就和庸俗宗教相遇了，后者为前者提供了现成的唯一的神。这就为犹太人准备了基地，使他们在吸收同样庸俗化了的斐洛派的观念以后，能够创立基督教，而且基督教一经创立，也就能够为希腊人和罗马人所接受。基督教起源于通俗化了的斐洛派的观念，而不是直接产生于斐洛的著作，可以证明这一点的是：新约几乎完全忽略了斐洛著作的主要部分，即忽略了旧约记述的那种讽喻式的哲理解释。这是鲍威尔没有充分注意到的一个方面。

> 恩格斯：《布鲁诺·鲍威尔和原始基督教》（1882 年 4 月下半月），《马克思恩格斯文集》第 3 卷，人民出版社 2009 年版，第 593—594 页。

在无政府主义者看来，"辩证法就是形而上学"，他们既然"想把科学从形而上学桎梏下解放出来，想把哲学从神学桎梏下解放出来"，所以他们就驳斥辩证方法了（见"号召报"第三期和第九期沙·哥·的论文。又见克鲁泡特金"科学和无政府主义"）。

> 斯大林：《无政府主义还是社会主义?》（1906 年 12 月），《斯大林全集》第 1 卷，人民出版社 1953 年版，第 264 页。

形而上学承认各种含糊不清的教条，例如所谓"不可认识的东西"和"自在之物"，归根到底也就变为毫无内容的神学。

> 斯大林：《无政府主义还是社会主义?》（1906 年 12 月），《斯大林全集》第 1 卷，人民出版社 1953 年版，第 265 页。

正因为如此，所以恩格斯认为黑格尔的方法和黑格尔的体系有很大的区别。"特别重视黑格尔体系的人可能在这两方面都很保守。而把辩证方法当做主要东西看待的人在政治方面和宗教方面都可能持最极端的反对立场。"（见"费尔巴哈论"）

> 斯大林：《无政府主义还是社会主义?》（1906 年 12 月），《斯大林全集》第 1 卷，人民出版社 1953 年版，第 265 页。

形而上学者蒲鲁东的格鲁吉亚的门徒却出来"证明"说，"辩证法就是形而上学"，形而上学承认"不可认识的东西"和"自在之物"，归根到底也就变为毫无内容的神学。与蒲鲁东和斯宾塞相反，恩格斯藉助辩证方法同形而上学斗争过，也同神学斗争过（见恩格斯"费尔巴哈论"和"反杜林论"）。他证明了它们那种可笑的空洞性。我们的无政府主义者却"证明"说：蒲鲁东和斯宾塞是科学家，而马克思和恩格斯是形而上学者。

斯大林：《无政府主义还是社会主义？》（1906 年 6 月），《斯大林全集》第 1 卷，人民出版社 1953 年版，第 327 页。

2. 论哲学家的宗教观

专家们知道，关于这篇论文的对象没有任何先前的著作可供参考。西塞罗和普卢塔克所说过的废话，到现在人们一直在照样重复。伽桑狄虽然把伊壁鸠鲁从教父们和整个中世纪即实现了非理性的时代所加给他的禁锢中解救了出来，但是在自己的阐述里也只提供了一个有趣的方面。他竭力要使他的天主教的良心同他的异端知识相适应，使伊壁鸠鲁同教会相适应，这当然是白费气力。这就好比是想在希腊拉伊丝的姣美的身体上披上一件基督教修女的黑衣。确切地说，伽桑狄是自己在向伊壁鸠鲁学习哲学，他不能向我们讲授伊壁鸠鲁哲学。

马克思：《德谟克利特的自然哲学和伊壁鸠鲁的自然哲学的差别》（1840 年下半年—1841 年 3 月底），《马克思恩格斯全集》第 1 卷，人民出版社 1995 年版，第 10 页。

费尔巴哈是唯一对黑格尔辩证法采取严肃的、批判的态度的人；只有他在这个领域内作出了真正的发现，总之，他真正克服了旧哲学。费尔巴哈成就的伟大以及他把这种成就贡献给世界时所表现的那种谦虚纯朴，同批判所持的相反的态度形成惊人的对照。

费尔巴哈的伟大功绩在于：（1）证明了哲学不过是变成思想的并且通过思维加以阐明的宗教，不过是人的本质的异化的另一种形式和存在方式；因此哲学同样应当受到谴责；

（2）创立了真正的唯物主义和实在的科学，因为费尔巴哈使社会关系即"人与人之间的"关系也同样成为理论的基本原则；

（3）他把基于自身并且积极地以自身为根据的肯定的东西同自称是绝对肯定的东西的那个否定的否定对立起来。

费尔巴哈这样解释了黑格尔的辩证法（从而论证了要从肯定的东西即从感觉确定的东西出发）：

黑格尔从异化出发（在逻辑上就是从无限的东西、抽象的普遍的东西出发），从实体出发，从绝对的和不变的抽象出发，就是说，说得更通俗些，他从宗教和神学出发。

第二，他扬弃了无限的东西，设定了现实的、感性的、实在的、有限的、特殊的东西。（哲学，对宗教和神学的扬弃。）

第三，他重新扬弃了肯定的东西，重新恢复了抽象、无限的东西。宗教和神学的恢复。

由此可见，费尔巴哈把否定的否定仅仅看做哲学同自身的矛盾，看做在否定神学（超验性等等）之后又肯定神学的哲学，即同自身相对立而肯定神学的哲学。

否定的否定所包含的肯定或自我肯定和自我确证，被认为是对自身还不能确信因而自身还受对立面影响的、对自身怀疑因而需要证明的肯定，即被认为是没有用自己的存在证明自身的、没有被承认的〔XIII〕肯定；因此，感觉确定的、以自身为根据的肯定是同这种肯定直接地而非间接地对立着的。

费尔巴哈还把否定的否定、具体概念看做在思维中超越自身的和作为思维而想直接成为直观、自然界、现实的思维。①

> 马克思：《1844 年经济学哲学手稿》（1844 年 5 月底 6 月初—8 月），《马克思恩格斯文集》第 1 卷，人民出版社 2009 年版，第 199—201 页。

从施特劳斯到施蒂纳的整个德国哲学批判都局限于对宗教观念的批判。② 他们的出发点是现实的宗教和真正的神学。至于什么是宗教意识，什么是宗教观念，他们后来下的定义各有不同。其进步在于：所谓占统治地位的形而上学观念、政治观念、法律观念、道德观念以及其他观念也被归入宗教观念或神学观念的领域；还在于：政治意识、法律意识、道德意识被宣布为宗教意识或神学意识，而政治的、法律的、道德的人，总而言之，"人"，则被宣布为宗教的人。宗教的统治被当成了前提。一切占统治地位的关系逐渐地都被宣布为宗教的关系，继而被转化为迷信——对法的迷信，对国家的迷信等等。到处涉及的都只是教义和对教义的信仰。世界

---

① 马克思在这里转述了路·费尔巴哈在《未来哲学原理》1843 年苏黎世—温特图尔版第 29—30 节中针对黑格尔的批判性意见。

② 手稿中删去了以下这一段话："这种批判自以为是使世界消除一切灾难的绝对救世主。宗教总是被看作和解释成这些哲学家们所厌恶的一切关系的终极原因，他们的主要敌人。"

在越来越大的规模内被圣化了，直到最后可尊敬的圣麦克斯完全把它宣布为圣物，从而一劳永逸地把它葬送为止。

老年黑格尔派认为，只要把一切都归入黑格尔的逻辑范畴，他们就理解了一切。青年黑格尔派则硬说一切都包含宗教观念或者宣布一切都是神学上的东西，由此来批判一切。青年黑格尔派同意老年黑格尔派的这样一个信念，即认为宗教、概念、普遍的东西统治着现存世界。不过一派认为这种统治是篡夺而加以反对，另一派则认为这种统治是合法的而加以赞扬。

既然青年黑格尔派认为，观念、思想、概念，总之，被他们变为某种独立东西的意识的一切产物，是人们的真正枷锁，就像老年黑格尔派把它们看做是人类社会的真正镣铐一样，那么不言而喻，青年黑格尔派只要同意识的这些幻想进行斗争就行了。既然根据青年黑格尔派的设想，人们之间的关系、他们的一切举止行为、他们受到的束缚和限制，都是他们意识的产物，那么青年黑格尔派完全合乎逻辑地向人们提出一种道德要求，要用人的、批判的或利己的意识来代替他们现在的意识，从而消除束缚他们的限制。这种改变意识的要求，就是要求用另一种方式来解释存在的东西，也就是说，借助于另外的解释来承认它。青年黑格尔派的意识形态家们尽管满口讲的都是所谓"震撼世界的"词句，却是最大的保守派。如果说，他们之中最年轻的人宣称只为反对"词句"而斗争，那就确切地表达了他们的活动。不过他们忘记了：他们只是用词句来反对这些词句；既然他们仅仅反对这个世界的词句，那么他们就绝对不是反对现实的现存世界。这种哲学批判所能达到的唯一结果，是从宗教史上对基督教作一些说明，而且还是片面的说明。至于他们的全部其他论断，只不过是进一步修饰他们的要求：想用这样一些微不足道的说明作出具有世界历史意义的发现。

马克思、恩格斯：《德意志意识形态——对费尔巴哈、布·鲍威尔和施蒂纳所代表的现代德国哲学以及各式各样先知所代表的德国社会主义的批判》（1845年秋—1846年5月），《马克思恩格斯文集》第1卷，人民出版社2009年版，第514—516页。

由此可见，这里克利盖是在共产主义的幌子下宣传陈旧的德国宗教哲学的幻想，而这种幻想是和共产主义截然相反的。信念，即对"共性的圣灵"的信念，这正是共产主义为求本身实现时最不需要的东西。

……

不言而喻，克利盖关于爱的高谈阔论和对利己主义的攻击，正是浸透了宗教思想的那种心情的大言不惭的表白。我们很快就会看到，在欧洲经常冒充无神论者的克利盖如何在共产主义的招牌下贩卖基督教的肮脏货色，其结果必然是完全自甘堕落。

在第 10 号上登载的"我们要求的是什么"和"海尔曼·克利盖致哈罗·哈林"等文章中说，共产主义斗争的目的是：

（1）"使爱的宗教成为真理，使人们期待已久的有福的天国居民的共同体变成现实"。克利盖却没有发现，这些基督教的幻想只是现存世界虚幻的反映，因此它们的"现实性"已经表现在这一现存世界的丑恶的关系中。

（2）"为了这个爱的宗教，我们要求：饿的人有饭吃，渴的人有水喝，裸体的人有衣穿"。一千八百年来这种要求已经重复得令人厌烦然而毫无成就。

（3）"我们教会人们表现爱"，为了

（4）"领悟爱"。

（5）"在他们的爱的王国不可能有任何鬼怪"。

（6）"他的（人的）最神圣的要求就是完全把个人融在相爱者的社会中，对这些人他决不保留其他任何东西，除了

（7）他那无限的爱"。可以设想，在这种无限性中，爱的理论达到了最高点，似乎没有什么比这点更高的东西了；然而事实上却还存在着某种更高的东西。

（8）"这种爱的热情的流露，舍己为人的决心，对共同体的神圣的渴望是什么东西呢？就是共产主义者最隐蔽的宗教，这种宗教只是缺乏相应的外部世界借以在整个人类的生活中表现出来就是了"。但是，现在的"外部世界"显然是使克利盖完全有可能把他的"最隐蔽的宗教"、他的"神圣的渴望"、他的"舍己为人的决心"、他的"热情的流露"，在"整个人类生活中"最充分地"表现出来"的。

（9）"难道我们就不能严肃地对待长期受抑制的宗教心的激动，不能为彻底实现穷人、不幸者、被压迫者的兄弟友爱的乐园斗争吗？"于是克利盖就开始为严肃地对待心的激动而斗争，但这个心不是寻常的、卑鄙的，而是宗教的；这个心不是因现实的贫困而变得残酷的，而是充满幸福的幻

想的心。他象牧师一样在这里替别人说话，就是说替"穷人"说话，来证明他的"宗教心"。因此他一开始斗争时，就向人表明，他本人并不需要共产主义，他之所以参加斗争只是由于他对"穷人、不幸者、被压迫者"的宽宏大量的、自我牺牲的、含糊不清的忘我精神，因为这些人需要他去帮助。在孤寂和忧郁的时刻，这种崇高的情感就充满这位善良人的心，成为他消除万恶世界一切不幸的灵丹。

（10）克利盖在结束他那激动人心的冗长的演说时说："对于不支持这种政党的人们，完全可以把他们当作人类的敌人。"这种十分过激的词句似乎和"舍己为人的决心"以及对一切人的"爱的宗教"相矛盾。但它确是这种新宗教的完全必然的结论，因为新宗教和别的宗教一样，也极端仇视并迫害自己的敌人。政敌在这里也就很自然地变成了异教徒，因为实际存在的政党所反对的敌人已变成了对只存在于想象中的"人类"有罪的应受惩治的罪人。

（11）在给哈罗·哈林的信中说道："所有穷人都在玛门的压迫下痛苦呻吟，我们号召他们起义来反对玛门，当我们把可怕的暴君从他的古老的王座上推倒时，我们要用爱把人类联合起来，教会人类共同劳动和共同享用劳动果实，使早就预言的乐园终于来临。"为了对现在的金钱权力充满义愤，克利盖首先就得把金钱权力变成玛门偶像。这个偶像一定会被打倒，至于怎样打倒，那暂时还不知道。各国无产阶级的革命运动缩小为单独的起义，打倒这个偶像以后，就会有预言家（"我们"）出现，为的是"教会"无产阶级以后该怎样做。这些预言家将"教会"当时很不了解本身利益的徒众，怎样"共同劳动和共同享用劳动果实"，而且并不是真正为了什么"共同劳动和共同享用劳动果实"，主要是为了实现圣书的预言，使一千八百年前一些空想家的预言不致落空。这种采取预言的作法在其他地方，例如在第8号上"什么是无产阶级？"和"安得列阿斯·迪奇"等文章中也可以看到。下面就是例子：

（a）"无产者，你们解放的时刻到了"。

（b）"千万颗心愉快地跳动着去迎接实现誓言的伟大时代"，即"伟大的爱的王国……期待已久的爱的王国的来临"。

（c）在第12号"答神甫的敌人科赫"中说：

"永恒救世的福音被人急速地口口相传"甚至"手手相递"。"急速传播福音"这种奇迹以及关于"永恒救世"的这种胡说，完全符合另一种奇迹，即古代传道师的早已遭到摈弃的预言却出乎意料地开始由克利盖实现了。

（12）　如果从这一宗教观点出发，那末对一切实际问题的答复就只能是一些使任何一种意义都模糊不清的宗教的夸张形象，一些华丽的标记如"全人类"、"人道"、"人类"等等；这只会使一切实际问题变成虚幻的词句。这一点特别表现在第 8 号"什么是无产阶级？"一文中。下面是对标题所提出的问题的答复："无产阶级，这就是人类。"简直是故意说谎，这样说来共产主义者倒似乎想消灭人类。"人类"这一答复不正象西哀士对"什么是第三等级？"的答复吗？这一点正说明了，克利盖是用模糊不清的外壳来掩盖历史事实。克利盖马上又对美国抗租运动做了一番虚假的描述作为新的论据。"最后，如果这个无产阶级以人类的身份"（他必需在一定的面具下出现；刚才还宣称无产阶级就是人类，而现在人类却变成无产阶级的一种身份了）"声明要求永远握有全部土地作为自己不可分割的财产又怎样呢？"我们看到，极简单的实际运动变成了象"人类"、"不可分割的财产"、"永恒性"等空洞的字眼，因此也就不会超出"要求"的范围。除了一般的形容词象"被压迫的"等等，还加上宗教的形容词"可诅咒的"。克利盖只是用一些神话和圣经中的形象来谈论无产阶级：

"被锁链锁住的普罗米修斯"，

"承担着人间罪恶的上帝的羔羊"，

"永世彷徨的犹太人"。

结尾时他提出了一个奇特的问题："难道人类应该永远象无家可归的流浪汉一样在大地上傍徨吗？"可是这个"人类"中的一部分安居在大地上这件事却正是他的眼中钉！

（13）　克利盖宗教的本质极明显地反映在下面的话中："我们的所作所为不应限于仅仅关心我们自己下贱的人格，我们是属于人类的。"对于脱离了"人格"并且与人格对立的"人类"（人类于是变成形而上学的臆想，而照克利盖的说法甚至变成宗教的臆想）的这种可耻的令人讨厌的奉承，这种真正极端"下贱的"奴隶般的自卑，就是克利盖的宗教以及其他任何宗教的最后结论。这种宣传卑诡求宠和轻视自己的学说，完全适用于勇敢的……僧侣，但永远不会适用于坚强的人们，特别是在斗争的时候。所差的只是使这些勇敢的僧侣阉割自己，去掉"下贱的人格"，以便使他们深信"人类"是能再生产自己的！如果说克利盖只能可怜地表现一下多情善感，想不出更好的东西，那末他在每号"人民论坛报"上反复搬弄他的"拉梅耐神父"，看来就是最机灵的做法了。

几乎每一号"人民论坛报"上都有那种乞求工作的话，这说明克利盖的无限怜悯和无限自我牺牲的宗教所引起的实际后果是什么，例如第 8 号上写道：

> "工作！工作！工作！"
>
> "在所有这些贤达的先生中，难道每一个人都认为供养忠诚的家庭并把无依无靠的年轻人从穷困绝望中拯救出来，是徒劳无益的吗？例如，梅克伦堡人约翰·施泰恩到现在还没有工作，他愿意为资本家卖命，只要能够糊口就行了。难道这个要求在文明社会里是过分的吗？而巴登人卡尔·盖沙特勒呢？这是一位工作能力很强，并且受过教育的年轻人，他看来十分忠诚善良，我保证他是忠诚的化身……此外，一位老年人和许多别的青年人也都在为谋生而恳求工作。凡是能帮助他们的人，请赶快帮助他们，否则有朝一日，当你们特别需要睡觉的时候，良心的谴责会使你们失眠的。诚然，你们可以说：成千上万的人都恳求工作，我们终不能帮助他们所有的人。噢，你们本来能够做到这一点，但是你们是利己主义的奴隶，你们毫无心肝，不愿意这样做。假如你们不愿意帮助所有的人，至少也得证明你们还有一点人类情感的残余。尽你们的所能帮助那些孤苦的人吧。"

噢，只要他们愿意，他们是能够超出自己的力量去帮助更多人的！这就是实践方面，这就是新的宗教所宣扬的自卑自贱和自甘堕落的实际表现。

马克思、恩格斯：《反克利盖的通告》（1846 年 5 月 11 日），《马克思恩格斯全集》第 4 卷，人民出版社 1958 年版，第 14—19 页。

至于谈到蒲鲁东的政治和哲学著作，那么所有这些著作都像经济学著作一样，也暴露出同样矛盾的、双重的性质。同时，它们的价值只是地方性的，即只限于法国。但是，他对宗教、教会等等的攻击在当时法国的条件下对本国来说是一个巨大的功绩，因为那时法国的社会主义者们认为，信仰宗教是他们优越于 18 世纪的资产阶级伏尔泰主义和 19 世纪的德国无神论的地方。如果说，彼得大帝用野蛮制服了俄国的野蛮，那么，蒲鲁东就是尽了最大的努力用空谈来战胜法国的空谈。

马克思：《论蒲鲁东》（1865 年 1 月 24 日），《马克思恩格斯全集》第 21 卷，人民出版社 2003 年版，第 61—62 页。

因此，在圣西门的头脑中，第三等级和特权等级之间的对立就采取了"劳动者"和"游手好闲者"之间的对立的形式。游手好闲者不仅是指旧时的特权分子，而且也包括一切不参加生产和贸易而靠租息为生的人。而"劳动者"不仅是指雇佣工人，而且也包括厂主、商人和银行家。游手好闲者失去了精神领导和政治统治的能力，这已经是确定无疑的，而且由革命最终证实了。至于无财产者没有这种能力，在圣西门看来，这已由恐怖时代的经验所证明。那么，应当是谁来领导和统治呢？按照圣西门的意见，应当是科学和工业，它们两者由一种新的宗教纽带结合起来，而这种纽带是一种必然神秘的和等级森严的"新基督教"，其使命就是恢复从宗教改革时起被破坏了的各种宗教观点的统一。

恩格斯：《对〈反杜林论〉正文所作的补充和修改》（1876—1877 年），《马克思恩格斯文集》第 9 卷，人民出版社 2009 年版，第 391 页。

黑格尔的整个学说，如我们所看到的，为容纳各种极不相同的实践的党派观点留下了广阔场所；而在当时的理论的德国，有实践意义的首先是两种东西：宗教和政治。特别重视黑格尔的体系的人，在两个领域中都可能是相当保守的；认为辩证方法是主要的东西的人，在政治上和宗教上都可能属于最极端的反对派。黑格尔本人，虽然在他的著作中相当频繁地爆发出革命的怒火，但是总的说来似乎更倾向于保守的方面；他在体系上所花费的"艰苦的思维劳动"倒比他在方法上所花费的要多得多。到 30 年代末，他的学派内的分裂越来越明显了。左翼，即所谓青年黑格尔派，在反对虔诚派的正统教徒和封建反动派的斗争中一点一点地放弃了在哲学上对当前的紧迫问题所采取的超然态度，由于这种态度，他们的学说在此之前曾经得到国家的容忍，甚至保护；到了 1840 年，正统教派的虔诚和封建专制的反动随着弗里德里希—威廉四世登上了王座，这时人们就不可避免地要公开站在这一派或那一派方面了。斗争依旧是用哲学的武器进行的，但已经不再是为了抽象的哲学目的；问题已经直接是要消灭传统的宗教和现存的国家了。如果说在《德国年鉴》中实践的最终目的主要还是穿着哲学的外衣出场，那么，在1842年的《莱茵报》上青年黑格尔学派已经直接作为努力向上的激进资产阶级的哲学出现，只是为了迷惑书报检查机关才用哲学伪装起来。

> 恩格斯：《路德维希·费尔巴哈和德国古典哲学的终结》（1886年初），《马克思恩格斯文集》第4卷，人民出版社2009年版，第273—274页。

但是，政治在当时是一个荆棘丛生的领域，所以主要的斗争就转为反宗教的斗争；这一斗争，特别是从1840年起，间接地也是政治斗争。1835年出版的施特劳斯的《耶稣传》①成了第一个推动力。后来，布鲁诺·鲍威尔反对该书中所阐述的福音神话发生说，证明许多福音故事都是作者自己虚构。两人之间的争论是在"自我意识"对"实体"的斗争这一哲学幌子下进行的。神奇的福音故事是在宗教团体内部通过不自觉的、传统的创作神话的途径形成的呢，还是福音书作者自己虚构的——这个问题竟扩展为这样一个问题：在世界历史中起决定作用的力量是"实体"呢，还是"自我意识"；最后，出现了施蒂纳，现代无政府主义的先知（巴枯宁从他那里抄袭了许多东西），他用他的至上的"唯一者"②压倒了至上的"自我意识"。

> 恩格斯：《路德维希·费尔巴哈和德国古典哲学的终结》（1886年初），《马克思恩格斯文集》第4卷，人民出版社2009年版，第274页。

我们不打算更详细地考察黑格尔学派解体过程的这一方面。在我们看来，更重要的是：对现存宗教进行斗争的实践需要，把大批最坚决的青年黑格尔分子推回到英国和法国的唯物主义。他们在这里跟自己的学派的体系发生了冲突。唯物主义把自然界看做唯一现实的东西，而在黑格尔的体系中自然界只是绝对观念的"外化"，可以说是这个观念的下降；无论如何，思维及其思想产物即观念在这里是本原的，而自然界是派生的，只是由于观念的下降才存在。他们就在这个矛盾中彷徨，尽管

---

① 大·弗·施特劳斯：《耶稣传》1835—1836年杜宾根版第1—2卷。
② 指麦·施蒂纳《唯一者及其所有物》1845年莱比锡版。

程度各不相同。

这时，费尔巴哈的《基督教的本质》出版了。它直截了当地使唯物主义重新登上王座，这就一下子消除了这个矛盾。自然界是不依赖任何哲学而存在的；它是我们人类（本身就是自然界的产物）赖以生长的基础；在自然界和人以外不存在任何东西，我们的宗教幻想所创造出来的那些最高存在物只是我们自己的本质的虚幻反映。魔法被破除了；"体系"被炸开并被抛在一旁了，矛盾既然仅仅是存在于想象之中，也就解决了。——这部书的解放作用，只有亲身体验过的人才能想象得到。那时大家都很兴奋：我们一时都成为费尔巴哈派了。马克思曾经怎样热烈地欢迎这种新观点，而这种新观点又是如何强烈地影响了他（尽管还有种种批判性的保留意见），这可以从《神圣家族》中看出来。

甚至这部书的缺点也加强了它的一时的影响。美文学的、有时甚至是夸张的笔调赢得了广大的读者，无论如何，在抽象而费解的黑格尔主义的长期统治以后，使人们的耳目为之一新。对于爱的过度崇拜也是这样。这种崇拜，尽管不能认为有道理，在"纯粹思维"的已经变得不能容忍的至高统治下也是情有可原的。但是我们不应当忘记，从 1844 年起在德国的"有教养的"人们中间像瘟疫一样传播开来的"真正的社会主义"，正是同费尔巴哈的这两个弱点紧密相连的。它以美文学的词句代替了科学的认识，主张靠"爱"来实现人类的解放，而不主张用经济上改革生产的办法来实现无产阶级的解放，一句话，它沉溺在令人厌恶的美文学和泛爱的空谈中了。它的典型代表就是卡尔·格律恩先生。

还有一点不应当忘记：黑格尔学派虽然解体了，但是黑格尔哲学并没有被批判地克服。施特劳斯和鲍威尔各自抓住黑格尔哲学的一个方面，在论战中互相攻击。费尔巴哈打破了黑格尔的体系，简单地把它抛在一旁。但是简单地宣布一种哲学是错误的，还制服不了这种哲学。像对民族的精神发展有过如此巨大影响的黑格尔哲学这样的伟大创作，是不能用干脆置之不理的办法来消除的。必须从它的本来意义上"扬弃"它，就是说，要批判地消灭它的形式，但是要救出通过这个形式获得的新内容。下面可以看到，这一任务是怎样实现的。

但是这时，1848 年的革命毫不客气地把全部哲学都撇在一旁，正如费尔巴哈把他的黑格尔撇在一旁一样。这样一来，费尔巴哈本人也被挤到后台去了。

恩格斯：《路德维希·费尔巴哈和德国古典哲学的终结》（1886 年初），《马克思恩格斯文集》第 4 卷，人民出版社 2009 年版，第274—276 页。

我们一接触到费尔巴哈的宗教哲学和伦理学，他的真正的唯心主义就显露出来了。费尔巴哈决不希望废除宗教，他希望使宗教完善化。哲学本身应当融化在宗教中。

"人类的各个时期仅仅由于宗教的变迁而彼此区别开来。某一历史运动，只有在它深入人心的时候，才是根深蒂固的。心不是宗教的形式，因而不应当说宗教也存在于心中；心是宗教的本质。"① （引自施达克的书第168 页）

按照费尔巴哈的看法，宗教是人与人之间的感情的关系、心灵的关系，过去这种关系是在现实的虚幻映象中（借助于一个神或许多神，即人类特性的虚幻映象）寻找自己的真理，现在却直接地而不是间接地在我和你之间的爱中寻找自己的真理了。归根到底，在费尔巴哈那里，性爱即使不是他的新宗教借以实现的最高形式，也是最高形式之一。

人与人之间的，特别是两性之间的感情关系，是自从有人类以来就存在的。而性爱在最近 800 年间获得了这样的发展和地位，竟成了这个时期中一切诗歌必须环绕着旋转的轴心了。现存的通行的宗教只限于使国家对性爱的管理即婚姻立法神圣化；这些宗教也许明天就会完全消失，但是爱情和友谊的实践并不会发生丝毫变化。在法国，从 1793 年到 1798 年，基督教的确曾经消失到这种程度，连拿破仑去恢复它也不能不遇到抵抗和困难，但是在这一期间，并没有感觉到需要用费尔巴哈意义上的宗教去代替它。

恩格斯：《路德维希·费尔巴哈和德国古典哲学的终结》（1886 年初），《马克思恩格斯文集》第 4 卷，人民出版社 2009 年版，第287—288 页。

同他人交往时表现纯粹人类感情的可能性，今天已经被我们不得不生活于其中的、以阶级对立和阶级统治为基础的社会破坏得差不多了。我们没有理由把这种感情尊崇为宗教，从而更多地破坏这种可能性。同样，对

---

① 这段引文摘自路·费尔巴哈的著作《哲学原理。变化的必然性》，见卡·格律恩《路德维希·费尔巴哈的书简、遗稿及其哲学特征的阐述》1874 年莱比锡—海德堡版第 1 卷，第 407 页。

历史上的重大的阶级斗争的理解，特别是在德国，已经被流行的历史编纂学弄得够模糊了，用不着我们去把这些斗争的历史变为教会史的单纯附属品，使这种理解成为完全不可能。由此可见，现在我们已经离开费尔巴哈多么远了。他那赞美新的爱的宗教的"最美丽的篇章"现在已经不值一读了。

费尔巴哈认真地研究过的唯一的宗教是基督教，即以一神教为基础的西方的世界宗教。他指出，基督教的神只是人的虚幻的反映、映象。但是，这个神本身是长期的抽象过程的产物，是以前的许多部落神和民族神集中起来的精华。与此相应，被反映为这个神的人也不是一个现实的人，而同样是许多现实的人的精华，是抽象的人，因而本身又是一个思想上的形象。费尔巴哈在每一页上都宣扬感性，宣扬专心研究具体的东西、研究现实，可是这同一个费尔巴哈，一谈到人们之间纯粹的性关系以外的某种关系，就变成完全抽象的了。

他在这种关系中仅仅看到一个方面——道德。在这里，同黑格尔比较起来，费尔巴哈的惊人的贫乏又使我们诧异。黑格尔的伦理学或关于伦理的学说就是法哲学，其中包括：（1）抽象的法，（2）道德，（3）伦理，其中又包括家庭、市民社会、国家。在这里，形式是唯心主义的，内容是实在论的。法、经济、政治的全部领域连同道德都包括进去了。在费尔巴哈那里情况恰恰相反。就形式讲，他是实在论的，他把人作为出发点；但是，关于这个人生活的世界却根本没有讲到，因而这个人始终是在宗教哲学中出现的那种抽象的人。这个人不是从娘胎里生出来的，他是从一神教的神羽化而来的，所以他也不是生活在现实的、历史地发生和历史地确定了的世界里面；虽然他同其他的人来往，但是任何一个其他的人也和他本人一样是抽象的。在宗教哲学里，我们终究还可以看到男人和女人，但是在伦理学里，连这最后一点差别也消失了。的确，在费尔巴哈那里间或也出现这样的命题：

"皇宫中的人所想的，和茅屋中的人所想的是不同的。"① ——

---

① 引自路·费尔巴哈《驳躯体和灵魂、肉体和精神的二元论》，见《费尔巴哈全集》1846年莱比锡版第2卷，第363页。

"如果你因为饥饿、贫困而身体内没有养料，那么你的头脑中、你的感觉中以及你的心中便没有供道德用的养料了。"① —— "政治应当成为我们的宗教"② 等等。

> 恩格斯：《路德维希·费尔巴哈和德国古典哲学的终结》（1886 年初），《马克思恩格斯文集》第 4 卷，人民出版社 2009 年版，第 289—290 页。

施特劳斯、鲍威尔、施蒂纳、费尔巴哈，就他们没有离开哲学这块土地来说，都是黑格尔哲学的分支。施特劳斯写了《耶稣传》和《教义学》③以后，就只从事写作勒南式的哲学和教会史的美文学作品；鲍威尔只是在基督教起源史方面做了一些事情，虽然他在这里所做的也是重要的；施蒂纳甚至在巴枯宁把他同蒲鲁东混合起来并且把这个混合物命名为"无政府主义"以后，依然是一个怪物；唯有费尔巴哈是个杰出的哲学家。但是，不仅哲学这一似乎凌驾于一切专门科学之上并把它们包罗在内的科学的科学，对他来说，仍然是不可逾越的屏障，不可侵犯的圣物，而且作为一个哲学家，他也停留在半路上，他下半截是唯物主义者，上半截是唯心主义者；他没有批判地克服黑格尔，而是简单地把黑格尔当做无用的东西抛在一边，同时，与黑格尔体系的百科全书式的丰富内容相比，他本人除了矫揉造作的爱的宗教和贫乏无力的道德以外，拿不出什么积极的东西。

> 恩格斯：《路德维希·费尔巴哈和德国古典哲学的终结》（1886 年初），《马克思恩格斯文集》第 4 卷，人民出版社 2009 年版，第 296 页。

您对奥古斯特·孔德的评述使我很感兴趣。谈到这位"哲学家"，我认为还有一件很重要的工作要做。孔德曾经给圣西门做过五年秘书，而且是他的挚友。圣西门确实吃了思想丰富的苦头；他既是天才，又是神秘主

---

① 这段引文在卡·施达克的《路德维希·费尔巴哈》1885 年斯图加特版第 254 页上引用过。引文摘自路·费尔巴哈的著作《贫穷操纵并取消所有法律》，见卡·格律恩《路德维希·费尔巴哈的书简、遗稿及其哲学特征》1874 年莱比锡—海德堡版第 2 卷，第 285—286 页。

② 这段引文在卡·施达克的《路德维希·费尔巴哈》1885 年斯图加特版第 280 页上引用过。引文摘自路·费尔巴哈的著作《哲学原理。变化的必然性》，见卡·格律恩《路德维希·费尔巴哈的书简、遗稿及其哲学特征》1874 年莱比锡—海德堡版第 1 卷，第 409 页。

③ 指大·施特劳斯《基督教教理的历史发展及其同现代科学的斗争》1840—1841 年蒂宾根—斯图加特版第 1—2 卷，该书第二部的标题是《基督教教理的物质内容（教义学）》。

义者。明确透彻的表述，条理化、系统化，非他的能力所及。因此，他就为自己找到了孔德，此人在师父死后应能把这些盈盈欲溢的思想条理化而后公之于世；和其他喜爱幻想的学生相反，孔德的数学修养和思维方式看来特别适于完成此项工作。可是，孔德突然和"师父"决裂，退出这个学派；过了很长一段时间，他才以他的《实证哲学》显露了头角。

在这个体系中有三个突出的因素：（1）有许多天才思想，但是几乎照例都或多或少地遭到损害；这是由于（2）狭隘的庸人世界观和这种天才处于完全对立地位，使这些思想得不到充分的阐述；（3）一部完全来自圣西门主义而又摆脱任何神秘主义的宗教宪章，它是极其荒诞地按教阶制度编制起来并以一个合法的教皇为首脑，这就使得赫胥黎谈到孔德时说，孔德主义是没有基督教的天主教。①

我敢说，第三点为我们提供了一个办法来解决其他办法不能解决的第一点和第二点之间的矛盾；孔德的全部天才思想都是从圣西门那里接受过来的，但是他在按照他个人的观点分类整理时把这些思想糟蹋了：他剥去这些思想特有的神秘主义外衣，同时也就把它们降到更低的水平，尽自己的力量按庸人的方式把它们加以改作。从许多地方都可以很容易地证明这些思想是来自圣西门，而且我坚信，如果有人认真地从事这个工作，一定还能够在其他方面发现这种情况。如果不是圣西门本人的著作在 1830 年以后被圣西门的学派和教义的喧声所湮没的话，这种情况一定早就发现了，它们把"师父"的学说的个别方面加以强调和发挥，却牺牲了他的整个宏伟的思想。

恩格斯：《恩格斯致斐迪南·滕尼斯》（1895 年 1 月 24 日），《马克思恩格斯全集》第 39 卷，人民出版社 1974 年版，第 374—375 页。

举两个例子。罗·尤·维佩尔教授在 1918 年出版了一本题名《基督教的起源》的小册子（莫斯科法罗斯出版社版）。作者叙述了现代科学的主要成就，但他不仅没有反对教会这种政治组织的武器，即偏见和骗局，不仅回避了这些问题，而且表示了一种简直可笑而反动透顶的奢望：要凌驾于唯心主义和唯物主义这两个"极端"之上。这是为现在占统治地位的资

---

① 指赫胥黎于 1868 年 11 月 8 日在爱丁堡所做的演讲《论生命的物质基础》（《On the physical basis of life》）。这篇演讲发表于 1869 年 2 月 1 日《双周评论》杂志第 5 卷，第 26 期。

产阶级效劳，而资产阶级则从他们在世界各国劳动者身上榨取到的利润中拿出几亿卢布来扶持宗教。

德国的著名学者阿尔图尔·德雷夫斯在他的《基督神话》一书中驳斥了宗教偏见和神话，证明根本就没有基督这样一个人，但在该书末尾，他却主张要有一种宗教，不过，是一种革新的、去芜存精的、巧妙的、能够抵抗"日益汹涌的自然主义潮流"的宗教（1910 年德文第 4 版第 238 页）。德雷夫斯是一个明目张胆的、自觉的反动分子，他公开帮助剥削者用更为卑鄙下流的新的宗教偏见来代替陈旧腐朽的宗教偏见。

> 列宁：《论战斗唯物主义的意义》（1922 年 3 月 12 日），《列宁全集》
> 第 43 卷，人民出版社 1987 年版，第 26—27 页。

例如无政府主义者竭力强调说："费尔巴哈是个泛神论者……"他"把人神化了……"（见"号召报"第七期杰连吉的论文）"在费尔巴哈看来，人就是他所吃的那种东西……"似乎马克思由此作出了结论："因此，最主要和最基本的是经济地位"等等（见"号召报"第六期沙·哥·的论文）。诚然，费尔巴哈是个泛神论者，他把人神化了，同时还犯了其他类似的错误，这是我们谁也不怀疑的。恰恰相反，马克思和恩格斯最先揭露了费尔巴哈的错误，但无政府主义者还是认为必须把费尔巴哈那些已被揭露的错误再"揭露"一次。为什么呢？大概因为他们想在痛骂费尔巴哈的时候，把马克思从费尔巴哈那里借用来然后科学地发展了的唯物主义也糟蹋一番。难道费尔巴哈除了有错误的思想而外就不能有正确的思想吗？我们断言，无政府主义者用这种诡计丝毫也动摇不了一元论唯物主义，只不过证明他们自己的无力罢了。

> 斯大林：《附录：无政府主义还是社会主义？》（1906 年 6 月），《斯大
> 林全集》第 1 卷，人民出版社 1953 年版，第 337—338 页。

马克思和恩格斯在说明自己的唯物主义的时候，通常援引费尔巴哈，认为他是恢复了唯物主义应有权威的哲学家。但这并不是说，马克思和恩格斯的唯物主义和费尔巴哈的唯物主义是一样的。其实，马克思和恩格斯是从费尔巴哈唯物主义中采取了它的"基本的内核"，把它进一步发展成为科学的哲学唯物主义理论，而屏弃了它那些唯心主义的和宗教伦理的杂质。大家知道，费尔巴哈虽然在基本上是唯物主义者，但是他竭力反对唯物主义这个名称。恩格斯屡次说过：费尔巴哈"虽然有唯物主义的基础，

但是在这里还没有摆脱传统的唯心主义束缚"，"我们一接触到费尔巴哈的宗教哲学和伦理学，他的真正的唯心主义就显露出来了"。（《马克思恩格斯全集》俄文第 1 版第 14 卷，第 652—654 页）

斯大林：《关于苏联宪法草案》（1936 年 11 月 25 日），《斯大林选集》下卷，人民出版社 1979 年版，第 416—417 页。

3. 僧侣与哲学

注解（75）：假如读者想提醒我们不要忘了 1798 年发表《人口原理》的马尔萨斯，那我也要提醒你们：他这本书最初的版本不过是对笛福、詹姆斯·斯图亚特爵士、唐森、富兰克林、华莱士等人的小学生般肤浅的和牧师般拿腔做调的剽窃，其中没有一个他独自思考出来的命题。这本小册子所以轰动一时，完全是由党派利益引起的。法国革命在不列颠王国找到了热情的维护者；"人口原理"是在 18 世纪逐渐编造出来的，接着在一次巨大的社会危机中被大吹大擂地宣扬为对付孔多塞等人学说的万无一失的解毒剂，英国的寡头政府认为它可以最有效地扑灭一切追求人类进步的热望，因而报以热情的喝彩。马尔萨斯对自己的成功大为惊奇，于是着手把一些表面地拼凑起来的材料塞进原来的模型中去，又添加了点新东西，不过这些东西不是马尔萨斯发现的，而只是被他据为己有的。——顺便提一下，马尔萨斯虽然是英国国教高教会派的牧师，但他曾立过修道士终身不婚的誓言。这正是取得新教派的剑桥大学的研究员资格的条件之一。"已婚者不得成为本委员会会员。谁一旦娶妻，即不再为会员。"（《剑桥大学委员会报告》第 172 页）这种情况使马尔萨斯区别于其他新教牧师而处于有利的地位，因为其他新教牧师抛弃了天主教关于教士终身不婚的圣诫，并且力言"要生养众多"是他们特有的圣经上规定的使命，以致到处为人口的增殖作出极不体面的贡献，而同时却又向工人宣讲"人口原理"。能说明问题的是：经济学上拙劣地仿造出来的原罪，亚当的苹果，"迫不及待的情欲"，唐森牧师风趣地称之为"要把邱比特的箭弄钝的各种障碍"——这个微妙的问题过去和现在都是由新教神学或不如说新教教会的老爷们所垄断。除了威尼斯的僧侣奥特斯这位有创见有才智的著作家外，大多数人口论者都是新教牧师。例如：布鲁克纳，他 1767 年在莱顿出版的《动物界论》一书详尽无遗地论述了整个现代人口理论，而该书的思想是由魁奈同自己的学生老米拉波对这一题目的一次短暂争论所提供的，后来是华莱士牧师、唐森牧师、马尔萨斯牧师及其学生托·查默斯大牧师，至于这一派的一些次要的牧师文人，那就根本不用谈了。最初研究政治经济学的，是像霍布斯、洛克、休谟一类的哲学家，以及像托马斯·莫尔、坦普尔、苏利、德·维特、诺思、罗、范德林特、康替龙、富兰克林一类的实业家和政治家，而特别在理论方面进行过研究并获得巨大成就的，是像配第、巴尔本、曼德维尔、魁奈一类的医生。甚至在18世纪中叶，一位当时著名的经济学家，牧师塔克尔先生，还曾为他自己研究钱财而进行过辩解。后来，正是随着"人口原理"的出现，新教牧师的时钟响了。把人口看做财富的基础，并且和亚当·斯密一样是牧师们不可调和的敌人的配第，似乎预料到了这些拙劣的插手，他说道："教士最守苦行时，宗教最繁荣，正如在律师饿死的地方，法律最昌明一样。"因此，配第劝告新教的牧师们：如果你们不愿再追随使徒保罗，不愿终身不婚来"禁欲"，"至少不要生出多于现有牧师俸禄所能吸收的牧师，也就是说，在英格兰和威尔士只有12000份牧师俸禄的时候，要是生出24000个牧师，那是不明智的，因为12000个无以为生的人总要设法自谋生计。为此他们走向民间，向人们游说：那12000个受俸牧师在毒害人们的灵魂，使这些灵魂饿死，把他们引入歧途而无法升入天国。除了这样做而外，难道还能有什么别的更容易谋生的方法吗？"（配第《赋税论》1667年伦敦版第57页）亚当·斯密对当时新教牧师的态度可以从下面这件事看出来。在《给法学博士亚当·斯密的一封信，论他的朋友大卫·休谟的生平和哲学》（一位称做基督徒的人著，1784年牛津第4版）这一著作中，诺里奇的高教会派主教霍恩博士责难亚·斯密，因为斯密在一封致斯特拉恩先生的公开信中要使自己的"朋友大卫〈即休谟〉不朽"，因为斯密向公众讲述，"休谟在他临终的床上以读琉善的作品和玩惠斯特牌而自娱"，甚至胆敢写道："无论在休谟生前或死后，我始终认为，他在人类天性的弱点所允许的范围内，接近了一个理想的全智全德的人。"这位主教愤怒地叫喊道："先生，您向我们把一个不可救药地反对一切叫做宗教的东西并且竭尽全力甚至要使宗教这个名称也从人们的记忆中消失的人的性格和品行，描绘成全智全德的，您这样做合适吗？"（同上，第8页）"但是，热爱真理的朋友们，不要气馁，无神论是长久不了的。"（第17页）亚当·斯密"抱着残忍的恶意，要在全国宣扬无神论〈就是通过他的《道德情操论》〉……博士先生，我们了解您的诡计！您想得倒好，但是这一次却失算了。您想用大卫·休谟先生的例子来使我们相信，无神论对于意志沮丧的人来说是唯一的兴奋剂，是对付死亡恐怖的唯一的解毒剂……您去笑那废墟中的巴比伦吧！去祝贺那无情的恶魔法老吧！"（同上，第 20、21、22 页）在亚·斯密的学生中，一个正统派在亚·斯密死后写道："斯密对休谟的友谊妨碍他成为一个基督徒……他相信休谟的每一句话。即使休谟对他说，月亮是一块绿色的干酪，他也会相信。所以，休谟说没有上帝，没有奇迹，他也同样相信……斯密在政治原则上接近于共和主义。"（詹姆斯·安德森《蜜蜂》1791—1793 年爱丁堡版，共 18 卷，第 3 卷，第 166、165 页）托·查默斯牧师曾怀疑，亚·斯密捏造出"非生产工人"这个范畴纯粹是出于恶意，是专门用来影射新教牧师的，虽然牧师们在上帝的葡萄园中也进行了幸福的劳动。

马克思：《资本论（第 1 卷）》（1867 年 9 月），《马克思恩格斯文集》第 5 卷，人民出版社 2009 年版，第 711—713 页。

但是，政治在当时是一个荆棘丛生的领域，所以主要的斗争就转为反宗教的斗争；这一斗争，特别是从 1840 年起，间接地也是政治斗争。1835年出版的施特劳斯的《耶稣传》成了第一个推动力。后来，布鲁诺·鲍威尔反对该书中所阐述的福音神话发生说，证明许多福音故事都是作者自己虚构的。两人之间的争论是在"自我意识"对"实体"的斗争这一哲学幌子下进行的。神奇的福音故事是在宗教团体内部通过不自觉的、传统的创作神话的途径形成的呢，还是福音书作者自己虚构的——这个问题竟扩展为这样一个问题：在世界历史中起决定作用的力量是"实体"呢，还是"自我意识"；最后，出现了施蒂纳，现代无政府主义的先知（巴枯宁从他那里抄袭了许多东西），他用他的至上的"唯一者"① 压倒了至上的"自我意识"。

恩格斯：《路德维希·费尔巴哈和德国古典哲学的终结》（1886 年初），《马克思恩格斯文集》第 4 卷，人民出版社 2009 年版，第274 页。

约·狄慈根在强调人的认识的相对性时往往陷于混乱，以至错误地向

---

① 指麦·施蒂纳《唯一者及其所有物》1845 年莱比锡版。

唯心主义和不可知论作了让步。哲学中的唯心主义是在或多或少巧妙地维护僧侣主义，僧侣主义则是一种认为信仰高于科学或者同科学平分秋色，或者总是给信仰让出一席之地的学说。不可知论（来自希腊文，"a"是不的意思，"γιγνώσχω"是知的意思）是在唯物主义和唯心主义之间摇摆，实际上也就是在唯物主义科学和僧侣主义之间摇摆。康德的拥护者（康德主义者）、休谟的拥护者（实证论者、实在论者等等）和现代的"马赫主义者"都属于不可知论者。因此某些最反动的资产阶级哲学家，如彻头彻尾的蒙昧主义者和僧侣主义的公开拥护者，都曾试图"利用"约·狄慈根的错误。

> 列宁：《纪念约瑟夫·狄慈根逝世二十五周年》（发表于 1913 年 5 月
> 5 日），《列宁全集》第 23 卷，人民出版社 1990 年版，第 152—
> 153 页。

4. 宗教与唯心主义

现代德国的批判着意研究旧世界的内容，而且批判的发展完全拘泥于所批判的材料，以致对批判的方法采取完全非批判的态度，同时，对于我们如何对待黑格尔的辩证法这一表面上看来是形式的问题，而实际上是本质的问题，则完全缺乏认识。对于现代的批判同黑格尔的整个哲学，特别是同辩证法的关系问题是如此缺乏认识，以致像施特劳斯①和布鲁诺·鲍威尔这样的批判家仍然受到黑格尔逻辑学的束缚；前者是完全被束缚，后者在自己的《符类福音作者》中（与施特劳斯相反，他在这里用抽象的人的"自我意识"代替了"抽象的自然界"的实体)②，甚至在《基督教真相》中，至少是有可能完全地被束缚。例如，《基督教真相》一书中说：

> "自我意识设定世界、设定差别，并且在它所创造的东西中创造自
> 身，因为它重新扬弃了它的创造物同它自身的差别，因为它只是在创

---

① 大·施特劳斯《耶稣传》1835—1836 年蒂宾根版第 1—2 卷；《为我的著作〈耶稣传〉辩护和关于评述现代神学特性的论争文集》1837 年蒂宾根版第 1—3 册；《评述和批判。神学、人类学和美学方面的轶文集》1839 年莱比锡版；《基督教教理的历史发展及其同现代科学的斗争》1840—1841 年蒂宾根—斯图加特版第 1—2 卷。

② 布·鲍威尔《符类福音作者的福音故事考证》1841 年莱比锡版第 1 卷，第Ⅵ—ⅩⅤ页。

造活动中和运动中才是自己本身，——这个自我意识在这个运动中似乎就没有自己的目的了"，等等。或者说："他们（法国唯物主义者）还未能看到，宇宙的运动只有作为自我意识的运动，才能实际上成为自为的运动，从而达到同自身的统一。"①

这些说法甚至在语言上都同黑格尔的观点毫无区别，实际上，这是在逐字逐句重述黑格尔的观点。

[Ⅻ] 鲍威尔在他的《自由的正义事业》一书中对格鲁培先生提出的"那么逻辑学的情况如何呢？"这一唐突的问题避而不答，却让他去问未来的批判家。这表明，鲍威尔在进行批判活动（鲍威尔《符类福音作者》）时对于同黑格尔辩证法的关系是多么缺乏认识，而且在物质的批判活动之后也还缺乏这种认识。

但是，即使现在，在费尔巴哈不仅在收入《轶文集》的《纲要》中，而且更详细地在《未来哲学》中从根本上推翻了旧的辩证法和哲学之后；在无法完成这一事业的上述批判反而认为这一事业已经完成，并且宣称自己是"纯粹的、坚决的、绝对的、洞察一切的批判"之后；在批判以唯灵论的狂妄自大态度把整个历史运动归结为世界的其他部分——它把这部分世界与它自身对立起来而归入"群众"这一范畴——和它自身之间的关系，并且把一切独断的对立消融于它本身的聪明和世界的愚蠢之间、批判的基督和作为"群氓"的人类之间的一个独断的对立中之后；在批判每日每时以群众的愚钝无知来证明它本身的超群出众之后；在批判终于宣称这样一天——那时整个正在堕落的人类将聚集在批判面前，由批判加以分类，而每一类人都将得到一份赤贫证明书——即将来临，即以这种形式宣告批判的末日审判之后；在批判于报刊上宣布它既对人的感觉又对它自己独标一格地雄踞其上的世界具有优越性，而且只是不时从它那尖酸刻薄的口中发出奥林波斯山众神的哄笑声之后，——在以批判的形式消逝着的唯心主义（青年黑格尔主义）做出这一切滑稽可笑的动作之后，这种唯心主义甚至一点也没想到现在已经到了同自己的母亲即黑格尔辩证法批判地划清界限的时候，甚至一点也没表明它对费尔巴哈辩证法的批判态度。这是对自

---

① 布·鲍威尔《基督教真相》1843 年苏黎世—温特图尔版第 113—115 页。

身持完全非批判的态度。

马克思:《1844 年经济学哲学手稿》(1844 年 5 月底 6 月初—8 月),
《马克思恩格斯文集》第 1 卷,人民出版社 2009 年版,第 197—
199 页。

在法国为行将到来的革命启发过人们头脑的那些伟大人物,本身都是非常革命的。他们不承认任何外界的权威,不管这种权威是什么样的。宗教、自然观、社会、国家制度,一切都受到了最无情的批判;一切都必须在理性的法庭面前为自己的存在作辩护或者放弃存在的权利。思维着的知性成了衡量一切的唯一尺度。那时,如黑格尔所说的,是世界用头立地的时代。最初,这句话的意思是:人的头脑以及通过头脑的思维发现的原理,要求成为人类的一切活动和社会结合的基础;后来这句话又有了更广泛的含义:同这些原理相矛盾的现实,实际上都被上下颠倒了。以往的一切社会形式和国家形式、一切传统观念,都被当做不合理性的东西扔到垃圾堆里去了;到现在为止,世界所遵循的只是一些成见;过去的一切只值得怜悯和鄙视。只是现在阳光才照射出来。从今以后,迷信、非正义、特权和压迫,必将为永恒的真理、永恒的正义、基于自然的平等和不可剥夺的人权所取代。

现在我们知道,这个理性的王国不过是资产阶级的理想化的王国;永恒的正义在资产阶级的司法中得到实现;平等归结为法律面前的资产阶级的平等;被宣布为最主要的人权之一的是资产阶级的所有权;而理性的国家、卢梭的社会契约 21 在实践中表现为,而且也只能表现为资产阶级的民主共和国。18 世纪伟大的思想家们,也同他们的一切先驱者一样,没有能够超出他们自己的时代使他们受到的限制。

恩格斯:《反杜林论》(1876 年 5 月底—1878 年 7 月初),《马克思恩
格斯文集》第 9 卷,人民出版社 2009 年版,第 19—20 页。

如果我们要原原本本地叙述他的思想过程,那么它就是:我从存在开始。因此我思考着存在。关于存在的思想是统一的。但是思维和存在必须互相协调,互相适应,"互相一致"。因此,在现实中存在也是统一的。因此,任何"彼岸性"都是不存在的。但是,如果杜林先生这样不加掩饰地说出来,而不用上述那些极端玄妙的话来款待我们,那么他的意识形态就昭然若揭了。企图以思维和存在的同一性去证明任何思维产物的现实性,

这正是一个叫做黑格尔的人所说的最荒唐的热昏的胡话之一。

即使杜林先生的全部论证都是对的，他也没有从唯灵论者那里赢得一寸阵地。唯灵论者简短地回答他说：我们也认为世界是单一的；只有从我们的特殊世俗的、原罪的观点来看，才有此岸和彼岸之分；全部存在就其本身说来，就是说，在上帝那里，是统一的。他们将陪着杜林先生到他所喜爱的其他天体上去，指给他看一个或几个天体，那里没有原罪，所以那里也没有此岸和彼岸的对立，世界的统一性是信仰的要求。

在这个问题上最可笑的是，杜林先生为了用存在的概念去证明上帝不存在，却运用了证明上帝存在的本体论论证法。这种论证法说：当我们思考着上帝时，我们是把他作为一切完美性的总和来思考的。但是，归入一切完美性的总和的，首先是存在，因为不存在的东西必然是不完美的。因此我们必须把存在算在上帝的完美性之内。因此上帝一定存在。——杜林先生正是这样论证的：当我们思考着存在的时候，我们是把它作为一个概念来思考的。综合在一个概念中的东西是统一的。因此，如果存在不是统一的，那么它就不符合它本身的概念。所以它一定是统一的。所以上帝是不存在的，如此等等。

当我们说到存在，并且仅仅说到存在的时候，统一性只能在于：我们所说的一切对象都是存在的、实有的。它们被综合在这种存在的统一性中，而不在任何别的统一性中；说它们都是存在的这个一般性论断，不仅不能赋予它们其他共同的或非共同的特性，而且暂时排除了对所有这些特性的考虑。因为只要我们离开存在是所有这些事物的共同点这一简单的基本事实，哪怕离开一毫米，这些事物的差别就开始出现在我们眼前。至于这些差别是否在于一些是白的，另一些是黑的，一些是有生命的，另一些是无生命的，一些是所谓此岸的，另一些是所谓彼岸的，那我们是不能根据把单纯的存在同样地加给一切事物这一点来作出判断的。

世界的统一性并不在于它的存在，尽管世界的存在是它的统一性的前提，因为世界必须先存在，然后才能是统一的。在我们的视野的范围之外，存在甚至完全是一个悬而未决的问题。世界的真正的统一性在于它的物质性，而这种物质性不是由魔术师的三两句话所证明的，而是由哲学和自然科学的长期的和持续的发展所证明的。

恩格斯：《反杜林论》（1876 年 5 月底—1878 年 7 月初），《马克思恩格斯文集》第 9 卷，人民出版社 2009 年版，第 46—47 页。

但是，黑格尔哲学（我们在这里只限于考察这种作为从康德以来的整个运动的完成的哲学）的真实意义和革命性质，正是在于它彻底否定了关于人的思维和行动的一切结果具有最终性质的看法。哲学所应当认识的真理，在黑格尔看来，不再是一堆现成的、一经发现就只要熟读死记的教条了；现在，真理是在认识过程本身中，在科学的长期的历史发展中，而科学从认识的较低阶段向越来越高的阶段上升，但是永远不能通过所谓绝对真理的发现而达到这样一点，在这一点上它再也不能前进一步，除了袖手一旁惊愕地望着这个已经获得的绝对真理，就再也无事可做了。在哲学认识的领域是如此，在任何其他的认识领域以及在实践行动的领域也是如此。历史同认识一样，永远不会在人类的一种完美的理想状态中最终结束；完美的社会、完美的"国家"是只有在幻想中才能存在的东西；相反，一切依次更替的历史状态都只是人类社会由低级到高级的无穷发展进程中的暂时阶段。每一个阶段都是必然的，因此，对它发生的那个时代和那些条件说来，都有它存在的理由；但是对它自己内部逐渐发展起来的新的、更高的条件来说，它就变成过时的和没有存在的理由了；它不得不让位于更高的阶段，而这个更高的阶段也要走向衰落和灭亡。正如资产阶级依靠大工业、竞争和世界市场在实践中推翻了一切稳固的、历来受人尊崇的制度一样，这种辩证哲学推翻了一切关于最终的绝对真理和与之相应的绝对的人类状态的观念。在它面前，不存在任何最终的东西、绝对的东西、神圣的东西；它指出所有一切事物的暂时性；在它面前，除了生成和灭亡的不断过程、无止境地由低级上升到高级的不断过程，什么都不存在。它本身就是这个过程在思维着的头脑中的反映。诚然，它也有保守的方面：它承认认识和社会的一定阶段对它那个时代和那种环境来说都有存在的理由，但也不过如此而已。这种观察方法的保守性是相对的，它的革命性质是绝对的——这就是辩证哲学所承认的唯一绝对的东西。

> 恩格斯：《路德维希·费尔巴哈和德国古典哲学的终结》（1886 年
> 初），《马克思恩格斯文集》第 4 卷，人民出版社 2009 年版，第
> 269—270 页。

因此，思维对存在、精神对自然界的关系问题，全部哲学的最高问题，像一切宗教一样，其根源在于蒙昧时代的愚昧无知的观念。但是，这个问

题，只是在欧洲人从基督教中世纪的长期冬眠中觉醒以后，才被十分清楚地提了出来，才获得了它的完全的意义。思维对存在的地位问题，这个在中世纪的经院哲学中也起过巨大作用的问题：什么是本原的，是精神，还是自然界？——这个问题以尖锐的形式针对着教会提了出来：世界是神创造的呢，还是从来就有的？

哲学家依照他们如何回答这个问题而分成了两大阵营。凡是断定精神对自然界说来是本原的，从而归根到底承认某种创世说的人（而创世说在哲学家那里，例如在黑格尔那里，往往比在基督教那里还要繁杂和荒唐得多），组成唯心主义阵营。凡是认为自然界是本原的，则属于唯物主义的各种学派。

恩格斯：《路德维希·费尔巴哈和德国古典哲学的终结》（1886 年初），《马克思恩格斯文集》第 4 卷，人民出版社 2009 年版，第278 页。

在这里，费尔巴哈的唯心主义就在于：他不是抛开对某种在他看来也已成为过去的特殊宗教的回忆，直截了当地按照本来面貌看待人们彼此间以相互倾慕为基础的关系，即性爱、友谊、同情、舍己精神等等，而是断言这些关系只有在用宗教名义使之神圣化以后才会获得自己的完整的意义。在他看来，主要的并不是存在着这种纯粹人的关系，而是要把这些关系看做新的、真正的宗教。这些关系只是在盖上了宗教的印记以后才被认为是完满的。宗教一词是从 religare 一词来的，本来是联系的意思。因此，两个人之间的任何联系都是宗教。这种词源学上的把戏是唯心主义哲学的最后一着。这个词的意义，不是按照它的实际使用的历史发展来决定，而竟然按照来源来决定。因此，仅仅为了使宗教这个对唯心主义回忆很宝贵的名词不致从语言中消失，性爱和性关系竟被尊崇为"宗教"。在 40 年代，巴黎的路易·勃朗派改良主义者正是这样说的，他们也认为不信宗教的人只是一种怪物，并且对我们说：因此，无神论就是你们的宗教！费尔巴哈想以一种本质上是唯物主义的自然观为基础建立真正的宗教，这就等于把现代化学当做真正的炼金术。如果无神的宗教可以存在，那么没有哲人之石的炼金术也可以存在了。况且，炼金术和宗教之间是有很紧密的联系的。哲人之石有许多类似神的特性，公元头两世纪埃及和希腊的炼金术士在基督教学说的形成上也出了一份力量。柯普和拜特洛所提供的材料就证明了这一点。

恩格斯：《路德维希·费尔巴哈和德国古典哲学的终结》（1886 年初），《马克思恩格斯文集》第 4 卷，人民出版社 2009 年版，第288 页。

无论波格丹诺夫怎样"修正"，说信仰主义或僧侣主义是和科学不协调的，然而有一个事实毕竟是无可怀疑的，即波格丹诺夫对客观真理的否定是和信仰主义完全"协调"的。现代信仰主义决不否认科学；它只否认科学的"过分的奢望"，即对客观真理的奢望。如果客观真理存在着（如唯物主义者所认为的那样），如果只有那在人类"经验"中反映外部世界的自然科学才能给我们提供客观真理，那么一切信仰主义就无条件地被否定了。如果没有客观真理，真理（也包括科学真理）只是人类经验的组织形式，那么，这就是承认僧侣主义的基本前提，替僧侣主义大开方便之门，为宗教经验的"组织形式"开拓地盘。

列宁：《唯物主义和经验批判主义》（1908 年 2—10 月），《列宁全集》第 18 卷，人民出版社 1988 年版，第 125 页。

5. 宗教怀疑论的哲学基础

要是有人傲慢地对实证的基督教采取不理不睬的态度，我就起来捍卫这个教义，因为它出自人的本性的最强烈的要求，出自想通过上帝的恩惠来赎罪的渴望。但是如果问题涉及维护理性的自由时，我将抗议任何强制。——我希望我能见到世界的宗教意识发生一场彻底的变革。要是我自己把一切都弄清楚就好了！不过这一定能办到，只要我有时间平静地、不受干扰地深入研究。

恩格斯：《致弗里德里希·格雷培》（1839 年 6 月 15 日），《马克思恩格斯全集》第 47 卷，人民出版社 2004 年版，第 186—187 页。

上帝的理性当然高于我们的理性，然而也并没有什么两样，否则它就不成其为理性。圣经的教义也应当用理性去领会。

恩格斯：《致弗里德里希·格雷培》（1839 年 7 月 12—27 日），《马克思恩格斯全集》第 47 卷，人民出版社 2004 年版，第 190 页。

宗教信念是心灵的事情，它同教义相联系的程度，完全取决于感觉同教义有没有矛盾。

恩格斯：《致弗里德里希·格雷培》（1839 年 7 月 12—27 日），《马克思恩格斯全集》第47卷，人民出版社2004年版，第192页。

宗教是心灵的事情，谁有心灵，谁就会虔诚；但是谁以知性或甚至以理性作为自己虔诚的基础，谁就根本不会是虔诚的。宗教之树生长于心灵，它荫蔽着整个人，并从理性的空气中吸取养料。而它的果实，包含着最珍贵的心血的果实，是教义。除此以外的东西都是有害的。这就是施莱尔马赫的学说，而我仍然赞同这个学说。

恩格斯：《致弗里德里希·格雷培》（1839年7月12—27日），《马克
思恩格斯全集》第47卷，人民出版社2004年版，第194页。

法国发生了政治革命，随同发生的是德国的哲学革命。这个革命是由康德开始的：他推翻了上一世纪末大陆上各大学所采用的陈旧的莱布尼茨形而上学体系。费希特和谢林开始了哲学的改造工作，黑格尔完成了新的体系。自从人们有思维以来，还从未有过像黑格尔体系那样包罗万象的哲学体系。逻辑学、形而上学、自然哲学、精神哲学、法哲学、宗教哲学、历史哲学，全都结合在一个体系内，归纳成为一个基本原则。这个体系看来从外部是完全不能攻破的，实际上也是这样；只是由那些身为黑格尔派的人从内部攻击，这个体系才被打破。我在这里当然不可能全面阐明这个体系或其历史，所以只好就下面几点谈谈。德国哲学从康德到黑格尔的进展是如此连贯，如此合乎逻辑，也许我可以说，是如此必然，以致除了上面提到的那些体系外，其他任何体系都是站不住脚的。倒是也有两三种体系，但都没有引起人们的注意；人们根本不把它们放在眼里，以致不屑于推翻它们。黑格尔虽然知识渊博、思想深邃，却过分埋头于抽象问题，忽略了使自己摆脱他那个时代——旧的政治制度和宗教制度复辟的时代——的偏见。但是他的学生们对这些事物的看法就完全不同了。黑格尔死于1831年，1835年出现了施特劳斯的《耶稣传》；这是第一部超出正统黑格尔主义藩篱的著作。接着出现了其他一些著作。于是，1837年，基督徒对他们所称的新黑格尔派群起而攻之，称他们是无神论者，要求国家进行干涉。可是国家没有干涉，于是辩论就继续不止。这时，新黑格尔派即青年黑格尔派没怎么意识到自己的论证会得出什么样的结论，因而他们全都拒绝关于他们是无神论者的指摘，而称自己是基督徒、新教徒，尽管他们否认上帝的存在，因为上帝并不是人，他们还宣称福音书的历史纯粹是神话。直到去年，本文作者才在一本小册子中承认，指摘他为无神论者是对的。

可是事情是发展的。1842 年，青年黑格尔派成为公开的无神论者和共和主义者；这一派人的期刊《德国年鉴》比过去任何时候都更激进更坦率了；我们创办了一种政治性报纸；而且德国所有自由派刊物很快就完全由我们掌握了；几乎在德国每个重要城市都有我们的朋友；我们向一切自由派报纸提供必需的材料，从而把它们变成了我们的喉舌；我们让各种小册子在全国涌现，很快就在每个问题上控制了社会舆论。书报检查制度的一时放松大大增强了这个对于大部分德国公众来说还是相当新奇的运动的力量。在政府书报检查官许可下出版的报纸，刊登的内容是那些甚至在法国也会被作为重大叛国罪惩处的东西，或者是另一些在英国不造成以渎神罪受审这样的后果就不得发表的东西。这个运动来势突然，迅猛异常，锐不可当，不论是政府或公众都被拖着走了一段时间。可是，宣传鼓动的这种激烈性质证明它没有依靠公众中一个坚强的党派，它的威力只不过是敌人的出乎意料和惊奇诧异造成的。各邦政府刚一清醒过来，马上采取最专横的压制言论自由的办法加以制止。大量小册子、报纸、期刊和学术著作都被查禁，全国激奋不安的状况迅速平静下来。自然，这种横暴的干涉决不能阻挡社会舆论的扩展，决不会消灭鼓动家所捍卫的原则；整个迫害并没有给那些统治势力带来任何好处，因为即使它们不镇压这个运动，运动也会像其他任何一个国家的运动一样，受阻于对急剧变化毫无准备的广大民众的冷遇。即使情况不是这样，鼓动家们自己也要放弃共和主义的宣传，他们由于进一步发展自己的哲学结论，现在已经成为共产主义者了。德国的君主和执政者在自以为共和主义已被永远镇压下去的时候，却看到共产主义从政治宣传鼓动的灰烬中升起了；在他们看来，这种新学说比那个似乎已被击溃因而曾使他们感到欣喜的学说更危险和更可怕。

> 恩格斯：《大陆上社会改革的进展》（1843 年 10 月 15 日—11 月 10
> 日），《马克思恩格斯全集》第 3 卷，人民出版社 2002 年版，第
> 489—491 页。

伏尔泰指出，18 世纪法国人对耶稣会派和詹森派①的争论的漠不关心，

---

① 耶稣会是天主教的修会之一，以对抗宗教改革运动为宗旨。耶稣会会士以各种形式渗入社会各阶层进行活动，为达到目的而不择手段，在欧洲声誉不佳。詹森派以荷兰神学家詹森的名字命名，是 17 世纪和 18 世纪初法国天主教徒中反对派的代表人物，该派反映了一部分法国资产阶级对正统天主教的封建思想的不满情绪。

与其说这是由哲学造成的，还不如说是由罗的财政投机造成的。可见，人们之所以能用 18 世纪的唯物主义理论来解释 17 世纪的形而上学的衰败，仅仅是因为这种理论运动本身是用当时法国生活的实践形态来解释的。这种生活所关注的是直接的现实，是世俗的享乐和世俗的利益，是尘俗的世界。同它那反神学、反形而上学的、唯物主义的实践相适应的，必然是反神学、反形而上学的、唯物主义的理论。形而上学在实践上已经威信扫地。在这里我们只需大略地叙述一下这种理论的发展过程。

> 马克思、恩格斯：《神圣家族，或对批判的批判所做的批判。驳布鲁诺·鲍威尔及其伙伴》（1844 年 9—11 月），《马克思恩格斯文集》第 1 卷，人民出版社 2009 年版，第 329 页。

17 世纪的形而上学（请大家想一下笛卡儿、莱布尼茨等人）还具有实证的、世俗的内容。它在数学、物理学以及其他一些表面看来从属于它的特定科学领域都有所发现。但是在 18 世纪初这种表面现象就已经被消除了。实证科学脱离了形而上学，给自己划定了独立的活动范围。全部形而上学的财富只剩下思想之类的东西和天国的事物，而正是在这个时候，实在的东西和尘俗的事物却开始吸引人们的全部注意力。形而上学变得枯燥乏味了。在 17 世纪最后两位伟大的法国形而上学者马勒伯朗士和阿尔诺逝世的那一年，爱尔维修和孔狄亚克诞生了。

> 马克思、恩格斯：《神圣家族，或对批判的批判所做的批判。驳布鲁诺·鲍威尔及其伙伴》（1844 年 9—11 月），《马克思恩格斯文集》第 1 卷，人民出版社 2009 年版，第 329 页。

使 17 世纪的形而上学和一切形而上学在理论上威信扫地的人是皮埃尔·培尔。他的武器是用形而上学本身的符咒锻造而成的怀疑论。他本人起初是从笛卡儿的形而上学出发的。正像反对思辨神学的斗争把费尔巴哈推向反对思辨哲学的斗争，就是因为他认为思辨是神学的最后支柱，因为他不得不迫使神学家从伪科学逃回到粗野的、可恶的信仰，同样，对宗教的怀疑引起了培尔对作为这种信仰的支柱的形而上学的怀疑。因此，他批判了形而上学的整个历史发展过程。他为了撰写形而上学的灭亡史而成了形而上学的历史编纂学家。他主要是驳斥了斯宾诺莎和莱布尼茨。

皮埃尔·培尔不仅用怀疑论摧毁了形而上学，从而为在法国接受唯物主义和合乎健全理智的哲学作了准备，而且他还证明，由清一色的无神论者所组成的社会是能够存在的，无神论者能够成为可敬的人，玷辱人的尊严的不是无神论，而是迷信和偶像崇拜，通过这种证明，他宣告了不久将要开始存在的无神论社会的来临。

马克思、恩格斯：《神圣家族，或对批判的批判所做的批判。驳布鲁诺·鲍威尔及其伙伴》（1844 年 9—11 月），《马克思恩格斯文集》第 1 卷，人民出版社 2009 年版，第 329—330 页。

霍布斯消除了培根唯物主义中的有神论的偏见，而柯林斯、多德威尔、考尔德、哈特莱、普利斯特列等人则消除了洛克感觉论的最后的神学藩篱。自然神论至少对唯物主义者来说不过是一种摆脱宗教的简便易行、凑合使用的方法罢了。

马克思、恩格斯：《神圣家族，或对批判的批判所做的批判。驳布鲁诺·鲍威尔及其伙伴》（1844 年 9—11 月），《马克思恩格斯文集》第 1 卷，人民出版社 2009 年版，第 332 页。

这时，唯物主义从英国传到法国，它在那里与另一个唯物主义哲学学派，即笛卡儿派的一个支派相遇，并与之汇合。在法国，唯物主义最初也完全是贵族的学说。但是不久，它的革命性就显露出来。法国的唯物主义者并不是只批判宗教信仰问题；他们批判了当时的每一个科学传统或政治体制；为了证明他们的学说可以普遍应用，他们选择了最简便的方法：在他们由以得名的巨著《百科全书》中，他们大胆地把这一学说应用于所有的知识对象。这样，唯物主义就以其两种形式中的这种或那种形式——公开的唯物主义或自然神论，成为法国一切有教养的青年信奉的教义。它的影响很大，在大革命爆发时，这个由英国保皇党孕育的学说，竟给予法国共和党人和恐怖主义者一面理论旗帜，并且为《人权宣言》提供了底本。

法国大革命是资产阶级的第三次起义，然而这是完全抛开宗教外衣、在毫不掩饰的政治战线上作战的首次起义；这也是真正把斗争进行到底，直到交战的一方即贵族被彻底消灭而另一方即资产阶级完全胜利的首次起义。在英国，革命以前的制度和革命以后的制度因袭相承，地主和资本家互相妥协，这表现在诉讼上仍然按前例行事，还虔诚地保留着一些封建的法律形式。在法国，革命同过去的传统完全决裂，扫清了封建制度的最后遗迹，并且在民法典中把古代罗马法——它几乎完满地反映了马克思称之为商品生产的那个经济发展阶段的法律关系——巧妙地运用于现代的资本主义条件；这种运用实在巧妙，甚至法国的这部革命的法典直到现在还是所有其他国家，包括英国在内，在改革财产法时所依据的范本。可是我们不要忘记，英吉利法一直是用野蛮的封建的语言来表达资本主义社会的经济关系，——这种语言适应它所表达的事物的情况，正像英语的拼法适应英语读音的情况一模一样（一个法国人说过：你们写的是伦敦，读出来却是君士坦丁堡）——但是，只有英吉利法把古代日耳曼自由的精华，即个人自由、地方自治以及不受任何干涉（除了法庭干涉）的独立性的精华，保存了好几个世纪，并把它们移植到美洲和各殖民地。这些东西在大陆上专制君主制时期已经消失，至今在任何地方都未能完全恢复。

> 恩格斯：《〈社会主义从空想到科学的发展〉英文版导言》（1892 年 4 月），《马克思恩格斯文集》第 3 卷，人民出版社 2009 年版，第 514—515 页。

霍布斯消除了培根唯物主义中的有神论的偏见；柯林斯、多德威尔、考尔德、哈特莱、普利斯特列同样消除了洛克感觉论的最后的神学藩篱。无论如何，自然神论①对实际的唯物主义者来说不过是摆脱宗教的一种简便易行的方法罢了。

> 恩格斯：《〈社会主义从空想到科学的发展〉英文版导言》（1892 年 4 月），《马克思恩格斯文集》第 3 卷，人民出版社 2009 年版，第 504 页。

这是无可否认的。在本世纪中叶，移居英国的有教养的外国人最惊奇的，是他必然会视为英国体面的中等阶级的宗教执迷和头脑愚蠢的那种现象。那时，我们都是唯物主义者，或者至少是很激进的自由思想者，我们不能理解，为什么英国几乎所有有教养的人都相信各种各样不可思议的奇迹，甚至一些地质学家，例如巴克兰和曼特尔也歪曲他们的科学上的事实，唯恐过分有悖于创世记的神话；要想找到敢于凭自己的智力思考宗教问题的人，就必须去寻访那些没有受过教育的人，当时所谓的"无知群氓"即

---

① 自然神论是一种推崇理性原则，把上帝解释为非人格的始因的宗教哲学理论，曾是资产阶级反对封建制度和正统宗教的一种理论武器，也是无神论在当时的一种隐蔽形式。这种理论反对蒙昧主义和神秘主义，认为上帝不过是"世界理性"或"有智慧的意志"，上帝在创世之后就不再干预世界事务，而让世界按它本身的规律存在和发展下去。在封建教会世界观统治的条件下，自然神论者往往站在理性主义的立场上批判中世纪的神学世界观，揭露僧侣们的寄生生活和招摇撞骗的行为。

工人，特别是去寻访那些欧文派的社会主义者。

　　但是从那时以来，英国已经"开化"了。1851 年的博览会给英国这个岛国的闭塞状态敲响了丧钟。英国在饮食、风尚和观念方面逐渐变得国际化了；这种变化之大，使我也希望英国的某些风尚和习惯能在大陆上传播，就像大陆上的其他习惯在英国传播那样。总之，随着色拉油（1851 年以前只有贵族才知道）的传入，大陆上对宗教问题的怀疑论也必然传了进来，以致发展到这种地步：不可知论虽然还尚未像英国国教会那样被当做"头等货色"，但是就受人尊敬的程度而言，几乎和浸礼会是同等的，而且肯定超过了"救世军"①。我时常这样想：许多人对这种越来越不信仰宗教的现象痛心疾首，咒骂谴责，可是他们如果知道这些"新奇的思想"并不是舶来品，不像其他许多日用品那样带有"德国制造"的商标，而无疑是老牌的英国货，而且他们的不列颠祖先在 200 年前已经走得比今天的后代子孙所敢于走的要远得多，那他们将会感到安慰吧。

　　　　恩格斯：《〈社会主义从空想到科学的发展〉英文版导言》（1892 年 4
　　　　月），《马克思恩格斯文集》第 3 卷，人民出版社 2009 年版，第
　　　　505 页。

6. 论无神论

　　因此，伊壁鸠鲁是最伟大的希腊启蒙思想家，他是无愧于卢克莱修的称颂的：

　　　　　　人们眼看尘世的生灵含垢忍辱，

　　　　　　在宗教的重压下备受煎熬，

　　　　　　而宗教却在天际昂然露出头来，

　　　　　　凶相毕露地威逼着人类，

　　　　　　这时，有一个希腊人敢于率先抬起凡人的目光

　　　　　　面对强暴，奋力抗争，

　　　　　　无论是神的传说，还是天上的闪电和滚滚雷鸣，

---

　　①　救世军是基督教新教的一个社会活动组织，1865 年由传教士威·蒲斯创立于伦敦。1878 年该组织模仿军队编制，教徒称"军兵"，教士称"军官"；1880 年正式定名为"救世军"。该组织着重在下层群众中开展慈善活动，并吸收教徒。在资产阶级的大力支持下，该组织开展广泛的宗教活动，并建立了一整套慈善机构。

什么都不能使他畏惧……

……

如今仿佛得到报应，宗教已被彻底战胜，跪倒在我们脚下，

而我们，我们则被胜利高举入云。

马克思：《德谟克利特的自然哲学和伊壁鸠鲁的自然哲学的差别》
（1840 年下半年—1841 年 3 月底），《马克思恩格斯全集》第 1 卷，
人民出版社 1995 年版，第 63 页。

不过，国家，特别是共和国对宗教的态度，毕竟是组成国家的人对宗教的态度。由此可以得出结论：人通过国家这个中介得到解放，他在政治上从某种限制中解放出来，就是在与自身的矛盾中超越这种限制，就是以抽象的、有限的、局部的方式超越这种限制。其次，可以得出这样的结论：人在政治上得到解放，就是用间接的方法，通过一个中介，尽管是一个必不可少的中介而使自己得到解放。最后，还可以得出这样的结论：人即使已经通过国家的中介作用宣布自己是无神论者，就是说，他宣布国家是无神论者，这时他总还是受到宗教的束缚，这正是因为他仅仅以间接的方法承认自己，仅仅通过中介承认自己。宗教正是以间接的方法承认人。通过一个中介者。国家是人和人的自由之间的中介者。正像基督是中介者，人把自己的全部神性、自己的全部宗教束缚都加在他身上一样，国家也是中介者，人把自己的全部非神性、自己的全部人的自由寄托在它身上。

马克思：《论犹太人问题》（1843 年 10 月中—12 月中），《马克思恩格斯文集》第 1 卷，人民出版社 2009 年版，第 28—29 页。

但是，在社会主义者当中也有理论家，或者，像共产主义者称呼他们的那样，十足的无神论者，而社会主义者则被称为实践的无神论者①。这

---

① "十足的无神论者"、"实践的无神论者"等用语可能出自查·绍斯韦尔的两篇文章：《有上帝吗？》和《致英国社会主义者。第四封信》（见《理性的先知》1841 年 11 月 6 日第 1 期和 1842 年 1 月 8 日第 7 期）。绍斯韦尔维护这样的观点：社会主义的基础必定是唯物主义哲学，社会主义作为哲学体系必定不受任何宗教的约束。罗·欧文及其追随者在自称为理性宗教徒之前，曾支持这个原则；1839 年欧文主义者称自己的组织为理性教徒万国公社协会。绍斯韦尔公开声明拥护无神论，反对那些为避免与英国国教会发生冲突而回避公开表明自己信仰的人。为此他同理性宗教徒协会领导人之间发生了争论。争论以他退出协会告终。1841 年绍斯韦尔创办《理性的先知》周刊，以抗议欧文主义者对英国国教会的态度。同年 11 月，他在周刊发表文章抨击圣经，布里斯托尔行政当局以渎神言论对他起诉，1842 年 1 月 15 日被判刑一年，罚款 100 英镑。

些理论家当中最有名的是布里斯托尔的查理·绍斯韦尔，他办过一种论战性的杂志《理性的先知》，因而被判徒刑一年，罚款约 100 英镑；自然，罚款很快就用捐款缴付了，因为每一个英国人都有自己的报纸，替自己的领袖人物交付罚款，支付自己的小礼拜堂或会堂的费用，参加自己的集会。但是，查理·绍斯韦尔又坐牢了；确切地说，不得不出售布里斯托尔的会堂了，因为布里斯托尔的社会主义者已经不那么多，其中有钱人又很少，而那时这样的会堂费用是相当贵的。会堂被一个基督教教派买下，用作礼拜堂。当会堂举行礼拜堂开堂仪式的那天，社会主义者和宪章派也挤了进去，以便目睹耳闻一番。但是，牧师开始赞美上帝，说什么一切邪恶的胡言乱语已告结束，过去亵渎上帝的地方现在成了歌颂全能者的地方；社会主义者和宪章派认为这是攻击，在英国人看来，任何进攻都要求回击，于是他们就大喊：绍斯韦尔，绍斯韦尔！让绍斯韦尔来反击！于是绍斯韦尔站起来并开始讲话，可是基督教教派的牧师们带领自己那一队队教区居民，向绍斯韦尔冲去，教派的另一些人去叫警察，据说是因为绍斯韦尔扰乱了基督教的礼拜仪式；牧师们亲手把他抓住，痛打他（在这种情况下这是常有的事）并把他交给一名警察。绍斯韦尔本人命令他的支持者不要动手反抗；当他被带走时，约有 6000 人跟在他后面高声欢呼，向他致敬。

　　　　恩格斯：《伦敦来信（三）》（1843 年 5 月 15 日—6 月 1 日），《马克思恩格斯全集》第 3 卷，人民出版社 2002 年版，第 433—434 页。

　　同时，卡莱尔认为，人们只要坚持无神论，只要还未重新获得自己的"灵魂"，那么一切都是无益的、无结果的。这并不是说，应当恢复旧天主教的能量和生命力，或者仅仅维持目前的宗教，——他很清楚，仪式、教义、连祷和西奈山的雷鸣①都无济于事；西奈山的任何雷鸣都不会使真理更加真实，不会使理智的人恐惧不安，人们早已超越了令人畏惧的宗教。但是，他说宗教本身必须予以恢复，因为我们亲眼看到，自查理二世的"神圣"复辟以来，"两个世纪的无神论政府"把我们搞到了什么地步，我们渐渐地也一定会相信，这种无神论已经开始衰退和失效。不过，我们知道，卡莱尔所说的无神论与其说是不相信神本身，不如说是不相信宇宙的内在本质及其无限性，不相信理性，对精神和真理感到失望；他的斗争不

---

　　①　《旧约全书·出埃及记》第 19 章第 16—18 节。

是反对不相信圣经的启示，而是反对"不相信'世界史圣经'这样一种最可怕的不相信。这种圣经据说是万古长存的圣书，凡是没有失去灵魂和视力的人都能从中看到神的旨意。讥讽它就是最大的不相信，你们因此将受到的惩罚不是用火和柴堆，而是最坚决地命令你们保持缄默，直到你们说一些更好的东西为止。为什么仅仅为了叫卖这种废话而通过大吵大嚷去打破美好的沉默呢？如果说过去不存在神的理性，而只有魔鬼的非理性，那它已经一去不复返，就别再谈它了；我们的父辈全部被绞死，我们就不该空谈绞索！"但是，现代的英国是不会相信历史的。"眼睛看到的一切事物，只是它按照自己的天赋能力所能够看到的。无神的世纪似乎无法理解有神的时代。这种世纪从过去（中世纪）只能看到无谓的争斗和粗野暴力的普遍统治，却看不见到头来强权和公理是同时发生的；它只看到愚昧和野蛮的非理性，这种愚昧和野蛮的非理性与其说是人类世界所特有的，不如说是疯人院所特有的。由此自然会得出这样的结论：这些特性在现代仍然继续占统治地位。千百万人被监禁在巴士底狱；爱尔兰的寡妇们要用斑疹伤寒来证明自己是人；情况往往就是这样，或者还更坏；你们还要怎么样呢？历史除了是借助行之有效的骗术来显示的顽固不化的愚昧而外，还能是什么呢？过去没有神，除了机械力和体现了混沌兽性的偶像之外，什么也没有。既然可怜的'推究哲理的历史编纂学家'认为他所处的世纪完全被神遗弃，那他怎么能看到过去的神呢？"

但是，现在这个时代还没有完全被神遗弃。

"近年来，在我们贫穷的、四分五裂的欧洲，不是出现了一些主张笃信宗教的呼声——宣扬一种在人人心目中无可争辩地既是新的同时又是最老的宗教吗？我认识一些人，他们不称自己也不认为自己是预言家。但是，这些人确实是再一次表露了发自大自然的永恒胸怀的宏亮呼声，是永远应当受到一切有灵魂的人崇敬的灵魂。法国大革命是一种现象；作为它的补充和精神体现，在我看来，诗人歌德和德国文学是一种现象。当旧的世俗领域或实际领域化为灰烬时，这里不就出现了新的精神领域——一些新的更高尚更广阔的实际领域——的预兆和曙光吗？充满古典古代献身精神、古典古代真理和古典古代英雄气概的生活又可能重新出现，成为现代人真正可以看到的东西；这是一种虽然很不显眼，却非任何其他现象所能与之相比的现象！在这里我们再次透过无休止的行话和被称为文学的噪音，听到了新的天体乐声的初音。"①

恩格斯：《英国状况——评托马斯·卡莱尔的〈过去和现在〉》（1843年10月—1844年1月中），《马克思恩格斯全集》第3卷，人民出版社2002年版，第511—513页。

前面已经说过，我们也非常重视反对当代的不坚定性、内心空虚、精神沦丧和不诚实的斗争，我们也和卡莱尔一样，同这一切进行着生与死的战斗，但我们取得成果的可能性要比他大得多，因为我们知道我们想要的是什么。我们要推翻卡莱尔描述的那种无神论，我们要把人因宗教而失去的内容归还给人；这内容不是神的内容，而是人的内容，整个归还过程就是唤起自我意识。我们要消除一切预示为超自然的和超人的事物，从而消除不诚实，因为人和大自然的事物妄想成为超人的和超自然的，是一切不真实和谎言的根源。正因为如此，我们才彻底向宗教和宗教观念宣战，不在乎别人把我们称作无神论者或者别的什么。然而如果卡莱尔对无神论下的泛神论定义是正确的，那么真正的无神论者就不是我们，而是我们那些信基督教的对手。我们根本没有想到要抨击"宇宙的永恒内在的事实"，相反，只有我们才认真地论证了这些事实，证明它们是永恒的，并且使其不受某个自相矛盾的神的威力无比的专断的危害。我们根本没有想到要宣布"世界、人和人的生活是谎言"；相反，是我们那些信基督教的对手干出这种不道德的事，使世界和人依附于某个神的恩典，其实神不过是通过人在自己的不发达意识这个混沌物质［Hyle］中对人的反映而创造出来的。我们根本没有想到要怀疑或轻视"历史的启示"；历史就是我们的一切，我们比其他任何一个先前的哲学学派，甚至比黑格尔，都更重视历史；在黑格尔看来，历史归根结底也只是用来检验逻辑运算问题。嘲弄历史，无视人类的发展，这完全是对方所为；而且又是基督徒所为；基督徒编造了一部别具一格的"天国史"，否认真实的历史具有任何内在实质，只承认他们的彼岸的抽象的而且是杜撰出来的历史才需要这种实质。他们借助人

---

① 托·卡莱尔《过去和现在》1843年伦敦版第316—317页。

类的完美在于他们的基督这一说法，使历史达到一个想象的目的；他们把
历史过程拦腰截断，因此为了自圆其说，不得不把后来的十八个世纪说成
是一派胡言和毫无思想内容的。我们要求把历史的内容还给历史，但我们
认为历史不是"神"的启示，而是人的启示，并且只能是人的启示。为了
认识人类本质的美好，了解人类在历史上的发展，了解人类一往无前的进
步，了解人类对个人的非理性一贯战无不胜，了解人类克服一切似乎超人
的事物，了解人类同大自然进行的残酷而又卓有成效的斗争，直到最后获
得自由的、人的自我意识，明确认识到人和大自然的统一，自由地独立地
创造以纯人类道德生活关系为基础的新世界，——为了了解这一切的伟大，
我们没有必要首先召来什么"神"的抽象概念，把一切美好的、伟大的、
崇高的、真正人性的事物归在它的名下。为了确信人的事物的伟大和美好，
我们没有必要采取这种迂回的办法，没有必要给真正人性的事物打上"神
性的"烙印。相反，任何一种事物，越是"神性的"即非人性的，我们就
越不能称赞它。只是由于一切宗教的内容起源于人，它们才在某些地方还
可求得人的尊敬；只有意识到，即使是最疯狂的迷信，其实也包含有人类
本质的永恒规定性，尽管具有的形式已经是歪曲了的和走了样的；只有意
识到这一点，才能使宗教的历史，特别是中世纪宗教的历史，不致被全盘
否定，被永远忘记；不然的话，这种"充满神性的"历史自然会有这样的
命运。历史越是"充满神性"，就越具有非人性和兽性；毫无疑问，"充满
神性的"中世纪造成人性兽化的完善，产生农奴制和初夜权，等等。使卡
莱尔大为不满的现代之无有神性恰好是现代之充满神性。由此也可以明白，
为什么我在前面指出人是斯芬克斯谜语的谜底。迄今为止总是提出这个问
题：神是什么？德国哲学就这样回答问题：神是人。人只须认识自身，使
自己成为衡量一切生活关系的尺度，按照自己的本质去评价这些关系，根
据人的本性的要求，真正依照人的方式来安排世界，这样，他就会解开现
代的谜语了。不应当到彼岸的太虚幻境，不是超越时间和空间，不是到存
在于世界之中或与世界对立的什么"神"那里去寻找真理，而应当到最近
处，到人的心胸中去寻找真理。人所固有的本质比臆想出来的各种各样的
"神"的本质，要美好得多，高尚得多，因为"神"只是人本身的相当模
糊和歪曲了的反映。因此，如果卡莱尔依照本·琼森的讲法，说人丧失了
自己的灵魂，现在才开始觉察到它不存在，那么正确的说法应当是这样：

人在宗教中丧失了他固有的本质，使自己的人性外化，现在，在宗教由于历史的进步而动摇了之后，他才觉察到自己的空虚和不坚定。但是，他没有其他拯救的办法，只有彻底克服一切宗教观念，坚决地真诚地复归，不是向"神"，而是向自己本身复归，才能重新获得自己的人性、自己的本质。

恩格斯：《英国状况——评托马斯·卡莱尔的〈过去和现在〉》（1843
年 10 月—1844 年 1 月中），《马克思恩格斯全集》第 3 卷，人民出版
社 2002 年版，第 519—521 页。

　　这一切在"预言家"歌德的著作中也有，凡是睁着眼睛的人都可以从中读到。歌德不喜欢跟"神"打交道；"神"这个字眼使他感到不愉快，他觉得只有人性的事物使他感到自如，而这种人性，这种使艺术摆脱宗教桎梏的解放，正是歌德的伟大之处。在这方面，无论是古人，还是莎士比亚，都不能和他相比。但是，只有熟悉德国民族发展的另一方面即哲学的人，才能理解这种完善的人性，这种对宗教二元论的克服所具有的全部历史意义。歌德只能直接地、当然在某种意义上也就是"以预言方式"说出的事物，在德国现代哲学中都得到了发展和论证。卡莱尔也有一些前提，这些前提只要一以贯之，也可以达到上述观点。泛神论本身只是自由的、人的观点的最后一个预备阶段。卡莱尔视为真正"启示"的历史，只包含人性的事物；只有用强制的办法才能从人类那里夺走历史的内容，并记在什么"神"的名下。卡莱尔当作"崇拜对象"的劳动和自由活动也仍然纯粹是人的活动；而且也只有用强制的办法才能把劳动同"神"联系起来。为什么总是把至多只能表达无规定性的无限性，甚而还把保持二元论的假象的一个字眼，把本身就宣扬自然界和人类是无效的一个字眼提到第一位呢？

　　这就是卡莱尔观点的内在的即宗教的方面。我们对他观点的外在的即政治社会的方面的评价也直接以上述方面为出发点；卡莱尔的宗教信仰还很浓厚，以致仍然处于不自由的境地；泛神论一直认为，有一种比人本身更高超的东西。因此，卡莱尔渴望有"真正的贵族"，渴望有"英雄"，似乎这些英雄在最好的情况下都能超人一等。如果卡莱尔从人的整个无限性去理解人之为人，那么他就不会产生这种想法：再把人分成两群——山羊和绵羊，统治者和被统治者，贵族和贱民，老爷和愚人；他就会发现天才的真正社会使命不是用暴力统治别人，而是激励别人，引导别人。天才应当说服群众相信他的思想的真实性，这样就不必再为自己思想的实现而感到困扰，因为它接着完全会自行实现。人类实行民主制确实不是为了通过它最后再回到自己的起点。——顺便提一下，卡莱尔关于民主制所谈的，除了刚才指出的卡莱尔对现代民主制的目标、目的谈得不明确而外，几乎没有什么可指摘的。当然民主制是个中转点，但不是转向新的改良的贵族制，而是转向真正的、人的自由；同样，当代的无宗教信仰最终将导致时代完全摆脱一切宗教的、超人的、超自然的事物，而不是恢复这一切。

卡莱尔看出"竞争"、"需求和供给"、"玛门主义"等的不足之处，而且根本无意声称土地占有是绝对合理的。那为什么他不从所有这些前提得出简单结论并否定所有制本身呢？既然"竞争"、"需要和供给"、"玛门主义"等的根源即私有制还存在，那他打算怎样消灭这一切呢？"劳动组织"也无济于事；没有一定程度上利益的一致，它也无法实现。为什么不坚持采取有力措施，宣布利益的一致是人类惟一应有的状况，借此消除一切困难、一切无规定性和不精确性呢？

> 恩格斯：《英国状况——评托马斯·卡莱尔的〈过去和现在〉》（1843年10月—1844年1月中），《马克思恩格斯全集》第3卷，人民出版社2002年版，第521—523页。

因此，从一方面来说，黑格尔在哲学中扬弃的存在，并不是现实的宗教、国家、自然界，而是已经成为知识的对象的宗教本身，即教义学；法学、国家学、自然科学也是如此。因此，从一方面来说，黑格尔既同现实的本质相对立，也同直接的、非哲学的科学或这种本质的非哲学的概念相对立。因此，黑格尔是同它们的通用的概念相矛盾的。

另一方面，信奉宗教等等的人可以在黑格尔那里找到自己的最后的确证。

现在应该考察——在异化这个规定之内——黑格尔辩证法的积极的环节。

// （a）扬弃是把外化收回到自身的、对象性的运动。——这是在异化之内表现出来的关于通过扬弃对象性本质的异化来占有对象性本质的见解；这是异化的见解，它主张人的现实的对象化，主张人通过消灭对象世界的异化的规定、通过在对象世界的异化存在中扬弃对象世界而现实地占有自己的对象性本质，//正像无神论作为神的扬弃就是理论的人道主义的生成，而共产主义作为私有财产的扬弃就是要求归还真正人的生命即人的财产，就是实践的人道主义的生成一样；或者说，无神论是以扬弃宗教作为自己的中介的人道主义，共产主义则是以扬弃私有财产作为自己的中介的人道主义。只有通过对这种中介的扬弃——但这种中介是一个必要的前提——积极地从自身开始的即积极的人道主义才能产生。

然而，无神论、共产主义决不是人所创造的对象世界的消逝、舍弃和丧失，即决不是人的采取对象形式的本质力量的消逝、舍弃和丧失，决不是返回到非自然的、不发达的简单状态去的贫困。恰恰相反，无神论、共产主义才是人的本质的现实的生成，是人的本质对人来说的真正的实现，或者说，是人的本质作为某种现实的东西的实现。

马克思：《1844 年经济学哲学手稿》（1844 年 4—8 月），《马克思恩格斯文集》第 1 卷，人民出版社 2009 年版，第 216—217 页。

大地创造说，受到了地球构造学①即说明地球的形成、生成是一个过程、一种自我产生的科学的致命打击。自然发生说②是对创世说［Schöpfungstheorie］的唯一实际的驳斥。

现在对单个人讲讲亚里士多德已经说过的下面这句话，当然是容易的：你是你父亲和你母亲所生；这就是说，两个人的交媾即人的类行为生产了你这个人。③ 这样，你看到，人的肉体的存在也要归功于人。因此，你应该不是仅仅注意一个方面即无限的过程，由于这个过程你会进一步发问：谁生出了我的父亲？谁生出了他的祖父？等等。你还应该紧紧盯住这个无限过程中的那个可以通过感觉直观的循环运动，由于这个运动，人通过生儿育女使自身重复出现，因而人始终是主体。

但是，你会回答说：我向你承认这个循环运动，那么你也要向我承认

---

① 地球构造学是弗赖贝格（萨克森）矿业科学院的矿物学家阿·哥·韦尔纳于 1780 年创立的关于地球的形成、地球的结构和岩石的构成的学科。有关论述还可参看黑格尔《自然哲学讲演录》1842 年柏林版第 2 部分，第 432—440 页。

② 马克思在这里把 Generatio aequivoca 这一用语当作法文 génération spontanée 的同义词来使用，照字面直译就是自然发生的意思。有关论述还可参看黑格尔《自然哲学讲演录》1842 年柏林版第 2 部分，第 455—470 页。

③ 参看亚里士多德《形而上学》第 8 卷，第 4 章。有关论述还可参看黑格尔《自然哲学讲演录》1842 年柏林版第 2 部分，第 646—647 页。

那个无限的过程，那个过程驱使我不断追问，直到我提出问题：谁生出了第一个人和整个自然界？

我只能对你作如下的回答：你的问题本身就是抽象的产物。请你问一下自己，你是怎样想到这个问题的；请你问一下自己，你的问题是不是来自一个因为荒谬而使我无法回答的观点。请你问一下自己，那个无限的过程本身对理性的思维来说是否存在。既然你提出自然界和人的创造问题，你也就把人和自然界抽象掉了。你设定它们是不存在的，你却希望我向你证明它们是存在的。那我就对你说：放弃你的抽象，你也就会放弃你的问题，或者，你想坚持自己的抽象，你就要贯彻到底，如果你设想人和自然界是不存在的，[ⅩⅠ]那么你就要设想你自己也是不存在的，因为你自己也是自然界和人。不要那样想，也不要那样向我提问，因为一旦你那样想，那样提问，你就会把自然界的存在和人的存在抽象掉，这是没有任何意义的。也许你是个设定一切都不存在，而自己却想存在的利己主义者吧？

你可能反驳我：我并不想设定自然界等等不存在；我是问你自然界的形成过程，正像我问解剖学家骨骼如何形成等等一样。

但是，因为对社会主义的人来说，整个所谓世界历史不外是人通过人的劳动而诞生的过程，是自然界对人来说的生成过程，所以关于他通过自身而诞生、关于他的形成过程，他有直观的、无可辩驳的证明。因为人和自然界的实在性，即人对人来说作为自然界的存在以及自然界对人来说作为人的存在，已经成为实际的、可以通过感觉直观的，所以关于某种异己的存在物、关于凌驾于自然界和人之上的存在物的问题，即包含着对自然界的和人的非实在性的承认的问题，实际上已经成为不可能的了。无神论，作为对这种非实在性的否定，已不再有任何意义，因为无神论是对神的否定，并且正是通过这种否定而设定人的存在；但是，社会主义作为社会主义已经不再需要这样的中介；它是从把人和自然界看做本质这种理论上和实践上的感性意识开始的。社会主义是人的不再以宗教的扬弃为中介的积极的自我意识，正像现实生活是人的不再以私有财产的扬弃即共产主义为中介的积极的现实一样。共产主义是作为否定的否定的肯定，因此，它是人的解放和复原的一个现实的、对下一段历史发展来说是必然的环节。共产主义是最近将来的必然的形态和有效的原则，但是，这样的共产主义并不是人类发展的目标，并不是人类社会的形态。——

马克思：《1844 年经济学哲学手稿》（1844 年 5 月底 6 月初—8 月），
《马克思恩格斯文集》第 1 卷，人民出版社 2009 年版，第 195—
197 页。

假如协会成了宗派，那它就会灭亡。我们的力量就在于我们用以说明
章程第一条的那种广泛性，这就是说，一切被接受加入协会的人都竭力谋
求工人阶级的彻底解放。可惜，象一切宗派主义者一样，思想狭隘的巴枯
宁主义者们不满足于这一点。他们硬说，总委员会是由反动分子组成的，
协会的纲领过于含糊不清。按照他们的意见，无神论和唯物主义（这是巴
枯宁自己从我们德国人这里剽窃的）应当是必须遵守的义务，废除继承权
和国家等等应当成为我们纲领的一部分。但是要知道，马克思和我本来差
不多就象巴枯宁一样，是老早的和坚定的无神论者和唯物主义者，差不多
我们所有的会员也都是这样的。关于上述继承权是毫无意义的东西这一点，
我们也象巴枯宁一样，知道得很清楚，虽然我们与他不同，认为把废除继
承权描绘成摆脱一切祸害的出路是不重要的和不适当的。至于"废除国
家"，这是旧的德国哲学用语，这个用语，只是在我们年青的时候曾多次使
用过。但是把这一切列入我们的纲领，那就等于使自己脱离我们广大的会
员，那就等于分裂欧洲无产阶级，而不是团结它。

恩格斯：《恩格斯致卡洛·卡菲埃罗》（1871 年 7 月 1—3 日），《马克
思恩格斯全集》第 33 卷，人民出版社 1973 年版，第 242—243 页。

至于宗教问题，那我们不能正式谈论它，除非神父们迫使我们这样做，
但是您在我们的所有出版物中都会感到无神论的精神，此外，我们不接受
任何在章程中稍有一点宗教倾向的团体。许多这样的团体曾希望被接受，
但都遭到了拒绝。如果我们的那不勒斯朋友们联合成一个无神论的团体，
并只接受无神论者，那末，正如您自己说的，在不仅上帝万能而且对圣詹
纳罗也要表示恭敬的这样一个城市里，他们的宣传将会变成什么呢！

恩格斯：《恩格斯致卡洛·卡菲埃罗》（1871 年 7 月 28 日），《马克思
恩格斯全集》第 33 卷，人民出版社 1973 年版，第 267 页。

"信仰自由"！如果现在，在进行文化斗争的时候，要想提醒自由主义
者记住他们的旧口号，那么只有采用下面这样的形式才行：每一个人都应
当有可能满足自己的宗教需要，就像满足自己的肉体需要一样，不受警察
干涉。但是，工人党本来应当乘此机会说出自己的看法：资产阶级的"信

仰自由"不过是容忍各种各样的宗教信仰自由而已，工人党则力求把信仰从宗教的妖术中解放出来。但是他们不愿越过"资产阶级的"水平。

马克思：《哥达纲领批判》（1875 年 4 月底—最迟 5 月 7 日），《马克思恩格斯文集》第 3 卷，人民出版社 2009 年版，第 448 页。

今天，不把死亡看做生命的本质因素（注：黑格尔《全书》第 1 部第 152—153 页）、不了解生命的否定从本质上说包含在生命自身之中的生理学，已经不被认为是科学的了，因此，生命总是和它的必然结局，即总是以萌芽状态存在于生命之中的死亡联系起来加以考虑的。辩证的生命观无非就是如此。但是，无论什么人一旦懂得了这一点，在他面前一切关于灵魂不死的说法便破除了。死亡或者是有机体的解体，除了构成有机体实体的各种化学成分，什么东西也没有留下来；或者还留下某种生命要素，或多或少和灵魂相同的东西，这种要素不仅比人，而且比一切活的有机体都活得更久。因此，在这里只要借助于辩证法简单地说明生和死的本性，就足以破除自古以来的迷信。生就意味着死。

恩格斯：《自然辩证法》（1873—1882 年），《马克思恩格斯文集》第 9 卷，人民出版社 2009 年版，第 546 页。

我们的布朗基主义者与巴枯宁主义者有一个共同的特点，这就是他们都想成为走得最远、最极端的派别的代表者。因此，顺便提一下，尽管他们的目的与巴枯宁主义者根本对立，他们采用的手段却常常与后者相同。这就是说，他们要在无神论方面比所有的人都激进。在我们的时代，当个无神论者幸而并不困难。在欧洲各工人政党中无神论已经成为不言而喻的事，虽然在有些国家中它往往带有那位西班牙巴枯宁主义者的无神论所带有的那种性质，这位巴枯宁主义者说：信奉神，同整个社会主义是背道而驰的，但信奉童贞马利亚则完全是另一回事，每一个正派的社会主义者当然都应该信奉她。至于德国绝大多数的社会民主党工人，则甚至可以说，无神论在他们那里已成了往事；这个纯粹否定性的术语对他们已经不适用了，因为他们已经不只是在理论上，而且在实践上根本不相信神了；他们干脆把神打倒，他们在现实世界中生活和思考，因此他们是唯物主义者。在法国情况也是如此。如果不是这样，那么最简单的做法莫过于设法在工人中广泛传播上一世纪卓越的法国唯物主义文献。这些文献迄今为止不仅按形式，而且按内容来说都是法兰西精神的最高成就；考虑到当时的科学水平，在今天看来它们的内容也仍然有极高的价值，它们的形式仍然是不可企及的典范。但是，这却不合我们的布朗基主义者的胃口。他们为了证明自己比谁都激进，于是像1793年那样，用法令来取消神：

> "但愿公社使人类永远摆脱昔日苦难的这个幽灵〈神〉，摆脱人类现今苦难的这个原因〈这个不存在的神竟是原因！〉。——在公社中没有教士的位置；一切宗教宣传和宗教组织都应加以禁止。"

　　而这个要求，即遵照穆夫提的吩咐①使人们成为无神论者，是由两位公社委员签署的，而他们一定已有充分的机会体验到：首先，在纸上可以随便写多少条命令，而用不着去实际执行；其次，迫害是巩固不良信念的最好手段！有一点是毫无疑义的：在我们的时代唯一能替神帮点忙的事情，就是把无神论宣布为强制性的信条，并以禁止一切宗教来超越俾斯麦的文化斗争中的反教会法令。

　　　　恩格斯：《流亡者文献》（1874年5月—1875年4月），《马克思恩格斯文集》第3卷，人民出版社2009年版，第361—362页。

　　说什么唯物主义同唯心主义一样，二者都有片面性，应当结合为一个更高的统一体②，这种说法是陈词滥调，你不必去管它。至于无神论只是表示一种否定，这一点早在四十年前驳斥哲学家们的时候我们自己就说过，但我们补充说：无神论单只是作为对宗教的否定，它始终要谈到宗教，没有宗教，它本身也不存在了，因此它本身还是一种宗教。

　　　　恩格斯：《恩格斯致爱德华·伯恩施坦》（1884年7月），《马克思恩格斯全集》第36卷，人民出版社1974年版，第187页。

　　我不能也不想同那些鼓吹把科学社会主义同宗教结合起来的人交谈。笔记本时期已经过去了。不必争吵，徒伤脑筋是愚蠢的。应当把哲学和党的（派别的）事情分开：布尔什维克中央的决议也责成这样做。

　　我已经把一份可以说是最正式不过的宣战书送去付印了。这方面用不着耍外交手腕。当然，我不是从坏的方面来谈，而是从好的方面来谈外交手腕的。

---

①　意即根据上面的命令，穆夫提是伊斯兰教教法说明官。
②　布·盖泽尔：《地球的内部结构》。

　　亲爱的阿·马·：从您这一方面来说，"好的"外交手腕（如果您也不信神的话）应当是把我们的共同的（包括我在内）事情和哲学分开。

　　目前谈哲学以外的其他事情是谈不起来的，结果一定很不自然。不过，如果真是这些其他的事情（不是哲学问题，而是例如《无产者报》的事情）要我现在就到您那里去谈谈，我也可以去（我不知道能不能弄到旅费，恰巧现在有点拮据），但是，我再重说一遍：要有一个条件，那就是我不谈哲学和宗教问题。

列宁：《致阿·马·高尔基》（1908 年 4 月 16 日），《列宁全集》第
45 卷，人民出版社 1990 年版，第 199 页。

　　但是，恩格斯同时也多次谴责那些想比社会民主党人"更左"或"更革命"的人，谴责他们企图在工人政党的纲领里规定直接承认无神论，即向宗教宣战。1874 年，恩格斯谈到当时侨居伦敦的公社布朗基派流亡者发表的著名宣言时，认为他们大声疾呼向宗教宣战是一种愚蠢的举动，指出这样宣战是提高人们对宗教的兴趣、妨碍宗教真正消亡的最好手段。恩格斯斥责布朗基派不了解只有工人群众的阶级斗争从各方面吸引了最广大的无产阶级群众参加自觉的革命的社会实践，才能真正把被压迫的群众从宗教的压迫下解放出来，因此宣布工人政党的政治任务是同宗教作战，不过是无政府主义的空谈而已①。1877 年恩格斯在《反杜林论》一书中无情地斥责哲学家杜林对唯心主义和宗教所作的让步，即使是些微的让步，但也同样严厉地斥责杜林提出的在社会主义社会中禁止宗教存在这一似乎是革命的主张。恩格斯说，这样向宗教宣战，就是"比俾斯麦本人还要俾斯麦"，即重蹈俾斯麦反教权派斗争这一蠢举的覆辙（臭名远扬的"文化斗争"，Kulturkampf，就是俾斯麦在 19 世纪 70 年代用警察手段迫害天主教，反对德国天主教的党，即反对"中央"党的斗争）。俾斯麦的这场斗争，只是巩固了天主教徒的好战的教权主义，只是危害了真正的文化事业，因为他不是把政治上的分野提到首位，而是把宗教上的分野提到首位，使工人阶级和民主派的某些阶层忽视革命的阶级斗争的迫切任务而去重视最表面的、资产阶级虚伪的反教权主义运动。恩格斯痛斥了妄想做超革命家的杜林，说他想用另一种方式来重复俾斯麦的蠢举，同时恩格斯要求工人政

---

　　①　参看《马克思恩格斯全集》第 18 卷，人民出版社 1964 年版，第 579—587 页。

党耐心地去组织和教育无产阶级，使宗教渐渐消亡，而不要冒险地在政治上对宗教作战。这个观点已经被德国社会民主党人完全接受，例如德国社会民主党主张给耶稣会士以自由，主张允许他们进入德国国境，主张取消对付这种或那种宗教的任何警察手段。"宣布宗教为私人的事情"——这是爱尔福特纲领（1891 年）的一个著名论点，它确定了社会民主党的上述政治策略。

> 列宁：《论工人政党对宗教的态度》（1909 年 5 月 13 日），《列宁全集》第 17 卷，人民出版社 1988 年版，第 389—390 页。

马克思主义者应当是唯物主义者，是宗教的敌人，但是他们应当是辩证唯物主义者，就是说，他们不应当抽象地对待反宗教斗争问题，他们进行这一斗争不应当立足于抽象的、纯粹理论的、始终不变的宣传，而应当具体地、立足于当前实际上所进行的、对广大群众教育最大最有效的阶级斗争。

> 列宁：《论工人政党对宗教的态度》（1909 年 5 月 13 日），《列宁全集》第 17 卷，人民出版社 1988 年版，第 394 页。

……谈到神、神的以及与此有关的一切，您有一个矛盾，我认为这也就是我们在卡普里最后一次会晤的谈话中我所指出的那个矛盾：您尽管同"前进派分子"决裂了（或者说好象是决裂了），但并没有注意到"前进派"的思想基础。

现在情况还是这样。您来信说您"很苦恼"，您"不能理解，怎么会脱口说出'暂时'这个词"，但同时您又在为神和造神说的思想辩护。

> "神是部落、民族和人类所形成的一些观念的复合，这些观念在激发和组织社会感情，以使个人同社会相联系，约束动物性个人主义。"

这种理论显然是同波格丹诺夫和卢那察尔斯基的那个或那些理论联系着的。

它显然是错误的，并且显然是反动的。象基督教社会主义者（一种最坏的"社会主义"和一种对社会主义最坏的歪曲）一样，您使用的方法（尽管您有极好的意愿）也是重复僧侣们的那套把戏：从神这个观念中撇开历史和生活带来的东西（鬼神，偏见，愚昧和闭塞的神圣化，以及农奴

制和君主制的神圣化），并在神的观念中加进善良的小市民的词句（神＝
"在激发和组织社会感情的观念"），以代替历史和生活的现实。

您想以此来说出"善良和美好的东西"，指出"真理—正义"等等。
但是您这种善良的愿望只是属于您个人的东西，只是您的一种主观的"天
真的愿望"。您既然写了这些东西，它就散布到群众中去了，它的作用就不
由您的善良愿望来决定而要由社会力量的对比，由阶级的客观对比来决定
了。由于这种对比，事情的结果（违背了您的意志并且不依从于您的意
识）就成了这样：您粉饰了、美化了教权派、普利什凯维奇分子、尼古拉
二世和司徒卢威先生之流的观念，因为事实上神的观念是帮助他们奴役人
民的。您美化了神的观念，也就是美化了他们用来束缚落后的工人和农民
的锁链。僧侣之流将会说：瞧，民主派先生们，连"你们的"领袖也都承
认，这是一种多么好的深刻的观念（神的观念），——而我们（僧侣之流）
正是为这个观念服务的呀。

> 列宁：《致阿·马·高尔基》（1913 年 11 月 14 日以后），《列宁全集》
> 第 46 卷，人民出版社 1990 年版，第 366—367 页。

八 论宗教与民族

1. 宗教与族群认同

我们现在来谈谈在人口中占绝大部分并且凡是在种族混杂的地方其血统都占优势的一个种族。这个种族实际上可以说构成了从摩里亚半岛到多瑙河、从黑海到阿尔瑙特山脉这一地带的基督教居民的主体。这个种族就是斯拉夫族，更确切说，是其中名为伊利里亚人或南方斯拉夫人的一个分支。继西方斯拉夫人（波兰人和波希米亚人）和东方斯拉夫人（俄罗斯人）之后，它构成了 1200 年来居住在欧洲东部的人数众多的斯拉夫族的第三个分支。这些南方斯拉夫人不仅居住在土耳其大部分土地上，并且居住在达尔马提亚、克罗地亚、斯拉沃尼亚和南匈牙利。他们都讲同一种语言，这种语言同俄语非常相近，在西方人听来无疑是所有斯拉夫语言中最悦耳的一种。克罗地亚人和部分达尔马提亚人信奉罗马天主教；其余的都信奉希腊正教。罗马天主教徒使用拉丁字母，希腊正教徒书写时则使用俄语、古斯拉夫语或者说教会斯拉夫语也使用的基里尔字母①。这种与宗教信仰差异有关的情况，也妨碍着整个南方斯拉夫地区朝民族统一的方向发展。一个贝尔格莱德人也许不能阅读在阿格拉姆或贝奇用他们自己的语言出版的书，他甚至可能拒绝把它拿在手里，因为那里面使用的是"异教的"字母和正字法。另一方面，他却可以毫不困难地阅读和理解在莫斯科用俄语出版的书，因为两种语言非常相似，特别是在古斯拉夫语语源的正字法方面；此外，还因为这种书是用"正统的"（正教的）字母排印的。大多数信希腊正教的斯拉夫人甚至不愿在本国印刷他们的圣经、祈祷文和祈祷书，因为他们深信凡是在神圣的莫斯科或在圣彼得堡的皇家印刷机构印刷的东西都特别正确、正统和圣洁。尽管阿格拉姆和布拉格的狂热分子作了种种泛斯拉夫主义的努力，可是塞尔维亚人、保加利亚人、波斯尼亚的莱雅、马其顿和色雷斯的斯拉夫族农民，对俄罗斯人要比对讲同一种语言的信罗

---

① 基里尔字母是古斯拉夫语中的一种字母（另一种是格拉哥里文字母），以 9 世纪中叶的传教士基里尔的名字命名。基里尔同他的兄弟梅福季一起把一些宗教经文从希腊语翻译成古斯拉夫语。俄语、保加利亚语和其他许多斯拉夫语言都使用形式上有所变化的基里尔文字。

马天主教的南方斯拉夫人抱有更大的民族同情心，同他们有更多的接触点和更多的思想交往手段。不论发生什么事，他们总是指望从圣彼得堡来个救世主把他们从所有灾祸中解救出来，如果说他们把君士坦丁堡叫作他们的沙皇格勒或者说沙皇城，那么这既意味着他们期待正教沙皇从北方降临该城以恢复真宗真教，同时也意味着他们怀念在土耳其人侵占这个地区以前统治该城的正教沙皇。

斯拉夫种族在土耳其大部分地区处于土耳其人的直接统治之下，但是由于地方政权是由他们自己选举的，而且他们部分地（在波斯尼亚）皈依了征服者的宗教，所以斯拉夫种族在这个地区有两个地方保持了或者说赢得了政治地位。其中之一就是塞尔维亚，即摩拉瓦河谷，这是一个有着极明显的天然边界的省份，600 年前曾在这些地带起过重要的作用。1806 年的俄土战争使一度处于土耳其人统治下的塞尔维亚获得独立存在的机会，虽然最高权力仍然属于土耳其。从那个时候起，塞尔维亚就一直受俄国的直接保护。但是，同摩尔多瓦和瓦拉几亚一样，政治存在产生了新的需要，迫使塞尔维亚增加和西欧的交往。文明开始生根，贸易获得增长，新的思想产生，于是，在受俄国影响最大的中心堡垒，在斯拉夫的和正教的塞尔维亚，出现了一个由前财政大臣加腊沙宁领导的反俄的进步党派（当然，它的改革要求是很低的）。

如果信希腊正教的斯拉夫居民一旦在他们居住并占总人口四分之三（700 万人）的土地上成为主宰者，毫无疑问，同样的需要很快也会产生一个反俄的进步党派；这样的党派的存在，一直都是这些居民的任何一部分获得对土耳其的半独立地位之后不可避免的结果。

马克思、恩格斯：《不列颠政局。——迪斯累里。——流亡者。——马志尼在伦敦。》（1853 年 3 月 11 日—22 日之间），《马克思恩格斯全集》第 12 卷，人民出版社 1998 年版，第 10—12 页。

首先，这个通常叫作欧洲土耳其的半岛是南方斯拉夫种族的天然继承物，这是一个不能否认的事实。这个种族在欧洲土耳其 1200 万居民中占700 万人。它占有这块土地已有 12 个世纪之久。如果我们把讲希腊语而实际上是斯拉夫族后裔的极少数居民除外，只有土耳其或阿尔瑙特族的蛮人是斯拉夫人的竞争对手。这些蛮人早就被斥为仇视一切进步的死敌。相反，南斯拉沃尼亚人是该国内陆地区文明的唯一代表者。他们还没有形成为民族，但是他们在塞尔维亚已经有一个强大的和比较开明的民族核心。塞尔维亚人有自己的历史和自己的文献。他们同在数量上占优势的敌人进行了11年英勇的斗争，方才获得了今天的内政自主。近20年来，他们在文化和文明手段方面取得了迅速的进展。他们被保加利亚、色雷斯、马其顿和波斯尼亚的基督徒看作自己在将来争取独立和民族生存的斗争中必须在其周围团结起来的中心。实际上可以说，塞尔维亚和基尔维亚民族自身越加强，俄国对土耳其的斯拉夫人的直接影响就越被排除；因为塞尔维亚为了保持一个基督教国家的独特地位，曾经不得不以西欧为借鉴来建立自己的政治制度、自己的学校，形成自己的科学、自己的工业组织。由此也就可以解释这样一种反常现象：塞尔维亚尽管受俄国的保护，但它从一解放就建立了立宪君主制度。

> 恩格斯：《欧洲土耳其前途如何?》（1853年4月1日以后——最迟7日），《马克思恩格斯全集》第12卷，人民出版社1998年版，第41页。

……不存在土地私有制，的确是了解整个东方的一把钥匙。这是东方全部政治史和宗教史的基础。但是东方各民族为什么没有达到土地私有制，甚至没有达到封建的土地所有制呢？我认为，这主要是由于气候和土壤的性质，特别是由于大沙漠地带，这个地带从撒哈拉起横贯阿拉伯、波斯、印度和鞑靼①直到亚洲高原的最高地区。在这里，农业的第一个条件是人工灌溉，而这是村社、省或中央政府的事。在东方，政府总共只有三个部门：财政（掠夺本国）、军事（掠夺本国和外国）和公共工程（管理再生产）。在印度的英政府对第一和第二个部门进行了调整，使两者具有了更加庸俗的形态，而把第三个部门完全抛开不管，结果断送了印度的农业。在那里，自由竞争被看成极丢脸的事。土壤肥力是靠人工达到的，灌溉系统一旦遭到破坏，土壤肥力就立即消失，这就说明了用其他理由难以说明的下述事实，即过去耕种得很好的整个整个地区（巴尔米拉、佩特拉、也门废墟，以及埃及、波斯和印度斯坦的某些地区），现在一片荒芜，成了不毛之地。这也说明了另一个事实，即一次毁灭性的战争足以使一个国家在数世纪内荒无人烟，文明毁灭。依我看来，穆罕默德以前阿拉伯南部商业的

---

① 鞑靼是十九世纪对中亚细亚和突厥斯坦的一部分地区的称呼。

毁灭，也属于这类现象，你认为这一点是伊斯兰教革命的一个重要因素，是完全正确的。我对公元最初六个世纪的商业史了解得不够，所以无法判断，一般的世界物质条件究竟使人们在多大程度上宁愿选择经波斯到黑海和经波斯湾到叙利亚和小亚细亚这条通商道路，而不选择经红海的道路。但是，无论如何下列情况起了巨大的作用：商队在萨珊王朝的秩序井然的波斯王国中行走比较安全，而也门在公元200—600年间则几乎一直受到阿比西尼亚人的奴役、侵略和掠夺。在罗马时代还很繁荣的阿拉伯南部各城市，在7世纪已经成了荒无人烟的废墟；毗邻的贝都因人在这500年内编造了一些关于他们起源的纯粹神话般的无稽传说（见古兰经和阿拉伯历史学家诺瓦伊里的著作），这些城市里的碑文所使用的字母几乎完全没有人能认识了，尽管那里并没有第二种字母，所以，实际上这种文字已被遗忘了。造成这种情况的原因，除了一般的商业状况所引起的排挤，还有直接的暴力破坏，这种破坏只能用埃塞俄比亚人的入侵来说明。阿比西尼亚人的被驱逐大约发生在穆罕默德前40年间，这显然是阿拉伯人的民族感觉醒的第一个行动，此外，这种民族感也受到从北方几乎直逼麦加城的波斯人的入侵的激发。只是这几天我才着手研究穆罕默德本身的历史。不过，目前我觉得，这段历史具有贝都因反动势力反对那些定居的、但日益衰落的城市农民的性质，这种农民当时在宗教方面也已极端败落，他们把衰败的犹太教和基督教同衰败的自然崇拜混合在一起。

恩格斯：《恩格斯致马克思》（1853年6月6日），《马克思恩格斯文集》第10卷，人民出版社2009年版，第113—114页。

顺便谈谈宗教改革：奥地利到底从一开始就下功夫使斯拉夫人变成一种危险。在斯拉夫人当中，除了俄罗斯人之外，一切民族都同情宗教改革。宗教改革使圣经译成斯拉夫民族的各种方言。由于宗教改革，至少各民族有了觉醒，另一方面，同新教的德意志北方建立了紧密的联盟。如果奥地利不镇压这个运动，那么通过新教就会既奠定德意志精神优势的基础也建立抵御正教俄罗斯的屏障。奥地利把德意志人拖进了臭泥坑，并且在德意志也象在东方一样，替俄国作了事情。

马克思：《马克思致恩格斯》（1856年3月5日），《马克思恩格斯全集》第29卷，人民出版社1972年版，第25—26页。

信教自由——这就是为了消灭波兰所需要的字眼。波兰在宗教问题上从来就是极其自由的，有事实为证：当犹太人在欧洲所有其他地方都遭到迫害时，他们在这里却找到了避难所。东部各省的大部分居民信奉希腊正教，而波兰本地人则是罗马天主教徒。这些希腊正教徒中有很大一部分人在 16 世纪时受劝承认罗马教皇的最高权力，被叫做合并派希腊正教徒①，但他们当中有很多人在所有各方面仍然保持原先的希腊正教信仰。他们主要是农奴，而他们的高贵主人差不多全都是罗马天主教徒；他们按民族来说是小俄罗斯人。俄国政府在本国除希腊正教外不容忍其他任何宗教，把叛教当作罪行加以惩罚；它征服别的民族，吞并左右邻人的地盘，与此同时，它把俄国农奴身上的镣铐钉得更加牢固——就是这个俄国政府，很快就对波兰下手了，它以信教自由的名义，因为据说波兰压迫希腊正教徒；它以民族原则的名义，因为东部这些省份的居民是小俄罗斯人，因此他们应当并入大俄罗斯；它以革命权利的名义，把农奴武装起来去反对他们的主人。俄国是完全不择手段的。有人说阶级对阶级的战争是极端的革命，可是，将近一百年以前俄国在波兰就发动了这样一场战争，而且是一场非常典型的阶级战争。当时，俄国的士兵和小俄罗斯的农奴并肩去焚烧波兰领主的城堡，这只是为了给俄国的吞并作准备；吞并一实现，还是那些俄国士兵就又把农奴拖回他们领主的枷锁之下。

　　所有这一切都是在信教自由的名义下进行的，因为民族原则当时在西欧还未成时尚。不过，那个时候已经有人在小俄罗斯农民的眼前摆弄这一原则了，而且从那时起，它在波兰事务中就一直起着重要的作用。

　　　　恩格斯：《工人阶级同波兰有什么关系?》（1866 年 1 月底—4 月 6
　　　　日），《马克思恩格斯全集》第 21 卷，人民出版社 2003 年版，第
　　　　230—231 页。

　　"古制全书"直到现在还是我们研究古代爱尔兰的主要资料。这是一部古代法规的汇编。据以后写成的序言说，这个汇编是适应正在爱尔兰迅速传播的基督教的需要，根据圣帕特里克的建议并在他的参加之下编成的。

　　　　恩格斯：《爱尔兰史》（1870 年 5—7 月上半月），《马克思恩格斯全

---

　　①　合并派希腊正教是从希腊正教会（亦称东正教会）分离出来的，其正式名称为东仪天主教会（Eastern Rite Catholic Churches）。合并派希腊正教徒承认罗马教皇的首脑地位，但继续保持原有的东派传统礼仪和典制，而不受拉丁语系天主教会礼仪和规章的约束。主教自行祝圣，不由教皇任命。

集》第16卷，人民出版社1964年版，第554页。

下述场面使人非常吃惊：这些摩尔人中间有几个穿着很讲究，甚至很豪华，其余的穿一种我不妨暂且叫作"短衫"的衣服，看样子过去是白色毛料的，但现在已经破烂不堪，然而在真正穆斯林的眼睛里，这类事情，幸运或者倒霉，都不会造成穆罕默德的子女之间的差别。他们在社交中绝对平等——是完全自然的；相反地，他们只是在风俗习惯受到破坏的时候，才意识到这种平等；至于谈到对基督徒的仇恨及最后战胜这些异教徒的希望，那末他们的政治家正当地把这种绝对平等感，把这种平等的实际存在（不是在财产或地位上，而是在人格方面）看作是支持这种仇恨并且不放弃这种希望的保证。（然而没有革命运动，他们什么也得不到。）

马克思：《马克思致劳拉·拉法格》（1882年4月13—14日），《马克思恩格斯全集》第35卷，人民出版社1971年版，第301—302页。

然而再回过来看看1760年的俄国。这个由单一种族构成的不可攻克的国家的邻国，全都是这样一些国家：它们或者表面上或者实际上已趋于衰落，濒于崩溃，因此成了真正的征服对象［matière à conquêtes］。北部是瑞典，它的实力和威望正是由于查理十二作了入侵俄国的尝试而丧失的；查理十二由此毁灭了瑞典，并清楚地向大家表明了俄国是不可攻克的。南部是已成强弩之末的土耳其人和他们的纳贡者克里木鞑靼人；土耳其人的进攻力量早在一百年前已被摧毁，他们的防御力量还算可观，但也日益减弱；这一日益扩大的弱点的最好标志是：在被他们征服的基督教徒（构成巴尔干半岛人口多数的斯拉夫人、罗马尼亚人和希腊人）中已开始出现反抗。这些基督教徒，几乎全属于希腊正教派，因此是俄国人的教友，而其中的斯拉夫人——塞尔维亚人和保加利亚人——又是他们的同族。因此，只要俄国一宣布自己的使命是保护被压迫的希腊正教教会和被奴役的斯拉夫人，就会在这里为在解放的幌子下的侵略准备好基础。高加索山脉以南，还有一些在土耳其统治下的小的基督教国家和信奉基督教的亚美尼亚人，对于他们，沙皇政府也同样可以自称是"解放者"。而且，在这里，在南方，还有一件使贪婪的侵略者着迷的、在欧洲无与伦比的战利品：东罗马帝国的旧都，整个希腊正教世界的都城；这个城市，单是它的俄国名称——君士坦丁堡—沙皇格勒，就表明了对东方的统治，表明了它的统治者在东方基督教世界中享有的威望。

　　然而，沙皇格勒作为俄国的第三都城而与莫斯科和彼得堡并列，这不仅会意味着对东方基督教世界的精神统治，而且也是确立对欧洲的统治的决定性的一步。这会意味着对黑海、小亚细亚、巴尔干半岛的独占统治。

> 恩格斯：《俄国沙皇政府的对外政策》（1889 年 12 月—1890 年 2 月），《马克思恩格斯文集》第 4 卷，人民出版社 2009 年版，第 357—358 页。

　　而在 16 世纪，耶稣会会士统治波兰时期，波兰的信奉希腊正教的俄罗斯人被迫改宗罗马天主教。这就给了大俄罗斯的沙皇们一个称心如意的借口，使他们能够把过去的立陶宛公国当做一个俄罗斯民族的，但是遭受到波兰压迫的地区，而对之提出领土要求，尽管根据最伟大的现代斯拉夫学家米克洛希奇的意见，至少小俄罗斯人讲的并不就是一种俄罗斯方言，而是一种完全独立的语言；另一个干涉的借口是：作为希腊正教的维护者，要保护东方礼天主教徒①，虽然后者早已安于自己在罗马天主教教会中的现状。

> 恩格斯：《俄国沙皇政府的对外政策》（1889 年 12 月—1890 年 2 月），《马克思恩格斯文集》第 4 卷，人民出版社 2009 年版，第 359 页。

　　这些犹太人无疑地和格鲁吉亚人、达格斯坦人、俄罗斯人以及美利坚人过着共同的经济生活和政治生活，受着共同文化的熏陶，这就不能不给他们的民族性格打上烙印；如果他们中间还有什么相同之处，那就是宗教、共同的起源和民族性格的某些残余。这一切是用不着怀疑的。可是，怎能认真地说，僵化的宗教仪式和日渐磨灭的心理残余会比这些犹太人所处的活的社会经济和文化的环境更强烈地影响到他们的"命运"呢？要知道，只有在这样的假定下，才可以说犹太人一般地是个统一的民族。

> 斯大林：《马克思主义和民族问题》（1913 年 1 月），《斯大林全集》第 2 卷，人民出版社 1953 年版，第 267 页。

---

　　① 东方礼天主教徒是指正教教会和罗马天主教教会合并而成的所谓东方礼天主教会的基督教徒。合并是按照波兰封建主和天主教僧侣（首先是耶稣会会士）在 1596 年布雷斯特宗教会议上提出的要求宣布的。根据布雷斯特合并条约，波兰贵族共和国的正教居民虽然仍旧保持正教教会的仪式，但是应承认罗马教皇为自己的首领和接受天主教的基本教义。合并是波兰的大地主和贵族巩固他们对乌克兰和白俄罗斯人民的统治的一种手段，得到了乌克兰和白俄罗斯的高级僧侣和封建上层人物的支持，却遭到人民群众的抵制，为反对合并而斗争成了人民群众解放运动的口号之一。

把那些操着格鲁吉亚语言但过着土耳其文化生活并信奉伊斯兰教的阿札里人列入哪个民族联盟呢？是不是以宗教事业为标准叫他们脱离格鲁吉亚人而单独"组织"起来，同时又以其他文化事业为标准叫他们和格鲁吉亚人一起"组织"起来呢？

斯大林：《马克思主义和民族问题》（1913 年 1 月），《斯大林全集》第 2 卷，人民出版社 1953 年版，第 311—312 页。

阿尔明尼亚和它周围的伊斯兰教徒之间的宿仇，由于在阿尔明尼亚、土耳其、阿捷尔拜疆的劳动人民之间建立了兄弟般的团结而一举消释了。

斯大林：《苏维埃阿尔明尼亚万岁！》（1920 年 12 月 4 日），《斯大林全集》第 4 卷，人民出版社 1956 年版，第 354 页。

2. 宗教与族群隔阂

现在我们就来谈一谈这个问题。土耳其由以下三个完全不同的部分组成：非洲藩属国（埃及和突尼斯）、亚洲土耳其和欧洲土耳其。非洲属地（其中只有埃及可以算是真正隶属于苏丹）可以暂时不谈。埃及在更大程度上属于英国人，将来只要瓜分土耳其，它必定是被英国人分去。亚洲土耳其才真正是帝国现时拥有的全部力量之所在。400 年来土耳其人的主要居住地小亚细亚和亚美尼亚，是补充土耳其军队的后备基地，从兵临维也纳城下的土耳其军队，到库列夫察战役中被吉比奇并不很高明的战术打得四散奔逃的土耳其军队都来自那里。亚洲土耳其尽管人口稀少，却形成了一个坚不可摧的土耳其族的狂热的穆斯林群体，目前谁也休想去征服它。实际上每当"东方问题"提出的时候，在这个地区中所考虑的只是巴勒斯坦和基督徒聚居的黎巴嫩谷地。

问题的真正焦点永远是欧洲土耳其，即萨瓦河和多瑙河以南的大半岛。这个好地方不幸聚居着各不相同的种族和民族，很难说它们当中哪一个最缺少走向进步和文明的素质。1200 万斯拉夫人、希腊人、瓦拉几亚人、阿尔瑙特人①都处于 100 万土耳其人的统治之下，而直到不久以前还很难说，在所有这些不同种族当中土耳其人不是最有能力掌握统治权的，同时在居民这样混杂的情况下，统治权又不能不属于其中的一个民族。但是，我们

---

① 土耳其人对阿尔巴尼亚人的称呼。

看到，土耳其当局走上文明道路的一切尝试遭到了怎样可悲的失败——以几个大城市中的土耳其暴民为主要支柱的伊斯兰教狂热势力，总是在奥地利和俄国援助之下卷土重来并消灭任何可能取得的进步；我们看到，中央即土耳其当局由于基督徒聚居省份的起义（由于土耳其政府的衰弱和邻邦的干涉，这些起义没有一次是毫无所获的）而一年年地削弱下去；我们看到，希腊取得独立，俄国占领部分亚美尼亚，而摩尔多瓦、瓦拉几亚和塞尔维亚相继归于俄国的保护之下，——当我们看到这一切的时候，我们不能不承认，土耳其人在欧洲的存在是开发色雷斯—伊利里亚半岛的一切潜力的真正障碍。

马克思、恩格斯：《不列颠政局。——迪斯累里。——流亡者。——马志尼在伦敦。——土耳其》（1853年3月11—22日之间），《马克思恩格斯全集》第12卷，人民出版社1998年版，第7—8页。

很难称土耳其人是土耳其的统治阶级，因为那里社会各个不同阶级之间的关系像各个不同种族之间的关系一样混乱。在不同地区和不同情况下，土耳其人中有工人、农民、小自由农、商人、处于封建主义最低和最野蛮阶段的封建地主、官吏或军人；但是，不管其社会地位如何，土耳其人都属于有特权的宗教和民族——只有他们才有携带武器的权利，而且即使是地位最高的基督徒，在遇见地位最低的穆斯林时也必须让路。在波斯尼亚和黑塞哥维那，斯拉夫血统的贵族改宗了伊斯兰教，而一般群众仍然是莱雅，即基督徒。因此，在这一省份里，占统治地位的宗教和占统治地位的阶级是吻合的，波斯尼亚穆斯林和他们的土耳其血统教友的地位自然也是同等的。

马克思、恩格斯：《不列颠政局。——迪斯累里。——流亡者。——马志尼在伦敦。——土耳其》（1853年3月11—22日之间），《马克思恩格斯全集》第12卷，人民出版社1998年版，第8页。

我现在还不想深入研究《天主教会和正教会的权利和特权》的全部内容，而首先要探讨一下蓝皮书中讳莫如深的极其重要的事件，即奥土两国关于黑山的争吵。预先了解这件事情极其必要，因为这可以揭示俄奥协议消灭和瓜分土耳其帝国的计划是存在的，还因为英国把圣彼得堡宫廷同土耳其政府的进一步谈判交给奥地利的这一事实本身，使人对英国内阁在发生东方争端的整个期间的态度感到困惑莫解。由于没有任何关于黑山问题的正式文件，我就以刚出版的莱·弗·辛普森的著作《东方问题手册》为依据。

土耳其的扎布利亚克要塞（在黑山和阿尔巴尼亚接壤处）于 1852 年 12 月受到黑山部队的攻击。人们还记得，土耳其政府曾派奥美尔帕沙去驱逐侵略者。土耳其政府宣布封锁阿尔巴尼亚全部海岸。显然，这个措施只能是用来对付奥地利和它的海军，这也说明土耳其内阁相信黑山的叛乱是由奥地利挑拨起来的。

当时奥格斯堡《总汇报》上刊登了如下的一篇由维也纳寄来的日期标明为 1852 年 12 月 29 日的文章：

> "如果奥地利真想支援黑山人，那么封锁也没有用。就是亚得里亚海有土耳其的舰队，只要黑山人下山，奥地利就能在卡塔罗供应他们枪枝弹药。奥地利既不赞成黑山人现在的入侵，也不赞成黑塞哥维那和波斯尼亚基督徒中即将爆发的革命。奥地利经常表示反对压迫基督徒，而且是以人道的名义。它对待东派教会不得不保持中立。耶路撒冷最近的消息说明，那里多么猛烈地燃起了宗教仇恨的火焰。所以奥地利的活动家必然竭尽全力保持奥地利帝国的信仰正教的基督徒和天主教徒之间的和平。"

从这篇文章中我们可以知道，首先，人们预料土耳其基督徒中肯定会爆发革命；其次，奥地利为俄国控诉压迫正教会准备了根据；第三，人们认为在"圣地"问题上的宗教纠纷会给奥地利提供保持"中立"的机会。

　　马克思：《俄国的外交。——关于东方问题的蓝皮书。——黑山》（1854 年 2 月 10 日），《马克思恩格斯全集》第 13 卷，人民出版社 1998 年版，第 72—73 页。

我们得悉，本月 12 日法国、英国和土耳其签订了一个三国同盟条约①，但是，尽管苏丹亲自向大穆夫提②提出请求，后者在乌里玛团体③的支持下

---

　　① 三国同盟条约是 1854 年 3 月 12 日法国、英国和土耳其在君士坦丁堡签订的一项条约。根据这项条约，同盟国有义务在海军和陆军方面给予土耳其军事援助，而土耳其未经英法同意不得同俄国进行和谈并签订和约。

　　② 穆夫提是伊斯兰教教法权威。负责就个人或法官所提出的询问提出意见，这种意见有时在疑难案件中起决定性作用。

　　③ 乌列玛是中近东伊斯兰教国家中神学家和法学家的最高等级。这个等级掌握着诉讼程序及一切宗教机构和学校的管理权；乌列玛在奥斯曼帝国的政治生活中有很大的影响。

还是拒绝作出批准关于改变土耳其境内的基督徒地位的条款的判决，认为这些条款违背古兰经的教义。看来，这个消息是有重大意义的，因为它使德比勋爵不得不发表下述声明：

> "我只想表明自己的真诚希望：政府将发表一个声明来说明近日来流传的一则消息是否属实，这则消息说英国、法国和土耳其之间订立的协定中包含一些规定我们具有保护权的条文，这种保护权至少会同我们曾加以反对的俄国的保护权一样受到指责。"

今天的《泰晤士报》说，政府的政策同德比勋爵的政策完全相反，还说：

> "如果某种严重违抗这一政策的行为是大穆夫提或乌里玛的宗教狂热的结果，我们将感到非常遗憾。"

无论要了解土耳其政府和土耳其宗教当局之间的关系的性质，还是要了解目前土耳其政府在关于土耳其帝国基督教臣民的保护权问题（初看起来这个问题好像是目前东方一切实际纠纷的根源）上所面临的困难，都必须先追溯一下这个问题产生和发展的历史。

马克思：《宣战。——关于东方问题的历史》（1854 年 3 月 28 日），《马克思恩格斯全集》第 13 卷，人民出版社 1998 年版，第 180—181 页。

古兰经和以它为根据的伊斯兰教法律把各个不同民族的地理和人文归结为一个简便的公式，即把他们分为两种民族和两种国家——正统教徒和异教徒的民族和国家。异教徒就是"哈尔比"，即敌人。伊斯兰教宣布异教徒的民族是不受法律保护的，并在穆斯林和异教徒之间造成一种经常互相敌视的状态。在这种意义上说，柏柏尔国家①的海盗船曾是伊斯兰教的神圣舰队。那么土耳其帝国的基督教臣民的存在如何能同古兰经相容呢？

伊斯兰教法律规定：

---

① 柏柏尔国家是 19 世纪对地中海沿岸北非国家（阿尔及利亚、突尼斯、摩洛哥）的称呼。

"如果某个城市投降，其居民同意成为莱雅，即穆斯林君主的臣民，而又不放弃自己的信仰，那么他们必须缴纳哈拉志（人头税）；他们和正统教徒达成停战协议，无论谁都不得没收他们的地产或房屋……在这种情况下，他们的旧教堂就是他们的财产的一部分，允许他们在这些教堂中举行祈祷仪式。但是不允许他们修建新教堂。他们只有权修缮旧教堂和恢复其坍塌的部分。各省总督定期派专员巡视基督徒的教堂和圣殿，检查是否有以修缮为名增添新建筑的情况。如果某个城市是用武力征服的，那么居民可以保存自己的教堂，但只是作为他们居住处或避难所，不允许在里面举行祈祷仪式。"①

因为君士坦丁堡同土耳其欧洲部分的大部分地区一样是投降的，所以那里的基督徒在土耳其政府统治下享有作为莱雅而存在的特权。他们之所以享有这个特权，仅仅是因为他们同意把自己置于穆斯林的保护之下。因而，仅仅是由于基督徒应按照伊斯兰教法律服从穆斯林管理，君士坦丁堡的宗主教，即他们的宗教首领，同时也就是他们的政治代表和最高审判官。凡是奥斯曼帝国境内我们看到有正教徒莱雅聚居的地方，根据法律，大主教和主教都是市政委员会的委员，并在宗主教的领导下管理向正教徒分派赋税的事宜。宗主教对自己的教徒的行为向土耳其政府负责。宗主教由于被授权审判本教的莱雅，他便把这个权力转托给都主教和主教在他们管辖的教区内行使，而他们的判决，土耳其政府的官吏和法官等等必须执行。他们有权判处罚款、徒刑、笞刑和流放。此外，他们自己的教会还赋予他们开除教籍的权力。除了罚款以外，他们还对民事和商业案件课收各种税款。教阶制度中的每个等级都有一定的金钱价格。宗主教为了获得叙任权向国务会议缴纳很重的贡赋，但他也把大主教和主教的职位卖给本教会的神职人员，而后者则靠出卖下级职位给别人并从教士身上征收贡赋而得到补偿。教士又把从上级那里买来的权力零售出去，并在他执掌的洗礼、结婚、离婚、遗嘱等事情上大做其生意。

从这个叙述中可以清楚地看到，在土耳其对信仰正教的基督徒的宗教统治系统以及土耳其社会的整个结构都是以莱雅服从古兰经这点为基础的，

---

① 塞·法曼《基督教会在东方的竞争和对它们进行保护的历史》1853 年巴黎版。

而古兰经则把莱雅看作异教徒，也就是看作仅仅是宗教意义上的一个民族，准许把教会和世俗权力集中在他们的教士的手中，因此通过世俗的解放来废除他们对古兰经的从属，也就是同时消除他们对神职人员的从属，并引起他们在社会、政治和宗教关系等方面的革命，这场革命首先不可避免地会把他们推入俄国的怀抱。谁想用一部民法典来代替古兰经，谁就必须按照西欧的式样来改造拜占庭社会的全部结构。

> 马克思：《宣战。——关于东方问题的历史》（1854 年 3 月 28 日），《马克思恩格斯全集》第 13 卷，人民出版社 1998 年版，第 181—183 页。

于是又产生了一个问题：穆斯林和信异教的外国人之间的关系又怎样呢？

因为古兰经把一切外国人都视为敌人，所以谁也不敢没有预防措施而到伊斯兰教国家去。因此，第一批冒险去同这样的民族做生意的欧洲商人一开始就力图保证个人享有特殊待遇和特权，后来，这种特殊待遇和特权扩大到他们的整个国家。这就是特惠条例产生的根源。特惠条例——这是土耳其政府发给欧洲各国的帝国文书，即特权证件，它允许这些国家的臣民通行无阻地进入伊斯兰教国家，在那里安安稳稳地从事自己的经营活动并按照本国的仪式进行祈祷。它和条约最大的不同之处在于，它不是经过缔约双方对等磋商，不是在互利互让的基础上经双方同意的互惠条例。相反地，特惠条例是由其颁发政府单方面赋予的特许权，因此也可以由它自行决定废除。而事实上，土耳其政府已经不止一次地使它赋予某个国家的特权化为乌有，其办法就是把这些特权也赋予其他国家，或者完全废除这些特权，拒绝继续实施这种条例。特惠条例的这种不稳定的性质使它永远成为各国大使争执和埋怨的根源，为此无休无止地交换互相反驳的照会，而且每位新王即位时都要重新颁布敕令。

外国列强的那种不是对土耳其帝国的基督教臣民——莱雅，而是对去土耳其旅行或者作为外国人在那里侨居的本教教徒的保护权，正是从这种特惠条例开始产生的。获得这种保护权的第一个强国是法国。1535 年在苏里曼大帝和弗朗索瓦一世时代，1604 年在艾哈迈德一世和亨利四世时代以及 1673 年在穆罕默德四世和路易十四时代，法国和奥斯曼政府之间签订的各个特惠条例，于 1740 年在一本条约汇编中得到了修订、确认、重申和增补，这本汇编的标题就是《法国宫廷和奥斯曼政府之间的新旧特惠条例和条约。——公元 1740 年（希吉拉历 1153 年）修订和增补。由御前翻译秘书兼驻奥斯曼帝国宫廷首席翻译官德瓦尔先生译（经土耳其政府批准的第一个正式译本）于君士坦丁堡》。这个协定的第三十二条规定法国有权保护一切传播法兰克宗教的寺院（不管这些寺院属于哪一个国家），以及一切到圣地去的法兰克朝圣者。

俄国是第一个在 1774 年把仿照法国的先例而取得的特惠条例列入条约的国家。这个条约就是凯纳吉条约。同样地，拿破仑在 1802 年认为，使特惠条例的存在和保持成为条约的一项条款，并使之具有相互约束的协定的性质是适当的。

> 马克思：《宣战。——关于东方问题的历史》（1854 年 3 月 28 日），《马克思恩格斯全集》第 13 卷，人民出版社 1998 年版，第 183—184 页。

圣地问题①同保护权问题又有什么联系呢？

圣地问题是关于耶路撒冷的信仰正教的基督徒的宗教团体和它们在圣土上占有的建筑物，特别是圣墓神殿的保护权问题。显然，在这种情况下的占有意味的不是所有权（这是古兰经拒绝给予基督徒的），而只是使用权。这种使用权决不排斥别的团体在同一个地方进行祈祷仪式；占有者只有权掌管钥匙、修缮和进入庙宇、燃点圣灯、打扫屋舍、铺置地毯，此外没有其他特权，而这一切在东方乃是占有的象征。正如圣地对基督教来说至高无上，关于保护权的问题也同样至关重要。

圣地和圣墓神殿分别由天主教徒、正教徒、亚美尼亚教徒、阿比西尼亚教徒、叙利亚教徒和科普特教徒各自占有一部分。在所有这些不同的觊觎者中发生了冲突，欧洲君主们认为这种宗教纠纷是一个有关自己在东方

---

① 圣地问题是希腊正教教会和罗马天主教会之间一个多年的纠纷。纠纷的核心是争夺巴勒斯坦圣地：伯利恒的耶稣诞生教堂和耶路撒冷圣墓教堂的管辖权。这里所说的俄国、法国和土耳其政府之间关于圣地的纠纷，是 1850 年由路易·波拿巴挑起的。他为了巩固自己在东方的地位，在君士坦丁堡支持天主教派的要求。沙皇俄国保护当地正教教会的特权，并以此为借口干涉土耳其内政，达到占领斯拉夫人居住的地区并最终占领墨西拿海峡的目的。双方的实际目的都是争夺近东霸权。摇摆不定的土耳其政府起初对法国的要求让步，但在 1853 年 5 月 4 日，当俄国特命全权公使缅施科夫到达土耳其时，土耳其政府又被迫同意特别保障正教教会的权利和特权。与此同时，苏丹在英法两国大使的支持下，拒绝了尼古拉一世关于承认他是奥斯曼帝国正教居民的保护者的要求。圣地纠纷演变成激烈的外交冲突，成为导致克里木战争的原因之一。

的影响的问题，于是他们便首先注意到了土地的主人——滥用自己职权的、狂热的和贪婪的帕沙们。奥斯曼政府和它的官吏采用很麻烦的秋千法，处理问题时使天主教徒、正教徒和亚美尼亚教徒轮流得到好处，向各方索取黄金，并拿他们所有的人来开心。土耳其人刚刚把承认其有权占有某一有争议地区的敕令授给了天主教徒，亚美尼亚教徒就带着更沉重的钱袋来了，转瞬之间就得到了一道相反的敕令。他们对正教徒也使用这样的策略。正教徒除了土耳其政府的各种敕令和它的官吏们的"哈德热茨"（指示）所正式确认的东西以外，还善于为自己伪造各种各样的获取权利的根据。有时，由于叙利亚的帕沙们和下级官吏们的贪得无厌和居心不善，苏丹政府的决议实际上等于一纸空文。这样一来就必须重新商谈，任命新的专员并再牺牲一笔钱。土耳其政府过去为了金钱而干的事情，现在由于害怕才去干，以便获得偏袒和保护。它向法国的要求和天主教徒的要求让步之后，赶忙又向俄国和正教徒作出同样的让步，企图用这种办法来躲过它无力反抗的风暴。没有一处圣所，没有一座小礼拜堂，没有一块圣墓神殿的石头，不曾被用来挑起各基督教团体之间的争端。

> 马克思：《宣战。——关于东方问题的历史》（1854 年 3 月 28 日），《马克思恩格斯全集》第 13 卷，人民出版社 1998 年版，第 184—185 页。

我们发现在圣墓周围聚集着各种各样的基督教教派，在它们的宗教野心后面隐藏着同样多的政治的和民族的角逐。

在耶路撒冷和圣地居住着信仰各种宗教的民族：天主教徒、正教徒、亚美尼亚教徒、科普特教徒、阿比西尼亚教徒和叙利亚教徒。正教徒有2000 人，天主教徒有 1000 人，亚美尼亚教徒有 350 人，科普特教徒有 100人，叙利亚教徒有 20 人，阿比西尼亚教徒有 20 人，共计 3490 人。在奥斯曼帝国境内有 1373 万正教徒，240 万亚美尼亚教徒和 90 万天主教徒，其中每一种教徒又分为若干较小的支系。我在上面谈到过的承认君士坦丁堡宗主教的正教会同俄罗斯正教会根本不同，后者的最高宗教首脑是沙皇；它也同古希腊人的教会根本不同，后者的最高首脑是国王和雅典正教会议。同样，天主教徒也分为罗马天主教徒，希腊东仪天主教徒和马龙派；亚美尼亚教徒分为格雷戈里派和亚美尼亚天主教派；科普特教徒和阿比西尼亚教徒同样也划分为许多支系。在圣地的三大教派是正教会、天主教会和亚美尼亚教会。天主教会可以说主要是代表拉丁民族；正教会主要是代表斯拉夫民族、土耳其斯拉夫民族和希腊民族，其余的教会则主要是代表亚洲和非洲民族。

不难想象，所有这些互相敌对的人是怎样包围圣墓的，僧侣们是怎样进行战争的，而他们争夺的表面上的对象是出自伯利恒岩穴的一个星状物、一块绣帷、一个圣殿的钥匙、一个祭坛、一个陵墓、一个宝座、一个圣枕——一句话，任何一种可笑的优越地位！

马克思：《宣战。——关于东方问题的历史》（1854 年 3 月 28 日），《马克思恩格斯全集》第 13 卷，人民出版社 1998 年版，第 185—186 页。

马扎里尼说，教士之间的争吵总是最恶毒的。试设想一下这些教士吧，他们不仅都靠这些圣所为生，而且都一起住在这些圣所里！

为了透彻地了解这种情况，应当记住，天主教神父几乎完全是由罗马人、撒丁人、那不勒斯人、西班牙人和奥地利人组成的，他们全都忌妒法国的保护权，都渴望代之以奥地利的、撒丁的或那不勒斯的保护权；撒丁国王和那不勒斯国王都自封为耶路撒冷国王；还要补充的一点是，耶路撒冷的定居居民约有 15500 人，其中有 4000 穆斯林，8000 犹太人。穆斯林约占全部居民的四分之一，其中有土耳其人、阿拉伯人和摩尔人，他们当然在各方面都是主人，因为君士坦丁堡的穆斯林政府的软弱无能完全没有影响他们的地位。

......

现在我们很清楚，为什么基督徒在圣地共同进行祈祷仪式会变成各种不同教派之间的永无休止的拚命的爱尔兰式的争吵；但是，另一方面，这些神圣的争吵恰恰掩盖着不仅是各个国家而且是各个民族之间的世俗的斗争，而在西欧人看来是如此可笑的、在东方人看来却是如此异乎寻常地重要的圣地的保护权问题，仅仅是经常出现的、始终被掩盖着的和永远不能解决的东方问题的一个阶段。

马克思：《宣战。——关于东方问题的历史》（1854 年 3 月 28 日），《马克思恩格斯全集》第 13 卷，人民出版社 1998 年版，第 187—188 页。

耶路撒冷的犹太人所遭受的贫困和痛苦非笔墨所能形容，他们居住在耶路撒冷的最肮脏的地区，即锡安山和莫里亚山之间的一个叫作哈拉斯—
耶胡德的地区（那里有他们的犹太教会堂），他们经常遭到穆斯林的压迫
和排斥；他们受到正教徒的侮辱，受到天主教徒的迫害，仅仅依靠从他们
的欧洲弟兄那里获得的微薄的施舍为生。但是这里的犹太人不是当地居民，
而是出生于遥远的不同国家的人，他们之所以被吸引到耶路撒冷来，只是
希望居住在约萨法特河谷，并在救世主应当出现的地方死去。一位法国作
家说道：

> "他们在忍耐和祈祷中等待死亡。他们眼巴巴地望着莫里亚山，那
> 里曾经矗立着所罗门神庙，他们不得走近这座山，他们为锡安山的不
> 幸，为他们散居于世界各地而落泪。"①

英国和普鲁士在 1840 年任命了一位驻耶路撒冷的圣公会主教，他的明
显的目的就是要使犹太人改变宗教信仰，结果这些犹太人更加苦难深重。
在 1845 年，他受到了犹太人以及基督徒和土耳其人的痛打和嘲弄。实际
上，他可以说是使耶路撒冷一切宗教联合起来的第一个和唯一的原因。

马克思：《宣战。——关于东方问题的历史》（1854 年 3 月 28 日），
《马克思恩格斯全集》第 13 卷，人民出版社 1998 年版，第 187—
188 页。

顺便谈谈宗教改革：奥地利到底从一开始就下功夫使斯拉夫人变成一
种危险。在斯拉夫人当中，除了俄罗斯人之外，一切民族都同情宗教改革。
宗教改革使圣经译成斯拉夫民族的各种方言。由于宗教改革，至少各民族
有了觉醒，另一方面，同新教的德意志北方建立了紧密的联盟。如果奥地
利不镇压这个运动，那末通过新教就会既奠定德意志精神优势的基础也建
立抵御正教俄罗斯的屏障。奥地利把德意志人拖进了臭泥坑，并且在德意
志也象在东方一样，替俄国作了事情。

马克思：《马克思致恩格斯》（1856 年 3 月 5 日），《马克思恩格斯全
集》第 29 卷，人民出版社 1972 年版，第 25—26 页。

你在斯拉夫人和新教问题上谈到的对奥地利的看法是完全正确的。幸

---

① 塞·法曼《基督教会在东方的竞争和对它们进行保护的历史》1853 年巴黎版。

而斯洛伐克保持了十分强大的新教，因此——在很大的程度上——斯洛伐克人才没有反对匈牙利。在波希米亚，一切重大的民族运动，除了无产阶级运动，都还大量掺杂着胡斯派的传统，因而削弱了民族特点。对于十五世纪如此光荣地斗争过的斯洛文尼亚农民来说未免可惜。

> 恩格斯：《恩格斯致马克思》（1856 年 3 月 7 日），《马克思恩格斯全集》第 29 卷，人民出版社 1972 年版，第 32 页。

普通的英国工人憎恨爱尔兰工人，把他们看做降低工资和 standard of life（生活水平）的竞争者。他们对爱尔兰工人抱有民族的和宗教的厌恶，几乎像美国南部各州的 poor whites（白种贫民）看待黑奴那样看待他们。资产阶级在英国本土的无产者之间人为地煽起和培植这种对立。资产阶级知道，无产者的这种分裂状态是保存它的势力的真正秘诀。

> 马克思：《机密通知》（1870 年 3 月 28 日左右），《马克思恩格斯全集》第 16 卷，人民出版社 1964 年版，第 474 页。

他们对爱尔兰工人怀着宗教、社会和民族的偏见。他们对待爱尔兰工人的态度和以前美国各蓄奴州的白种贫民对待黑人的态度大致相同。而爱尔兰人则以同样的态度加倍地报复英国工人。同时，他们把英国工人看做英国对爱尔兰统治的同谋者和愚笨的工具。

报刊、教堂讲坛、滑稽小报，总之，统治阶级所掌握的一切工具都人为地保持和加深这种对立。这种对立就是英国工人阶级虽有自己的组织但没有力量的秘密所在。这就是资本家阶级能够保持它的权力的秘密所在。这一点资本家阶级自己是非常清楚的。

祸害还不止于此。它还越过了大洋。英国人和爱尔兰人之间的对立是美国和英国之间的冲突的隐秘的基础。它使两国工人阶级之间不可能有任何认真的和真诚的合作。它使两国政府能够在它们认为合适的时候用互相恐吓的手段，必要时用两国之间的战争去缓和社会冲突。

英国作为资本的大本营，作为至今统治着世界市场的强国，在目前对工人革命来说是最重要的国家，同时它还是这种革命所需要的物质条件在某种程度上业已成熟的唯一国家。因此，加速英国的社会革命就是国际工人协会的最重要的目标。而加速这一革命的唯一办法就是使爱尔兰独立。因此，"国际"的任务就是到处把英国和爱尔兰的冲突提到首要地位，到处都公开站在爱尔兰方面。伦敦中央委员会的特殊任务就是唤醒英国工人阶级，使他们意识到：爱尔兰的民族解放对他们来说并不是一个抽象的正义或博爱的问题，而是他们自己的社会解放的首要条件。

> 马克思：《马克思致齐格弗里德·迈耶尔和奥古斯特·福格特》（1870 年 4 月 9 日），《马克思恩格斯文集》第 10 卷，人民出版社 2009 年版，第 328—329 页。

（3）结果是 cuius regio，eius religio（谁的领土就信仰谁的宗教）和德国实际上的分裂，主要是分裂为信仰新教的北部和形形色色的信仰都有、但主要信仰天主教的西南部以及纯粹信仰天主教的东南部。这里已经留下了 1740—1870 年的恶性发展（普鲁士，北部和南部的分裂，最后，小德意志和奥地利）的根源。法国的相反的过程。对胡格诺教徒的镇压。

> 恩格斯：《关于德国的札记》（1873 年底—1874 年初），《马克思恩格斯全集》第 18 卷，人民出版社 1964 年版，第 649 页。

（C）穆斯林法律及其对印度土地所有制关系所作的改变①

西塞：《穆斯林法律》（根据托马斯·斯特兰奇爵士《印度法》1830 年马德拉斯版，斯特兰奇曾任马德拉斯首席法官。第 1 卷，第 2、3 页）②（引论："在公司的各个法庭中（受孟买政府节制的那些法庭除外），穆罕默德教徒给印度教徒颁布的穆罕默德教刑法典被我们保留了下来；孟加拉政府只对它作了某些修改）。居住在印度的穆斯林是阿布·哈尼法（生于 699 年，卒于 767 年）学派的信徒。（他是四个正统逊尼派之一的教长。）（他的可兰经注疏——《塞涅德》（《支持书》）在正统穆斯林中间具有法律效力。）这个学派有两个最主要的代表人物：一个是布尔汗·乌丁·阿里，是十二世纪后半叶的人，他把阿布·哈尼法的学说应用于伊斯兰教徒征服大批民族和国家而产生的往往是全新的关系中；他的著作《海代牙》（汉密尔顿译），直到现在，在印度穆斯林法庭中还当作毫无疑义的权威加以引用。第二个代表人物是穆尔泰卡（有多桑的译本和贝兰的译本，发表在 1861 和 1862 年的《亚细亚杂志》）。在印度各穆斯林法庭中，引用穆尔泰卡注疏的时候少得多，但是他的注疏在与印度接壤的亚洲各地——印度的征服者的故乡——仍然是哈尼法学说的最流行的注疏之一（第 118、119 页）。布尔汗·乌丁·阿里和穆尔泰卡观点的一致，说明他们关于征服者对

---

① 柯瓦列夫斯基原文作："穆斯林法律及其在印度土地关系的领域中所作的改变。"
② 方括弧中的话都是马克思从斯特兰奇的书中摘引的。

被征服者土地所有制的关系的学说都属于哈乃斐学派的基本教义之一（第119页）。

他们两人教导说，被征服者如果不改信伊斯兰教，就应当缴纳"jiziat"（基哲特）或"djizie"（奇哲亚）（人头税）。阿布·哈尼法学派在这方面是和其余三个（正统）法学家——马立克、沙斐仪和罕百勒的意见一致的：阿拉伯人中的偶像崇拜者或叛教者应当消灭；与此相反，"信仰圣经的民族"——只有希伯来人、基督教徒、玛吉教徒和多神的拜火教徒被承认是这类民族——如果被征服后不肯改信伊斯兰教，则普遍课以人头税（第119页）。动产被认为全部属于征服者（同上页）。不动产一部分留在被征服居民手里，他们应当向政府缴纳地亩税（哈拉吉）；（"穆斯林军事长官必须向异教徒宣布他们应缴纳多少地亩税和应在什么期限内完纳"）；"地亩税一部分归穆斯林军队成员所有，以代替薪俸"（第120页）。事实上这是一种普遍的做法；在《海代牙》中就说："在征服一国之后，伊玛目有权将该国土地分配给穆斯林，或将其留在原先占有者手中，而课以地亩税。"（第120页）

在穆尔泰卡的书中说："不动产的来源是征服。不动产分为两类：免税的土地（称为"uchrie"["欧舍利亚"]或"mulk"["莫尔克"]）和纳税的土地（称为"kharadjic"["哈拉吉亚"]）。"接受伊斯兰教的占有者的土地，以及该国被正教徒征服后分配给征服者穆斯林的土地，都算作免税的土地（第120、121页）。没有任何迹象表明全部被征服的国土都变成了国有财产。卑劣的"东方学家"以及其他人徒劳地引证可兰经上的一段话，那里说①土地是"属于真主的"。有效的是阿布·哈尼法的箴言："伊玛目不能宣布被征服的国土是整个民族的教田或者是某个征服者的教田。"这话只能有一种意思，即土著居民不能完全被剥夺②。被穆斯林征服的国家，其土地作为通例仍然留在先前的公社占有者或私人占有者手中；伊玛目把这些土地分配给穆斯林，只是一种例外（第121页）。至于由伊玛目分配给穆斯林的土地，则分为两种：（1）教田，即宗教、慈善和公益机关的永

---

① 柯瓦列夫斯基原文作："不管东方学家不久以前怎样解释可兰经上的一段箴言，那里说……"

② 柯瓦列夫斯基原文作："不能把土著居民的土地充公。"

久性的私有财产①，（2）军功采邑田（ikta［伊克塔］），这是由伊玛目分配给军队成员的（同上页）。

> 马克思：《马·柯瓦列夫斯基〈公社土地占有制，其解体的原因、进程和结果〉（第一册，1879 年莫斯科版）一书摘要》（1879 年 10 月和 1880 年 10 月），《马克思恩格斯全集》第 45 卷，人民出版社 1985 年版，第 262—264 页。

这位雅各宾党人，正捍卫英国可敬的新教和英国的庸俗自由主义，而且使用的就是这种庸俗自由主义的历史体系，的确值得深表同情。不过，我们且看看他的"事实"。

（1）"1641 年三万新教徒被屠杀"。——这里，爱尔兰天主教徒的处境同巴黎公社一样。凡尔赛分子屠杀了三万名公社社员，却把这说成是公社的恐怖。在克伦威尔时期，英国的新教徒至少屠杀了三万爱尔兰人，他们为了掩盖自己的兽行，就捏造一个神话，说什么这是为了对爱尔兰天主教徒杀戮三万新教徒实行的报复。

事实真相是这样的：

因为奥尔斯脱是从占有它的爱尔兰人——在 1600—1610 年那个时期他们的土地是公有的——手中夺去，而被交给苏格兰的新教徒——军事殖民主义者的，所以在 1640 年以后的动荡时期，这些殖民者感到自己的占有不安全。英国政府在都柏林的清教徒的官方代表散布流言蜚语，说什么苏格兰国民公约派②的军队准备在奥尔斯脱登陆，并且要杀绝所有的爱尔兰人和天主教徒。爱尔兰的两个最高法官之一威·帕森斯爵士宣称，一年以后爱尔兰将不再剩下一个天主教徒。正是在英国议会里一再重复的这些恐吓，激起奥尔斯脱的爱尔兰人于 1641 年 10 月 23 日举行起义。但是并没有发生任何屠杀。当时所有的历史文献都说爱尔兰人仅仅是打算实行大屠杀，甚至两个是新教徒的最高法官（1642 年 2 月 8 日的告示）也宣告说，"他们的阴谋的主要部分，其中包括大屠杀，未能得逞"。但是在 1642 年 5 月 4 日，英格兰人和苏格兰人

---

① 柯瓦列夫斯基原文作："不可改变的财产。"

② 苏格兰国民公约派是国民公约的拥护者，国民公约是在 1637 年反对查理一世专制政府的胜利起义之后，于 1638 年在苏格兰宣告成立的联盟。这个公约的参加者在捍卫长老会（加尔文教）的旗帜下行动，为争取苏格兰的民族自治、反对在国内实行专制制度而进行了斗争。苏格兰国民公约派同查理一世进行的战争，加速了英国资产阶级革命的开始。

把爱尔兰妇女剥光衣服扔进河里（在纽里城），并且屠杀爱尔兰人（普兰德加斯特《克伦成尔在爱尔兰的殖民》1865 年版）。

（2）"爱尔兰是英国的万第[①]"。——爱尔兰是天主教的，新教的英格兰是共和的，因此爱尔兰是英国的万第。但毕竟有一个小小的区别：法国革命要把土地交给人民，而英国的共和政治则要在爱尔兰把土地从人民手中夺走。

除雷尼亚尔以外，多数研究历史的人都很清楚，如果抛开教义上的种种争吵和注解的话，全部新教改革是一个广泛筹谋好了的没收地产的计划。开始是夺取教会的土地。随后在那些新教掌权的地方，天主教徒被宣布为叛乱者，于是他们的土地就被没收。

但爱尔兰的情况特殊。

> 普兰德加斯特说："看来，因为英格兰人认为上帝犯了一个错误，把爱尔兰这样一个好地方赐给了爱尔兰人；所以英格兰人力图纠正这个错误差不多已有七百年之久了。"

爱尔兰的全部土地问题的历史，就是不断地把爱尔兰的地产没收过来转交给英国殖民者的历史。这些殖民者在克尔特社会的魔力之下，经过不多的几代已变得比土著更爱尔兰化了。然后又进行新的没收和新的殖民；并这样无休无止地进行下去。

恩格斯：《恩格斯致燕妮·龙格》（1881 年 2 月 24 日），《马克思恩格斯全集》第 35 卷，人民出版社 1971 年版，第 155—157 页。

马其顿的地主（所谓斯帕吉）是土耳其人，伊斯兰教徒；农民则是斯拉夫人，基督教徒。因此，阶级矛盾由于宗教矛盾和民族矛盾而更加尖锐。

列宁：《塞尔维亚和保加利亚的胜利的社会意义》（1912 年 11 月 7 日），《列宁全集》第 22 卷，人民出版社 1990 年版，第 205—206 页。

11. 对于封建关系或宗法关系、宗法农民关系占优势的比较落后的国家和民族，要特别注意以下各点：

……

---

① 万第——法国大革命时期法国经济和政治最落后的地区之一，是反革命保皇叛乱的中心。

第二，必须同落后国家内具有影响的僧侣及其他反动分子和中世纪制度的代表者作斗争；

第三，必须同那些企图利用反欧美帝国主义的解放运动来巩固可汗、地主、毛拉等地位的泛伊斯兰主义和其他类似的思潮作斗争；

列宁：《为共产国际第二次代表大会准备的文件》（1920 年 6—7 月），《列宁全集》第 39 卷，人民出版社 1986 年版，第 164 页。

最后，既然这个种族中的一部分——阿尔明尼亚资产阶级——像蜘蛛那样吮吸着阿尔明尼亚无产阶级的血液，而另一部分——阿尔明尼亚僧侣——不仅吮吸工人的血液，并且一贯地腐蚀他们的意识，阿尔明尼亚无产阶级又怎能成为"自己种族的嫡子"呢？

斯大林：《社会民主党怎样理解民族问题？》（1904 年 9 月 1 日），《斯大林全集》第 1 卷，人民出版社 1953 年版，第 33 页。

除了纯粹属于内部生活性质的障碍，还有一种可以说是外来的"历史"性质的障碍。我们指的是沙皇政府的旨在扼杀东部各民族的帝国主义政策，以东部各边疆地区主人自居的俄罗斯商人的贪得无厌，以及不择手段地极力把各伊斯兰教民族拉入正教怀抱的俄罗斯神甫的阴险政策。这些情况给东部各民族造成了不信任和仇恨俄罗斯的一切的心理。

斯大林：《我们在东部的任务》（1919 年 3 月 2 日），《斯大林全集》第 4 卷，人民出版社 1956 年版，第 202 页。

俄国内地成了革命的根据地，这里有工业和文化政治的中心——莫斯科和彼得格勒，居民的民族成分是单一的，主要是俄罗斯人。而俄国的各边疆地区，主要是南部和东部边疆地区，则成了反革命的根据地，那里没有工业和文化政治的重要中心，居民的民族成分非常复杂，一方面包括享有特权的哥萨克殖民者，另一方面包括没有充分权利的鞑靼人、巴什基里亚人、柯尔克兹人（在东部）、乌克兰人、彻岑人、英谷什人以及其他伊斯兰教民族。

斯大林：《关于南方的军事情况》（1920 年 1 月 7 日），《斯大林全集》第 4 卷，人民出版社 1956 年版，第 246 页。

再举一个例子来说，宗教成见很深的达格斯坦群众是"根据沙利阿特"跟着共产党人走的，很明显，在这个国家进行反宗教偏见的斗争，就应当以间接的比较慎重的方法来代替直接的方法。

斯大林：《苏维埃政权对俄国民族问题的政策》（1920 年 10 月 10

日），《斯大林全集》第 4 卷，人民出版社 1956 年版，第 310 页。

3. 宗教与民族历史

印度斯坦是亚洲规模的意大利。喜马拉雅山相当于阿尔卑斯山，孟加拉平原相当于伦巴第平原，德干高原相当于亚平宁山脉，锡兰岛相当于西西里岛。它们在土地出产方面是同样地富庶繁多，在政治结构方面是同样地四分五裂。意大利常常被征服者的刀剑压缩为各种大大小小的国家，印度斯坦的情况也是这样，在它不处于伊斯兰教徒、莫卧儿人①或不列颠人的压迫之下时，它就分解成像它的城镇甚至村庄那样多的各自独立和互相敌对的邦。但是从社会的观点来看，印度斯坦却不是东方的意大利，而是东方的爱尔兰。意大利和爱尔兰——一个淫乐世界和一个悲苦世界——的这种奇怪的结合，早在印度斯坦宗教的古老传统里已经显示出来了。这个宗教既是纵欲享乐的宗教，又是自我折磨的禁欲主义的宗教；既是崇拜林伽②的宗教，又是崇拜札格纳特③的宗教；既是僧侣的宗教，又是舞女的宗教。

我不同意那些相信印度斯坦有过黄金时代的人的意见，不过为了证实我的看法也不必搬出库利汗统治时期，像查理·伍德爵士那样。但是，作为例子大家可以举出奥朗则布时期；或者莫卧儿人出现在北方而葡萄牙人出现在南方的时代；或者伊斯兰教徒入侵和南印度七国争雄④的年代；或

---

① 莫卧儿人是 16 世纪从中亚细亚东部入侵印度的突厥征服者，1526 年在印度北部建立伊斯兰教国家大莫卧儿帝国。"莫卧儿"（Mogul）一词为"蒙古"（Mongol）的转音，该帝国的创建者（巴卑尔，1483—1530）自称是蒙古人，相传是成吉思汗时代蒙古人的直系后裔，这就是"莫卧儿"一词的由来。大莫卧儿帝国在 17 世纪中叶征服了印度大部分地区以及阿富汗部分地区。由于农民起义和印度各民族对征服者的反抗加剧，加之征服者经常发生内讧，封建割据趋势日益加剧，到了 18 世纪上半叶莫卧儿帝国便分裂成许多小邦，这些小邦逐渐被英国殖民主义者侵占。1803 年英国人占领德里以后，大莫卧儿王朝的后裔靠东印度公司的赡养费维持生计，成了该公司的傀儡。1858 年英国殖民者宣布印度为不列颠王国的领地之后，莫卧儿帝国遂亡。

② 林伽是印度教的主神之一湿婆神的象征。崇拜林伽的宗教盛行于印度南部。这一印度教派不承认种姓，反对斋戒、祭祀和朝圣。

③ 札格纳特是印度教的主神之一毗湿奴的化身。崇拜札格纳特的教派的特点是宗教仪式十分豪华，充满极端的宗教狂热，这种狂热表现为教徒的自我折磨和自我残害。在举行大祭的日子里，某些教徒往往投身于载着毗湿奴神像的车轮下将自己轧死。

④ 七国争雄亦称七国时代，是英国史编纂学中用以表示英国中世纪初期七国并立时代的术语，在 6—8 世纪，英国分为七个盎格鲁撒克逊王国，这些王国极不稳定，分合无常。马克思借用这一术语来描绘德干（印度的中部和南部）在穆斯林入侵以前的封建割据状态。

者，如果大家愿意，还可以追溯到更远的古代去，举出婆罗门①本身的神话纪年，它把印度灾难的开端推到了甚至比基督教的世界创始时期更久远的年代。

马克思：《不列颠在印度的统治》（1853 年 6 月 7—10 日），《马克思恩格斯文集》第 2 卷，人民出版社 2009 年版，第 677—678 页。

这些年表大都从爱尔兰的神话式的史前史开始，它们的基础是古代民间传说，这些传说曾由九世纪和十世纪的诗人大加修饰，后来又由教士编年史家按年代加以整理。例如，"四教长年表"以创造世界后的第 2242 年作为开始的日期，据说当时挪亚的孙女凯撒尔在洪水之前的 40 天在爱尔兰登岸；别的年表则认为苏格人的祖先，这些最后来到爱尔兰的移民，源出于雅弗的直系血统，并把他们同摩西、埃及人和腓尼基人联系起来，正如我们的中世纪编年史家把日耳曼种族的祖先同特洛伊、亚尼雅士或亚历山大大帝联系起来一样。

恩格斯：《爱尔兰史》（1870 年 5—7 月上半月），《马克思恩格斯全集》第 16 卷，人民出版社 1964 年版，第 551 页。

以坎布里亚的吉拉德这一名字闻名的布雷克诺克大助祭司西尔韦斯特尔·杰腊德·巴里是交际花奈斯塔的孙子；奈斯塔是南威尔士王里斯·阿普·都铎的女儿，英王亨利一世的情妇，是几乎所有最初参加征服爱尔兰的诺曼人领袖的祖先。吉拉德于 1185 年和约翰（即后来的"无地约翰"）一同去爱尔兰，后来他先后写了"爱尔兰地形"和"被征服的爱尔兰"两书，前者叙述爱尔兰及其居民的情况，后者则极力美化了第一次入侵爱尔兰的历史。现在我们主要来看看他的头一部作品。这本书用极端矫揉造作的拉丁文写成，其中充满着这位徒骛虚名的作者的那个时代和他所属的那个 race（种族，民族）的最野蛮的迷信和各种的宗教偏见和民族偏见，不过这毕竟还是一部非常重要的书，因为它是一个外国人对于爱尔兰的第一份比较详尽的证词。

---

① 婆罗门是梵文 Brāhmana 的音译，意译为"净行"或"承习"，是印度古代的僧侣贵族、印度的第一种姓（见注 413），世代以祭祀、诵经（吠陀）、传教为业。婆罗门教是印度古代宗教之一，约于公元前 7 世纪形成，因崇拜梵天，并由婆罗门种姓担任祭司而得名。以吠陀为最古的经典，信奉多神，其中主神为婆罗贺摩（梵天，即创造之神）、毗湿奴（遍入天，即保护之神）和湿婆（大自在天，即毁灭之神），并认为三者代表宇宙的"创造"、"保全"和"毁灭"三个方面。主张善恶有因果、人生有轮回之说。

恩格斯:《爱尔兰史》(1870 年 5—7 月上半月),《马克思恩格斯全集》第 16 卷,人民出版社 1964 年版,第 556 页。

在法国彻底镇压新教对法国说来不是坏事——teste(见证人)有培尔、伏尔泰和狄德罗。同样,在德国镇压新教对德国人也不会是什么不幸,但是对全世界则将是一种不幸。如果在德国镇压新教,德国就会被强迫接受罗曼语各国的天主教式的发展形式;既然英国的发展形式也带有一半的天主教和中世纪的性质(大学等等,学院、公立学校——所有这些(本质上)都是新教修道院①),那么,全属新教性质的德国教育形式(家庭教育、私人寄宿学校、大学生的走读制和选课制)一取消,欧洲的精神发展就会变得无限单调。法国和英国在实质上破除了偏见,而德国则是在形式上破除了偏见,也就是破除了成规。因此,也就部分地促成了德国的一切均无定形这样一种情况。这种情况迄今还伴随有很大的缺点,例如小邦分立状态,但是,对民族的发展能力说来,它却是个极大的优点,而且将来只要这个本身是片面的阶段一被克服,就会结出全面的丰硕果实。

此外德国新教——这是基督教的唯一值得批判的现代形式。天主教在十八世纪已经受了批判,已经成了论战的对象(可见老天主教徒②毕竟是多么愚蠢啊!);分裂为无数教派的英国新教没有神学发展的历史,即使有,那也只是每一阶段都集中表现为创立一个新的教派。只有德国人掌握了神学,并且由于这个缘故而拥有批判对象——历史学的、语文学的和哲学的批判对象。这种批判是德国的产物,如果没有德国的新教,这种批判是不可能的,然而它是绝对必要的。仅仅用嘲笑和攻击是不可能消灭象基督教这样的宗教的,还应该从科学方面来克服它,也就是说从历史上来说明它,而这一任务甚至连自然科学也是无力完成的。

恩格斯:《关于德国的札记》(1873 年底—1874 年初),《马克思恩格斯全集》第 45 卷,人民出版社 1985 年版,第 174—175 页。

说到这里,应该指出列宁在"什么是'人民之友'以及他们如何攻击社会民主主义者?"一书中关于民族的产生问题所讲的那些出色的话。民粹

---

① 修道院是天主教培训神父的学院。英国属新教国家,新教是没有修道院的。这里用"新教修道院"一语是讽喻其具有天主教色彩。

② 老天主教徒是德国一批天主教活动家,他们于 1871 年出来反对梵蒂冈宗教会议 1870 年 4 月 24 日所通过的教皇永无谬误的信条,并宣称自己是改革天主教教会的战士。

派分子米海洛夫斯基从氏族联系的发展中推论出民族联系和民族统一的产生；列宁在和他论战的时候说道：

"这样说来，民族联系乃是氏族联系的延续和综合！米海洛夫斯基先生关于社会历史的观念，大概是取材于一些用作小学教材的童话。按这个启蒙课本的原理说来，社会历史是这样的：起初是家庭，这是任何一个社会的细胞……然后家庭发展为部落，部落又发展为国家。米海洛夫斯基先生郑重其事地重复这种幼稚的胡说，这不过表明（除其他一切外）他甚至对俄国历史的进程也没有任何概念。在古俄罗斯还可以说有过氏族生活，而在中世纪，在莫斯科皇朝时代，这种氏族联系毫无疑义已不存在了，就是说，当时国家完全不是建立在氏族的联合上，而是建立在地方的联合上：地主和教堂接纳了从各地来的农民，而这样组成的村社纯粹是地域性的联合。但在当时很难说已有真正的民族联系：当时国家分成各个领地，其中有一部分甚至是公国，这些公国还保存着从前那种自治制度的鲜明遗迹，有其管理方面的特点，有时候还保存着自己的特殊的军队（地方诸侯是带领着自己的军队去作战的）、特殊的税关等等。仅仅在俄国历史的新时期中（大约自十七世纪起），这一切区域、领地和公国才真正在事实上融合成一个整体。请最可尊敬的米海洛夫斯基先生注意，这种融合并不是由氏族联系引起的，甚至不是由它的延续和综合引起的，而是由各个区域间日益频繁的交换，由逐渐增长的商品流通，由各个不大的地方市场集中成一个全俄市场引起的。既然这个过程的领导者和主人翁是商人资本家，所以这种民族联系的建立也就无非是资产阶级联系的建立。"（见"列宁全集"第四版第一卷，第一三七页至第一三八页）

所谓"现代"民族产生的情形就是如此。

斯大林：《民族问题和列宁主义（答梅什柯夫、柯瓦里楚克及其他同志）》（1929 年 3 月 18 日），《斯大林全集》第 11 卷，人民出版社 1955 年版，第 283—284 页。

也许你这位"有学问的人"不会拒绝听听下面这段列宁的话吧：

"我们大俄罗斯的觉悟的无产者是不是丝毫没有民族自豪感呢？当然不是的！我们酷爱自己的语言和自己的祖国，我们在尽最大的努力，以便把祖国的劳动群众（即占祖国人口十分之九的劳动群众）提高到民主主义者和社会主义者的自觉生活的程度。我们因目睹沙皇刽子手、贵族和资本家对我们美丽的祖国肆行横暴、压迫和侮辱而感到无限的痛心。我们因这些暴行在我们人民中间，在大俄罗斯人民中间引起了反抗，因这些人民中间产生了拉吉舍夫、十二月党人、七十年代平民知识分子革命家，因大俄罗斯工人阶级在一九〇五年创造了一个强大的群众性的革命政党，因大俄罗斯农夫当时已开始成为民主主义者，开始推翻神甫和地主而感到自豪。我们记得，献身于革命事业的大俄罗斯民主主义者车尔尼雪夫斯基在半世纪以前说过：'可怜的民族，奴隶的民族，上上下下都是奴隶。'公开的和不公开的奴隶——大俄罗斯人（沙皇专制制度的奴隶）是不喜欢回忆这些话的。然而我们却认为这是真正热爱祖国的话，是感叹大俄罗斯人民群众缺乏革命性而吐露的热爱祖国的话。当时这种革命性是没有的。现在这种革命性虽然还少，但是已经有了。我们满怀民族自豪感，因为大俄罗斯民族也产生了革命阶级，也证明了它能够给人类做出为自由和社会主义而斗争的伟大榜样，而不只是大规模的蹂躏，大批的绞架和拷问室，普遍的饥荒以及向神甫、沙皇、地主和资本家逢迎献媚的极端奴才相。"（见列宁"论大俄罗斯人的民族自豪心"）

斯大林：《致杰米扬·别德内依同志》（1930 年 12 月 12 日），《斯大林全集》第 13 卷，人民出版社 1956 年版，第 25—26 页。

4. 关于犹太教问题

相反，我们对他们说，因为你们不用完全地、毫无异议地放弃犹太教就可以在政治上得到解放，所以政治解放本身并不就是人的解放。如果你们犹太人本身还没作为人得到解放便想在政治上得到解放，那么这种不彻底性和矛盾就不仅仅在于你们，而且在于政治解放的本质和范畴。如果你们局限于这个范畴，那么你们也具有普遍的局限性。国家，虽然是国家，如果要对犹太人采取基督教的立场，那就要宣讲福音，同样，犹太人，虽然是犹太人，如果要求公民的权利，那就得关心政治。

马克思：《论犹太人问题》（1843 年 10 月中—12 月中），《马克思恩格斯文集》第 1 卷，人民出版社 2009 年版，第 38 页。

我们现在试着突破对问题的神学提法。在我们看来，犹太人获得解放的能力问题，变成了必须克服什么样的特殊社会要素才能废除犹太教的问题。因为现代犹太人获得解放的能力就是犹太教和现代世界解放的关系。

这种关系是由于犹太教在现代被奴役的世界中的特殊地位而必然产生的。

> 马克思：《论犹太人问题》（1843 年 10 月中—12 月中），《马克思恩
> 格斯文集》第 1 卷，人民出版社 2009 年版，第 49 页。

犹太教之所以能保持与基督教同时存在，不仅因为它是对基督教的宗教批判，不仅因为它体现了对基督教的宗教起源的怀疑，而且因为犹太人的实际精神——犹太精神——在基督教社会本身中保持了自己的地位，甚至得到高度的发展。犹太人作为市民社会的特殊成员，只是市民社会的犹太精神的特殊表现。

> 马克思：《论犹太人问题》（1843 年 10 月中—12 月中），《马克思恩
> 格斯文集》第 1 卷，人民出版社 2009 年版，第 51 页。

基督教起源于犹太教，又还原为犹太教。

基督徒起初是理论化的犹太人，因此，犹太人是实际的基督徒，而实际的基督徒又成了犹太人。

基督教只是表面上制服了实在的犹太教。基督教太高尚了，太唯灵论了，因此要消除实际需要的粗陋性，只有使它升天了。

基督教是犹太教的思想升华，犹太教是基督教的鄙俗的功利应用，但这种应用只有在基督教作为完善的宗教从理论上完成了人从自身、从自然界的自我异化之后，才能成为普遍的。

只有这样，犹太教才能实现普遍的统治，才能把外化了的人、外化了的自然界，变成可让渡的、可出售的、屈从于利己需要的、听任买卖的对象。

> 马克思：《论犹太人问题》（1843 年 10 月中—12 月中），《马克思恩
> 格斯文集》第 1 卷，人民出版社 2009 年版，第 54 页。

"为什么恰好要由布鲁诺·鲍威尔先生来证明童贞马利亚是因为圣灵而怀孕这个事实呢？""为什么鲍威尔先生必须证明，向亚伯拉罕显现的天使是神的真正的流出体，是尚未达到消化食物所必需的浓度的流出体？""为什么鲍威尔先生必须为普鲁士王室作辩护并且把普鲁士国家奉为绝对的国家呢？""为什么鲍威尔先生在自己的《符类福音作者的福音故事考证》中必须用'无限的自我意识'来代替人呢？""为什么鲍威尔先生在"基督教真相"中必须用黑格尔的形式来重谈基督教的创世说呢？""为什么鲍威尔先生必须要求自己和别人来'说明'他必定要犯错误这种怪事呢？"

我们在证明这些既是"批判的",同样也是"绝对的"必然性之前,还是先来仔细听听"批判"用于辩护的遁词。

> "犹太人问题……作为宗教的、神学的问题和作为政治的问题,必须……首先获得一个正确的提法。""在探讨和解决这两个问题时,'批判'既不持宗教的观点,也不持政治的观点。"

这番话的由来是,《德法年鉴》将鲍威尔对"犹太人问题"的探讨宣布为真正神学的探讨和虚假政治的探讨。

首先,"批判"针对自己被"指责"为有神学局限性,作了这样的回答:

> "犹太人问题是宗教问题。启蒙认为,只要把宗教的对立看做无关紧要的对立或者甚至予以否定,就可以解决犹太人问题。可是,批判却必须把这一纯粹的宗教对立表述出来。"

至于说到犹太人问题的政治方面,我们将会发现,神学家鲍威尔先生甚至在政治上研究的也不是政治,而是神学。

马克思、恩格斯:《神圣家族,或对批判的批判所做的批判。驳布鲁诺·鲍威尔及其伙伴》(1844年9—11月),《马克思恩格斯文集》第1卷,人民出版社2009年版,第305—306页。

至于说到犹太人问题的政治方面,我们将会发现,神学家鲍威尔先生甚至在政治上研究的也不是政治,而是神学。

而《德法年鉴》反对鲍威尔把犹太人问题当做"纯粹宗教的"问题来探讨,那是专门针对布鲁诺·鲍威尔在《来自瑞士的二十一印张》文集里的一篇文章来说的,那篇文章的标题是:

> 《现代犹太人和基督徒获得自由的能力》。

这篇文章和旧的"启蒙"毫无关系。该文包含着鲍威尔先生对现代犹太人获得解放的能力,即获得解放的可能性的肯定见解。

"批判"说道：

> "犹太人问题是宗教问题。"

疑问恰恰是：什么是宗教问题，特别是，当前什么是宗教问题？

这位神学家将根据表面现象作出判断，把宗教问题就看成宗教问题。但是，请"批判"回想一下它为反驳欣里克斯教授所作的那番解释：当前的政治利益具有社会意义，关于政治利益"再也没有什么可谈的了"。

根据同样的道理，《德法年鉴》曾对批判说过：宗教的焦点问题在当前具有社会意义。关于宗教利益本身再也没有什么可谈的了。只有这位神学家还会认为，这里涉及的是作为宗教的宗教。不过，《德法年鉴》也做了不合道理的事情，它竟不满足于单单使用"社会的"这个词。它还描述了犹太教在现代市民社会中的现实地位。在剥掉了犹太教的宗教外壳，使它只剩下经验的、世俗的、实际的内核之后，才能够指明那种可以消除这个内核的实际的、真正社会的方式。鲍威尔先生却心安理得地认为"宗教问题"就是"宗教问题"。

> 马克思、恩格斯：《神圣家族，或对批判的批判所做的批判。驳布鲁诺·鲍威尔及其伙伴》（1844 年 9—11 月），《马克思恩格斯文集》第 1 卷，人民出版社 2009 年版，第 306—307 页。

《德法年鉴》决没有否认犹太人问题也是宗教问题，那只是鲍威尔先生故意制造的假象。相反，该杂志曾经指出，鲍威尔先生只了解犹太教的宗教本质，但不了解这一宗教本质的世俗的现实的基础。他把宗教意识当做某种独立的本质来反对。所以，鲍威尔先生不是用现实的犹太人去说明犹太人的宗教的秘密，而是用犹太人的宗教去说明现实的犹太人。因此，鲍威尔先生对犹太人的理解仅限于犹太人是神学的直接对象或犹太人是神学家。

因此，鲍威尔先生就没有意识到，现实的世俗的犹太精神，因而也连同宗教的犹太精神，是由现今的市民生活所不断地产生出来的，并且是在货币制度中最终形成的。他之所以未能意识到这一点，是因为他没有认识到犹太精神是现实世界的一环，而只把它当做是他的世界即神学的一环；是因为他作为一个虔诚的、忠实于上帝的人，不是把进行工作的、从事日常劳动的犹太人，而是把在安息日里假装正经的犹太人视为现实的犹太人。在这位笃信基督的神学家鲍威尔先生看来，犹太教的世界历史意义已经必不可免地从基督教诞生的那一时刻起荡然无存。所以，他必然要重复那种认为犹太教是违反历史而保存下来的陈旧的正统观点；而认为犹太教只是作为神的诅咒的确证，作为基督启示的明证而存在的陈旧的神学偏见，则必然要在鲍威尔那里以批判的神学的形式屡屡出现。根据这种形式，犹太教现在和过去都只是作为在宗教上对基督教的超世俗起源的肆无忌惮的怀疑而存在，也就是作为反抗基督启示的明证而存在。

> 马克思、恩格斯：《神圣家族，或对批判的批判所做的批判。驳布鲁诺·鲍威尔及其伙伴》（1844 年 9—11 月），《马克思恩格斯文集》第 1 卷，人民出版社 2009 年版，第 307—308 页。

可见，鲍威尔先生之所以用宗教和神学的方式来考察宗教和神学问题，就是因为他把现代的"宗教"问题看做"纯粹宗教的"问题。他那种"对问题的正确提法"，只不过使问题获得了一种同他回答问题的"特有能力"相符合的"正确"提法！

> 马克思、恩格斯：《神圣家族，或对批判的批判所做的批判。驳布鲁诺·鲍威尔及其伙伴》（1844 年 9—11 月），《马克思恩格斯文集》第 1 卷，人民出版社 2009 年版，第 309 页。

犹太学校民族化这个极其有害的方案还表明，所谓"民族文化自治"的计划，即把教育事业从国家手里分出来，分别交给每一个民族的计划是何等的错误。我们应当追求的决不是这种计划，而是要使各个民族的工人在反对各种各样的民族主义的斗争中，在争取真正民主的共同的学校和一般政治自由的斗争中联合起来。全世界各先进国家的榜样，即使是西欧的瑞士或东欧的芬兰也向我们表明，只有建立全国性的彻底民主的设施，才可以保证各民族最和平最合乎人道地（不是野蛮地）共同生活，而不是人为地、有害地按民族来割裂教育事业。

> 列宁：《犹太学校的民族化》（1913 年 8 月 18 日），《列宁全集》第 23 卷，人民出版社 1990 年版，第 396 页。

对于最受压迫最受欺凌的民族——犹太民族来说同样如此。犹太的民族文化，这是拉比和资产者的口号，是我们敌人的口号。但是犹太的文化中和犹太人的全部历史中还有别的成分。全世界 1050 万犹太人中，有一半多一点居住在落后的、半野蛮的加里西亚和俄国境内，这两个国家用暴力把犹太人置于帮会地位。另一半居住在文明世界，那里的犹太人没有帮会式的隔绝。那里犹太文化明显地表现出具有世界进步意义的伟大特征：它的国际主义，它对时代的先进运动的同情（犹太人参加民主运动和无产阶级运动的百分比，任何地方都高于犹太人在居民中所占的百分比）。

谁直接或间接地提出犹太"民族文化"的口号，谁（不管他的愿望多么好）就是无产阶级的敌人，谁就在维护犹太的旧的和帮会的一套，谁就是拉比和资产者的帮凶。相反，犹太的马克思主义者已经同俄罗斯、立陶宛、乌克兰以及其他民族的工人在国际主义的马克思主义组织之中打成一片，并且为建立工人运动的各民族共同的文化作出自己的贡献（既用俄语又用依地语），也正是这些犹太人不顾崩得的分离主义，继承了犹太人的优良传统，同时反对"民族文化"这一口号。

> 列宁：《关于民族问题的批评意见》（1913 年 10—12 月），《马克思恩格斯全集》第 24 卷，人民出版社 1990 年版，第 127—128 页。

所谓反犹太主义，就是散播对犹太人的仇恨。当万恶的沙皇君主国临到末日的时候，它竭力唆使愚昧无知的工人和农民去反对犹太人。沙皇警察同地主资本家联合起来，一再制造反犹太暴行。地主和资本家竭力想把因穷困而受尽苦难的工人和农民的仇恨引导到犹太人身上去。在其他国家里，也往往可以看到，资本家煽起对犹太人的仇恨，来蒙蔽工人，使他们看不到劳动人民的真正敌人——资本。只有在地主资本家的盘剥造成了工人和农民的极度愚昧的地方，对犹太人的仇视才牢固地存在着。只有十分愚昧备受压抑的人，才会相信污蔑犹太人的谎言和诽谤。这是旧的农奴制时代的残余。在农奴制时代，神父强迫人们用柴堆烧死异教徒，农民处于被奴役的地位，人民遭到压制，忍气吞声。这种旧的农奴制的黑暗正在消逝。人民的眼睛亮了。

劳动人民的敌人并不是犹太人。工人的敌人是各国的资本家。犹太人中间有工人，有劳动者，他们占大多数。他们是和我们同样受资本压迫的兄弟，他们是我们共同为社会主义斗争的同志。和俄罗斯人以及其他民族一样，犹太人中间也有富农、剥削者、资本家。资本家们极力散播和挑起各教派、各民族、各种族工人之间的仇恨。不劳动的人是靠资本的力量和权力来支持的。富有的犹太人，和富有的俄国人以及各国的富人一样，彼此联合起来，蹂躏、压迫、掠夺和离间工人。

折磨和迫害犹太人的万恶的沙皇制度是可耻的。散播对犹太人的仇视的人，散播对其他民族的仇恨的人，是可耻的。

各民族的工人在推翻资本的斗争中的兄弟信任和战斗联盟万岁。

列宁：《留声机片录音讲话》（1919 年 3 月底），《列宁全集》第 36 卷，人民出版社 1985 年版，第 230—231 页。

九　论宗教与科学

1. 科学家的宗教观

我读了赖尔和赫胥黎的新著①，这两本书都很有趣，而且都很好。赖尔的空话稍多，但是也有些微妙的笑料；例如，为了证明人同猿之间的质的差异，他自费气力地援引了所有自然科学家的话，最后引证坎特伯雷大主教的话，而这位大主教断言，人之区别于动物在于宗教。不过，这里现在有时也对旧宗教进行攻击，并且是从各个方面进行攻击。为了捍卫宗教，很快就不得不炮制出一种象肥皂泡那样吹起来的唯理论体系。

　　　　恩格斯：《恩格斯致马克思》（1863 年 4 月 8 日），《马克思恩格斯全
　　　　集》第 30 卷，人民出版社 1975 年版，第 334—335 页。

自然研究通过一个革命行动宣布了自己的独立，仿佛重演了路德焚毁教谕的行动，这个革命行动就是哥白尼那本不朽著作的出版，他用这本著作向自然事物方面的教会权威提出了挑战，虽然他当时还有些胆怯，而且可以说直到临终之际才采取了这一行动。从此自然研究便开始从神学中解放出来，尽管彼此间一些不同主张的争论一直延续到现在，而且在许多人的头脑中还远没有得到解决。但是科学的发展从此便大踏步地前进，而且很有力量，可以说同从其出发点起的（时间）距离的平方成正比。这种发展仿佛要向世界证明：从此以后，对有机物的最高产物即人的精神起作用的，是一种和无机物的运动规律正好相反的运动规律。

在自然科学的这一刚刚开始的最初时期，主要工作是掌握现有的材料。在大多数领域中必须完全从头做起。古代留传下欧几里得几何学和托勒密太阳系，阿拉伯人留传下十进位制、代数学的发端、现代的数字和炼金术；基督教的中世纪什么也没有留下。在这种情况下，占首要地位的必然是最基本的自然科学，即关于地球上的物体和天体的力学，和它靠近并且为它服务的，是一些数学方法的发现和完善化。

　　　　恩格斯：《自然辩证法》（1873—1882 年），《马克思恩格斯文集》第

---

　　①　查·赖尔《人类古代的地质学考证》和托·亨·赫胥黎《人类在自然界的位置》。

9 卷，人民出版社 2009 年版，第 410—411 页。

自然科学家的思维：阿加西斯的造物谱，根据这个图谱，上帝是从一般的东西进而造出特殊的和个别的东西（首先造出脊椎动物本身，然后造出哺乳动物本身，食肉动物本身，猫科本身，最后才造出狮子等等），这就是说，首先造出关于具体事物形态的抽象概念，然后再造出具体事物！（见海克尔，第 59 页）

> 恩格斯：《自然辩证法》（1873—1882 年），《马克思恩格斯文集》第
> 9 卷，人民出版社 2009 年版，第 461 页。

达尔文推翻了那种把动植物物种看作彼此毫无联系的、偶然的、"神造的"、不变的东西的观点，探明了物种的变异性和承续性，第一次把生物学放在完全科学的基础之上。同样，马克思也推翻了那种把社会看作可按长官意志（或者说按社会意志和政府意志，反正都一样）随便改变的、偶然产生和变化的、机械的个人结合体的观点，探明了作为一定生产关系总和的社会经济形态这个概念，探明了这种形态的发展是自然历史过程，从而第一次把社会学放在科学的基础之上。

> 列宁：《什么是"人民之友"以及他们如何攻击社会民主党人?》
> （1894 年春夏），《马克思恩格斯全集》第 1 卷，人民出版社 1984 年
> 版，第 111—112 页。

要知道，马赫主义者把唯物主义叫作形而上学！而现在恰好又有一群现代十分著名的物理学家，针对镭和电子等等的"奇迹"的出现，抬出了神——最粗陋的神，但又是最精巧的神，即哲学唯心主义。

> 列宁：《致阿·马·高尔基》（1913 年 2 月 14—25 日），《列宁全集》
> 第 46 卷，人民出版社 1990 年版，第 242—243 页。

2. 论神灵世界中的伪科学

除了这种看法，还说，世界的历史是极其不公正的。——莱奥进一步发挥自己的思想：

> "那个祈求于信仰的、没有鼻子的罪人，应当把自己的丑脸仅仅看作是上帝公正的标记，看作是对不信神者的惩罚，是信神者的信仰的新源泉。"

对民族来说，事情也正是如此。

> "在某一时期发生的精神上和肉体上的病疾和失调，不论从今天的还是预言家时代的观点来看，都是神的惩罚。"

这就是哲学上的……我想说的是，宗教上的原则，有资格和林斯艾斯平起平坐的莱奥根据这些原则建立自己的新的医学实践。忙于对单个人或人身上的某一部分进行微不足道的治疗有什么益处呢？要治就应当医治整个家族，整个民族！如果祖父患疟疾，那么全家，儿子，女儿，孙子以及他们的妻子、孩子都应当吞服奎宁！如果国王患肺炎，那么每一个省都应当派出代表去放血，或者为了预防，最好立即为数以百万计的全体居民每人放一盎司血！对卫生警察局来说，什么结论做不出来啊！任何人，要是没有医生证明他本人是健康的，他的祖辈、直到曾祖父都有正常的体格，同时，要是没有牧师证明他本人以及他的祖辈、直到曾祖父都是坚持信奉基督教的、虔诚的和有道德的生活方式，他就不能结婚，因为如莱奥所说的，"父辈的罪孽殃及儿子，直至第三代和第四代！"因此，一个医生的地位是：

> "他负有可怕的责任，他负有令人恐惧的直接关系，因为对单个人来说，医生既是上帝的使者，有可能使他免除因祖辈作孽而应得的报应，又是魔鬼的仆人，力图用自己的力量反对上帝的惩罚，并使之不起作用。"

又是一些对国家有利的结论！为医学院学生规定的哲学课程应当废除，代之以神学课程。医科学生考试一定要呈交有关本人信仰的证件，至于医学院犹太学生的实习，即使不完全禁止，至少也应当限制在他们的教友范围内，莱奥继续写道：

> "病人，正如犯人一样，也是敬神的，上帝的圣手按在他身上——谁能治好病，就让谁治！但是他并不害怕炽热的钢、锐利的铁和折磨人的饥饿，如果只有这样才能帮助恢复健康的话。效果不大的治疗在

医学上如同在市民社会中一样是有害的。"

恩格斯：《［同莱奥论战］》（1842 年 5 月 7—11 日），《马克思恩格斯全集》第 41 卷，人民出版社 1982 年版，第 314—315 页。

深入人民意识的辩证法有一个古老的命题：两极相连。根据这个道理，我们在寻找幻想、轻信和迷信的极端表现时，如果不是面向像德国自然哲学那样竭力把客观世界嵌入自己主观思维框子内的自然科学派别，而是面向与此相反的派别，即一味吹捧经验、极端蔑视思维而实际上思想极度贫乏的派别，我们就不致于犯什么错误。后一个学派在英国占据统治地位。它的始祖，备受称颂的弗兰西斯·培根就已经渴望他的新的经验归纳法能够付诸应用，并首先做到：延年益寿，在某种程度上使人返老还童，改形换貌，易身变体，创造新种，腾云驾雾，呼风唤雨。他抱怨这种研究无人问津，他在他的自然史中开出了制取黄金和创造种种奇迹的正式的丹方。同样，伊萨克·牛顿在晚年也热衷于注释《约翰启示录》①。因此，难怪近年来以几个远非最差的人物为代表的英国经验主义，看来竟不可救药地迷恋于从美国输入的招魂术和降神术。

属于这一行列的第一位自然科学家，是功勋卓著的动物学家兼植物学家阿尔弗勒德·拉塞尔·华莱士，此人曾和达尔文同时提出物种通过自然选择发生变异的理论。他在 1875 年由伦敦白恩士出版社出版的小册子《论奇迹和现代唯灵论》里面说，他在自然知识的这个分支中的最初经验是在 1844 年开始取得的，那时他听到斯宾塞·霍尔先生关于麦斯默术的讲演，因此他在他的学生身上做了同样的实验。

"我对这个问题非常感兴趣，并且有热心〈ardour〉进行研究。"（第 119 页）

他不仅使人进入催眠状态并发生四肢僵硬和局部丧失知觉的现象，而且也证实了加尔颅骨图的正确，因为在触摸任何一个加尔器官的时候，相

---

① 伊·牛顿以神学为题材的最著名的著作是他逝世六年后于 1733 年在伦敦出版的《评但以理书和圣约翰启示录》。

应的活动就在已受催眠的人身上发生，并以灵活的动作按规定演示出来。其次，他断言，他的被催眠者只要被他触摸一下，就会产生催眠者的一切感觉；他只要把一杯水说成白兰地酒，就可以让被催眠者喝得酩酊大醉。他能使一个年轻人甚至在清醒的时候糊涂得忘记自己的姓名，然而这是其他教员不用麦斯默术也可以办到的。如此等等。

恩格斯：《自然辩证法》（1873—1882 年），《马克思恩格斯文集》第
9 卷，人民出版社 2009 年版，第 442—443 页。

1843—1844 年冬季，我也适逢其会在曼彻斯特见到了这位斯宾塞·霍尔先生。他是一个很普通的江湖术士，在几个教士的赞助下在国内跑来跑去，用一个少女做催眠颅相学的表演，借以证明上帝的存在，证明灵魂不死，证明当时欧文主义者在各大城市中所宣传的唯物主义毫无价值。少女被催眠后，催眠者只要摸一摸她的颅骨上的任何一个加尔器官，她就像演戏一样做出各种表示相应器官活动的动作和姿势；例如，摸一下爱孩子（philoprogenitiveness）的器官，她就爱抚和亲吻所幻想的婴孩，如此等等。此外，这位堂堂的霍尔还用一个新的巴拉塔里亚岛①丰富了加尔的颅骨地理学：他在颅骨顶上发现了一个敬神的器官，只要摸一摸这里，他的那位受了催眠的小姐就跪下去，把双手合在一起，并且在惊讶的庸人观众面前做出一副虔敬地祈祷的天使的样子。表演到此结束并达到高潮。上帝的存在得到了证明。

我和我的一个熟人也同华莱士先生一样，对这些现象颇感兴趣，并且想试一下，我们能在什么程度上再现这些现象。我们选择了一个 12 岁的活泼的男孩来作对象。安详的凝视或轻柔的抚摩就轻而易举地使他进入催眠状态。但是，因为我们对这套把戏不像华莱士先生那样虔诚，那样热心，所以我们也就得到完全不同的结果。除了很容易产生的肌肉僵硬和丧失知觉状态以外，我们还发现了一种意志完全被动而感觉又异常过敏的状态。被催眠者一旦由于任何外部刺激而从昏睡中醒过来，他就显得比清醒的时候更活跃得多。被催眠者同催眠者没有任何神秘的感应关系；任何其他的人都同样可以很容易地使被催眠者动作起来。让加尔颅骨器官起作用，在

---

①　巴拉塔里亚（源于西班牙语 barato——廉价的）是塞万提斯的小说《唐·吉诃德》中虚构的一个岛。在该书第 2 部第 45—53 章中，唐·吉诃德的侍从桑乔·潘萨被任命为该岛的总督。

我们看来是太容易了；我们的花样还更多：我们不仅能使这些器官互相置换，把它们配置在整个身体的任何地方，而且还能造出不拘数目的其他器官，如唱歌、吹口哨、吹笛、跳舞、拳击、缝纫、补鞋、抽烟等等的器官，这些器官我们希望安在什么地方都可以。华莱士用水使他的被催眠者酩酊大醉，而我们却在大脚趾上发现了醉酒的器官，只要摸它一下，被催眠者就会演出最妙的喝醉酒的滑稽戏。但是十分清楚：如果不使被催眠者明白人们希望他做些什么，那么任何器官都不能显示任何作用。这个小孩经过实际练习很快便熟练到这样的程度：只要多少有一点暗示就够了。这样造成的器官只要不用同样的方法加以改变，对于以后的催眠是永远有效的。这个被催眠者也就有双重的记忆，一种是清醒时的记忆，另一种是催眠状态中的完全独立的记忆。至于说到意志的被动性，说到对第三者的意志的绝对服从，只要我们不忘记整个状态是在被催眠者的意志服从催眠者的意志的情况下开始的，而且没有这种服从就形成不了这种状态，那么这种被动性，这种绝对服从就没有什么奇怪的了。只要被催眠者同催眠者开个玩笑，那就连世界上最有魔力的催眠术家也无计可施了。

这样，我们不过随便怀疑了一下，便发现了催眠颅相学的江湖骗术的老底，这是一系列与清醒状态时的现象多半只有程度差异的、无须作任何神秘主义解释的现象，而华莱士先生的热心（ardour）却使他一再地欺骗自己，靠了这种自我欺骗去在各种细节上证实加尔颅骨图，确认催眠者和被催眠者之间的神秘的感应关系。在华莱士先生的天真得有些稚气的谈话中，到处都可以看到：他所关心的并不是探究这种江湖骗术的真相，而是不惜任何代价去再现所有的现象。只要有了这种心态，就可以在很短的时间内使刚入门的研究者靠简便易行的自我欺骗变成一位行家。华莱士先生终于相信了催眠颅相学的奇迹，这时他已经有一只脚踏进神灵世界中去了。

> 恩格斯：《自然辩证法》（1873—1882年），《马克思恩格斯文集》第
> 9卷，人民出版社2009年版，第443—445页。

到1865年，他的另一只脚也跟着踏进去了。当他在热带地方旅行了12年回来以后，桌子跳舞的降神术实验促使他加入了各种"神媒"的团体。他进步得多么快，他对这套把戏掌握得多么纯熟，上述小册子就可以证明。他希望我们不仅要当真相信霍姆、达文波特兄弟以及其他看来多少是为了

钱并且大多一再暴露出骗子面目的"神媒"的一切所谓的奇迹，而且要当真相信许多从很古的时候起就被信以为真的神灵故事。希腊神托所的女占卜者、中世纪的女巫便都是"神媒"，而扬布利柯在他的《论预言》中已经十分确切地描绘了

"现代唯灵论中最令人惊异的现象"〔第 229 页〕。

我们只举一个例子来表明，华莱士先生对于这些奇迹在科学上的确证是处理得何等轻率。如果有人要我们相信神灵会让人给它们照相，那么这的确是一个奢望，而我们在认定这种神灵照片是真实的以前，当然有权要求以最真实可信的方式对它们加以证明。但华莱士先生在第 187 页上说：1872 年 3 月，主神媒古皮太太（父姓为尼科尔斯）跟她的丈夫和小儿子在诺丁山的赫德森先生那里一起照了相，而在两张不同的照片上都看得出她背后有一个身材高高的女人的形象，优雅地（finely）披着白纱，面貌略带东方韵味，摆出祝福的姿势。

"所以，在这里，两件事中必有一件是绝对确实的。要不是眼前有一个活生生的、聪敏的、然而肉眼看不见的存在物，就是古皮先生夫妇、摄影师和某一第四者筹划了一桩卑劣的〈wicked〉骗局，而且一直隐瞒着这一骗局。但是我非常了解古皮先生夫妇，所以我绝对相信：他们像自然科学领域中任何真挚的真理探求者一样，是不会干这种骗人的勾当的。"〔第 188 页〕

这样看来，要么是骗人的勾当，要么是神灵的照片。对极了。如果是骗人的勾当，那么，不是神灵早已印在照片底版上，就是有四个人参与其事，或者有三个人参与其事，如果我们把活到 84 岁于 1875 年 1 月去世的对自己的行为不能负责的或易受愚弄的古皮老先生撇开不谈的话（只要把他送到作为背景的屏风后面就行了）。一位摄影师要替神灵找个"模特儿"是没有什么困难的，我们对此无须多费唇舌。但是摄影师赫德森不久就因一贯伪造神灵照片而被公开检举，而华莱士先生却安慰人们说：

"有一件事情是明白的：如果发生了骗人的勾当，那立刻就会被唯灵论者自己看破的。"［第 189 页］

这也就是说，摄影师也不大可信了。剩下的是古皮太太，而对她，我们的朋友华莱士表示"绝对相信"，此外再没有别的。再没有别的吗？决不是这样。表明古皮太太的绝对可靠的，还有她自己的如下说法：1871 年 6 月初的一个晚上，她在不省人事的状态中从汉伯里山公园她的家里，由空中被摄到兰布斯·康第特街 69 号——两地的直线距离是三英里——并且被弄到上述 69 号房子中正在举行降神仪式的一张桌子上。房门是关着的，虽然古皮太太是一个极肥胖的伦敦女人（这的确很重要），可是她突然闯到屋里来，在门上或天花板上连个小小的窟窿都没有留下来（1871 年 6 月 8 日伦敦《回声报》上的报道）。现在谁还不相信神灵照片是真的，那真是不可救药了。

恩格斯：《自然辩证法》（1873—1882 年），《马克思恩格斯文集》第 9 卷，人民出版社 2009 年版，第 445—447 页。

英国自然科学家中的第二位著名的行家，是威廉·克鲁克斯先生，化学元素铊的发现者和辐射计（在德国也叫做光转车辐射计）的发明者。克鲁克斯先生大约从 1871 年起开始研究唯灵论者的表演，为了这个目的应用了许多物理学仪器和力学仪器，如弹簧秤、电池等等。他是否带来了主要的仪器，即一颗抱怀疑态度的有批判力的头脑，他是否使这颗头脑始终保持工作能力，我们是会看到的。无论如何，在一个不长的时期内，克鲁克斯先生就像华莱士先生一样完全被俘虏了。华莱士叙述道：

"几年的工夫，一个年轻的女人，弗洛伦斯·库克小姐，就显示出值得注意的神媒的特性，而且最近已经登峰造极，化成一个肯定是来自神灵世界的完美的女性形象，赤着脚，披着飘洒的白色长袍，而这时神媒却穿着深色的衣服，被捆缚着，沉睡在一间密室〈cabinet〉或邻室里。"［第 181 页］

这个神灵自称凯蒂，看起来非常像库克小姐。一天晚上，沃尔克曼先生，古皮太太现在的丈夫，突然拦腰把它抱住，紧紧搂住不放，看它到底是不是库克小姐的化身。这个神灵显示出是一个结结实实的女人，它竭力反抗，观众们来干预，瓦斯灯被熄灭，撕扯了一阵以后，重新安静下来，屋子里点起了灯，这时神灵已经不见了，而库克小姐仍然被捆着，不省人事地躺在原来的角落里。但是，据说沃尔克曼先生直到现在还坚持认为，他抱住的是库克小姐而不是别人。为了从科学上来确证这件事情，一位著名的电学家瓦利先生做了一次新的实验，把电池的电流通到神媒库克小姐身上，使得她不切断电流就不能扮演神灵的角色。然而神灵还是出现了。所以它的确是和库克小姐不同的存在物。而进一步确证这件事情便是克鲁克斯先生的任务。他第一步是要取得这位神灵小姐的信任。

> 这种信任，如他自己在 1874 年 6 月 5 日的《灵学家报》中所说的，"逐渐加深，直到除非由我来安排，不然她就拒绝降神。她说她希望我一直在她近旁，就在内室的隔壁；我发现，在这种信任已经建立而且她确信我决不对她食言以后，各种现象的表现程度大大加强了，用其他方法得不到的证据也如意地得到了。她常常和我商量参加降神仪式的人以及他们的席位，因为她最近变得非常不安〈nervous〉，原因是她感到有人曾不怀好意地向她暗示，除了使用其他的比较科学的研究方法以外，有人可能使用武力"。

这位神灵小姐对这种既亲切又科学的信任给了最充分的回报。她甚至出现——现在这使我们不会再感到吃惊——在克鲁克斯先生家里，和他的孩子们玩耍，给他们讲"她在印度冒险的趣闻"，向克鲁克斯先生讲述"她过去生活中的一些痛苦的经历"，让他拥抱她，好让他相信她的结结实实的物质性，并让他察看她每分钟的脉搏次数和呼吸次数，最后她自己还和克鲁克斯先生并排照相。华莱士先生说：

> "这个形象在人们看见她，摸到她，给她照相，并且和她谈话以后，就从一个小屋子里面绝对地消失了，这个小屋子除了通往挤满观众的隔壁一间屋子，是没有其他出口的。"［第 183 页］

假若观众们十分有礼貌，信任发生事情的房子的主人克鲁克斯先生，就像克鲁克斯先生信任神灵一样，这也就不是什么了不起的把戏了。

可惜这些"完全被证实了的现象"，甚至在唯灵论者看来也不是随随便便就可以相信的。我们在前面已经看到，十分相信唯灵论的沃尔克曼先生怎样采取了非常物质的突然下手的办法。现在又有一个教士，"不列颠全国灵学家协会"委员，也出席了库克小姐的降神仪式，而且毫无困难地发现：神灵从门进到里面并在里面消失的那间屋子，是有第二道门通往外界的。当时也在场的克鲁克斯先生的举动，"使我原以为这些表演中也许有点什么玩意儿的信念受到了最后的致命打击"（查·莫里斯·戴维斯牧师《神秘的伦敦》，伦敦廷斯利兄弟出版社版）。此外，人们怎样使"凯蒂们""现身"的事，在美国也真相大白了。有一对姓霍姆斯的夫妇在费城举行表演，当时也出现了一个"凯蒂"，她得到信徒们丰厚的馈赠。但是，这位凯蒂有一次竟因为报酬不够多而罢了工，这就引起一个怀疑者下决心非要探查出她的踪迹不可；他发现她住在一个 boarding house（公寓）里，是一个毫无疑问有血有肉的年轻女人，占有了赠送给神灵的一切礼物。

恩格斯：《自然辩证法》（1873—1882 年），《马克思恩格斯文集》第
9 卷，人民出版社 2009 年版，第 447—449 页。

同时，欧洲大陆也有自己的科学界的降神者。彼得堡的一个学术团体——我不大清楚是大学或者甚至是研究院——曾委托枢密官阿克萨科夫和化学家布特列罗夫探究降神现象，但似乎并没有多少结果。另一方面——如果可以相信唯灵论者的喧嚣的声明——德国现在也推出自己的唯灵论者，这就是莱比锡教授策尔纳先生。

大家知道，策尔纳先生多年来埋头研究空间的"第四维"，发现在三维空间里不可能出现的许多事情，在四维空间里却是不言而喻的。例如，在四维空间里，一个全封闭的金属球，不在上面钻一个孔，就可以像翻手套一样地翻过来；同样，在一条两端各无尽头或两端都被系住的线上可以打结，两个相互分离的闭合的圆环，不锯开其中的任何一个就可以套在一起，还有许多这一类的把戏。根据神灵世界最近传来的捷报，策尔纳教授先生曾请求一个或几个神媒帮助他确定第四维空间中的各种细节。结果据说是惊人的。他把自己的手臂架在椅子的扶手上，而手掌按在桌子上不动，降神仪式一开始，椅子的扶手就和他的手臂套在一起了；一条两端用火漆固定在桌子上的线，竟在中间打了四个结，如此等等。

一句话，神灵是可以极其容易地完成第四维空间的一切奇迹的。但是必须注意：我是在转述别人的说法。我不能保证这个神灵通报的正确性，如果它有什么不确实的地方，策尔纳先生应当感谢我给他提供了一个更正的机会。但是，如果这个通报不是虚假地报道策尔纳先生的经历，那么这些经历显然会在神灵科学和数学方面开辟一个新纪元。神灵证明第四维空间的存在，而第四维空间则为神灵的存在作担保。而这一点一经发现，便给科学开辟出一个崭新的广阔的天地。对于第四维和更高维的空间的数学来说，对于待在这种高维空间中的神灵们的力学、物理学、化学和生理学来说，过去的全部数学和自然科学都不过是一种预备科目罢了。克鲁克斯先生不是已经在科学上确证桌子和其他家具在移到——我们现在可以这样说——第四维空间的过程中会损失多少重量，而华莱士先生不是也声称他已经证明在第四维空间中火不会伤害人体吗！现在甚至已经有神体生理学了！神灵们会呼吸，有脉搏，这就是说，它们有肺脏、心脏和循环器官，因而在身体的其他器官方面至少是和我们一样齐全的。因为要呼吸就要有碳水化合物在肺里被转化，而这些碳水化合物又只能由外界供给，于是要有胃、肠及其附属器官，而这一切一经确定，其余的就毫无困难地都跟着有了。但是这些器官的存在就使得神灵们有生病的可能，这样一来，微耳和先生也许就不得不写一部神灵世界的细胞病理学了。而因为这些神灵大多是非常漂亮的年轻女人，除了她们的超凡的美丽，她们和世间的女人没有什么不同，完完全全没有什么不同，所以用不了多久她们就会出现在"爱上她们的男人"的身边；而且，既然克鲁克斯先生通过脉搏已经断定，她们"并不缺少女性的心"，所以对于自然选择来说，也同样会出现一个第四维空间，在那个空间里，再也用不着担心人们会把自然选择和万恶的社会民主主义混淆起来。

恩格斯：《自然辩证法》（1873—1882 年），《马克思恩格斯文集》第 9 卷，人民出版社 2009 年版，第 449—451 页。

够了。这里已经看得一清二楚，究竟什么是从自然科学走向神秘主义的最可靠的道路。这并不是过度滋蔓的自然哲学理论，而是蔑视一切理论、怀疑一切思维的最肤浅的经验。证明神灵存在的并不是那种先验的必然性，而是华莱士先生、克鲁克斯先生之流的经验的观察。既然我们相信克鲁克斯利用光谱分析进行的观察（铊这种金属就是由此发现的），或者相信华莱士在马来群岛所获得的动物学上的丰富的发现，人们就要求我们同样去相信这两位研究者在唯灵论方面的经验和发现。而如果我们认为，在这里毕竟有一个小小的区别，即前一种发现可以验证，而后一种却不能，那么降神者就会反驳我们说：不是这么回事，他们是乐于给我们提供机会来验证这些神灵现象的。

实际上，蔑视辩证法是不能不受惩罚的。对一切理论思维尽可以表示那么多的轻视，可是没有理论思维，的确无法使自然界中的两件事实联系起来，或者洞察二者之间的既有的联系。在这里，问题只在于思维正确或不正确，而轻视理论显然是自然主义地进行思维，因而是错误地进行思维的最可靠的道路。但是，根据一个自古就为人们所熟知的辩证法规律，错误的思维贯彻到底，必然走向原出发点的反面。所以，经验主义者蔑视辩证法便受到惩罚：连某些最清醒的经验主义者也陷入最荒唐的迷信中，陷入现代唯灵论中去了。

数学方面的情形也一样。平庸的形而上学的数学家，都十分高傲地夸耀他们的科学成果是绝对无法推翻的。但是这些成果也包括虚数在内，从而这些虚数也就带有某种实在性。如果我们已习惯于给 $\sqrt{-1}$ 或第四维硬加上我们的头脑以外的某种实在性，那么我们是否再前进一步，承认神媒的神灵世界，这也就不是什么重要问题了。这正如凯特勒谈到德林格尔时所说的：

> "这个人一生中曾为那么多的谬论作辩护，就连教皇永无谬误的说法他也真能接受了！"①

事实上，单凭经验是对付不了唯灵论者的。第一，那些"高级的"现象，只有当有关的"研究者"已经着迷到像克鲁克斯自己天真无比地描绘的那样，只能看到他应看到或他想看到的东西的时候，才能够显现出来。第二，唯灵论者并不在乎成百件的所谓事实被揭露为骗局，成打

----

① 教皇"永无谬误"的教义是1870年7月18日在罗马公布的。德国的天主教神学家约·德林格尔拒绝承认这一教义。美因茨的主教威·凯特勒最初也反对宣布新教义，但是很快就接受了这一教义而且成为它的热烈拥护者。

的所谓神媒被揭露为下流的江湖骗子。只要所谓的奇迹还没有被逐一揭穿，唯灵论者就仍然有足够的活动地盘，华莱士在伪造神灵照片的事件中就一清二楚地说明了这一点。伪造物的存在，正好证明了真实物的真实。

这样，经验要摆脱降神者的纠缠，就不得不借助于理论的思考，而不再靠经验性的实验；用赫胥黎的话说：

"我认为从证明唯灵论是真理这件事当中所能得到的唯一好处，就是给反对自杀提供一个新论据。与其死后借每举行一次降神仪式赚一个基尼[①]的神媒的嘴巴说一大堆废话，还不如活着做清道夫好。"[②]

恩格斯：《自然辩证法》（1873—1882 年），《马克思恩格斯文集》第9 卷，人民出版社 2009 年版，第 451—453 页。

3. 关于"第一推动力"

然而，这个时期的突出特征是形成了一种独特的总观点，其核心就是自然界绝对不变的看法。不管自然界本身是怎样产生的，只要它一旦存在，那么它在存在的时候就总是这个样子。行星及其卫星，一旦由于神秘的"第一推动"而运动起来，它们便依照预定的椭圆轨道旋转下去，永不停息，或者一直旋转到万物的末日。恒星永远固定不动地停留在自己的位置上，凭着"万有引力"而互相保持这种位置。地球亘古以来或者从它被创造的那天起（不管是哪一种说法）就一成不变地总是保持原来的样子。现在的"五大洲"早就存在着，它们始终有同样的山岭、山谷和河流，同样的气候，同样的植物区系和动物区系，而这些植物区系和动物区系只有经过人手才发生变化或移植。植物和动物的种，一旦形成便永远固定下来，原来是什么样，所产生的东西仍是什么样，而当林耐承认通过杂交有时可能育出新种的时候，这已经是作出很大的让步了。与在时间上发展着的人类历史不同，自然界的历史被认为只是在空间中扩张着。自然界中的任何

---

① 基尼是英国从前的一种金币，合 21 先令。
② 这段话引自托·赫胥黎 1869 年 1 月 29 日给伦敦逻辑学会的信。该学会邀请他参加降神现象研究委员会的工作。赫胥黎拒绝邀请，并发表了许多讽刺降神术的意见。赫胥黎的这封信曾两度公开，一次是在伦敦《每日新闻》1871 年 10 月 17 日第 7946 号上，另一次是查·戴维斯在《神秘的伦敦》1875 年伦敦版第 389 页上引用了这封信。

变化、任何发展都被否定了。开初那样革命的自然科学，突然面对着一个彻头彻尾保守的自然界，在这个自然界中，今天的一切都和一开始的时候一模一样，而且直到世界末日或万古永世，一切都仍将和一开始的时候一模一样。

18 世纪上半叶的自然科学在知识上，甚至在材料的整理上大大超过了希腊古代，但是在以观念形式把握这些材料上，在一般的自然观上却大大低于希腊古代。在希腊哲学家看来，世界在本质上是某种从混沌中产生出来的东西，是某种发展起来的东西、某种生成的东西。在我们所探讨的这个时期的自然科学家看来，世界却是某种僵化的东西、某种不变的东西，而在他们中的大多数人看来，是某种一下子就造成的东西。科学还深深地禁锢在神学之中。它到处寻找，并且找到了一种不能从自然界本身来解释的外来的推动作为最后的原因。如果牛顿所夸张地命名为万有引力的吸引被当做物质的本质特性，那么开初造成行星轨道的未经说明的切线力又是从哪里来的呢？植物和动物的无数的种是如何产生的呢？而早已确证并非亘古就存在的人类最初是如何产生的呢？对于这些问题，自然科学往往只能以万物的创造者对此负责来回答。哥白尼在这一时期之初向神学下了挑战书；牛顿却以神的第一推动这一假设结束了这个时期。这时的自然科学所达到的最高的普遍的思想，是关于自然界的安排的合目的性的思想，是浅薄的沃尔弗式的目的论，根据这种理论，猫被创造出来是为了吃老鼠，老鼠被创造出来是为了给猫吃，而整个自然界被创造出来是为了证明造物主的智慧。当时的哲学博得的最高荣誉就是：它没有被同时代的自然知识的狭隘状况引入迷途，它——从斯宾诺莎一直到伟大的法国唯物主义者——坚持从世界本身来说明世界，并把细节的证明留给未来的自然科学。

　　恩格斯：《自然辩证法》（1873—1882 年），《马克思恩格斯文集》第 9 卷，人民出版社 2009 年版，第 412—413 页。

在这种僵化的自然观上打开第一个突破口的，不是一位自然科学家，而是一位哲学家。1755 年，康德的《自然通史和天体论》出版。关于第一推动的问题被排除了；地球和整个太阳系表现为某种在时间的进程中生成的东西。如果大多数自然科学家对于思维并不像牛顿在"物理学，当心形而上学啊！"① 这个警告中那样表现出厌恶，那么他们一定会从康德的这个天才发现中得出结论，从而避免无穷无尽的弯路，省去在错误方向上浪费的无法估算的时间和劳动，因为在康德的发现中包含着一切继续进步的起点。如果地球是某种生成的东西，那么它现在的地质的、地理的和气候的状况，它的植物和动物，也一定是某种生成的东西，它不仅在空间中必然有彼此并列的历史，而且在时间上也必然有前后相继的历史。如果当时立即沿着这个方向坚决地继续研究下去，那么自然科学现在就会大大超过它目前的水平。但是哲学能够产生什么成果呢？康德的著作没有产生直接的成果，直到很多年以后拉普拉斯和赫歇尔才充实了这部著作的内容，并且作了更详细的论证，因此才使"星云假说"逐渐受人重视。进一步的一些发现使它终于获得了胜利；其中最重要的发现是：恒星的自行；宇宙空间中具有阻抗的介质得到证实；宇宙物质的化学同一性以及康德所假定的炽热星云团的存在通过光谱分析得到证明。

但是，如果这个逐渐被认识到的观点，即关于自然界不是存在着，而是生成着和消逝着的观点，没有从其他方面得到支持，那么大多数自然科学家是否会这样快地意识到变化着的地球竟承载着不变的有机体这样一个矛盾，那倒是值得怀疑的。地质学产生了，它不仅揭示了相继形成的和逐次累积起来的地层，而且指出了这些地层中保存着已经灭绝的动物的甲壳和骨骼，以及已经不再出现的植物的茎、叶和果实。人们不得不下决心承认：不仅整个地球，而且地球现今的表面以及在这一表面上生存的植物和动物，也都有时间上的历史。这种承认最初是相当勉强的。居维叶关于地球经历多次变革的理论在词句上是革命的，而在实质上是反动的。这种理论以一系列重复的创造行动取代了上帝的一次创造行动，使神迹成为自然界的根本杠杆。最初把知性带进地质学的是赖尔，因为他以地球的缓慢变

① 指伊·牛顿在他的基本著作《自然哲学的数学原理》第 2 版第 3 册的结尾部分《总识》中所表达的思想。牛顿写道："到目前为止，我已用重力说明了天体现象和海洋的潮汐。但是我没有指出重力本身的原因。"他在列举了重力的某些性质以后接着说："至今我还不能从种种现象推论出重力的这些性质的原因，假说这个东西我是不考虑的。凡不是从现象中推论出来的，都应该叫做假说；凡是假说，不管它是形而上学的或物理学的，力学的或隐蔽性质的，都不能用于实验哲学之中。在这种哲学中，一切定理都由现象推论而来，并用归纳法加以概括。"

黑格尔也注意到牛顿的这种看法，他在《哲学全书纲要》（见注31）第 98 节附释 1 中指出："牛顿……直接警告物理学，不要陷入形而上学……"

化所产生的渐进作用，取代了由于造物主一时兴动而引起的突然变革①。

赖尔的理论，与以前的一切理论相比，同有机物种不变这个假设更加不能相容。地球表面和各种生存条件的逐渐改变，直接导致有机体的逐渐改变和它们对变化着的环境的适应，导致物种的变异性。但传统不仅在天主教教会中是一种势力，而且在自然科学中也是一种势力。赖尔本人许多年来一直没有看到这个矛盾，他的学生们就更没有看到。这只有用当时在自然科学中流行的分工来说明，这种分工使每个人都或多或少地局限在自己的专业中，只有少数人没有被它夺走纵览全局的眼力。

> 恩格斯：《自然辩证法》（1873—1882 年），《马克思恩格斯文集》第
> 9 卷，人民出版社 2009 年版，第 414—416 页。

杜林先生说，物质是一切现实的东西的载体；因此，在物质以外不可能有任何机械力。其次，机械力是物质的一种状态。在什么都不发生的原始状态中，物质及其状态即机械力是统一的。以后，当有点什么东西开始发生的时候，这种状态显然就应当和物质有区别了。所以，我们应当容忍用来搪塞我们的这样一些神秘的词句和这样的保证：自身等同的状态既不是静态的，也不是动态的，既不处在平衡中，也不处在运动中。可是我们仍然不知道，在那种状态下，机械力在什么地方，我们如果没有外来的推动，就是说没有上帝，怎样才能从绝对的不动转到运动。

……

可见，物质的没有运动的状态，是最空洞的和最荒唐的观念之一，是纯粹的"热昏的胡话"。要得出这种观念，必须把地球上某一物体所能有的相对的机械平衡想象为绝对的静止，然后再把它转移到整个宇宙。如果把普遍的运动归结为单纯的机械力，那么，这样做的确是容易的。把运动局限于单纯的机械力，还有一种好处，这就是可以把力设想为静止的、受束缚的，因而是在一瞬间不起作用的。如果像经常发生的那样，运动的转移成为一个包含各种中间环节的比较复杂的过程，那么，真正的转移就可能因为放过链条中的最后一个环节而被推延到任何时候。例如，把枪装上弹药以后，人们自己可以掌握扣扳机射击的时刻，即由于火药燃烧而释放

---

① 赖尔的观点的缺陷——至少就这一观点的最初的形式来说——在于，他认为在地球上发生作用的各种力是不变的，在质上和量上都是不变的。地球的冷却对他说来是不存在的；地球不是朝着一定的方向发展着，而只是以杂乱无章的、偶然的方式变化着。

出来的运动实现转移的时刻。因此可以设想，在没有运动的、自身等同的状态下物质是装满了力的，看来杜林先生就是把这一情况理解为——如果他毕竟还有所理解的话——物质和机械力的统一。这种观念是荒谬的，因为它把按本性来说是相对的、因而在同一时间始终只能适用于一部分物质的那种状态，当做绝对的状态转移到宇宙。但是，即使我们把这一点撇开不管，困难毕竟还存在：第一，宇宙是怎样装满力的呢，因为在今天，枪是不会自动装上弹药的；第二，后来是谁的手指扣扳机呢？我们可以任意转过来倒过去，而在杜林先生的指导下，我们总是又回到——上帝的手指。

我们的现实哲学家从天文学转到力学和物理学，并且叹息道，力学的热理论在被发现以来的一个世代中，本质上并没有超过罗伯特·迈尔使这一理论本身逐渐取得的成就。此外，一切都还非常昏暗不清：

> 我们应该"经常记住，与物质的运动状态同时存在的，还有静止的状况，后者是不能由机械功来计量的……如果我们以前把自然界称为伟大的做功者，而现在严格地采用这个术语，那么，我们还应当补充说，自身等同的状态和静止的状况并不代表机械功。这样，我们又失去了从静到动的桥；如果所谓的潜热直到现在对理论来说仍然是一个障碍，那么，我们在这里也应当承认有缺陷，至少在应用于宇宙时，不要否认这种缺陷"。

所有这些神谕式的空话，无非又是内心有愧的流露，他明明觉得，他所说的从绝对不动中产生出运动这个问题使他陷入不能自拔的境地，可是又不好意思去求助于唯一的救主，即天和地的创造者。

恩格斯：《反杜林论》（1876 年 9 月—1878 年 6 月），《马克思恩格斯文集》第 9 卷，人民出版社 2009 年版，第 63—66 页。

4. 科学与宗教之间的关系

我们且不谈过去的一切哲学毫无例外地全部被神学家指责为背弃基督教，甚至虔诚的马勒伯朗士和受圣灵感召的雅科布·伯麦的哲学也未能幸免；且不谈莱布尼茨被不伦瑞克农民指责为"Löwenix"（没有任何信仰的人），并且被英国人克拉克和牛顿的其他拥护者指责为无神论者；且不谈有一部分坚定不移、始终如一的新教神学家断言，基督教同理性不能一致，因为"世俗的"理性和"宗教的"理性是矛盾的，——对于这一点，德尔图良作了经典的表述："这是真实的，因为它是荒谬的"①；且不谈上述这一切，我们只问一点：除了听任科学研究自由发展从而强使它化为宗教而外，还有什么办法能够证明科学研究和宗教的一致呢？起码别的强制手段都不是证据。

> 马克思：《〈科隆日报〉第 179 号的社论》（1842 年 6 月 28 日—7 月 3 日），《马克思恩格斯全集》第 1 卷，人民出版社 1995 年版，第 213—214 页。

新的自然观就其基本点来说已经完备：一切僵硬的东西溶解了，一切固定的东西消散了，一切被当作永恒存在的特殊的东西变成了转瞬即逝的东西，整个自然界被证明是在永恒的流动和循环中运动着。

> 恩格斯：《自然辩证法》（1873—1882 年），《马克思恩格斯文集》第 9 卷，人民出版社 2009 年版，第 418 页。

司徒卢威先生不可能不知道，任何一条科学规律（决不只是价值规律），在中世纪人们都是从宗教和伦理的意义上去理解的。对于自然科学的规律，宗教法规学者也是这样解释的。因此根本不能认真地把宗教法规学者说的价格规律同古典政治经济学家说的价格规律相提并论。司徒卢威先生的这种"思想"不能够叫作什么思想，这不过是一种纯粹的儿戏掩盖下的思想恐惧病罢了。

> 列宁：《又一次消灭社会主义》（1914 年 3 月），《马克思恩格斯全集》第 25 卷，人民出版社 1988 年版，第 37 页。

把整个自然科学中的唯物主义看作"形而上学"，把通向宗教的阶梯称为"经验主义"。排除科学中的规律，事实上只能是偷运宗教的规律。司徒卢威先生以为要些"小小的花招"就能向人瞒过这件简单的、无可怀疑的事实，真是枉费心机。

> 列宁：《又一次消灭社会主义》（1914 年 3 月），《马克思恩格斯全集》第 25 卷，人民出版社 1988 年版，第 49 页。

为了说明有时对待农民不敏锐到什么程度，应当稍微谈谈反宗教的宣传。某些同志有时把农民看做唯物主义的哲学家，以为只要做一次自然科

---

① 昆·赛·弗·德尔图良《论基督的肉体复活》。

学的讲演，就足以使农夫相信上帝是不存在的。他们往往不了解，农夫是从经济观点去看上帝的，就是说，农夫有时并不反对摈弃上帝，但是怀疑往往使他们苦恼："谁知道呢，也许真有上帝；既敬拜共产党员，又敬拜上帝，使庄稼更靠得住些，不是更好吗。"谁不估计到农民心理的这个特点，谁就完全不懂得党员和非党员之间的相互关系问题，谁就不懂得在反宗教的宣传问题上即使对农民的偏见也需要谨慎小心。

> 斯大林：《关于党在农村中的当前任务》（1924 年 10 月 23 日），《斯大林全集》第 6 卷，人民出版社 1956 年版，第 261 页。

科学所以叫作科学，正是因为它不承认偶像，不怕推翻过时的旧事物，很仔细地倾听经验和实践的呼声。否则，我们就根本不会有科学，譬如说，不会有天文学，而直到现在还会信奉陈腐不堪的托勒密体系了；那我们就不会有生物学，而直到现在还会迷信上帝造人的神话了；那我们就不会有化学，而直到现在还会相信炼金术士的预言了。

> 斯大林：《在全苏斯达汉诺夫工作者第一次会议上的讲话》（1935 年 11 月 17 日），《斯大林选集》下卷，人民出版社 1979 年版，第 384 页。

十　论神学

1. 论原罪

我还承认，我是一个罪人，我的身上深深地隐藏着罪恶的倾向，因此我根本回避用任何行动来进行辩护。认为人天生就有犯罪之心，我不赞成。我愿意承认，犯罪的可能性虽然不是人类的思想中固有的，但是人类在实现这一思想时不可避免地会存在犯罪的可能性。所以我下定决心，尽量多做忏悔。但是，亲爱的弗里茨，没有一个有思想的人会相信，我的罪恶应当靠某个第三者的功劳而获得赦免。当我不依赖任何权威思考这个问题的时候，我同现代神学都发现，人的罪恶源自思想必然得不到完全的实现；因此，每个人都必须努力通过自身来实现人类的思想，即像上帝那样在精神上完美无缺。这是一种完全主观的东西。以第三者即客观的东西为前提的正统的赎罪的教义怎样来实现这种主观的东西呢？我承认我应当受惩罚；如果上帝想惩罚我，就让他惩罚吧，但是要我在精神上哪怕有一丝一毫永远脱离上帝，我是全然不能想像而且也不能相信的。上帝接纳我们是他的恩赐，这诚然是确实的，因为上帝无论做什么，都是恩赐，但是他无论做什么同时也是一种必然性。协调这些矛盾就构成了上帝的本质的主要部分。你接下去说的那些话，如上帝不会否定自己等等，使我觉得你企图回避我的问题。一个竭力想同上帝合一的人，你能相信他会永远遭到上帝的拒绝吗？你能相信吗？不能，所以你是在兜圈子。认为上帝除了对恶劣行为本身进行惩罚，还要对受罚者过去的罪恶给予惩罚，这种观点难道不是十分卑鄙的吗？你既然假定有永恒的惩罚，也就应当假定有永恒的罪恶；既然有永恒的罪恶，就有永恒信仰的可能，即永恒赎罪的可能。关于永入地狱的教义前后极不一致。

恩格斯：《致弗里德里希·格雷培》（1839 年 7 月 12—17 日），《马克思恩格斯全集》第 47 卷，人民出版社 2004 年版，第 189—190 页。

赎罪论。——"人是这样堕落，以致他不能够自觉自愿地做任何好事。"亲爱的弗里茨，请你抛弃这种超正统的、根本不是出自圣经的无稽之谈吧！白尔尼在巴黎的时候，只能勉强维持自己的生活，他却把自己的全部稿费送给穷苦的德国人，他甚至没有因此得到报答。那么，应当认为这是好事了吧？可是，白尔尼确实没有"再生"。——既然你们只信奉原罪说，那么，这个命题对你们来说，根本无用。基督也是不知道这个命题的，正像他不知道使徒教义中的许多东西一样。——有关罪恶的教义，我是很少考虑的。但是我清楚，人的罪恶是不可避免的。正统派正确地看到了罪恶与尘世的缺陷、疾病等等之间的联系，但是它错就错在认为罪恶是这些缺陷的原因，而这仅仅是个别情况。罪恶和缺陷，这两者是相互制约、相互依存的。因为人力并非神力，所以必然有发生罪恶的可能性；说确实有罪恶发生，那是由于人类初期发展的原始阶段所致，而说从那以后罪恶并没有终止，则又完全是心理作用。罪恶也绝不可能在地球上终止，因为罪恶是由尘世生活的各种条件引起的，否则，上帝就会把人造成另外一种样子。但是由于上帝把人造成这样，他就决不可能要求人绝对无罪，而只能要求他们同罪恶作斗争。只有过去若干世纪备受冷落的心理学才会断言，这个斗争将会与死亡一起突然终止，而某种极乐无为的时刻将会来到。是的，如果承认这些前提，那么，道德的完善将只能随着一切其他精神力量的完善，随着同宇宙灵魂合为一体而同时得到，瞧，我又回到莱奥猛烈攻击的黑格尔学说上来了。话说回来，这最后一个形而上学的命题正是我自己也不知如何评价才好的一种结论。——其次，根据这些前提，亚当的故事只能是神话，原因是：亚当既然被创造得这样无罪，他就应当像上帝一样；或者，他既然是用人力创造出来的，他就必然会犯罪。这就是我的罪恶论，当然还非常不成熟，还很不完备。在这种情况下，我还需要赎罪吗？——"如果上帝想在惩罚性的公正同赎罪性的慈爱之间找到一条出路，那么只有替罪是惟一的办法。"现在请看一看，你们是些什么样的人。你们谴责我们批评神的智慧的深处，而你们自己却在这里对神的智慧设置种种界限。否则菲力皮教授先生也不会大肆给自己辟谣。如果承认这惟一的办法是必要的，那么，难道替罪就不再是不公正了吗？如果上帝对人们确实这样严格，那么他在这里也同样应当严格，而不能故作不知。只要把这个体系确实敏锐地、切实地考虑一下，你就不会察觉不到它的弱点。——接着你就强烈地反对"替罪是惟一的办法"这种言论，因为你说："人即使由于神的万能的行动而从各种罪孽中解脱出来，也不可能成为中介者①。"那么，总还有另一条途径吧？是的，如果正统派在柏林没有比菲力皮教授更合适的代表，那么，他们的处境确实不妙。——替罪的合理性这一原则悄悄地贯穿于整个推论中。这是你们为了自己的目的而雇用的、后来又置你们自己于死地的杀人凶手。你们也根本不想认真地证明，这个原则同神的公正是不矛盾的，而且，只要你们老实承认，你们自己也感到，你们不得不利用这个证据来反对你们自己的良心；因此，你们避开原则，默认事实是合理的，用怜悯的爱等等一些漂亮词句来粉饰事实。——"三位一体是赎罪的条件。"这又是你们那个体系的半真不假的一个结论。诚然，二位是应当接受的，但是第三位被接受，只是因为传统上就是这样。

> 恩格斯：《致弗里德里希·格雷培》（1839 年 10 月 29 日），《马克思恩格斯全集》第 47 卷，人民出版社 2004 年版，第 213—215 页。

这种原始积累在政治经济学中所起的作用，同原罪在神学中所起的作用几乎是一样的。亚当吃了苹果，人类就有罪了。② 人们在解释这种原始积累的起源的时候，就像在谈过去的奇闻逸事。在很久很久以前有两种人，一种是勤劳的、聪明的，而且首先是节俭的精英，另一种是懒惰的、耗尽了自己的一切，甚至耗费过了头的无赖汉。诚然，神学中关于原罪的传说告诉我们，人怎样被注定必须汗流满面才得糊口；而经济学中关于原罪的故事则向我们揭示，怎么会有人根本不需要这样做。但是，这无关紧要。于是出现了这样的局面：第一种人积累财富，而第二种人最后除了自己的皮以外没有可出卖的东西。大多数人的贫穷和少数人的富有就是从这种原罪开始的；前者无论怎样劳动，除了自己本身以外仍然没有可出卖的东西，而后者虽然早就不再劳动，但他们的财富却不断增加。例如梯也尔先生为了替所有权辩护，甚至带着政治家的严肃神情，向一度如此富有才华的法国人反复叨念这种乏味的儿童故事。但是，一旦涉及所有权问题，那么坚持把儿童读物的观点当作对于任何年龄和任何发育阶段都是惟一正确的观点，就成了神圣的义务。大家知道，在真正的历史上，征服、奴役、劫掠、杀戮，总之，暴力起着巨大的作用。但是在温和的政治经济学中，从来就

---

① 指上帝与人的中介者耶稣。
② 亚当偷吃禁果的传说，见《旧约全书·创世记》第 3 章。

是田园诗占统治地位。正义和"劳动"自古以来就是惟一的致富手段，自然，"当前这一年"总是例外。事实上，原始积累的方法决不是田园诗式的东西。

马克思：《资本论（第 1 卷）》（1867 年 9 月），《马克思恩格斯文集》
第 5 卷，人民出版社 2009 年版，第 820—821 页。

2. 论圣经

我目前正忙于研究哲学和批判的神学。一个人如果满了 18 岁并且知道施特劳斯、理性主义者以及《教会报》，那就会要么不假思索地什么都读，要么开始对自己的伍珀河谷时期的信仰产生怀疑。我无法理解，当圣经中出现一些相当明显的矛盾时，正统派的传教士们怎么还能这样正统。他们又如何能把马利亚的丈夫约瑟的两个家谱，有关圣餐（"这是我立约的血"，"这杯是用我血所立的新约"）、被鬼附身的故事（一处说，鬼离开人身，另一处则说，鬼附在猪身上）的不同说法，以及有关耶稣的母亲出去寻找她认为是疯了的儿子，尽管她奇迹般地受孕而怀上他等等的说法——所有这一切怎么能同真实性，即同福音书作者的文字的真实性一致起来？其次，对"我们的天父"、对奇迹的顺序问题上的分歧，以及约翰显然违反叙事形式而作的独特的深刻解释，对这一切又该如何理解？正统派所炫耀的基督亲口说的话在每一本福音中都不尽相同①。旧约我就根本不谈了。可是在可爱的巴门，没有人跟你讲这种事，那里完全按照另外一套原则进行讲授。那么，旧的正统思想以什么为依据呢？无非是陈规旧套。圣经在什么地方要求按字面相信它的教义、它的故事？有哪一个使徒在哪里说过他所讲的一切都是直接受到圣灵的启示？正统派所讲的并不是要理性听从基督，不是的，他们是要扼杀人身上神圣的东西，而代之以僵死的词句。因此，我直到现在仍和从前一样，是一个地道的超自然主义者，不过我抛弃了正统思想。所以，我现在以及将来都不能相信一个诚心尽力做善事的理性主义者会永远堕入地狱。这同圣经本身也是矛盾的，因为那上面写着，任何人都不是由于原罪而是由于本人的罪恶而被处罚堕入地狱；如果有人

---

① 恩格斯这里提到的圣经中的明显矛盾，见《新约全书》中的《马可福音》、《马太福音》和《路加福音》。在这三卷符类福音中有许多地方文字十分相似，甚至完全相同；同时又有不少互不相同和相互矛盾的地方。这一现象成为 18 世纪以来圣经学者争论的问题。

全力抵抗原罪并且做了他所能做的事，那么，他的真正的罪恶只不过是原罪的必然后果，因此，这并不能处罚他堕入地狱。

> 恩格斯：《致弗里德里希·格雷培》（1839 年 4 月 24 日前—5 月 1
> 日），《马克思恩格斯全集》第 47 卷，人民出版社 2004 年版，第
> 142—143 页。

谈正事吧。你来信提到约瑟的家谱一事，我已经知道了要点；对此我提出以下几点不同的看法：

1. 圣经中有哪一个世系是把类似情况下的女婿称做儿子的？① 在你没有向我提出这样的例子以前，我认为这样的解释纯属牵强附会！

2. 路加既然用希腊文给希腊人写东西，那他为什么不明确地给不熟悉这种犹太风俗的希腊人把情况说得像你讲的那样呢？

3. 约瑟的世系究竟有什么意义呢？这份东西完全是多余的，因为三部符类福音书都明确说过约瑟不是耶稣的父亲。

4. 为什么像拉瓦特尔这样的人也不采用这种解释而宁可听任矛盾存在呢？最后，为什么甚至比施特劳斯更有学问的奈安德也说这是那位用希腊文改写希伯来文马太福音的作者造成的一个无法解决的矛盾呢？②

而且，对于我的其他疑点，你所谓的"可怜的咬文嚼字"，你想拒绝接受，也不是那么容易的。词句中的圣灵启示被伍珀河谷人理解为：上帝甚至给每个词赋予了特别深刻的含义；这一点，我从教堂的讲坛上听得够多了。我相信亨斯滕贝格并不同意这种观点，因为从《教会报》上可以看出，他根本没有什么明确的观点：他一会儿赞同某个正统主义者的意见，一会儿又把这种意见归罪于某个理性主义者；但是，圣经的圣灵启示作用有多大呢？当然，还没有大到这样的程度：这个人让基督说："这是我立约的血"③，那个人则让基督说："这杯是用我血所立的新约。"④ 确实预见到路德派同改革派之间这场争论的上帝，为什么不稍加干预，防止这场不幸的争论呢？假定有圣灵启示，那就只有两种可能：要么上帝故意这样做，

---

① 在《新约全书》中，《马太福音》第 1 章第 16 节说约瑟的父亲是雅各，而《路加福音》第 3 章第 23 节则说："约瑟是希里的儿子。"对于这两处不一致的说法，弗·格雷培认为路加违背了语言习惯，他要说的是："约瑟是希里的女婿"，《路加福音》中的约瑟家谱是马利亚的家谱。

② 奥·奈安德：《〈耶稣基督传〉的历史联系及其历史发展》1837 年汉堡版。

③ 《新约全书·马可福音》第 14 章第 24 节。

④ 《新约全书·路加福音》第 22 章第 20 节。

以便引起争论，但是这一点我不能怪罪于上帝；要么上帝没有发觉这个问题，但这样的念头同样是不容许的。不能说这场争论已产生了某种良好的结果，而设想这场争论在造成300年的基督教分裂以后，将来会产生某种良好的结果，这同样没有任何根据，而且也毫无可能。有关圣餐的一段恰恰具有重要意义。如果这里有什么矛盾，那么，对圣经的全部信仰就被毁掉了。

恩格斯：《致弗里德里希·格雷培》（1839年6月15日），《马克思恩格斯全集》第47卷，人民出版社2004年版，第183—184页。

我只能直率地告诉你，现在我已得出这样的结论：只有能够经受理性检验的学说，才可以算做神的学说。是谁赋予我们盲目地信仰圣经的权利呢？不过是在我们以前就这样做的那些人的威望而已。是的，同圣经相比，古兰经是一部比较有机的作品，因为它要求人们相信它的完整的、有连续性的内容。但是，圣经是由许多作者写的许多章节组成的，而作者中很多人甚至自己也对神性无所要求。难道仅仅因为父母对我们讲过，我们就应该违背自己的理性而相信它吗？圣经教导说，理性主义者要永入地狱。但是，一个终生追求同上帝合一的人（白尔尼、斯宾诺莎、康德），甚至像谷兹科这样的人，他生活的最高目的就是要在实证的基督教同当代教育之间找到一个交融点，你能想像这种人死后会永远永远离开上帝，并且要无止境地在肉体上和精神上忍受上帝的愤怒所带来的最残酷的折磨吗？我们连偷我们糖吃的苍蝇都不应当加以折磨，而上帝竟可以万倍残酷地、永无休止地折磨一个同样是无意犯错误的人吗？再说，一个真诚的理性主义者，难道因为他有所怀疑就有罪吗？根本不是这样。可是他会终生遭到最可怕的良心谴责；如果他在寻求真理，基督教就应当坚持用不可抗拒的真理去影响他。但是这样做了没有呢？再说，正统思想对待现代教育的立场又是何等模棱两可？据说基督教每到一处就把教育一同带到那里；可是，现在正统思想突然要求教育中途停止发展。如果我们相信圣经，而圣经的教义说通过理性是不能认识上帝的，那么，比如说整个哲学还有什么价值呢？可是，正统思想认为，有点哲学——只是不可太多——倒是很有用处的。如果地质学作出的结论不同于摩西的创世史，它就会遭到诋毁（见《福音派教会报》的无聊文章《自然研究的界限》）；如果它作出的结论似乎和圣经所讲的相同，就会被引以为据。比方说，如果某个地质学家讲，地球和化石证明曾经发过一次洪水，这就会被引用；但是如果另一个地质学家发现了疑点，认为这些化石属于不同地质年代，并证明在不同时期和不同地区都发过洪水，那么，地质学就会遭到谴责。这样做难道正当吗？再说，这里有一本施特劳斯的《耶稣传》，一部无可辩驳的著作；为什么不写篇有说服力的文章来反驳呢？为什么要诋毁这个真正可敬的人呢？有多少人像奈安德那样，本人并非正统派，却用基督教的口吻来反对施特劳斯？不错，确实有不少疑点，我无法驳倒的重大疑点。下面再谈谈有关赎罪的教义。为什么人们不从中得出一条教训：自愿为别人担当责任的人也要受惩罚呢？你们全都会认为这样不公正；可是在人们面前是不公正的，在上帝面前就应该是最大的公正吗？

> 恩格斯：《致弗里德里希·格雷培》（1839 年 6 月 15 日），《马克思恩格斯全集》第 47 卷，人民出版社 2004 年版，第 184—186 页。

你们的信终于来了。言归正传。你的信真是写得妙不可言：你坚持正统思想，同时又对理性主义倾向作了某些让步，这样，你就向我提供了武器。关于约瑟的家谱问题。对我的第一条异议，你的回答是：当我们读到圣经里的世系时，谁知道我们是否经常把女婿和侄子读成儿子。你这样说不是破坏圣经里的世系的整个可靠性吗？你这条规律能证明什么呢，我简直不明白。对我的第二条异议，你答复说：路加是写给泰奥菲卢斯的①。亲爱的弗里茨，圣灵启示，如果从第一个偶然得到这本书的人的理解出发，这是一种什么东西呢？如果不把所有未来的读者考虑在内，我根本不能承认任何圣灵启示。况且看来你自己还没有弄清楚圣灵启示这个概念。第三，我无法明白约瑟的世系怎么是预言的应验；相反，福音书作者最关心的肯定是，不把耶稣说成是约瑟的儿子，要消除这种观点，绝不通过这样描述约瑟的世系来给约瑟增光。——"说耶稣是马利亚的儿子，而马利亚是以利亚的女儿，这完全同习惯相违背。"亲爱的弗里茨，难道习惯在这里有一点儿影响吗？你要想清楚，你这样讲是否又同你自己关于圣灵启示的概念相抵触。真的，我觉得你的解释过于牵强，要是换了我，倒宁愿断定总有一个不对。——"一些无法解决的疑点必然会同基督教发生矛盾，而且凭借上帝的恩惠我们终究会做到深信无疑。"

---

① 《新约全书·路加福音》第 1 章第 3 节。

恩格斯:《致弗里德里希·格雷培》（1839 年 7 月 12—27 日），《马克思恩格斯全集》第 47 卷，人民出版社 2004 年版，第 188—189 页。

但是仁慈的上帝赐给了我绝妙的幽默感，使我得到莫大的安慰。小伙子，你难道幸福吗?——你对圣灵启示的观点，暂且不要公开，否则你在伍珀河谷就当不成牧师了。如果我不是受过极端的正统思想和虔诚主义[①]教育，如果教堂、儿童宗教课和家庭不是一直向我灌输要最直接地、无条件地相信圣经，相信圣经教义同教会教义、甚至同每一个传教士的特殊教义之间的一致性，那我可能还会长时间地保持一些自由主义的超自然主义。教义中的矛盾相当多，同圣经的作者一样多，这样一来，伍珀河谷的宗教信仰就汲取了十几个人对教义的解释。关于约瑟的家谱，大家知道，奈安德认为，《马太福音》中约瑟的家谱是那位把希伯来文原文翻译成希腊文的译者搞的;[②] 如果我没有弄错，魏瑟在他写的耶稣传记中发表的看法，和你一样，是反对路加的。[③] 弗里茨所作的解释终究要归结为一些难以置信的假设，以致这种解释根本不能叫解释。

恩格斯:《致威廉·格雷培》（1839 年 7 月 30 日），《马克思恩格斯全集》第 47 卷，人民出版社 2004 年版，第 198—199 页。

你那篇有关圣灵启示的文章好像是仓促间草草写成的，因为无法从字面上理解你所说的话，你写道:使徒宣讲的是纯粹的福音，他们死后也就没有人这样做了。在这种情况下，你想必把《使徒行传》和《希伯来书》的作者也算做使徒，并且证明福音书的确是马太、马可、路加和约翰写的。但是，可以肯定前面 3 个人没有写。其次，你说:我不相信我们可以在圣经中找出不同于使徒和先知们向民众宣讲的圣灵启示。如此说来，正确地记录这些讲道不又是一种圣灵启示吗? 如果你这句话是向我承认圣经中有不是圣灵启示的段落，那么，你想在什么地方去划一条界线呢? 请捧起圣经读一读，除非遇到真正有矛盾的地方，你是一行也不愿放过的。不过，这些矛盾会带来大量的后患，例如这个矛盾:有一个地方说以色列的子孙

---

① 虔诚主义是 17 世纪德国路德教派中形成的一个神秘主义派别。这个派别提出宗教感情高于宗教教义，并反对理性主义思维和启蒙时代的哲学。19 世纪的虔诚主义的特点是极端神秘主义和虚伪。虔诚主义反对表面的宗教仪式，赋予激情的感受和祈祷以特殊的意义，宣称一切妖术活动以及阅读非宗教的书籍都是犯罪。

② 奥·奈安德《〈耶稣基督传〉的历史联系及其历史发展》1837 年汉堡版。

③ 克·海·魏瑟《考证地从哲理观点修订福音故事》（两卷集）1838 年莱比锡版。

在埃及只延续了 4 代①，而保罗在《加拉太书》（如果我没有错的话）中说
是 430 年②。连我那位喜欢蒙蔽我的牧师③也承认这是个矛盾。你不会对我
说，别把保罗的话当作圣灵启示，因为他是偶然提到这一点的，他并不是
写历史。——既然有这种多余的、无用的东西，对我来说这还算什么启示
呢。但是，如果承认这个矛盾，那么上述两种说法也许都不对，旧约故事
变得模棱两可；同样，除了不来梅附近的奥伯诺伊兰的蒂勒牧师，大家公
认，圣经年表就无可挽回地失去圣灵启示的全部意义。这就使旧约故事更
加具有神秘的性质，并且要不了多久就会在教坛得到公认。——至于约书
亚要日头停留，你们能利用的最有力的证据就是约书亚在讲这件事的时候，
还没有得到圣灵启示，后来他得到圣灵启示而写书时，不过是叙述了事件
而已④。

> 恩格斯：《致弗里德里希·格雷培》（1839 年 10 月 29 日），《马克思
> 恩格斯全集》第 47 卷，人民出版社 2004 年版，第 212—213 页。

应当承认，这一次虔诚主义比它的对手高明。最初，同唯理论相比，
它占一定的优势，就是说：有两千年的威信，而且在当代正统的和半正
统的神学家的帮助下，它有了尽管是片面的，但毕竟是科学的发展。而
唯理论甚至在全盛时期也处于进退维谷的境地，它同时受到托路克和黑
格尔的夹攻。唯理论从来没有对圣经采取鲜明的立场，它的特点是倒霉
的摇摆性，起先好象完全信仰启示，但是进一步推论时，又对圣经的神
性如此加以限制，以致神性几乎一点也没有了。每当涉及到唯理论原理
的圣经论据时，这样的摇摆总使唯理论陷于一种不利的地位。为什么总
是颂扬理性而不宣布理性有自主权呢？须知每当双方都承认圣经是共同
基础时，正确总是在虔诚主义一方。但是除了这些以外，这一次在虔诚
主义一方还有天才。

> 恩格斯：《［不来梅通讯］——教会论争》（1841 年 1 月），《马克思
> 恩格斯全集》第 41 卷，人民出版社 1982 年版，第 179—180 页。

从历史学和语言学的角度来批判圣经，研究构成新旧约的各种著作的

---

① 《旧约全书·创世记》第 15 章第 16 节。

② 《新约全书·加拉太书》第 3 章第 17 节。

③ 指格·哥·特雷维腊努斯。

④ 《旧约全书·约书亚记》第 10 章第 12—13 节。

年代、起源和历史意义等问题，是一门科学，在英国，除了少数力图尽可能把这门科学保持秘密的自由主义化的神学家而外，几乎没有任何人知道它。

恩格斯：《启示录》（发表于 1883 年 8 月），《马克思恩格斯全集》第
21 卷，人民出版社 1965 年版，第 10 页。

基督教同现代社会主义完全一样，是以各种宗派的形式，尤其是通过彼此矛盾的个人观点来掌握群众的，这些观点中有的比较明确，有的比较混乱，而后者又占绝大多数；不过所有这些观点都敌视当时的制度，敌视"当局"。

我们就拿启示录来做例子。我们看到，它决不是全部新约中最难解和最神秘的，而倒是最简单和最清楚的一篇。我们应该暂时请读者相信我们打算在下面证明的事情，即：这一篇是在公元 68 年或 69 年 1 月间写成的，因而它不仅是新约中真正确定了日期的唯一的一篇，而且也是这些篇中最古老的一篇。公元 68 年时基督教的面貌如何，我们可以在这部书中看到，就像在一面镜子里看到一样。

首先是宗派，无穷无尽的宗派。在给亚细亚七教会的书信①中，至少提到三个宗派，关于它们，我们除此以外全无所知：尼哥拉派，巴兰派和被象征地叫做耶洗别的某个妇人的信徒。关于所有这三个宗派，书中说它们准许自己的信徒吃祭偶像之物和行奸淫的事。一个值得注意的事实是，在每一次大的革命运动中，"自由恋爱"问题总要提到重要地位。有些人认为，这是革命进步，这是解脱不再需要的旧的传统羁绊，另一些人认为，这是一种受人欢迎的，便于掩盖各种各样自由的、轻浮的男女关系的学说。后者，即庸人，看来很快就在这里占了上风；"奸淫的事"始终和吃"祭偶像之物"相联系；这对犹太人和基督徒是严格禁止的，然而，拒绝这一切，有时也会是危险的，或者至少是不愉快的。从这里完全可以看出，所提到的自由恋爱的拥护者，一般都倾向于和一切人保持良好的关系，但无论如何，决不倾向于殉道。

恩格斯：《启示录》（发表于 1883 年 8 月），《马克思恩格斯全集》第
21 卷，人民出版社 1965 年版，第 10—11 页。

---

① 指"约翰启示录"第 2 章和第 3 章。

的确，如果我们可以把斐洛称为基督教教义之父，那末塞涅卡便是它的叔父。新约中有些地方几乎就像是从他的著作中逐字逐句抄下来的；另一方面，在柏西阿斯的讽刺作品中，我们可以看到有些地方，仿佛是从那时还不存在的新约上抄下来的。在这篇启示录中，所有这些教义的成分，连一点痕迹也没有。在这里，基督教是用流传到现在的一种最粗糙的形式来表现的。贯穿全书的只有一个教条：信徒因基督的牺牲而得救。但怎样得救和为什么得救——却根本无法解释。这里除了犹太人和异教徒的一种旧观念，即必须用牺牲来祈求神或众神的宽宥以外，别的什么都没有，这种观念被改造成基督教所特有的观念之后（实质上它使基督教成了普遍的宗教），它的内容是，基督之死是伟大的献祭，是一次而永远有效的献祭。

关于原罪——丝毫没有谈到。关于三位一体也只字未提。耶稣就是"羔羊"，但从属于神。例如，有一个地方（第15章第3节）把他和摩西平列起来了。书中不是有一个圣灵，而是有"神的七灵"（第3章第1节和第4章第5节）。被杀死的圣徒（殉教者）向神祈求报仇：

> 圣洁真实的主啊，你不审判住在地上的人给我们伸流血的冤，要等到几时呢？"（第6章第10节）——

这种感情后来在基督教道德的理论法典中被审慎地抹掉了，可是在实践中一当基督徒对异教徒占了上风，这种感情就表现出来了。

恩格斯：《启示录》（发表于1883年8月），《马克思恩格斯全集》第21卷，人民出版社1965年版，第12页。

自然，基督教只不过是犹太教的一个宗派。例如，在给七教会的书信中说：

> 我知道那自称是犹太人（不说是基督徒）所说的诽谤话，其实他们不是犹太人，乃是撒但一会的人（第2章第9节）；

又说（第3章第9节）：

> 那撒但一会的，自称是犹太人，其实不是犹太人。

可见，我们这位作者，在公元 69 年时，简直丝毫也没有想到：他就是宗教发展的新阶段，即注定要成为革命的最重要因素之一的阶段的代表者。同样，当圣徒站在神的宝座前的时候，首先走来的是 14,4000 犹太人，十二个支派中各有 12000 人，在他们之后，才允许赞同这个犹太教新阶段的异教徒近前。

这就是在新约中最古老的、其可靠性是无可怀疑的唯一的一篇中所描绘的公元 68 年时基督教的样子。这一篇的作者是谁，我们不知道。他自称为约翰。他甚至并没有冒充他是"使徒"约翰，虽然"新耶路撒冷"的根基上有"羔羊十二使徒的名字"（第 21 章第 14 节）。因而，在他写这一篇的时候，他们显然已经死去了。至于他是犹太人，这可以从他的希腊文中借用了大量希伯来语一点上看出来，文字语法错乱，即使和新约其他各书相较也截然不同。所谓约翰福音、约翰书信和本篇，至少属于三个不同的作者，这从它们的文字可以得到清楚的证明，如果它们所阐述的全然互异的教义还不能证明的话。

> 恩格斯：《启示录》（发表于 1883 年 8 月），《马克思恩格斯全集》第 21 卷，人民出版社 1965 年版，第 12—13 页。

几乎构成启示录全部内容的那些神迹，多半是从旧约中的古代先知以及他们后来的摹仿者那里逐字逐句抄来的，从但以理书（大约成于公元前 160 年，它预言的事件是数世纪以前就发生过的）起，到"以诺书"——公元开始前不久用希腊文写的一种伪经——为止。即使在抄来的神迹的安排上，独到的创造也是极其贫乏的。斐迪南·贝纳里教授——我在下面所作的论述，应归功于他 1841 年在柏林大学的讲学——研究了各个章节和诗歌，指出这位作者所臆造的每一个神迹是从哪里抄来的。因此，我们在这位"约翰"的一切幻想时都跟着他走是无益的。最好是立即来研究能够揭开这篇无论如何是一篇奇书的奥秘的那一点。

所有"约翰"的正统注释家，在过了一千八百年之后，都还在期望，他的预言必将应验，而"约翰"却和他们完全相反，他一再重复说：

"日期近了，这很快就要到来。"

这特别是指他所预言的、并且显然是指望看到的那一危机。

这一危机就是神和被叫做"反基督者"之间的一场伟大的最后决战。最重要的两章是第十三章和第十七章。我们略去不必要的饰文。"约翰"

看到从海中上来一个七头十角（角对我们完全没有关系）的兽：

> "我看见兽的七头中，有一个似乎受了死伤。那死伤却医好了。"

这兽必将在四十二个月（神圣的七年的一半）中获得统治大地的权柄，与神和羔羊为敌，在此期间一切人必须在右手上或是在额上，受一个兽的印记或兽名的数目。

> "在这里有智慧。凡有聪明的，可以算计兽的数目，因为这是人的数目，他的数目是666。"

伊里奈乌斯在二世纪时就知道，受伤并医好了的兽指尼禄皇帝。尼禄是第一个对基督徒进行大迫害的人。在他死后，特别在亚该亚和亚细亚，广泛流行着一种谣传，说他没有死，只是受了伤，不定什么时候会重新出现，并给全世界带来恐怖（塔西佗"编年史"第6章第22节）。同时，伊里奈乌斯还知道另外一种很古老的经文，其中表示那个名字的数目是616，而不是666。①

在第十七章里，这七个头的兽又出现了；这回在它身上骑着一个名声坏的、穿朱红色衣服的妇人，关于她的动人的描写，读者可以在该书中找到。这里天使向约翰解说：

> "你所看见的兽，先前有，如今没有……那七头就是女人所坐的七座山，又是七位王，五位已经倾倒了，一位还在，一位还没有来到，他来的时候，他必须暂时存留。那先前有、如今没有的兽，就是第八位，并出自那七位之中……你所看见的那女人。就是管辖地上众王的大城。"

可见，这里有两个明确的论点：（1）穿朱红色衣服的妇人，就是管辖

---

① 伊里奈乌斯"反异端五书"第5卷，第28—30章。恩格斯援引塔西佗看来不很确切：在恩格斯所提到的塔西佗"编年史"中的那个地方，没有谈到尼禄，谈的是别的事情，而在塔西佗的另一著作"历史"第2卷，第8章中才谈到本文中所提到的有关事实。

地上众王的大城——罗马；（2）这一篇是在罗马第六个皇帝统治期间写的；在他之后，来了另一位，他在位不久；然后"那七位之中"的一位又回来了，他受了伤，但却医好了，他的名字包含在这个神秘的数中，而且伊里奈乌斯已经知道，这就是尼禄。

从奥古斯都开始，顺序是：奥古斯都，提比利乌斯，卡利古拉，克劳狄乌斯；第五是尼禄；第六是加尔巴，他的登基成了诸军团暴动的信号，特别在高卢，是由加尔巴的继位者奥托①领头来干的。可见，这一篇显然是在加尔巴统治期间写的，他在位的时期是 68 年 6 月 9 日到 69 年 1 月 15 日。而且这一篇中还预言尼禄很快就要回来。

> 恩格斯：《启示录》（发表于 1883 年 8 月），《马克思恩格斯全集》第 21 卷，人民出版社 1965 年版，第 13—15 页。

一个方向是蒂宾根学派，广义来说，应该把大卫·弗·施特劳斯也算在内。在批判研究方面，这个学派做到了一个神学派别所能做到的一切。它承认，四福音书并不是目击者的传述，而是已佚典籍的后来的加工品，在据说是使徒保罗写的使徒书信中，最多有四篇是真的，如此等等。它把历史记叙中的一切奇迹和矛盾都作为无法接受的东西而勾销了；但对于其余部分，它却企图"挽救一切还能挽救的"，这就非常清楚地显示出它的神学家学派的性质。这样它就使在很大程度上以这个学派为依据的勒南，得以通过同样的方法，"挽救"了还要更多得多的东西，除大量的显然可疑的新约故事以外，还想把许多其他关于殉道者的传说，也都当做历史上可资信考的资料硬塞给我们。但是无论如何，蒂宾根学派从新约中作为非历史的或伪造的东西而摒弃的那一切，可以认为在科学上已经被最后清除了。

> 恩格斯：《论原始基督教的历史》（1894 年 6 月 19 日—7 月 16 日），《马克思恩格斯文集》第 4 卷，人民出版社 2009 年版，第 482 页。

《启示录》是由一连串幻景构成的。在第一个幻景中出现了穿着最高祭司装束的基督；他在代表七个亚细亚教会的七个灯台中间行走，并把给这些教会的七个"天使"的书信口授给"约翰"。在这里，一开头就很尖

---

① 恩格斯在他 1894 年写的"论早期基督教的历史"一文中对起义军团的首领问题做了确切的说明。

锐地显示出这种基督教和尼西亚宗教会议①所制定的、君士坦丁大帝的世界宗教不同。在这里，不但没有听说过有而且也不可能有神圣的三位一体。这里我们所看到的不是后来的一个圣灵，而是犹太教的拉比在《以赛亚书》第十一章第二节的基础上构成的"神的七灵"。基督是神的儿子，是首先的也是末后的，是阿拉法也是俄梅戛，但绝不就是神本身，或与神等同；相反，他是"在神创造万物之上为元首的"，因而也就同上述七灵一样，是永远存在的，但却是居于属位的、神的流出体。在第十五章第三节里，殉道者在天上唱"神的仆人摩西的歌和羔羊的歌"以赞美神。这样看来，基督在这里不仅是作为神的下属，而且甚至于在某些方面被放在与摩西同等的地位。基督在耶路撒冷被钉十字架（第十一章第八节），但复活了（第一章第五节、第十八节）；他是为世界赎罪而牺牲的"羔羊"，各族各方的信徒都由于他的血而在神面前得蒙赦罪。这里我们看到了使原始基督教后来得以发展成为世界宗教的那种根本观念。当时，闪米特人和欧洲人的一切宗教里都存在有一种共同的观点，认为被人们的行为冒犯了的众神是可以用牺牲求其宽宥的。基督教最初的一个革命的（从斐洛学派抄袭来的）根本观念就是，在信徒们看来，一切时代的、一切人的罪恶，都可以通过一个中间人的一次伟大自愿牺牲而永远被赦免。于是，以后就没有必要再作任何牺牲，许许多多的宗教礼仪也就随之而失去依据；而摆脱这些妨碍或禁止与异教徒交往的礼仪，则是世界宗教的首要条件。然而，供献牺牲的习俗在各民族的风尚中毕竟是根深蒂固的，以致吸取了很多异教做法的天主教感到有必要实行一种哪怕是象征性的弥撒祭礼来适应这种情况。关于原罪的教义，在我们分析的书中反而连一点影子也没有。

> 恩格斯：《论原始基督教的历史》（1894 年 6 月 19 日—7 月 16 日），《马克思恩格斯文集》第 4 卷，人民出版社 2009 年版，第 486—487 页。

---

① 尼西亚宗教会议是基督教会第一次世界性主教会议。这次会议于 325 年由罗马皇帝君士坦丁一世在小亚细亚的尼西亚城召开，约 300 名主教或代表主教的长老出席。会议针对当时教会存在的"三位一体"派和阿里乌派的信仰分歧，通过了一切基督徒必须遵守"三位一体"的信条（正统基督教教义的基本原则），不承认信条以叛国罪论。会议还制定了教会法规，以加强主教权力，实为加强皇帝权力。因主教由皇帝任免，从此基督教成为罗马帝国国教。

3. 论末世

现在谈谈最后一个证据——数目字。这个证据也是斐迪南·贝纳里发现的，而且从那时以来，在科学界中从未引起争论。

大约在公元前三百年，犹太人开始把他们的字母当做表示数目的符号来使用。故弄玄虚的犹太教的拉比认为这是进行神秘解释即喀巴拉的新方法。密语用组成这个密语的各个字母的数值之和来表达。他们把这种新科学叫做 gematriah，即几何学。我们这位"约翰"在这里也应用了这种科学。我们要证明的是：（1）这个数目包含着一个人的名字，而这个人便是尼禄。（2）我们的解答不仅适用于含有 666 这个数目的铭文，而且也适用于含有 616 这个数目的同样古老的铭文。我们现在举出希伯来文字母和它们的数值：

כ（nun）	n = 50	ק（koph）	k = 100
ר（resch）	r = 200	ס（samech）	s = 60
ו（waw）代替 o = 6		ר（resch）	r = 200
כ（nun）	n = 50		

尼禄凯撒，尼禄皇帝，用希腊文来写是 Nêron Kaisar。现在，假如我们不用希腊文的写法而用希伯来文字母来写拉丁文 Nero Caesar，那末《Neron》这个字的最后一个字母《nun》就去掉了，它的数值 50 也一起减去了。这就使我们得到另一个古老的经文 616，所以，证据完全是无可非议的。①

这样，这神秘的一篇，现在是完全可以理解的了。"约翰"预言尼禄将在 70 年左右回来，在他在位期间要施行恐怖统治，这种统治将继续四十二个月，即 1260 日。过了这段期间之后，神就会出现，战胜尼禄这个反基督者，用火焚毁那座大城，并把魔鬼捆绑一千年。千年王国就会到来，等等。现在，所有这一切，对任何人都没有什么意义了，除非那些无知的人，也许仍在企图计算出最后审判的日子。但作为几乎最早的基督教的真实的图画，作为真正基督徒之一所描绘的图画，这一篇，比起新约其他各篇加

---

① 上面所引用的名字的写法，无论是带第二个《nun》或不带，都可以在犹太圣法经传中见到，因而是可靠的。

在一起的价值还大。

恩格斯:《启示录》（发表于 1883 年 8 月），《马克思恩格斯全集》第 21 卷，人民出版社 1965 年版，第 15—16 页。

我决不会把小农和农村奴隶当作最初的基督教信徒，而只是说他们属于基督教可以指望在其中找到拥护者的那些阶级。他们无疑是属于后者，特别是在二世纪和三世纪。基督教从它最初自犹太传入北叙利亚和小亚细亚、进而传入希腊、埃及和意大利之后，就开始在城市里发展起来并且找到最初一批信徒，这一点是毫无疑问的。

（2）千年王国是属于此岸世界还是属于彼岸世界？这就看如何理解。我把死后称作彼岸。《启示录》关于这一点是毫无疑问的：千年王国仅仅是对受苦受难的人而言，也许还对那些活着的时候就能赶上千年王国的基督徒而言；因此对后者说来，它属于此岸世界，而对那些为此必须复活的殉教者说来，它属于彼岸世界。所以，这还是老一套；你付钱，就任你选择！我认为决定性的东西是，如果没有不死的观念和对彼岸报偿及报应的信念，则一切都是不可能的。在千年王国和末日审判之后才产生的新耶路撒冷，就更不属于此岸世界了。

按照所谓保罗使徒书，活着的信徒在基督复临时将"变容"，即由必死"变"为不死。

不言而喻，这时千年王国是用世俗色彩来描绘的。就连《启示录》也不能满足于这样的天堂：人们都光着屁股坐在潮湿的云端上，用多少带血的手弹拨着竖琴，永无休止地高唱着众赞歌。

恩格斯:《恩格斯致卡尔·考茨基》（1894 年 7 月 28 日），《马克思恩格斯全集》第 39 卷，人民出版社 1974 年版，第 265—266 页。

4. 论上帝及其救赎

你设想的关于上帝的恩惠对单个人的影响我表示怀疑。我当然懂得每一个同上帝处于一种亲近的、诚挚的关系的人，不管是理性主义者还是神秘主义者，都会有幸福感。但是，你先把这种感觉弄清楚，撇开圣经上的语句好好想一想，你就会发现，这种感觉就是意识到，人类来源于上帝，你作为这个人类的一部分是不会死亡的，经过人间和阴间的无数搏斗以后，你就会超凡脱俗、摆脱罪孽，必将回到上帝的怀抱中去。这就是我的信念，它使我得到安慰。从这一信念出发，我还可以告诉你，上帝的精神替我作证，我是上帝的孩子，而且，正像我对你讲过的那样，我不相信你对这个问题能有其他的说法。诚然，你要安闲得多，而我还得煞费苦心去研究形形色色的意见，不能让自己的信念永远这样不成熟，不过我可以承认，这是量的而非质的差别。

恩格斯：《致弗里德里希·格雷培》（1839 年 7 月 12—17 日），《马克思恩格斯全集》第 47 卷，人民出版社 2004 年版，第 189 页。

"但是，为了受难和死，上帝不得不成为人，因为，且不说赋予上帝本身一种受难能力这种形而上学的不可思议性，还存在着为公正所制约的道德的必要性。"——但是，如果你们同意上帝能受难这种不可思议性，那么，也就不是上帝通过基督受难，而只是人受难——"人不可能成为中介者"。你还算理智，不像许多人那样，抓住那个最极端的结论，即"可见，上帝肯定受过难"，并坚持这种看法。而"为公正所制约的道德的必要性"是怎么回事，也尚无定论。如果替罪原则有朝一日得到承认，那么也没有必要认为受难者就是人；只要他是上帝就行。但是上帝不能受难，因此，我们的讨论没有前进一步。你们的演绎法就是这样，每进一步我都要向你们作出新的让步。上面所谈的东西没有充分展开。这样一来，我又不得不在这里同意你的看法：中介者也必然是人，不过这一点还没有得到证实。因为，如果我不同意这一点，我就无法参与讨论下面的东西。"上帝的人化是不能通过自然繁殖来实现的，因为，即使上帝使自己和一个由父母所生、并且由于上帝的万能而摆脱了罪恶的人结合在一起，他也只能和这个人而不是和人的本性结合在一起……基督在圣母马利亚的体内，只是接受了人的本性，形成人格的力量就在于基督的神性。"——瞧，这纯粹是诡辩。对于超自然生育的必要性的攻击迫使你们进行这种诡辩。为了从另一个角度说明这个问题，教授先生又塞进第三点：人格。这同问题毫无关联。相反，和人的本性的结合越深，人格就越是人的，而使之生气勃勃的精神就越是神的。在这里，背后还隐藏着第二个误解：你们把肉体和人格混淆起来了。这从下面一段话中看得更明显："另一方面，上帝不能像他创造第一个亚当那样，使自己一下子进入人类，否则他同我们堕落的本性的实体就不会有任何联系。"那么问题是涉及实体，涉及可以触摸的、肉体的东西了吗？但最有趣的是，说明超自然生育的最有力的论据，即关于基督身上的人的本性的非人格性的教义，不过是超自然生育这种神秘直觉的结论而已（Gnos-tisch 当然不是指诺斯替教派①，而是指一般神秘直觉）。如果上帝不能通过基督受难，那么，无人格的人就更不能受难了。这一点是经过深思熟虑得出来的。"所以，基督出现时没有单个人的特征。"这是武断。4 个福音书作者对耶稣都有明确的人物形象，其绝大多数特点同他们所有人的特点相一致。因此，我们可以断言，使徒约翰这个人物最接近于基督；但是，如果基督没有任何人的特征，那么其中就包含着这样的意思，约翰是最出色的；而这样断言可能是缺乏根据的。

恩格斯：《致弗里德里希·格雷培》（1839 年 10 月 29 日），《马克思恩格斯全集》第 47 卷，人民出版社 2004 年版，第 215—216 页。

5. 神学与哲学

此外，基督教说：我要使你们免罪。但这也是其他人即理性主义者所追求的。这时基督教便进行干涉，不准理性主义者去追求这个目的，因为它认为理性主义者的道路离开目的更远。如果基督教给我们提出一个人来表明它已经使人一生都自由而再不会犯罪，那么它这样讲还多少有点道理，否则，它就无权这样说。还有，彼得提到福音的理性的、纯净的灵奶。②这一点我不懂。人们告诉我，这是开明的理性。那就给我看看明白这一点的开明的理性吧。直到现在我还没有遇到一个这样的理性，甚至对天使们说来这也是一个"高度的秘密"。

恩格斯：《致弗里德里希·格雷培》（1839 年 6 月 15 日），《马克思恩格斯全集》第 47 卷，人民出版社 2004 年版，第 186 页。

再者，按照你的看法，历史的信仰是信仰的最本质的要素，没有它，信仰就不可思议。但是你不能否认，有一些人要获得这种历史的信仰是完全不可能的。那么，上帝就应当要求他们去完成不可能完成的事吗？亲爱

---

① 诺斯替教派是公元 1—2 世纪罗马帝国时期产生的一种宗教哲学学说，由基督教的、犹太教的、各种多神教的以及唯心主义的希腊—罗马哲学的某些成分结合而成。诺斯替教派的基础是关于"诺斯"（古希腊语"真知"的意思）的神秘学说，即通过世界的神的始源的启示而获得真知。诺斯替教派的特点是强调物质是罪恶的，宣传禁欲主义，不承认旧约的神圣性和神话中基督教创始者耶稣基督的"神人"双重性。正统的基督教界斥诺斯替教派为异端，对其进行了残酷的斗争，把该派的文献几乎全部销毁
② 《新约全书·彼得前书》第 2 章第 2 节。恩格斯在原信上把彼得误写为保罗。

的弗里茨，要知道这是一种荒谬的观点，上帝的理性当然高于我们的理性，然而也并没有什么两样，否则它就不成其为理性。圣经的教义也应当用理性去领会。——你说，不能怀疑就是精神自由吗？这是最大的精神奴役。只有克服了对自己的信念的一切怀疑的人才是自由的。我决不是要你驳倒我，而是要求整个正统神学来驳倒我。已有整整 1800 年历史的基督教科学如果拿不出任何论据来驳斥理性主义，而只是对理性主义的进攻略加反击，甚至害怕纯科学领域的斗争而宁愿去诋毁对手的人格，那么，叫人还说什么呢？说实在的，正统的基督教教义有能力进行纯科学的讨论吗？我说：否。它除了做点思想分类工作、做点解释、辩论辩论，还能做什么呢？我劝你读一读克·梅尔克林博士的《现代虔诚主义述评》1839 年斯图加特版。如果你能驳倒这本书的论据（指的不是书中的肯定方面，而是它的否定方面），你就是世界上头号神学家。——"普通的基督教徒对此也就心满意足了，他知道自己是上帝的孩子，并不要求他能够解释一切似是而非的矛盾。"不论是普通的基督教徒还是亨斯滕贝格都无法解释这些"似是而非的矛盾"，因为这是些真实的矛盾。老实说，谁要是满足于这种状况并且炫耀自己的信仰，那他的信仰就没有任何基础。感觉当然可以证实，但决不能作为依据，正如耳朵不能辨别气味一样。

> 恩格斯：《致弗里德里希·格雷培》（1839 年 7 月 12—27 日），《马克思恩格斯全集》第 47 卷，人民出版社 2004 年版，第 190—191 页。

如果你是照圣经办事，那就根本不必同我打交道。在约翰二书（如果我没记错的话）中讲道：不应当向不信神的人致意，哪怕是向他问安①。这样的段落在圣经里有很多，它们总使我感到生气。不过你们决不会一切都照圣经办事的。附带说一下，有人把正统的福音基督教称做爱的宗教，我觉得这是莫大的讽刺。按照你们的基督教的说法，十分之九的人是永远不幸的，而只有十分之一的人会得到幸福。弗里茨，难道这就是上帝的无穷无尽的爱吗？你想想，如果这就是上帝的爱，那他是多么渺小啊。所以很明显，如果存在着一种启示的宗教，这种宗教的上帝就一定比理性所证明的上帝更伟大，而不会有所不同。否则，整个哲学不仅空洞无物，而且甚至有罪；没有哲学就没有教育，没有教育就没有人性，没有人性也就没

---

① 《新约全书·约翰一书》第 10 节

有宗教。就连宗教狂热者莱奥都不敢如此诽谤哲学。这又是正统派前后不一致的表现之一。我愿意同像施莱尔马赫和奈安德这样的人对话，因为他们始终如一，心地纯洁。这两个人写的东西正是我在《福音派教会报》和虔诚主义者的其他报刊上想找也找不到的。我尤其尊敬施莱尔马赫。如果你是始终如一的，当然就会谴责他，因为他不是按照你的精神，而是按照青年德意志，泰奥多尔·蒙特和卡尔·谷兹科的精神宣讲基督教。但他是一个伟大的人，在目前活着的人当中，具有和他同样的才智、同样的力量和同样的勇气的人，我只知道一个，就是大卫·弗里德里希·施特劳斯。

> 恩格斯：《致弗里德里希·格雷培》（1839 年 7 月 12—27 日），《马克思恩格斯全集》第 47 卷，人民出版社 2004 年版，第 193—194 页。

这就是对你的推论的答复。我这个答复并不很成功。我手头没有大学听讲的笔记本，只有发票和账簿。因此，说得不清楚的地方，请你原谅。——你的哥哥①没有一点消息。——此外，如果你们承认我的疑虑是诚实的，那么，你们如何解释这种现象呢？特别是现在，在我彻底迷惘的时候，你们的正统心理不可能不认为我是最顽固不化的人。我是忠于大卫·弗里德里希·施特劳斯的旗帜的，并且我是第一流的神话学家；告诉你，施特劳斯是个极好的人，是个天才，比任何人都机敏。他抽掉了你们的观点的基础；而历史基础已经无可挽回地丧失了，教义的基础也将随之垮台。施特劳斯是根本驳不倒的，这就是虔诚主义者对他如此恼火的原因。亨斯滕贝格在《教会报》②上绞尽脑汁竭力从他的字里行间找出一些错误结论，并以此恶毒地攻击他的人品。这就是我痛恨亨斯滕贝格及其同伙的原因！施特劳斯的人品同他们有什么关系；但是他们竭力贬低施特劳斯的人品，好让人们不敢同意他的观点。这就是他们无法驳倒施特劳斯的最好证明。

> 恩格斯：《致弗里德里希·格雷培》（1839 年 10 月 29 日），《马克思恩格斯全集》第 47 卷，人民出版社 2004 年版，第 216—217 页。

如果你认为我应该回归基督教，那你同样也错了。我感到好笑的，一是你已经不再把我看做是基督教徒；二是你认为，仿佛一个人出于概念的原因已经摆脱掉正统思想观念，还会甘愿再穿上这种束缚人的上衣。虽然真正的理性主义者会这么做，因为他认为，他对奇迹所作的自然解释以及

---

① 威·格雷培。
② 《福音派教会报》。

他的肤浅的道德说教是不够的，但是神话论和思辨思维已不可能再从它们朝霞辉映的雪峰降临正统教义的雾霭迷茫的山谷。——我正处于要成为黑格尔主义者的时刻。我能否成为黑格尔主义者，当然还不知道，但施特劳斯帮助我了解了黑格尔的思想，因而这对我来说是完全可信的。何况他的（黑格尔的）历史哲学①本来就写出了我的心里话。请务必搞到施特劳斯的《评述和批判》，他的有关施莱尔马赫和道布的文章②真是妙不可言。文章写得如此透彻、鲜明和风趣，除施特劳斯外，别无他人。顺便说一句，他并不是毫无差错的；即使他的整本《耶稣传》被证实是一堆不折不扣的诡辩，那也无关紧要，因为这部著作之所以十分重要首先就在于作品的基础是关于基督教的神话起源的观念；即使发现上述错误，也丝毫无损于这个观念，因为它永远可以重新用来解释圣经史。但是施特劳斯更大的功绩是：他在提出这个观念的同时，还无可争辩地出色地运用了这个观念。一个好的圣经诠释家可能会发现施特劳斯的某些疏忽之处或者指出施特劳斯走极端的情况，正像路德在细节问题上也不是无懈可击的一样；然而这无关宏旨。如果托路克关于施特劳斯说过什么好话③，那么，这纯属偶然，或者是不自觉地受了别人的影响；托路克的学问过于宽泛了，何况，他只不过是接受别人的东西而已，他没有作过任何批判，更不必说创作了。托路克有过一些好思想，这不难列举，可是，他自己早在 10 年前就由于同韦格沙伊德尔和盖泽尼乌斯的争论而对论战的科学性丧失了信心。托路克的科学影响决不是持久的，他的时代早已成为往事。亨斯滕贝格至少有一次产生过别出心裁的、虽然是荒唐的思想，这就是关于先知视角的思想。——我不明白你们为什么对超越亨斯滕贝格和奈安德的东西一点也不感兴趣。奈安德值得尊敬，但他不是讲究科学性的人。他在自己的著作中不让知性和理性充分发挥作用，即使和圣经发生了冲突也是如此，而每当他害怕出现类似的情况时，就把科学摞在一边，凭经验或虔诚的感情行事。他太虔诚，太善良了，以致不可能去反驳施特劳斯。正是由于他的《耶稣传》④ 所洋

---

① 指《历史哲学讲演录》。
② 大·弗·施特劳斯《施莱尔马赫和道布对当代神学的意义》。
③ 奥·托路克《福音故事的可信性。兼评施特劳斯的〈耶稣传〉，以飨神学家和非神学家读者》1837 年汉堡版。
④ 奥·奈安德《〈耶稣基督传〉的历史联系及其历史发展》1837 年汉堡版。

溢着的虔诚的感情，他才使自己那些真正科学论证的锋芒又打了折扣。

恩格斯：《致威廉·格雷培》（1839 年 11 月 13—20 日），《马克思恩
格斯全集》第 47 卷，人民出版社 2004 年版，第 223—225 页。

我跟你实说吧，我对继续进行神学辩论没有太大的兴趣。在这些争论
中，我们彼此产生误解；当回答问题时，早已忘了自己原先说过的关键性
的话；这样是不会有什么结果的。要彻底地探讨问题，就得用更多的篇幅，
并且我常常觉得，在这一封信中不敢肯定上一封信中的看法，因为这些看
法说不定就是我在此期间已经放弃的观点。通过施特劳斯，我现在走上了
通向黑格尔主义的大道。我当然不会成为像欣里克斯等人那样顽固的黑格
尔主义者，但是我应当汲取这个博大精深的体系中的主要内容。黑格尔关
于神的观念已经成了我的观念，所以，我加入了莱奥和亨斯滕贝格所谓的
"现代泛神论者"的行列，我很清楚，光泛神论这个词本身就会引起没有
思想的牧师们的极大反感。今天中午，《福音派教会报》反对梅尔克林的
虔诚主义①的冗长讲道稿②，使我很感愉快。善良的《教会报》不仅认为把
该报归入虔诚主义者的营垒是极为奇怪的，而且还发现了其他一些希奇古
怪的东西。现代泛神论，也就是说，黑格尔，在中国人和祆教徒③那里已
经可以找到，除此之外，它在加尔文所抨击过的自由思想家④宗派中也有
明显的表现。这一发现确实是非常独特的。而更为独特的是对这一发现的
阐述。要从被《教会报》硬说成是黑格尔观点的那些东西中重新认出黑格
尔，已经是很费劲的了，而这些东西又被牵强附会地说成是同加尔文关于
自由思想家的那个措辞十分含糊的命题有相似之处。这种论证是非常可笑
的。《不来梅教会信使》表达得更妙，它说黑格尔否定历史的真理！令人
惊异的是，有时会出现这样荒谬绝伦的事：人们竭力把挡住自己的路而又

---

① 加尔文教是让·加尔文于十六世纪创立的一种新教教义，他的基本原理是关于"绝对先
定"和人的祸福神定的学说。按照这种学说，一部分人好象是由上帝先定为可以得救的（选民），
另一部分人则先定为受惩罚的（弃民）。

② 指 1840 年 1 月 1、4、8、11、15、18、22 和 25 日《福音派教会报》第 1—8 号刊登的题
为《前言》的文章。文中对克·梅尔克林《现代虔诚主义述评》一书（1839 年斯图加特版）进行
了反驳。

③ 祆教徒是印度和伊朗的一种宗教教派的代表，奉火、空气、水和土为神，即琐罗亚斯德教
的信徒。

④ 自由思想家是 16 世纪中叶具有民主性质并在法国和瑞士广泛传播的宗教泛神论教派的代
表。自由思想家曾同加尔文及其信徒进行斗争，但遭到失败。

无法避开的哲学说成是非基督教的。有些人只是听说过黑格尔的名字，而且只读过莱奥的《黑格尔门徒》① 的注释，就想推翻这种不用任何夹子夹紧而自成一体的体系。

> 恩格斯：《致弗里德里希·格雷培》（1839 年 12 月 9 日—1840 年 2 月 5 日），《马克思恩格斯全集》第 47 卷，人民出版社 2004 年版，第 228—229 页。

你读过施特劳斯的《评述和批判》吗？你要弄来看看，书里所有的文章都很出色。论施莱尔马赫和道布的文章是篇杰作。从论述符腾堡狂人的那些文章里，可以学到大量心理学的东西。② 其他神学的和美学的文章也很有意思。——此外，我正在钻研黑格尔的《历史哲学》，一部巨著；这本书我每晚必读，它的宏伟思想完全把我吸引住了。——不久前托路克的评头论足的老手《文献通报》愚蠢地提出了一个问题：为什么"现代泛神论"不能产生抒情诗，可是古波斯泛神论等等却产生了抒情诗？③ 叫《文献通报》别着急，等我和其他一些人把这种泛神论弄清楚的时候，就会有抒情诗出现了。顺便说一下，《文献通报》承认道布，并且谴责思辨哲学，这倒是很好的。似乎道布也不承认黑格尔关于人和上帝本质上是同一的这一原则。这种肤浅的见解令人讨厌；他们不太关心施特劳斯和道布的观点是否基本一致。但是，不管施特劳斯相信不相信迦拿的婚宴④，反正道布相信，于是，人们就会把一个捧上天，把另一个看做是等待下地狱的人。奥斯瓦尔德·马尔巴赫，民间故事书出版商，是个头脑极其糊涂的人，特别是，而且一般也是一个头脑极其糊涂的黑格尔主义者。我简直不能理解，黑格尔的信徒怎么会说：

　　　　天国也就在这大地上；

---

① "黑格尔门徒"一词源自亨·莱奥的著作《黑格尔门徒。所谓指控永恒真理的文献和论据》。该书于 1838 年在哈雷出版。莱奥在书中把大·施特劳斯、阿·卢格、卡·米希勒和其他青年黑格尔派称作黑格尔的门徒。

② 指大·施特劳斯《评述和批判》中的第 1、6 和 7 篇《施莱尔马赫和道布对当代神学的意义》、《凯尔纳、现代狂人故事》和《凯尔纳，自然之夜里的一个幽灵》。

③ 1840 年《基督教神学和一般科学问题文献通报》第 1、2 期中的《出版者关于出版 10 周年序》。

④ 《新约全书·约翰福音》第 2 章。

我清楚地感到，上帝借我之躯便有了人的形象，

因为黑格尔是把总体和不完整的个别极严格地区别开来。——损害黑格尔者莫过于他自己的学生；只有几个人，如甘斯、罗生克兰茨、卢格等才配称为黑格尔的学生。而奥斯瓦尔德·马尔巴赫其人是所有糊涂人中最糊涂的人。多么了不起的人物！——牧师马莱特先生在《不来梅教会信使》杂志上称黑格尔体系为"松散的语言"。① 如果确实如此，那就糟了，因为要是这些大块头的东西，这些花岗岩般的思想散落下来，那么这座由巨石砌成的建筑物哪怕只掉下一块碎石来，都会不仅把牧师马莱特先生砸扁，而且会把整个不来梅砸碎。例如，要是把世界历史是自由概念的发展这一思想以其全部威力强加在某一个不来梅牧师的身上，他会发出怎样的悲鸣啊！

> 恩格斯：《致弗里德里希·格雷培》（1839 年 12 月 9 日—1840 年 2 月 5 日），《马克思恩格斯全集》第 47 卷，人民出版社 2004 年版，第 229—231 页。

在这里，在北德意志正统信仰的首府也爆发了一场斗争：更自由地还是更有限制地解释基督教。汉堡、加塞尔和马格德堡开始发出的呼声在不来梅得到了回响。简言之，事情是这样的：弗·威·克鲁马赫尔牧师，这位乌培河谷的加尔文教徒②的教皇，这位先定学说的圣米迦勒，在这里探望双亲并两次在圣安斯加里乌斯教堂替他的父亲③讲道。在第一次讲道中谈的是他喜爱的概念即末日审判；在第二次讲道中谈的是使徒保罗达加拉太人书中关于把有不同信仰的人革出教门的章句。④ 这两篇讲道稿具有炽烈的雄辩力、富有诗意的然而并非总是高雅的生动描绘，这位天才的演说家就因这两篇讲道稿而出名。然而这两篇讲道稿，特别是后一篇，诅咒了持不同思想的人，这在粗俗的神秘主义者身上是意料中的事。教堂的讲坛变成了宗教裁判所的首席宝座，从这里发出了对所有神学派别永无止境的诅咒，不管宗教裁判者是否了解这些派别；凡是不把深奥的神秘主义当作

---

① 弗·马莱特《前言》，载于 1840 年 1 月 12、19 日《不来梅教会信使》第 1、2 期。

② 加尔文教是让·加尔文于十六世纪创立的一种新教教义，他的基本原理是关于"绝对先定"和人的祸福神定的学说。按照这种学说，一部分人好象是由上帝先定为可以得救的（选民），另一部分人则先定为受惩罚的（弃民）。

③ 弗里德里希·阿道夫·克鲁马赫尔。

④ 圣经《新约·保罗达加拉太人书》。

绝对的基督教的人都被交付魔鬼。然而克鲁马赫尔，借助于看来极其幼稚的诡辩术一直躲在使徒保罗的身后。"这决不是我在这里诅咒！不是！孩子们，醒醒吧！这是使徒保罗在诅咒啊！"最糟糕的是，使徒是用希腊文写作的，因此学者们直到今天仍然无法理解他的某些语句的含义。他的书信中所说的革出教门就属于这种模棱两可的语句；克鲁马赫尔不加思索地硬说它具有最严厉的意思，即要求永远堕入地狱。上述教堂讲坛上的唯理论①的主要代表帕尼埃尔牧师，不幸用比较温和的意思解释了这个词，竟成了克鲁马赫尔观点的敌人。因此，他进行了反讲道②。关于他的信念，怎么想都可以，对他的品行却不能提出任何有根据的责备。克鲁马赫尔无法否认，他在写讲道稿的时候，不仅针对教会中大多数持唯理论立场的成员，而且首先是针对帕尼埃尔的。他无法否认，他作为客座牧师使教区反对本区的专职牧师，这是极不策略的。他应该承认，这是自食其果。在不来梅，连最粗俗的唯理论者都象怕鬼似的害怕伏尔泰和卢梭，克鲁马赫尔辱骂他们有什么用呢？对于思辨神学，他的全体听众除两三人外都象他本人一样是外行，他诅咒这种神学有什么用呢？这不是竭力掩饰讲道中完全确定的、甚至是个人的倾向性，又是什么呢？帕尼埃尔的反讲道贯穿了保路斯的唯理论精神，尽管反讲道的结构是经过令人赞许的认真考虑的，尽管讲得慷慨激昂，仍然带有这一派的全部缺陷。他讲得既模棱两可，又噜噜苏苏，偶尔出现一点诗的激情，也会令人想起纺纱机的嗡嗡声，而对讲道稿的处理则令人想起顺势疗法的浸剂。克鲁马赫尔的三句话中的独创性超过了他对手的三次讲道中的独创性。在距离不来梅一小时路程的地方，住着一个虔诚主义的乡村牧师③，他在才智上大大超过自己的农民，所以自认为是最伟大的神学家和语言学家之一。他出版了反对帕尼埃尔的论文④，他在论文中开动了上一世纪一位神学语文学家的全部机器。这位心地善良的乡

---

① 神学中的唯理论是一个假定的和矛盾百出的概念，他反映出不同时期的某些神学集团都妄图证明借助理性来认识"神的启示真理"的可能性。十八世纪至十九世纪，唯理论倾向在基督教神学中有很大的影响。

② 卡·弗·威·帕尼埃尔《特于1840年7月12、19和26日举行的三次星期日讲道》1840年不来梅版。

③ 约翰·尼古劳斯·蒂勒。

④ 约·尼·蒂勒《就1840年7月12、19和26日举行的三次星期日讲道致神学和哲学博士、不来梅圣安斯加里乌斯教堂牧师帕埃尼埃尔先生的信》（1840年）不来梅版。

村牧师在科学领域中的盲目无知遭到一本匿名小册子①的令人十分难堪的嘲笑。一个不知名的作者②——此人被认为是本市一位有功的学者，他的名字在我前一篇通讯中不止一次被提到——以博学多才的气概向这位英明的"乡村神言"代表指出论文中的全部无稽之谈，这些无稽之谈是作者煞费苦心从一些早已无人问津的书籍中搜集来的。克鲁马赫尔出版了《神学答辩》③来驳斥帕尼埃尔的反讲道。他在书中对帕尼埃尔进行公开的人身攻击，而且他采用的形式使得对敌人的粗野语言的全部谴责都不起作用。克鲁马赫尔在他的《答辩》中，既巧妙地暴露唯理论的特别是帕尼埃尔的最薄弱的方面，同时又笨拙地企图推翻帕尼埃尔对圣经的解释。在这次与虔诚主义的论争中，邻近的一位传教士施利希特霍斯特的小册子写得最有份量。作者在小册子中心平气和地、冷静地证实，唯理论的基础，特别是帕尼埃尔牧师所宣传的东西的基础是康德的哲学；并且向帕尼埃尔提出疑问：为什么帕尼埃尔不老实承认他的信仰的基础并不是圣经，而是象保路斯那样用康德哲学对圣经所作的解释？帕尼埃尔新写的一本小册子④近日即将出版。哪怕这又是一本软弱无力的书，但是作者已经震动了墨守成规的习气，迫使从前除自己以外什么都可以信仰的不来梅人转向自身的理性。迄今为止，虔诚主义认为它的对手被分为许多派别是上帝的善行，但愿它终究会感到，在同宗教的黑暗势力进行斗争的任何情况下，我们都应该结成统一战线。

> 恩格斯：《［不来梅通讯］——唯理论和虔诚主义》（1840年9月），
> 《马克思恩格斯全集》第41卷，人民出版社1982年版，第130—
> 133页。

虔诚主义早就懂得，它的权威原则不可能同唯理论的基础——理性协调一致，而且早在它刚刚产生的时候，它就正确地预见到它在这个过程中会脱离古老正统的基督教。而现在，每一个唯理论者也都明白，他们的信念不单单在对经文的解释上同虔诚主义背道而驰，而且同虔诚主义有着直

---

① 威·恩·韦伯：《革出教门》。一个匿名作者，不来梅市民之友为思维着的基督教徒而写的著作。1840年不来梅版。

② 威廉·恩斯特·韦伯。

③ 弗·威·克鲁马赫尔：《对不来梅的帕尼埃尔博士先生的神学答辩》1840年爱北斐特版。

④ 卡·弗·威·帕尼埃尔：《公开谴责爱北斐特的哲学博士、牧师克鲁马赫尔先生为其在不来梅提出革出教门一事进行自我辩解而出版的所谓〈神学答辩〉》1840年不来梅版。

接的矛盾。

恩格斯:《［不来梅通讯］——教会论争》(1841 年 1 月),《马克思
恩格斯全集》第 41 卷,人民出版社 1982 年版,第 180—181 页。

我认为,本著作的最后一章,即对黑格尔的辩证法和整个哲学的剖析,
是完全必要的,因为当代批判的神学家［XL］不仅没有完成这样的工作,
甚至没有认识到它的必要性——这是一种必然的不彻底性,因为即使是批
判的神学家,毕竟还是神学家,就是说,他或者不得不从作为权威的哲学
的一定前提出发,或者当他在批判的过程中以及由于别人的发现而对这些
哲学前提产生怀疑的时候,就怯懦地和不适当地抛弃、撇开这些前提,仅
仅以一种消极的、无意识的、诡辩的方式来表明他对这些前提的屈从和对
这种屈从的恼恨。仔细考察起来,神学的批判——尽管在运动之初曾是一
个真正的进步因素——归根结底不外是旧哲学的、特别是黑格尔的超验性
被歪曲为神学漫画的顶点和结果。历史现在仍然指派神学这个历来的哲学
的溃烂区本身来显示哲学的消极解体,即哲学的腐烂过程。关于这个饶有
兴味的历史的判决,这个历史的涅墨西斯,我将在另一个场合加以详细的
介绍。

马克思:《1844 年经济学哲学手稿》(1844 年 5 月底 6 月初—8 月),
《马克思恩格斯文集》第 1 卷,人民出版社 2009 年版,第 112—
114 页。

谈到拉撒路,不禁使我想起勒南的《耶稣传》。在某些方面,这简直
是一部充满了泛神论的神秘主义幻想的长篇小说。这本书与它的德国前辈
相比,还是具有某些长处,而且书并不太厚,所以你应该读一读。这自然
是德国人研究的结果。非常值得注意。在荷兰这里,德国的神学批判的思
潮非常流行,以致牧师在传教台上公开宣扬这种思潮。

马克思:《马克思致恩格斯》(1864 年 1 月 20 日),《马克思恩格斯全
集》第 30 卷,人民出版社 1975 年版,第 381 页。

6. 论宗教体验

我希望你对我的好感不致使你认为这一切都是亵渎神灵的怀疑和大话;
我知道我会因此惹来极大的麻烦,但是,我心中油然而生的令人信服的看
法,我本不愿说,情不自禁还是说出来了。如果我的激烈的言辞伤害了你

的信念，那么，我衷心请你原谅；我只是说了我想说的话，不说不行。我现在的处境同谷兹科一样；要是有人傲慢地对实证的基督教采取不理不睬的态度，我就起来捍卫这个教义，因为它出自人的本性的最强烈的要求，出自想通过上帝的恩惠来赎罪的渴望。但是如果问题涉及维护理性的自由时，我将抗议任何强制。——我希望我能见到世界的宗教意识发生一场彻底的变革。要是我自己把一切都弄清楚就好了！不过这一定能办到，只要我有时间平静地、不受干扰地深入研究。

恩格斯：《致弗里德里希·格雷培》（1839 年 6 月 15 日），《马克思恩格斯全集》第 47 卷，人民出版社 2004 年版，第 186—187 页。

关于信仰的魅力问题，你曲解了我。我信教并不是由于魅力；我所以信教是因为我懂得了再也不能这样浑浑噩噩地过日子了，是因为我要悔罪，是因为我渴望同上帝交流。我甘愿立刻牺牲自己最珍惜的东西，抛弃我最大的欢乐和至爱亲朋，我使自己在世人面前处处暴露自己的弱点。我发现在这个问题上普吕马赫尔是一个可以交谈的人，我为此感到说不出的高兴，我情愿忍受他对先定说的狂热信仰；你自己知道，这对我说来是个严肃的、极其严肃的问题。我当时感到幸福，我知道这一点，现在仍然感到很幸福；我祷告的时候充满信心，感到愉快；我现在仍然如此而且更甚于当时，因为我在斗争，需要支持。但我从来没有感受过经常从我们的教堂讲坛上听到的那种令人心醉神迷的极大幸福。我的宗教信仰过去是而且现在仍然是平静的、幸福的安宁，如果我死后还拥有这种安宁，我就满足了。我没有任何理由相信上帝会夺去我的这种安宁。宗教信念是心灵的事情，它同教义相联系的程度，完全取决于感觉同教义有没有矛盾。圣灵通过你的感觉会向你证明你是上帝的孩子，这是十分可能的；但肯定不会通过基督的死向你证明你是上帝的孩子。否则，感觉就能够思维，你的耳朵就能够看东西了。——我每天甚至整天都在祈求真理；我只要开始怀疑，我就这样做，但是我不能转向你们的信仰。可是圣经上却写着：你们祈求，就给你们。①我到处寻求真理，哪怕是仅仅有希望找到真理的影子；但是我不能承认你们的真理是永恒真理。可是圣经上写着：寻找，就寻见。你们中间，谁有

---

① 《新约全书》中的《马太福音》第 7 章第 7 节和《路加福音》第 11 章第 9 节。

儿子求饼，反给他石头呢？何况你们在天上的父？[①]

我写到这里，禁不住热泪盈眶，心情激动极了，但我觉得我不会毁灭，我会回到一心向往的上帝身边。这是圣灵的又一证明，我为此而生，为此而死，尽管圣经上说过千万遍与此相反的话。别再欺骗自己了，弗里茨；无论你多么有把握，有时候总会产生怀疑，那时，你内心的决定往往取决于极小的偶然事件。——可是我从经验得知，教条式的信仰对内心的安宁并无任何影响。

> 恩格斯：《致弗里德里希·格雷培》（1839 年 7 月 12—27 日），《马克思恩格斯全集》第 47 卷，人民出版社 2004 年版，第 192—193 页。

你有力地驳斥了我，我感到高兴，但有一点使我不痛快，我现在照直跟你说吧。这就是你谈到理性主义者想同上帝合一的追求，谈到他们的宗教生活时所流露的轻蔑态度。当然，你在你的信仰中就像躺在温暖的被窝里那么舒适，你不了解我们这些人为了解决有无上帝这个问题而不得不进行的斗争；你不了解一个人随着最初的怀疑而开始感觉到的那种负担即旧信仰的负担是何等沉重，他必须决定是维护还是反对、是承担还是摆脱旧信仰；但是我再一次提醒你，你并不像自己所想像的那样保险不会产生怀疑，并且你不要盲目反对产生怀疑的人，你自己以后也可能成为他们中间的一分子，到那时你也会要求公正。宗教是心灵的事情，谁有心灵，谁就会虔诚；但是谁以知性或甚至以理性作为自己虔诚的基础，谁就根本不会是虔诚的。宗教之树生长于心灵，它荫蔽着整个人，并从理性的空气中吸取养料。而它的果实，包含着最珍贵的心血的果实，是教义。除此以外的东西都是有害的。这就是施莱尔马赫的学说，而我仍然赞同这个学说。

> 恩格斯：《致弗里德里希·格雷培》（1839 年 7 月 12—27 日），《马克思恩格斯全集》第 47 卷，人民出版社 2004 年版，第 194 页。

7. 论神学本质

如果说这里以附录的形式增加了一篇评普卢塔克对伊壁鸠鲁神学的论战的文章，那么这样做，是因为这场论战不是什么个别的东西，而是代表着一定的方向，因为它本身就很恰当地表明了神学化的理智对哲学的态度。

[①] 《新约全书·马太福音》第 7 章第 7、9 和 11 节。

此外，在这篇评论中，对于普卢塔克把哲学带上宗教法庭的立场是如何地错误，我还没有谈到。关于这点，无需任何论证，只要从大卫·休谟那里引证一段话就够了：

> "如果人们迫使哲学在每一场合为自己的结论辩护，并在对它不满的任何艺术和科学面前替自己申辩，对理应到处都承认享有最高权威的哲学来说，当然是一种侮辱。这就令人想起一个被指控犯了背叛自己臣民的叛国罪的国王。"①

只要哲学还有一滴血在自己那颗要征服世界的、绝对自由的心脏里跳动着，它就将永远用伊壁鸠鲁的话向它的反对者宣称：

> "渎神的并不是那抛弃众人所崇拜的众神的人，而是把众人的意见强加于众神的人。"②

哲学并不隐瞒这一点。普罗米修斯的自白

> "总而言之，我痛恨所有的神"③

就是哲学自己的自白，是哲学自己的格言，表示它反对不承认人的自我意识是最高神性的一切天上的和地上的神。不应该有任何神同人的自我意识相并列。

对于那些以为哲学在社会中的地位似乎已经恶化因而感到欢欣鼓舞的可怜的懦夫们，哲学又以普罗米修斯对众神的侍者海尔梅斯所说的话来回答他们：

---

① 大·休谟《人性论》德文译本1790年哈雷版第1卷，第485页。
② 马克思根据第欧根尼·拉尔修《论哲学家的生平》第10卷，第123页，引用了伊壁鸠鲁致梅诺伊凯乌斯的信中的一段话；这段引文以及下面引自埃斯库罗斯著作的引文，马克思是用希腊文摘抄的。
③ 鲍威尔在1841年4月12日的信中建议马克思不要把超出"哲学发展"的埃斯库罗斯《被锁链锁住的普罗米修斯》中的诗句（即"我痛恨所有的神"）放进博士论文，认为这样将不利于马克思谋求波恩大学的教职。

"我绝不愿像你那样甘受役使，来改变自己悲惨的命运，

你好好听着，我永不愿意！

是的，宁可被缚在崖石上，

也不为父亲宙斯效忠，充当他的信使。"①

普罗米修斯是哲学历书上最高尚的圣者和殉道者。

> 马克思：《德谟克利特的自然哲学和伊壁鸠鲁的自然哲学的差别》
> (1840 年下半年—1841 年 3 月底)，《马克思恩格斯全集》第 1 卷，
> 人民出版社 1995 年版，第 11—12 页。

为了在这里顺便提一下一个几乎已经声名狼藉的题目，即关于神的存在的证明，必须指出，黑格尔曾经把这一神学的证明完全弄颠倒了，也就是说，他推翻了这一证明，以便替它作辩护。假如有这样一些诉讼委托人，辩护律师除非亲自把他们杀死，否则便无法使他们免于被判刑，那么这究竟应当算什么样的诉讼委托人呢？譬如，黑格尔就对由世界的存在到神的存在的推论作了这样的解释："因为偶然的东西不存在，所以神或绝对者存在。"② 但是，神学的证明恰恰相反："因为偶然的东西有真实的存在，所以神存在。" 神是偶然世界的保证。不言而喻，这样一来，相反的命题也被设定了。

> 马克思：《德谟克利特的自然哲学和伊壁鸠鲁的自然哲学的差别》
> (1840 年下半年—1841 年 3 月底)，《马克思恩格斯全集》第 1 卷，
> 人民出版社 1995 年版，第 100 页。

弗里德里希—威廉四世所力图建立的国家，照他自己的说法，就是一个基督教国家。当基督教要想使自己具有科学外貌的时候，它的形式就是神学。神学的实质，特别在我们这个时代，就是调和和掩盖绝对对立的两极。甚至最坚定的基督徒也不能完全摆脱我们这个时代的条件；时代迫使他改革基督教；他身上已经有一种东西在萌芽，这种东西发展下去就会引向无神论。布·鲍威尔所批判的那种以本身内在的不真实和虚伪浸透着我们整个生活的神学，就是这样产生的。在国家生活领域里，普鲁士的现行统治制度和这种神学正相适应。弗里德里希—威廉四世有一套制度，这无疑是一套考虑得满周到的浪漫主义的制度，是他那种观点的必然产物，因为要根据他那种观点来组织国家的话，光

---

① 埃斯库罗斯《被锁链锁住的普罗米修斯》。

② 马克思引用的是黑格尔在 1829 年夏季学期开设的宗教哲学讲座的第 13 讲。

有一些零碎的毫无联系的想法是不够的，必须具备更多的东西才行。因此，必须先把他这套制度的神学本质弄清楚。

> 恩格斯：《普鲁士国王弗里德里希—威廉四世》（1842 年 10 月左右），《马克思恩格斯全集》第 1 卷，人民出版社 1956 年版，第 536—537 页。

正如神学不回到迷信，就得前进到自由哲学一样，贸易自由必定一方面造成垄断的恢复，另一方面造成私有制的消灭。

> 恩格斯：《国民经济学批判大纲》（1843 年 9 月底或 10 月初—1844 年 1 月中），《马克思恩格斯文集》第 1 卷，人民出版社 2009 年版，第 59 页。

鲍威尔先生虽然是批判的神学家或者说是神学的批判家，但却是名副其实的神学家，他并没有能够超越宗教的对立。他把犹太人对基督教世界的关系仅仅看做是犹太人的宗教对基督徒的宗教的关系。他甚至不得不在犹太人和基督徒与批判的宗教——无神论、有神论的最后阶段、对神的否定性的承认——的对立中批判地恢复宗教对立。最后，他由于自己的神学狂热，不得不把"现代犹太人和基督徒"即现代世界"获得自由"的能力，仅仅局限于他们理解并亲自从事神学"批判"的能力。在正统的神学家看来，整个世界都应归结为"宗教和神学"（他也可以同样成功地把世界归结为政治学、国民经济学等等，并且给神学加上天国的国民经济学之类的名称，因为，它是一门关于"精神财富"和天国财宝的生产、分配、交换和消费的学说！），同样，在激进的批判的神学家看来，世界获得解放的能力就应归结为把"宗教和神学"作为"宗教和神学"加以批判的唯一的抽象能力。他所知道的唯一的斗争是反对自我意识的宗教局限性的斗争，然而自我意识的批判的"纯粹性"和"无限性"也同样是神学的局限性。

> 马克思、恩格斯：《神圣家族，或对批判的批判所做的批判。驳布鲁诺·鲍威尔及其伙伴》（1844 年 9—11 月），《马克思恩格斯文集》第 1 卷，人民出版社 2009 年版，第 308—309 页。

中世纪完全是从野蛮状态发展而来的。它把古代文明、古代哲学、政治和法学一扫而光，以便一切都从头做起。它从没落的古代世界接受的唯一事物就是基督教和一些残破不全而且丧失文明的城市。其结果正如一切原始发展阶段的情形一样，僧侣获得了知识教育的垄断地位，因而教育本身也渗透了神学的性质。在僧侣手中，政治和法学同其他一切科学一样，不过是神学的分支，一切都按照神学中适用的原则来处理。教会的教条同时就是政治信条，圣经词句在各个法庭都具有法律效力。甚至在法学家已经形成一个等级的时候，法学还久久处于神学控制之下。神学在知识活动的整个领域的这种至高无上的权威，同时也是教会在当时封建统治下万流归宗的地位的必然结果。

恩格斯：《德国农民战争》（1850年夏—秋），《马克思恩格斯文集》第2卷，人民出版社2009年版，第235页。

附录　《马克思恩格斯文集》、《马克思
　　　　恩格斯全集》（第一、二版）、
　　　　《列宁全集》（第二版）、
　　　　《斯大林全集》各卷出版年月

一　《马克思恩格斯文集》中文版各卷出版年月

第 1—10 卷　2009 年 12 月第 1 版

二　《马克思恩格斯全集》中文第一版各卷出版年月

第 1 卷　1956 年 12 月	第 19 卷 1963 年 12 月	第 35 卷 1971 年 6 月
第 2 卷　1957 年 12 月	第 20 卷 1971 年 3 月	第 36 卷 1974 年 10 月
第 3 卷　1960 年 12 月	第 21 卷 1965 年 9 月	第 37 卷 1971 年 6 月
第 4 卷　1958 年 8 月	第 22 卷 1965 年 5 月	第 38 卷 1972 年 8 月
第 5 卷　1958 年 11 月	第 23 卷 1972 年 9 月	第 39 卷 1974 年 11 月
第 6 卷　1961 年 8 月	第 24 卷 1972 年 12 月	第 40 卷 1982 年 5 月
第 7 卷　1959 年 4 月	第 25 卷 1974 年 11 月	第 41 卷 1982 年 12 月
第 8 卷　1961 年 10 月	第 26 卷（1）1972 年 6 月	第 42 卷 1979 年 9 月
第 9 卷　1961 年 12 月	第 26 卷（2）1973 年 7 月	第 43 卷 1982 年 12 月
第 10 卷 1962 年 4 月	第 26 卷（3）1974 年 12 月	第 44 卷 1982 年 5 月
第 11 卷 1962 年 6 月	第 27 卷 1972 年 6 月	第 45 卷 1985 年 12 月
第 12 卷 1962 年 8 月	第 28 卷 1973 年 3 月	第 46 卷（上）1979 年 7 月
第 13 卷 1962 年 11 月	第 29 卷 1972 年 6 月	第 46 卷（下）1980 年 8 月
第 14 卷 1964 年 8 月	第 30 卷 1974 年 9 月	第 47 卷 1979 年 10 月
第 15 卷 1963 年 12 月	第 31 卷 1972 年 6 月	第 48 卷 1985 年 2 月
第 16 卷 1964 年 2 月	第 32 卷 1974 年 10 月	第 49 卷 1982 年 12 月
第 17 卷 1963 年 11 月	第 33 卷 1973 年 12 月	第 50 卷 1985 年 12 月
第 18 卷 1964 年 10 月	第 34 卷 1972 年 6 月	

三　《马克思恩格斯全集》中文第二版各卷出版年月

第 1 卷　1995 年 6 月	第 16 卷 2007 年 8 月	第 19 卷 2006 年 6 月
第 2 卷　2005 年 10 月	第 21 卷 2003 年 5 月	第 34 卷 2008 年 7 月

第 3 卷　2002 年 10 月	第 25 卷 2001 年 4 月	第 44 卷 2001 年 6 月
第 10 卷 1998 年 3 月	第 30 卷 1995 年 6 月	第 45 卷 2003 年 4 月
第 11 卷 1995 年 6 月	第 31 卷 1998 年 12 月	第 46 卷 2003 年 5 月
第 12 卷 1998 年 3 月	第 32 卷 1998 年 1 月	第 47 卷 2004 年 7 月
第 13 卷 1998 年 10 月	第 33 卷 2004 年 6 月	第 48 卷 2007 年 10 月

四　《列宁全集》中文第二版各卷出版年月

第 1 卷　1984 年 10 月	第 21 卷 1990 年 2 月	第 41 卷 1986 年 10 月
第 2 卷　1984 年 10 月	第 22 卷 1990 年 2 月	第 42 卷 1987 年 10 月
第 3 卷　1984 年 10 月	第 23 卷 1990 年 4 月	第 43 卷 1987 年 10 月
第 4 卷　1984 年 10 月	第 24 卷 1990 年 10 月	第 44 卷 1990 年 10 月
第 5 卷　1986 年 10 月	第 25 卷 1988 年 10 月	第 45 卷 1990 年 10 月
第 6 卷　1986 年 10 月	第 26 卷 1988 年 10 月	第 46 卷 1990 年 10 月
第 7 卷　1986 年 10 月	第 27 卷 1990 年 1 月	第 47 卷 1990 年 10 月
第 8 卷　1986 年 10 月	第 28 卷 1990 年 10 月	第 48 卷 1987 年 10 月
第 9 卷　1987 年 10 月	第 29 卷 1985 年 10 月	第 49 卷 1988 年 10 月
第 10 卷 1987 年 10 月	第 30 卷 1985 年 10 月	第 50 卷 1988 年 10 月
第 11 卷 1987 年 10 月	第 31 卷 1985 年 10 月	第 51 卷 1988 年 10 月
第 12 卷 1987 年 10 月	第 32 卷 1985 年 10 月	第 52 卷 1988 年 10 月
第 13 卷 1987 年 10 月	第 33 卷 1985 年 10 月	第 53 卷 1988 年 10 月
第 14 卷 1988 年 10 月	第 34 卷 1985 年 10 月	第 54 卷 1990 年 12 月
第 15 卷 1988 年 10 月	第 35 卷 1985 年 10 月	第 55 卷 1990 年 12 月
第 16 卷 1988 年 10 月	第 36 卷 1985 年 10 月	第 56 卷 1990 年 12 月
第 17 卷 1988 年 10 月	第 37 卷 1986 年 10 月	第 57 卷 1990 年 12 月
第 18 卷 1988 年 10 月	第 38 卷 1986 年 10 月	第 58 卷 1990 年 10 月
第 19 卷 1989 年 10 月	第 39 卷 1986 年 10 月	第 59 卷 1990 年 12 月
第 20 卷 1989 年 10 月	第 40 卷 1986 年 10 月	第 60 卷 1990 年 12 月

五　《斯大林全集》中文版各卷出版年月

第 1 卷　1953 年 9 月	第 6 卷 1956 年 11 月	第 11 卷 1955 年 7 月
第 2 卷　1953 年 12 月	第 7 卷 1958 年 6 月	第 12 卷 1955 年 12 月
第 3 卷　1955 年 3 月	第 8 卷 1954 年 9 月	第 13 卷 1956 年 4 月
第 4 卷　1956 年 8 月	第 9 卷 1954 年 4 月	
第 5 卷　1957 年 11 月	第 10 卷 1954 年 12 月